挑戦的宗教論集

宣教的改革の足掛かりに

有馬 七郎

序言

　本書は、聖書とキリスト教について、筆者が折にふれて感じ、考えたことを思索によって深化させたエッセイから成っている。最初から体系的な構想の下に書かれたエッセイ集ではない。エッセイは何れも、筆者自身の個人的な所産であるが、必ずしも筆者の見解を表明したものばかりではない。多くのエッセイにおいて、筆者は学識として成り立つように研鑽に努めた。そうすることによってのみ、読者に貢献することができると考えたからである。

　「聖書編」：「エルサレムで聞く神の言葉〈アイェーカ？〉」は筆者のエルサレムでの個人的な経験を書いた、唯一のエッセイである。
　「ダビデ王における政治家の研究」は日本イスラエル文化研究会（現日本ユダヤ学会）の学術大会で発表した際の原稿である。これら二つのエッセイは、筆者のダビデ王への傾倒の一点において結び付いている。
　「新約聖書の正しい読み方」は、言語学的特性を生かしたギリシア語新約聖書の読み方に焦点を合わせている。
　「信仰」「罪の赦し」および「イエス／キリストの死」の 3 テーマに関するエッセイは、次のような図式の下に配置されている。

【聖書編：聖書に即した探究】　　　　【キリスト教編：歴史的発展の軌跡】
新約聖書における信仰、その概念的考察 ⇒ キリスト教信仰の概念の歴史的変遷
新約聖書における罪の赦し　　　　　　⇒ 実存的な罪の赦し、その歴史と現代
新約聖書におけるイエスの死とケリュグ ⇒ 贖い思想、その歴史的諸学説と包括的諸
　マのキリストの死　　　　　　　　　　論考（要約）

　「新約聖書におけるイエスの死とケリュグマのキリストの死」では、現代の学識を駆使して歴史的イエスの死を解明し、歴史的イエスとケリュグマのキリストの関係を見定めた上で、ケリュグマのキリストの多様な死の解釈、実際には 4 通りの解釈を聖書に即して解説する。
　「聖書中心主義の限界」では、聖書中心主義者たちに反論する形で、聖書における多様な信仰観、罪の赦し、キリストの死の解釈、死生観を例証する。

「キリスト教編」：「カソリケー・カイ・アポストリケー・エクレーシアの探究」では、「普遍の、使徒的教会」を歴史的に解明し、プロテスタント諸教会において有名無実となっている「公同の教会」から脱却して、真の「普遍の教会」を目指して生まれ変わる必要性を論じる。

「信仰による義認」では、等閑視されている受洗後の罪の問題を念頭に、パウロ、ルター、およびカルヴァンから信仰による義認を学び、ルターの「罪人にして同時に義人」の教説を土台に、義人による悔い改めの重要性を論じる。

「キリスト教の祈りの探究」においては、まず祈りの基本を多角的に学び、歴史上の模範的な祈りを探索し、実存的に祈ることの必要性を論じる。

「贖い思想、その歴史的諸学説と包括的諸論考（要約）」では、ケリュグマのキリストの多様な死の解釈から生まれた贖い思想（8学説）を歴史的に展望し、次いで、ユダヤ教、カトリック教会、東方正教会、およびプロテスタント諸教会の立場から、20世紀初頭以降に書かれてきた諸論考によって、聖書の贖い思想が多彩で、キリスト教の教義とならなかった事情を明らかにする。

「現代キリスト教の世俗化」では、プロテスタント教会の現状を観察し、世俗化の現象が神観、信仰、祈り、説教、死生観に及んでいることを指摘する。

「キリスト教的言行編」：「信仰と信仰心の弁別」では、この弁別が宣教的に果たす役割が大きいにもかかわらず、プロテスタント信者たちの間で蔑ろにされている現状に警鐘を鳴らす。

カルヴァンとヒルティとボンヘッファーは、筆者が特に傾倒しているキリスト教思想家であるが、ここでは彼らを論じたエッセイ5編を紹介する。

最後に、亡き妻のエッセイ2編を、共に生きた証しとして披露する。「祈り」の文章から感じられる彼女の優しさを、筆者はこよなく愛でている。

執筆に当たって、筆者は幾つかの用語を慎重に用いた。聖書研究の文脈では、聖書学者 W.D.マウンスの見解に従い、「聖書の解釈」（exegesis）と「聖書の自己解釈」（eisegesis）を截然と区別し、キリスト教信仰を論じる文脈では、「信仰」（faith）と「信仰心／宗教心」（belief）を明確に区別した。

有馬　七郎

挑戦的宗教論集・目次

序言 ……………………………………………………………………………… 1

目次 ……………………………………………………………………………… 3

文献略語表 ……………………………………………………………………… 5

邦訳聖書略語表 ………………………………………………………………… 7

ギリシア語文字の字訳表・凡例 ……………………………………………… 8

Ⅰ　聖書編 ……………………………………………………………………… 9

　エルサレムで聞く神の言葉「アイェーカ？」 ………………………… 11

　ダビデ王における政治家の研究 ………………………………………… 14

　新約聖書の正しい読み方 ………………………………………………… 25

　ギリシア語新約聖書におけるピスティス、その言語学的考察 ……… 32

　新約聖書における信仰、その概念的考察 ……………………………… 48

　新約聖書における罪の赦し ……………………………………………… 55

　新約聖書におけるイエスの死とケリュグマのキリストの死 ………… 66

　聖書中心主義の限界 ……………………………………………………… 88

Ⅱ　キリスト教編 …………………………………………………………… 99

　カソリケー・カイ・アポストリケー・エクレーシアの探究 ……… 101

　信仰による義認 ………………………………………………………… 114

　キリスト教の祈りの探究 ……………………………………………… 130

　キリスト教信仰の概念の歴史的変遷 ………………………………… 148

　実存的な罪の赦し、その歴史と現代 ………………………………… 158

　贖い思想、その歴史的諸学説と包括的諸論考（要約） …………… 178

　魂の不滅思想、その起源と歴史 ……………………………………… 241

　現代に生き続ける魂の不滅思想 ……………………………………… 267

　現代キリスト教の世俗化 ……………………………………………… 276

Ⅲ　キリスト教的言行編 ……………………………………………… 287

　　信仰と信仰心の弁別 ……………………………………………… 289

　　キリスト教を理解するための二つの世界観 ………………… 305

　　知る人ぞ知るカルヴァンの名言、自己否定の教説 ………… 313

　　カルヴァンから学ぶ巡礼者の生き方 ………………………… 317

　　柳家小三治の衣装哲学とカルヴァンの衣装神学 …………… 321

　　カール・ヒルティの聖職者観を読んで ……………………… 327

　　ボンヘッファーの「祈ることと正義を行うこと」………… 331

　　祈り　　　　　　　　　　　有馬登美子 …………… 336

　　イスラエルを旅して　　　　有馬登美子 …………… 338

付録 ………………………………………………………………… 343

　　主要テーマ索引 ………………………………………………… 345

　　主要参考文献 …………………………………………………… 349

あとがき …………………………………………………………… 357

文献略語表

ABD	*The Anchor Bible Dictionary*, Editor in Chief: David Noel Freedman, 6 vols. 1992.
AV/KJV	Authorized Version / King James Version, 1611 Edition.
BDAG	Bauer-Danker-Arndt-Gingrich, *A Greek-English Lexicon the New Testamet and other Early Christian Literature*, Third Edition, 2000.
BDB	Brown-Driver-Briggs, *A Hebrew and English Lexicon of the Old Testament*, Second Edition, 1952.
BHS	*Biblia Hebraica Stuttgartensia*, Second Edition, 1983.
Britannica	Encyclopedia Britannica, 1994-2001, 2015.
CCFCT	*Creeds and Confessions of Faith in the Christian Tradition*, ed. Pelikan & Hotchkiss, 3 vols. 2003.
CCG	*Christianity: The Complete Guide*, 2005.
CEV	Contemporary English Version, 1995.
CUP	Cambridge University Press
DB	Deutsche Bibelgesellschaft
DEC	*Decrees of the Ecumenical Councils*, 1990.
EBC-RE	*The Expositor's Bible Commentary*, Revised Edition, 13 vols. 2012.
EBC-α	*The Expositor's Bible Commentary,* Abridged Edition（α: OT or NT）
ECC	*The Encyclopedia of Christian Civilization*, 4 vols. 2011.
EDNT	*Exegetical Dictionary of the New Testament*, 3 vols. 1978-1983.
EDT	*Evangelical Dictionary of Theology*, Second Edition, 2001.
EP	*The Encyclopedia of Protestantism*, 4 vols. 2004.
ERE	*Encyclopedia of Religion and Ethics*, 24 volumes, 1908-22.
ERR	*Encyclopedia of the Renaissance and Reformation*, Revised Edition, 2004.
ESV	The Holy Bible, English Standard Version, 2011.
GNB	Good News Bible / Today's English Version, 1992.
IVPBBC	*The IVP Bible Background Commentary, New Testament*, Second

	Edition, 2014.
Institutes	*Calvin: Institutes of the Christian Religion*, ed. John T. McNeill.
KJV	*New Cambridge Paragraph Bible*, King James Version, 2011.
LXX	Rahlfs-Hanhart, *Septuaginta*, Editio altera, 2006.
MCED	*Mounce's Complete Expository Dictionary of Old & New Testament Words*, 2006.
NA28	Nestle-Aland, *Novum Testamentum Graece*, 28. revidierte Auflage, 2012.
NAB	New American Bible, 2012.
NASB	New American Standard Bible, 1995.
NIDNTT	*New International Dictionary of New Testament Theology*, Abridged Edition, 2000.
NIDNTTE	*New International Dictionary of New Testament Theology and Exegesis*, Second Edition, 5 vols. 2014.
NIV	New International Version, 1984, 2011 併用（必要に応じ出版年表記）
NKJV	New King James Version, 1982.
NLT	New Living Translation, 2007.
NRSV	New Revised Standard Version, 1989（"Anglicized NRSV 2011" 併用）
OER	*The Oxford Encyclopedia of the Reformation*, 4 vols. 1996.
OUP	Oxford University Press
REB	Revised English Bible, 1989.
RSV	Revised Standard Version, 1952 (NT: 1971)
S&C	Joseph A. Fitzmyer, S.J., *Scripture & Christology*, 1986.
TDNT	*Theological Dictionary of the New Testament*, Abridged Edition, 1985.
TNIV	Today's New International Version, 2005.
UBS	United Bible Societies or United Bible Societies'
UBS5	*The Greek New Testament,* Fifth Revised Edition, UBS, 2014.
comp.	compiled by
ed.	edited by
rev.	revised by
trans.	translated by

邦訳聖書略語表

完全表記の書を除く。

旧約聖書		新約聖書	
出エジ	出エジプト記	マタイ	マタイによる福音書
ヨシュ	ヨシュア記	マルコ	マルコによる福音書
サム上	サムエル記上	ルカ	ルカによる福音書
サム下	サムエル記下	ヨハネ	ヨハネによる福音書
列王上	列王記上	使徒	使徒言行録
列王下	列王記下	ローマ	ローマの人びとへの手紙
歴代上	歴代誌上	Ⅰコリ	コリントの人びとへの第1の手紙
歴代下	歴代誌下	Ⅱコリ	コリントの人びとへの第2の手紙
エズラ	エズラ記	ガラテ	ガラテヤの人びとへの手紙
ネヘミ	ネヘミヤ記	エフェ	エフェソの人びとへの手紙
エステ	エステル記	フィリ	フィリピの人びとへの手紙
コヘレ	コヘレト	コロサ	コロサイの人びとへの手紙
イザヤ	イザヤ書	Ⅰテサ	テサロニケの人びとへの第1の手紙
エレミ	エレミヤ書	Ⅱテサ	テサロニケの人びとへの第2の手紙
エゼキ	エゼキエル書	Ⅰテモ	テモテへの第1の手紙
ダニエ	ダニエル書	Ⅱテモ	テモテへの第2の手紙
ホセア	ホセア書	テトス	テトスへの手紙
ヨエル	ヨエル書	フィレ	フィレモンへの手紙
アモス	アモス書	ヘブラ	ヘブライ人への手紙
オバデ	オバデヤ書	ヤコブ	ヤコブの手紙
ナホム	ナホム書	Ⅰペト	ペトロの第1の手紙
ハバク	ハバクク書	Ⅱペト	ペトロの第2の手紙
ゼファ	ゼファニヤ書	Ⅰヨハ	ヨハネの第1の手紙
ハガイ	ハガイ書	Ⅱヨハ	ヨハネの第2の手紙
ゼカリ	ゼカリヤ書	Ⅲヨハ	ヨハネの第3の手紙
マラキ	マラキ書	ユダ	ユダの手紙
		黙示録	ヨハネの黙示録

ギリシア語文字の字訳表

α	Alpha	*a*		*ρ*	Rho	*r*
β	Beta	*b*		*σ, ς*	Sigma	*s*
γ	Gamma	*g*		*τ*	Tau	*t*
δ	Delta	*d*		*υ*	Upsilon	*y* or *u*
ε	Epsilon	*e*		*φ*	Phi	*ph*
ζ	Zeta	*z*		*χ*	Chi	*ch*
η	Eta	*ē*		*ψ*	Psi	*ps*
θ	Theta	*th*		*ω*	Omega	*ō*
κ	Kappa	*k*		*γγ*		*ng*
λ	Lambda	*l*		*γκ*		*nk*
μ	Mu	*m*		*γξ*		*nx*
ν	Nu	*n*		*γχ*		*nch*
ξ	Xi	*x*		*ῥ*		*rh*
ο	Omicron	*o*		*῾*		*h*
π	Pi	*p*				

凡例

1　本書で引用する聖書には筆者の私訳を用いた。旧約聖書の翻訳には底本に *Biblia Hebraica Stuttgartensia*（2nd edn., 1983）を用い、新約聖書は基本的に Nestle-Aland, *Novum Testamentum Graece*（28th edn., 2012）を用いた。必要に応じ、2011 ESV, 1989 NRSV および 2011 NIV を参照した。

2　〔　〕は、筆者による翻訳の補語、補足、または訳注を示す。

I
聖書編

エルサレムで聞く神の言葉「アイェーカ？」
ダビデ王における政治家の研究
新約聖書の正しい読み方
ギリシア語新約聖書におけるピスティス、その言語学的考察
新約聖書における信仰、その概念的考察
新約聖書における罪の赦し
新約聖書におけるイエスの死とケリュグマのキリストの死
聖書中心主義の限界

エルサレムで聞く神の言葉「アイェーカ？」

　乾季にイスラエルを訪ねると、そこには文字通り太陽の国がある。朝は温度が 20 度、湿度が 50％くらいで快適だと思っていても、太陽が昇ると温度は 35度前後に、時には 40 度まで上昇し、湿度は 20％くらいまで下がる。水なしでは外出もままならない状態になる。しかし、太陽が西に傾く頃になると風が吹き始める。この風が吹き始めると、太陽の国の環境は一変する。木陰か、建物の影に入ると、そよ風が心地よく感じられる。

　1990 年の夏、2 度目のイスラエル訪問で一か月の滞在中(1) エルサレムにいる時には毎日、本拠としていたノートルダム・センターの庭先で、夕風に吹かれながらひと時を過ごした。東方を見ると、オリブ山やヘブライ大学のあるスコパス山一帯が遠望でき、いつも夕日を受けて輝いていた。

　夕風に吹かれながら私は、神の足音が聞こえはしまいかと耳をすませた。ヘブライ語聖書には、神がアダムとエバを求めて園の中を歩いたのは夕風の吹く頃と記されている。

　　そして彼らは、日中の風の吹く頃、神である主が園の中を歩く音を聞いた。そこでアダムと彼の妻は、神である主の顔を避け、園の木々の間に身を隠した。すると神である主は彼に呼びかけ、「あなたはどこにいるのか？」と言った（創世記 3:8-9）。

　エルサレムに実際に来てみれば、「日中の風の吹く頃」が間違いなく夕刻であることを実感する。ちなみに、英訳聖書の NRSV は "in the time of the evening breeze"（夕方のそよ風が吹く頃）と訳している。

　神の足音は彼らに「聞こえてきた」（新共同訳 1987）わけではなく、彼らは「聞いた」（聖書協会共同訳 2018）のである。ヘブライ語の「ヴァイシュメウー・エット・コール・アドナイ・エロヒーム・ミトゥハレフ・バガン」は、アダムとエバが園の中を歩く神の足音を主体的に聞いたことを示している。そして、夕風は誰にでも感じられるが、神の足音は誰にでも聞こえるわけではないことを説明している。だから私は 、夕風に吹かれながら、神の足音が聞こえはしまいかと耳をすませたのである。

　そしていつも、אַיֶּכָּה：「アイェーカ」（あなたはどこにいるのか？）という、

神の呼びかけを心の中で聞き、הִנֵּנִי「ヒネーニ」（私はここにおります）と答えて一日を健やかに過ごしたことを感謝し、一日の言行を反省した。ちなみに、「ヒネーニ」という言葉は、聖書では、アブラハム（創世記 22:11）、モーセ（出エジ 3:4）、サムエル（サム上 3:4、他）などが用いている。

　夕風に吹かれながら私は、時には、どこに向かって行くのか分からない将来に不安を覚え、少年サムエルの言葉（サム上 3:10）を思い出し、神の語りかけに耳を傾けようと、「ダベル・キー・ショメア・アヴデーハ」（お話しください、あなたの僕は聞いておりますから）と懇願した。

　この種のヘブライ語の祈りは、イスラエルの風土と生活の中では少しも不自然に感じられない。それは多分、現代ヘブライ語が古代の聖書ヘブライ語を土台にして二千年ぶりに復活させた言葉であり、聖書の遺産と伝統を継承しつつ、今なお時代と共に発展し続けている言語だからであろう。

　夜、満天の星を仰いで「あなたの子孫はこのようになる」[2]（創世記 15:5）と言われて主を信じたアブラハムに思いを馳せ、「朝、花を咲かせて盛んでも、夕べには萎れて枯れる」（詩編 90:6）有様を見、バニアス／フィリポ・カイサリヤの赤銅色をした岩壁の前に立って「あなたはペトロ、私はこの岩の上に私の教会を建てる」（マタイ 16:18）と言われた主イエスの言葉を思い起こし、エルサレムのここかしこに露出している岩肌を見れば……期せずして、聖書の時代にタイムスリップしてしまう。

　立山良司氏が言うように、

> エルサレムにいると、ときどき時間の概念を喪失する。人々は千年、二千年、三千年前のことを、自らの生活の一部として語る。エルサレムでは日常生活が歴史であり、宗教だ。[3]

と言える場面に出くわすことが多い。

　しかし、現実のエルサレムは、決して黄金のエルサレムではない。それは喜びの都であると共に、悲しみの都である。権力のある者がのさばり、弱い者が虐げられて苦しんでいる都である。世界中の人びとが最も平和を祈り求めている都である。

　今、比較的平穏だった 1990 年頃のエルサレムを思い出して、「あなたはどこにいるのか？」という神の呼びかけを聞き、「私はここにおります」と答え、そして少年サムエルのように、「お話しください、あなたの僕は聞いておりますか

ら」と祈ることの大切さを痛感している。

1990年夏のイスラエル滞在中、私は自由時間を利用して、当時危険視されていたヘブロン訪問を決行した。ヘブロンはエルサレムの南方約32kmの地点にあり、ダビデがイスラエルの王となった地であり（サム下5:3）、そこを訪問することは私の年来の念願だった。

8月2日、私はミルトス社のM氏にガイドを依頼して、アラブ人スラ氏の車でヘブロンに向かった。しかし、主な訪問先だったマクペラの洞窟の前には、難問が待ち構えていた。この洞窟には、アブラハム、イサク、ヤコブの族長たちとその妻たちサラ、リベカ、レアの墓があった。1967年の六日戦争後、洞窟の建物はユダヤ教徒の管理下に入り、ユダヤ教徒とイスラム教徒が別々の時間帯に祈祷することになっていた。そして常に、イスラエル兵士が自動小銃を構えて、建物を監視していた。

私たちが到着した時、3人の兵士が立っていた。一人の若い兵士が「何しに来たのか？」と問うてきた。M氏がヘブライ語で返答したが、埒が明かなかった。私は「アニー・タルミッド・シェル・ダヴィッド・ハ・メレフ」（私はダビデ王の学徒です）と言った。すると、太った年配の兵士が、突然、「シャローム！シャローム！」と言いながら、ニコニコして私に抱き着いて来た。「ダヴィッド・ハ・メレフ」がユダヤ人の彼の耳に心地よく響いたことは疑いなかった。私たちは歓迎されて、洞窟の建物に入った。

注
(1) カトリック司教協議会聖書委員会企画の「30日間聖書セミナー」（1990.7.16〜8.15）に参加。
(2) 筆者がシナイ山で仰いだ天空は、星数が多いと言うより、天空が星で覆われているという印象を受けた。
(3) 立山良司著『イスラエルとパレスチナ』p.136
　　本書は、優れた現代感覚を持ってイスラエルとパレスチナの和平問題を論じた労作であるが、「ダビデ王が神殿を築いて以来、エルサレムはユダヤ教の聖地となった」という説明に見られるように、聖書的・歴史的記述には若干の難点がある（エルサレムに神殿を築いたのは、周知の如く、ダビデではなく、ソロモンである）。

ダビデ王における政治家の研究

プロローグ
1 逃亡生活で発揮したダビデの政治的手腕
2 首都建設に見るダビデの政治力
3 ダビデの軍事的貢献と近隣諸国支配
エピローグ

プロローグ

(1) ダビデの治世の歴史性

イスラエル第2代の王ダビデの治世は、諸説あるが、紀元前1010年頃から970年頃までの40年間と考えることができる。ダビデは、イスラエルの家とユダの家を結び付け、エルサレムに新しい首都を築き、それまでの結束の弱かった部族連合とは対照的に、名実共に立派な国家を築き上げた。その成功は、アッシリアとエジプトの両大国の弱体化が幸いしたと見なされている。

国家としてのイスラエルの存在は、その王と政治と領土の観点から、さらには、近隣諸国との関係から認めることができる。この時期の歴史については、批判的な歴史家たちでさえ、紀元前1000年頃から、「イスラエルの歴史は祭儀的伝承や民間伝承を中心とする先史（pre-history）から抜け出し、厳格な意味での歴史の領域に入った」ことを認めている。

しかし、ダビデの治世を歴史的に正しく認識することは、聖書の伝承以外に史料がないため容易ではない。ダビデに関連する聖書記事は、サムエル記上16章以下、サムエル記下の全体、および列王記上冒頭から2章12節までであるが、そのかなりの部分が、ダビデかソロモンの時代に、当時の出来事を詳しく知る立場にあった人によって書かれた、と考えられている。またそこには、紀元前6世紀に至るまでの、いわゆる申命記史家の影響と思われる、後代の加筆や注釈があることも否定できない。

(2)　サムエル記の特徴

　ヘブライ語聖書全体の特質について、イスラエルのタルムード学者のアディン・シュタイザルツは、次のように述べている。

> 聖書の文体はほとんど常に、客観的で、飾り気がない。聖書に登場する主要人物は男でも女でも皆、理想化されることなく、超然とした態度で書かれている。物語は可能な限り事実に即しており、人物の魂の中に深く立ち入ろうとしたり、その動機を分析しようとしたりすることはない。

　サムエル記もそのような特質を備えていることは言うまでもない。しかしサムエル記には、そうでない部分もある。すなわち、幾つかの場面で、ダビデの魂の内部に立ち入り、その人間性を露わにしているからである。

　例えば、サウルとヨナタンがギルボア山で戦死した時、ダビデはこう詠んだ。

> ああ、勇士らは戦いの最中に倒れ、
> ヨナタンはお前の高い丘で殺された。
> 私の兄弟ヨナタンよ、私はあなたのために悲しむ。
> ヨナタンよ、あなたは私にとって大きな喜びだった。
> あなたの愛は、女の愛にも勝って素晴らしかった（サム下 1:25-26）。

　また、息子のアブサロムが死んだ時、ダビデは心の底からこう叫んだ。

> 私の息子、アブサロムよ。私の息子、私の息子アブサロムよ。
> お前の代わりに私が死ねばよかったのだ。私の息子アブサロムよ、私の息子よ。
>
> （サム下 18:33）

　サムエル記のもう一つの特徴として、登場人物が多いことを挙げることができる。その数は 150 人に達する。一人の人間がこれほど多くの人脈を持っていたということは、その史実性を裏付けるのに役立ち、その中心人物が政治的に有利な環境を自ら創り出し、その中で活動していたことを示している。

1　逃亡生活で発揮したダビデの政治的手腕

(1)　ダビデ軍中核の形成

　ダビデは、サウルの息子で友人のヨナタンの支持を得て、サウル軍の千人隊

長に任命され、兵士の先頭に立って出陣し、常に戦果を挙げて帰還した（サム上 18:13-14）。イスラエルの女たちは喜び踊りながら、歌った。

サウルは千を殺し、ダビデは万を殺した。

サウルはこれを聞いて、非常に怒り、不愉快になって、言い放った。

ダビデには万と言い、私には千と言う。彼に欠けているのは、王国だけではないか（サム上 18:8）。

やがてダビデは、サウルから謀反を企てたとして責められた（サム上 22:8）。ダビデは、山地に逃げるのが賢明だと考えるに至った。

ダビデはアドラムの洞窟に難を避けた。父の家の者たちは皆、彼について行った。そこには、困窮している者、負債をかかえる者、不満を抱く者も、集まって来た。ダビデは彼らの頭となった（サム上 22:1-2）。

ダビデはならず者たちと苦労を共にし、彼らの面倒をよく見ることによって、彼らの信頼を得るようになった。彼は戦いに強かったばかりでなく、人を如何に扱うべきを知り、彼らを組織化する政治的能力を持っていたように思われる。一説には、ダビデはヘブライ人特有の、他者の痛みを理解する感性を幼い時から育んできた、と言われている。そのような感性が、民の心をつかみ、動かしていく、政治家に必要な資質の一つであることは言うまでもない。

ダビデはサウルから逃げ回っている間に、良く訓練された軍隊組織を作り上げた。献身的な兵士たちは、ダビデの行く所には、どこにでも従った。事実、彼らはユダの荒野から、ガト、ツィクラグ、ヘブロンまで、そしてエルサレムまでついて行ったのである。この軍隊は、ダビデの個人的な護衛兵となり、正規軍の中核となった。護衛隊長として信頼できるベナヤに恵まれ、正規軍の司令官として甥のヨアブを擁していたことは、ダビデの生涯を通じて、その政治生命の基礎を安定させるのに役立った（サム下 8:16）。

(2) 「己が時節」を見定める才覚

ダビデは命を狙うサウルから逃げ延びながらも、サウルを殺す機会に二度も恵まれた。一度は、サウルが洞穴の中で用を足している時であり（サム上 24）、二度目は、サウルが兵士に囲まれて眠っている時であった（サム上 26）。その都度ダビデは、部下たちからサウルを殺害するように唆されたが、拒んだ。

ダビデは、

主が油を注いだ者に手をかけて、誰が罪なしでいられようか？（サム上 26:9）

と反問し、

主が彼を打たれるであろう（サム上 26:10）。

と言って、部下たちを諭した。

ダビデが命を狙うサウルを殺さなかったのは、ダビデ自身が熱心なヤーウェ崇拝者であったことを示すばかりでなく、民意を反映させる形で王となる機会を窺っていたことを示している。すなわち、ダビデは「己が時節」を、忍耐をもって待つ政治家として成功する才覚を備えていたのである。

(3)　ペリシテ人アキシュの下での活動

ダビデはサウルから追跡され、ユダの各地を逃げ回ったあげく、事もあろうに、遂に、イスラエルの敵ペリシテの領地に逃げ込んだ。「ダビデは、兵士 600 人と彼らの家族を従えて、ガトの王アキシュのもとに身を寄せた」（サム上 27:2-3）のである。「アキシュはダビデに、ツィクラグを与えた（サム上 27:6）。——ツィクラグはヘブロンの南西約 30km、ゲラルの北東の地点にある。ダビデはアキシュのもとに 1 年 4 ヶ月滞在した（サム上 27:7）。

ツィクラグは、ダビデの留守中に、アマレク人に襲撃され、人も物も略奪されるという不運に見舞われた（サム上 27:8; 30:1 以下）。ダビデはアマレク人を追跡し、略奪された人と物を取り返し、多くの戦利品を手に入れた。ダビデはその一部をユダ領の指導者たちに贈った。将来に備えて、彼らと良好な関係を作っておくためだった（サム上 30:2-31）。

ダビデはアキシュのもとに身を寄せている間、ゲシュル人、ゲゼル人、アマレク人を襲いながら、ユダの各地（ネゲブ、エラフメエル人のネゲブ、ケニ人のネゲブ）を襲ったと偽り、アキシュをして「ダビデは進んで自分の同胞イスラエル人に忌み嫌われるようなことをしている」と言わしめたほどだった（サム上 27:8-12）。

(4)　全イスラエルの王となる

その後、ペリシテ人はイスラエルに攻め入り、ギルボア山の戦闘でイスラエ

ルの王サウルを殺害した。

　ダビデは、家族と兵士を連れて、エルサレムの南方約 32km の地点にあるユダ領のヘブロンへ入り、そこに住んだ。ユダの人びとはダビデをユダの家の王とした。

　ペリシテ人は、ユダの王となったダビデを見て、自分たちの配下の一人がユダの領土を支配したと喜んでいたように思われる。

　他方、サウルの子イシュ・ボシェトは、軍司令官アブネルの支援を受けて、マハナイムでイスラエルの王となった（サム下 2:8-10）。しかし 2 年後、昼寝をしている時に、ベエロト人に下腹を刺されて、不慮の死を遂げた。

　王を失ったイスラエルの長老たちは、ヘブロンに来て、ダビデに油を注ぎ、イスラエルの王とした（サム下 5:3）。こうしてダビデは、全イスラエルの王となった。

2　首都建設に見るダビデの政治力

(1)　エルサレムの首都としての地理的優位性

　ペリシテ人は、長年の敵が団結したのを見て、無関心ではいられなくなった。彼らは二度にわたって、中央山地に攻撃を仕掛けた。一度は、レファイムの谷の近くで、もう一度は、ギブオンの近くで仕掛けた。しかしダビデは、何れでもペリシテ人を打ち破った（サム下 5:17-25）。それ以後、ペリシテ人は攻撃を仕掛けて来ることはなかった。

　ダビデは初めて、エルサレムのエブス人を攻め、彼らの町を攻略する余裕ができた。ダビデはエルサレムを攻略し、その要害に住み、そこをダビデの町と呼んだ（サム下 5:9）。

　エルサレムは、イスラエルの地でもユダの地でもなかったところに大きな意義があった。

(2)　エブス人の宗教とヤーウェ信仰の融合

　エルサレムは間もなく、ユダとイスラエルの政治的首都となるばかりでなく、全イスラエルの宗教的中心となった。これを達成するために、ダビデは契約の箱をダビデの町に運び入れた（サム下 6 章）。これは、ユダとイスラエルがヤー

ウェの宗教によって固く結ばれる要因として役立った。

　ところで、エブス人の支配者は、王と最高の聖職者を兼ね、神と町の間を取り持つ仲介者（mediator）の役割を演じていた。ダビデ以前のイスラエルには、王が仲介者と聖職者の役割を持っていた先例はなかった。

　ところがダビデは、エブス人のこの祭儀を単純に引き継いだ。ダビデがエブス人アラウナから、麦打ち場を買取り、そこに祭壇を築き（サム下 24:18-25）、「和解のいけにえを捧げた」のは、エブス人の宗教にならって、神と民との間の仲介者の役を演じたことを示している。

　ダビデはこうして、エブス人の宗教とヤーウェ信仰を結び付けたが、これは後に、極めて重要な結果をもたらすことになった。なぜなら、ダビデはこのことによって、待望するメシアの原型となったからである。

(3)　行政組織と裁判制度

　首都エルサレムは、新しい行政組織を必要としていた。ダビデはその必要を満たした。聖書はその一端をこう記している。

> ダビデは王として全イスラエルを治め、すべての民に正義と公平を行った。ヨアブは軍の司令官。ヨシャファトは歴史記録官。ツァドクとアヒメレクは共に祭司。セラヤは秘書官。ベナヤはクレタ人とペレティ人の監督官。ダビデの息子たちは祭司であった（サム下 8:15-18; 20:23-26 参照）。

　この人名表は、簡単だが、当時としては画期的な行政組織であった。

　裁判は、町の長老たちによって各地方の段階で行われたが、テコアの女が行ったように、王に直接訴えを起こすこともできた（サム下 14:1-19）。

　公平の原理は、アマレク人から奪った戦利品を、戦いに出た者と荷物を守っていた者とで平等に分けるように命じた事例に認めることができる（サム上 30:24）。この原理は、その後、イスラエルの掟となり、慣習となった（サム上 30:25）。

　ダビデは元来、人の意見に耳を傾ける謙遜さを持ち合わせていたように思われる。

　例えば、ナバルの妻アビガイルの申し出を、快く受け容れた（サム上 25:23-35）。バトシェバとの関係を責めるナタンの糾弾を、素直に聞き入れ、悔い改めた（サム下 12:1-15）。また、アブサロムの死を悲しむ余り、政務を疎かにしたことを責めるヨアブの意見を、渋々とではあるが、受け容れた（サム下 19:6-9）。

3　ダビデの軍事的貢献と近隣諸国支配

(1)　ダビデの軍事的貢献

　イスラエル西域の境界線でペリシテ人の前進を食い止めると、王国を東の方面に拡張する余裕ができた。ダビデはまず、モアブ人を打ち破った。モアブは属国となり、貢物を納めるようになった（サム下 8:2）。

　エドム人との戦争では、塩の谷での戦闘に勝ってから、「エドムに守備隊を置くことにした。全エドムはダビデに隷属した（サム下 8:13-14）。

　ペリシテ人と戦った後の、最も重要な戦争は、アンモン人相手の戦争だった。ダビデ軍の司令官ヨアブは、アンモンの首都近くまで攻めた。アンモン人の同盟者だったツォバの王ハダドエゼルは、「ユーフラテスの向こうにいた」アラム軍を呼び寄せ（サム下 10:16）、ダビデ軍に対抗する勢力に加えた。ダビデはヨルダン川を渡って、このアラム人の軍隊と対決し、打ち破った（サム下 10:17-18）。大勝利の結果、ダビデはアンモンの首都ラバを攻め、征服した。奪った冠は、ダビデの頭を飾った。アンモン人はダビデの家来になった（サム下 12:30-31）。

　ハダドエゼルが治めていたツォバの王国は、ダビデの属国となった。ダビデは、「ダマスコに守備隊を置いた。こうして、アラム人もダビデに隷属し、貢物を納めるようになった」（サム下 8:6）。最後に、「ハダドエゼルに隷属していた王たちは皆、イスラエルに平和を求め、イスラエルに隷属した」（サム下 10:19）。彼らの中には、有力な王国ハマトの王トイもいた（サム下 8:9-10）。

(2)　近隣諸国支配の原則

　ダビデの王国はダンからベエルシェバまでだったが、その政治支配は紅海からユーフラテス川の向こうまで及んでいた。ダビデの王国は、経済力を併せ持つようになり、エルサレムに持ち込まれる戦利品と貢物で豊かになった。ティルスの王ヒラムは、ダビデがエルサレムを首都とするようになってから、交易するようになった（サム下 5:11-12）。

　ここで注目すべきことは、ダビデの支配する仕方が画一的でなく、国情に合わせて変えたことである。ダビデはモアブ人、エドム人、アンモン人、アラム人などを支配するために、彼らの領土に守備隊を置き、あるいは、何人かの知事を駐在させた。一説には、遠隔地の支配は見かけ上のものであったとされている。何れにせよ、周辺諸国を間接的に支配する方法は、政治的エネルギーを

無駄に使わないという点で非常に優れていた。すなわち、自分が直接支配する領土を、自らコントロールできる範囲を超えるほどには拡張しなかった、ということである。

エピローグ

(1) 政治家としてのダビデ

ダビデは何世紀にも亘って、さまざまな側面から論じられ、王、詩編作者、救い主の家系の創始者、と呼ばれてきた。しかし、サムエル記を一つの文学として読む時、ダビデを古典的政治家と見るのが最もふさわしいように思われる。サムエル記に散在しているいくつかの事例は、ダビデが何よりも政治家であったことを如実に示している。

第一に、ダビデは生涯を通じて、サウルの家が再興するのを恐れ、警戒し、さまざまな手を打っていた点に、政治家としての片鱗を見ることができる。すなわち、ダビデは、別れて他の男と再婚していたサウルの娘ミカルを強引に連れ戻したが、子を産ませることはなかった。またダビデは、ヨナタンの息子で足が不自由だったメフィボシェトを食卓の常客としてもてなし、彼を抜け目なく見張っていた。さらにダビデは、ギブオンの人びとがサウルの子孫たちに復讐したいと申し出た時、それを許し、サウルの家の者たちが復権する可能性を根絶してしまった。

第二に、ある外交事件におけるダビデの態度に、優れた国際的政治家としての資質を見ることができる。アンモンの王ナハシュが死ぬと、ダビデは哀悼の意を表するために使節を送った。ナハシュの王位を継承したハヌンは、ダビデの使節をスパイだと罵り、彼らの髭を半分そり落とし、衣服を半分切り落として追い返した。ダビデは使節に「髭が生えそろうまでエリコに留まるように」と伝言した。

ダビデのこの態度は、部下の感情を慮ったというより、議論を呼びそうな国際的事件を荒立てまいとする、健全な政治的判断だったのである。

第三に、ダビデが何よりも政治家だったという、極め付けの事例を紹介する。それは、ダビデが国内・外の政治的・民族的諸集団との結束を固めるために、各集団から妻を娶ったことである。ダビデは、カルメルのアビガイル、イズレ

エルのアヒノアム、トランスヨルダンのゲシュル王の娘マアカを妻とした（サム下 3:2-5）。そして、彼女らのために、つまり 8 人の妻たちのために、ハーレムを創設した。

　国際結婚によって生じた合成家族は、血族関係、伝統的な氏族構成（clan structure）による家族とは全く縁のないもので、妻たちは、相互に共通な要素を何一つ持ち合わせず、協調して行動する根拠を持っていなかった。また、子供たちは、互いの衝突を解決するための、あるいは王位継承権を決めるための、先例となる社会的行動様式（social patterns）を持っていなかった。

　このような環境の中から、マアカの産んだ娘タマルがアヒノアムの産んだ長男アムノンに犯され、レイプされたタマルの兄アブサロムがアムノンに復讐するという事件が起こった。そして後には、アブサロムがクーデターを起こし、ダビデのハーレムを乗っ取り、ダビデをエルサレムから追放するという、とんでもない事件が起こったのである。

　第四に、ダビデが死に至るまで政治家であり続けた証拠を示すことができる。彼は死期が近付いた時に、ソロモンに対して、知恵に従って行動し、ヨアブを、白髪をたくわえたままで安らかに死なせてはならないと言った ― 恐らくダビデは、ヨアブがイスラエルの 2 人の将軍アブネルとアマサを殺したばかりでなく、命令に反して自分の息子アブサロムを殺したことを根に持っていたのであろう。またダビデは、ベニヤミン人のシムイを、彼の白髪を血に染めて陰府に送るように遺言した ― エルサレムを追われて逃げ延びる時に彼から呪われたが、シムイは元来、サウルの家の一族に属する者で、アブサロムのクーデターに加担した政敵であった。

　これらの遺言は、王、詩編作者、救い主の家系の創始者、いずれの呼び方にもふさわしくない。政治家の臨終の言葉としてしか、理解できない類のものである。彼の人間性は、何よりも政治家に向いていたように思われる。あるいは、申命記史家が、ダビデをそのように見ていたということかも知れない。

(2)　聖書の人間観から見たダビデ

　ダビデが、古代オリエントの世界において、まれに見る一大国家を築いた偉大な政治家であったことは疑う余地がない。しかしダビデは、いわゆる品行方正な人間ではなかった。由々しき罪と大きな過ちを犯した ― バトシェバと姦淫し、その夫ウリヤを殺させ、息子たちの罪悪を不問に付し、さらに、政治家

として、神の意に反して人口調査を行い、イスラエルの民の上に疫病をもたらした。

　如何に偉大な政治家だったとは言え、このように悪を行った人間が、歴史の舞台から姿を消すどころか、三千年来、人びとから親しまれ、尊敬されてきたということは不思議なことである。

　しかし、ダビデを聖書の人間観から見ると、必ずしも不可解な人間には見えない。その人間観は、「罪を犯さない者は一人もいない」という言葉に集約することができる。

　この言葉は、列王記と歴代誌に記されているが（列王上 8:46; 歴代下 6:36）、同じような表現は、他にも見出すことができる。

　どういう人が純粋であり得るのか？
　女から生まれた者がどうして正しくあり得るのか？
　見よ、神は自らの聖なる人びとさえ信頼しない、天でさえ神の目に純粋でない。
　厭うべき者、腐敗した者、不正を水のように飲む人間はなおさらだ（ヨブ記 15:14-16）。

　あなたの僕を裁きにかけないでください。
　生きている者であなたの前に正しい者は一人もいないからです（詩編 143:2）。

　善を行って罪を犯さない正しい人間は、この地上には一人もいない（コヘレ 7:20）。

　聖書の人間観は、ユダヤ人の人間観にも影響を与えている。アディン・シュタインザルツは聖書の人間観を踏まえて、次のように書いている。

　ある人物の個人的生活は、美徳と良識の手本かも知れないが、社会から見れば極めて危険な人間かも知れない。また、これとは反対に、個人的な罪が常に、家族、社会、国家などとの関連において否定的な結果を招くとは限らない。

　今日、現代人は、金銭面で不正な処理を行ったり、異性に失礼なことをしたりした政治家を見つけると、鬼の首でも取ったように騒ぎ立て、政界から追放してしまう。品行方正な人間が理想的な政治家であるような印象を与えている。しかし、品行方正な人間が有能な政治家であるとは限らないし、罪を犯した人間が常に社会と国家に大きな害を与えるとは限らない。いや、罪を犯した人間の中に、ダビデのような優れた政治家が隠れていることもあり得る。

　政治家ダビデ研究の現代的意義の一つは、「罪を犯さない者は一人もいない」

という聖書の人間観に立ち返って、国家的・歴史的な展望の下で、自分と他者を、可能な限り公平に評価する視点を持つことであるように思われる。

初出：日本イスラエル文化研究会第一回学術大会（2004.10.30）で研究発表

主要参考文献

André Lemaire, "The United Monarchy" in *Ancient Israel*, ed. Hershel Shanks, pp.92-98.

"David: A Study in Politics" in John H. Gottcent, *The Bible, A Literary Study*, pp.38-46.

Tom Houston, *King David, Lessons on Leadership from the Life of David*.

Adin Steinsaltz, *Biblical Images, Men and Women of the Book*.

"David" in *Encyclopedia Britannica, 1994-1999*.

"David" in *Encyclopaedia Judaica* (Encyclopaedia Judaica Jerusalem), Volume 5.

David M. Howard, Jr., "David" and Keith N. Whitelam, "Jesse" in ABD.

J.M. Myers, "David" in *The Interpreter's Dictionary of the Bible*.

J.B. Scott, "David" in *The Zondervan Pictorial Encyclopedia of the Bible*.

アディン・シュタインザルツ著／有馬七郎訳『聖書の人間像』

新約聖書の正しい読み方

1　コイネー（ギリシア語）の言語学的特性
2　言語学的特性を生かしたギリシア語新約聖書の読み方
3　聖書通読の重要性

参考資料：聖書の章・節区分の起源

1　コイネー（ギリシア語）の言語学的特性

　ギリシア語新約聖書の理解には、その言語としての性格と特徴を知ることが欠かせない。この知識がないと、見当外れの研究をすることになるからである。
　ギリシア語は紀元前 13 世紀から今日まで続く長い、豊かな歴史を持っている。ホーマー（紀元前 8 世紀）からプラトン（紀元前 4 世紀）までの著作者たちによって用いられたギリシア語の形態は、「古典ギリシア語」と呼ばれている。古典ギリシア語には、次の四つの主要な方言があった。

① 　ドーリス方言：ペロポンネソス戦争（アテナイとスパルタの間の戦い、431-404 BC）においてアテナイの敵の大部分が話していた方言。

② 　アルカディア方言／キプロス方言：如何なる文学にも用いられていない。

③ 　アイオリス方言：テッサリア、ボイオティア、レスボス島で話された。

④ 　アッティカ／イオニア方言：イオニア方言は、エウボイア（エーゲ海西部の島で、本土と橋で連結されている）、中央・東エーゲ海の島々、小アジアの海岸地帯などで話されていた。他方、アッティカ方言は、その純粋な形でアリストファネス（c.450-c.388 BC）、プラトン、雄弁家たちによって用いられ、その変化した形でトゥキュディデス（c.460-c.400 BC）や悲劇作家たちによって用いられた。アレキサンドロス大王（356-323 BC）はこの方言によって、偉大な哲学者アリストテレスから教えを受けた。

紀元前 4～3 世紀に僅かに変化を遂げたイオニア色の強いアッティカ方言は、やがてヘレニズム期の標準言語となり、ギリシア語の世界は東方に広く拡張された。そして結果的に、ローマ帝国の東半分の「ギリシア語圏の」の標準語となった。これは、*hē koinē dialektos* (the common speech)〔普通方言〕と呼ばれた。この方言は、今日一般に「コイネー（ギリシア語）」と呼ばれている。

　コイネーは、今日では、遺書、書簡、受領証、買い物リストなどに用いられた、日常生活上の言語だったことが判明している。日常語で書かれたということは、話し言葉で、すなわち会話体で書かれたことを意味し、その言語に本来的な書き言葉がなく、一つの文体のみが存在していたことを意味している。実際、その言語には、話し相手によって呼称や話し方を変える語法も、語りかける対象によって語り方を変える語法も存在しなかった。(1)

2　言語学的特性を生かしたギリシア語新約聖書の読み方

　ギリシア語新約聖書がコイネーで書かれたことは、重大な意味を持っている。それは普遍的な言語で、パウロが旅行先のどこでも理解され、何の問題も経験しなかったことによって実証されている。もう一つの特徴は、神が福音を伝達するために普通の方言を用い、福音が学問のある人だけでなく、学問のない人にも理解されるように配慮された、ということである。

　普通方言、すなわち日常語の特徴は、特殊な場合を除いて、どの言葉もただ一つの意味を伝えるために用いられることである。この原則が適用されなければ、日常生活は混乱してしまう。これは、コイネーを読む場合の最大・最強の鉄則である。したがって、ギリシア語新約聖書の読み方は文脈に沿って、ただ一つの意味を求めることだと言うことができよう。このことは、聖書解釈学の立場からも言える。

　聖書解釈学の第一段階は、著者が最初の聴衆に伝えようとしていた意味を学ぶことである。これは exegesis 〔聖書の解釈〕の役割である。exegesis という語は、「～から」を意味するギリシア語の前置詞 *ek* を伴って形成された。exegesis とは、著者が言おうとしていたものを学ぶために、テキストから意味を引出すことである。exegesis はしばしば、eisegesis〔聖書の自己解釈〕と対比させられる。ギリシア語の前置詞 *eis*

は「〜の中へ」を意味するところから、eisegesis とは、あなた自身の意味するところをテキストの中に読み込むことを意味する。聖書研究とは、あなたの個人的な神学を聖書のどこかの箇所に読み込むことではない。聖書研究とは、キリストをして私たちに語らせることである。私たちは聴衆であって、語り手ではない。

　したがって解釈者は、著者が意図したものを見出すように努めることになる。これは、「著者の意図」と呼ばれる。数少ない箇所では、著者は ── 語呂合わせのために、あるいは神が預言のような深遠な意味を込めて ── 多様な意味を意図していたと思われる。しかし、大部分の時代を通して、著者はどの言葉も一つの事柄を意味するために用いたので、目標はその一つの意味を見出すことである。(2)

聖書の著者たちがどの言葉もただ一つの事柄を意味するために用いたとの聖書理解は、期せずしてジャン・カルヴァンの聖書理解と一致する。カルヴァンは、聖書テキストの背後にある歴史的な事柄には余り重きを置かず、テキストそれ自体が読者に示している表面的な意味に焦点を合わせ、読者の知的好奇心に焦点を合わせるようなことはしなかった。

> 聖書は「神の言葉」であるから、説教者はその言葉を伝える謙虚な僕である重責を担っていた。したがってカルヴァンは、自分自身の意見を聖書テキストの中に持ち込まず、「純粋な言葉」の「純粋な教え」を伝達することに専念した……。カルヴァンの目的は、人間である作者が聖霊に導かれて意図した「著者の精神」を説明することだった。(3)

> カルヴァンにとって、歴史的意味とは物語的、すなわち平易な意味だった。彼は聖書テキストそれ自体が読者に示しているままの表面的な意味に焦点を合わせた。彼はただ単に興味をそそる手掛かりを提供するに過ぎない、テキストの背後にあるものを探求することを考えていなかった。カルヴァンは啓蒙主義の子供ではなかった……。彼は初代キリスト教の多くの教父たちが行った聖書の説明に対して心からの敬意を払った。(4)

ギリシア語テキストの表面的な意味を追求したカルヴァンの態度が、今日の聖書解釈学で言うところの「聖書の解釈（exegesis）」で、「聖書の自己解釈（eisegesis）」でなかったことは注目に値する。

　コイネーが日常生活上の言語であったということは、語や語句がただ一つの意味で用いられたことを意味する。したがって、今日、日本のプロテスタント

の牧師・教師たちがギリシア語新約聖書の語や語句の解釈において、それらの語源に遡って意味を詮索したり、他の文脈における意味を転用したりしている態度は全くナンセンスである。

3　聖書通読の重要性

　聖書を知るには、それを通読するに限る、という主張は古くから根強い。まず、マルティン・ルターの見解に耳を傾けてみよう。

　　ルターは 1533 年に、「私は何年間も、毎年聖書を二度通読してきた。もし聖書が大きな力強い木で、そのすべての言葉が小枝であるなら、私はそのすべての小枝を叩いて、そこに何があり、それが何を実らせようとしているのかを知ろうとする」（Ewald M. Plass, *What Luther Says*, p.83）と書いた。オバーマンは、ルターは少なくとも 10 年間その習慣を守った、と言っている（Heiko A. Oberman, *Luther: Man Between God and Devil*, p.173）。聖書は、ルターにとって、すべての教父たちや注解者たち以上のものを意味するものとなっていた。[5]

　　若かった頃、私は聖書を何度も何度も繰り返し読み、それに完全に精通していたので、どのような機会にも、言及されている聖書箇所を突き止めることができた。その頃、さまざまな注解書を読んだが、直ぐに放棄した。なぜなら、そこに書かれている多くの事柄が聖なるテキストに反していて、私の良心を納得させなかったからである。聖書は常に、他人の目をもって見るよりも、自分自身の目で見る方が役に立った。[6]

　次に、敬虔なキリスト者として知られるスイスの法学者カール・ヒルティの見解から学んでみよう。聖書の通読を勧める記述は、『眠れない夜のために』第 2 巻「3 月 5 日」に見出すことができる。

　　聖書を知るには、時々その全部を繰り返し通読することが有益である……。聖書の中で何が神の霊（Gotttes Geist）であり、何が人間の見解（menschliche Auffassung）や後代に付け加えられたもの（Zutat）であるかは、あなたがこの聖なる著作を誠実に読み始めるならば、間もなく自ずから気付くであろう。[7]

　こうして私たちは、聖書を通読することこそが「キリストをして私たちに語

らせることである」（W.D.Mounce）という正しい読み方に気付き、これまでに
も増して聖書の通読に励むようになる。

注

(1) 「コイネー（ギリシア語）の言語学的特性」に関しては、"A brief history of the Greek language" in *Reading Greek: Grammar and Excercises*, pp.465-7 および W.D. Mounce, "The Greek Language" in *Greek for the Rest of Us*, pp.2-3 参照。

(2) W.D. Mounce, *Greek for the Rest of Us*, p.239.

(3) Susan Schreiner, "Calvin as an interpreter of Job" in *Calvin and the Bible*, pp.54-55.

(4) David C. Steinmetz, "The Theology of John Calvin" in *The Cambridge Companion to Reformation Theology*, p.116.

(5) John Piper, *The Legacy of Sovereign Joy*, p.93.

(6) Hugh T. Kerr, *A Compend of Luther's Theology*, p.16. / John Piper, p.94.

(7) Carl Hilty, *Für schlaflose Nächte*, Zweiter Teil, Frauenfeld, 1919, p.47.

初出：「聖書の読み方」 in 『いずみ』（NTT・KDDI 合同聖書研究会機関誌） No.46; 2008.7.19.／「聖書の読み方（続き）」 in 『いずみ』No.50; 2012.7.12.

参考資料

聖書の章・節区分の起源

ヘブライ語聖書の章・節区分

ヘブライ語聖書の節区分

　ヘブライ語聖書の節区分は、約2世紀に遡り、10世紀に最終的に決定した。すなわち、ベン・アシェル（Ben Asher）は、モーセ五書の、バビロニア〔タルムード〕に基づく5,888区分、パレスティナ〔タルムード〕に基づく15,842区分を改め、5,845節に分けた。500年頃から二つの点〔から成る終止符〕の挿入によって区分が為された。

　節区分の決定基準の起源は明確でない。一方には、詩の一行の長さが一節だったと考える説があり、他方には、会堂でアラム語に翻訳する際に一時に音読できる分量が一節だったと考える説がある。

ヘブライ語聖書の章区分

　初期のヘブライ語聖書の写本には、今日知られているような章区分は、多少は巻物からコーデックスへの変更に伴ってもたらされたキリスト教の慣行に倣って、1330年頃に初めて付された。

新約聖書の章・節区分

新約聖書の章区分

　最初期のギリシア語新約聖書のテキストには、聖書箇所を特定するために役立つ、何の区分も記号もなかった。しかし、テキストが正典として収集された時、各書（作品）とその構成部分を相互に識別する必要が生じた。構成部分を決定する第一の手段は、書記たちによって挿入された記号だった。

　例えば、コーデックス・ヴァティカヌス（4世紀）には、マタイに170, マルコに62, ルカに152, ヨハネに50の区分が設けられていた。さまざまな写本

には、さまざまな異なった区分が施されていたのである。10 世紀後半を生きた
カッパドキアのカイザリア大司教アンドリューは、黙示録 4:4 が 24 人の長老に
言及していることから、黙示録を 24 の部分に区分し、さらに、各長老が体と
魂と霊を持っていたので、24 の部分をさらに 72 に区分けした。4 世紀のエウ
セビウスは、多くの後続の写本に見出される、並行箇所を特定する助けとなる
表記体系を考案した。

　カンタベリー大司教ラングトン（Stephen Langton, 1150-1228）はラテン語
ウルガタ聖書の写しに章区分を付与した。この章区分はその後、多くの英訳聖
書の章区分として採用され、今日に至っている。

新約聖書の節区分

　新約聖書における節区分は、フランスの印刷業者ステファヌス（Robert
Stephanus, 1503-59）が 1551 年に出版したギリシアと新約聖書において初め
て採用された。彼は節区分を、パリからリヨン〔フランス中東部〕への旅行中
に行ったと言われている。幾つかの節区分に見られる外見的な自由裁量は、ス
テファヌスの愉快なエピソードと結び付いている。

　　ステファヌスの息子によると、彼の父はパリからリヨンでの旅行中 inter
　equitandum〔騎馬している間に〕節区分を設けた。何人かはこれを "on horseback"
　を意味すると理解した。（そして、不適切な節区分は馬が彼のペンを間違った場所に
　打ち当てたのが始まりだと説明した。）この推理は至極自然で、仕事は道沿いの宿で
　休息している間に完成されたという証拠によって最高に支持されている（Metzger,
　Manuscript of the Greek Bible, p.41, n.106.）。

　最初に節区分を行った英訳聖書は、Whittingham's New Testament, 1557
で、余白に A, B, C…表記をすることによって節区分を行った。The Geneva
Bible, 1560 以降、番号を付し、各節毎に改行する方法が採用された。この方
法は、後に、散文部分を "paragraph" に、詩的部分 "parallel lines" に組んだ
F.H.A. Scrivener 編集の *The Cambridge Paragraph Bible*, 1873 が現れるま
で、唯一の節区分方法として存続した。

　　　参照文献：Paul D. Wegner, *The Journey from Texts to Translations* および
　　　Alec Gilmore, *A Concise Dictionary of Bible Origins & Interpretation*.

ギリシア語新約聖書におけるピスティス、その言語学的考察

前書き

　ギリシア語新約聖書におけるピスティスは、ギリシア語の *pist-* 語群によって表現される。その語群に属するギリシア語には、*pistis, pisteuō, pistos, apistos, apistia, apisteō, oligopistos, pistikos, pistoō* がある。以下、これらのギリシア語を、NA28 をベースに、主として BDAG に基づいて考察する。

1　*pistis*（新約聖書に 243 回現れる女性名詞）

2　*pisteuō*（新約聖書に 241 回現れる動詞）

3　*pistos*（新約聖書に 67 回現れる形容詞）

4　*apistos*（新約聖書に 23 回現れる形容詞）

5　*apistia*（新約聖書に 12 回現れる女性名詞）

6　*apisteō*（新約聖書に 8 回現れる動詞）

7　*oligopistos*（新約聖書に 5 回現れる形容詞）

8　*pistikos*（新約聖書に 2 回現れる形容詞）

9　*pistoō*（新約聖書に 1 回のみ現れる動詞）

10　新約聖書に現れる *pist-* 語群の特徴

1　*pistis*（新約聖書に 243 回現れる女性名詞）

(1)　信頼や信仰を引き起こすもの、忠実さ・誠実さ・信頼性（faithfulness, reliability, fidelity）を意味する *pistis*

　　mē hē apistia autōn tēn pistin tou theou katargēsei; (Rom 3:3)
　　彼らの不誠実が神の誠実さを無にするのでしょうか？

　　ここでは、*hē apistia autōn*（彼らの、すなわち人間の不誠実）が *tēn pistin*

tou theou （神の誠実さ）と対照させられている。
　同じ用例としては他に、マタイ 23:23; テトス 2:10; ガラテ 5:22 がある。

(2)　信頼されている者の信頼性に基づいて信じること、信頼・信用・信仰（trust, confidence, faith）を意味する *pistis*
　(a)　神への信頼・信仰としての *pistis*

echete pistin theou. (Mark 11:22)
神への信仰を持ちなさい。

echete pistin は、「信仰を持ちなさい」を意味する命令法。名詞 *pistin* の文法形態は、対格・単数・女性形。
　同じ用例としては他に、 I テサ 1:8; ヘブラ 6:1; I ペト 1:21 がある。

(b)　キリストへの信頼・信仰としての *pistis*
　①　身体的・精神的苦痛からの解放を求めて、主の助けにより頼む信仰心・信頼に関する記事は、しばしば共観福音書に現れる。

par'oudeni tosautēn pistin en tō Israēl heuron. (Matt 8:10)
イスラエルの中で、私はこのような信仰を見たことがありません。

名詞 *pistin* はキリストに対する信仰を表している。その文法形態は、対格・単数・女性形。
　同じ用例としては他に、マタイ 9:2, 15:28; マルコ 2:5; 4:40; 5:34; 10:52; ルカ 5:20; 7:9, 50; 8:25, 48; 17:19; 18:42 がある。

　②　キリストに対する信仰表現としては、*pistis Iēsou Christou* [faith in Jesus Christ] の形がある。この表現形式はパウロ書簡に多く現れる。

dikaiosynē de theou dia pisteōs Iēsou Christou eis pantas tous pisteuontas. (Rom 3:22)
〔それは〕イエス・キリストへの信仰を通して信じる者すべてに与えられる義です。

dia は属格 *pisteōs* と結び付いて「信仰を通して」を意味する。 *pisteōs Iēsou Christou* は「イエス・キリストへの信仰」を意味する。

同じ用例としては他に、ローマ 3:26; ガラテ 2:16ab, 20; 3:22; エフェ 3:12; フィリ 3:9; ヤコブ 2:1 がある。

キリストへの信仰を、*pistis eis* の形で表現する場合がある。

tēn eis theon metanoian kai pistin eis ton kyrion hēmōn Iēsoun. (Acts 20:21)
神に対する悔い改めと私たちの主イエス・キリストに対する信仰を〔ユダヤ人にもギリシア人にも証して……〕

ここでの *pistin* は *eis* と結び付いて「〜に対する信仰」を意味する。名詞 *pistin* の文法形態は、対格・単数・女性形。*eis* は対格と共に用いられる前置詞で、ここでは *ton kyrion hēmōn Iēsoun* と結び付いている。
同じ用例としては他に、使徒 24:24; 26:18; コロサ 2:5 がある。

また、キリストへの信仰を、*pistis en* の形で表現する場合もある。

Pantes gar hyioi theou este dia tēs pisteōs en Christō Iēsou· (Gal 3:26)
あなた方は皆、イエス・キリストへの信仰を通して神の子なのです。

dia tēs pisteōs en で「〜への信仰を通して」を意味する。名詞 *pisteōs* の文法形態は、属格・単数・女性形。*en* は与格（ここでは *Christō Iēsou*）と共に用いられる前置詞。
同じ用例としては他に、エフェ 1:15; コロサ 1:4; Ⅰテモ 3:13; Ⅱテモ 3:15 がある。

(c) *pistis* はまた、信仰の対象となる目的格相当の事物の属格と結びつく特徴を持っている。

epi tē pistei tou onomatos autou touton ……estereōsen to onoma autou,
(Acts 3:16a)
彼の〔イエスの〕名が、彼の名を信じる信仰によって、この人を強くしました。

tē pistei tou onomatos autou（彼の名を信じる信仰）における *tou onomatos autou* の各語は、何れも文法的に属格である。
同じ用例としては他に、フィリ 1:27; Ⅱテサ 2:13 がある。

(d) *pistis* は多くの場合、目的語を伴わずに用いられる。

① 真の敬虔、純粋な献身の意味で用いられる。

ho hyios tou anthrōpou elthōn ara heurēsei tēn pistin epi tēs gēs; (Luke 18:8)
彼〔人の子〕が来る時、地上に信仰を見出すでしょうか?

名詞 *pistin* は、どのような信仰であるかを特定していない。

同じ用例としては他に、ルカ 22:32; 使徒 6:5; 6:7; 13:8; 14:22; 15:9; 16:5; ローマ 1:5, 8, 12, 17ab がある。これらの他に BDAG は、ルターの追記で有名なローマ 3:27; ハバク 2:4 に関連するガラテ 3:11 など約 80 の関連個所を挙げている。

② *pistis* の定義が為されている聖書箇所がある。

Estin de pistis elpizomenōn hypostasis, pragmatōn elegchos ou blepomenōn. (Heb 11:1)
さて、信仰は希望していることを保証し、見えないものを確信させるものです。

同じ用例としては他に、Ⅱコリ 5:7; ヘブラ 4:2(ここでは、信仰が単なるキリスト教の教えを聴く以上の意味で用いられている)がある。

③ *pistis* がキリスト者の徳として用いられている聖書箇所がある。

euangelisamenou hēmin tēn pistin kai tēn agapēn hymōn (1 Thes 3:6)
〔テモテが〕あなた方の信仰と愛について良き知らせをもたらしてくれました。

同じ用例としては他に、Ⅰテサ 5:8; Ⅰテモ 1:14; Ⅱテモ 1:13; フィレ 5 がある。

pistis がアガペーとその他の徳と共に用いられている聖書箇所には、Ⅱコリ 8:7; ガラテ 5:22; エフェ 6:23; Ⅰテモ 2:15; 4:12; 6:11; Ⅱテモ 2:22; 3:10; テトス 2:2; 黙示録 2:19 がある。

pistis が希望と愛と共に用いられている聖書箇所には、Ⅰコリ 13:13; Ⅰテサ 1:3 がある。

④ *pistis* がキリスト教の教えへの忠実さとして用いられている聖書箇所には、ヤコブ 2:14ab, 17, 18abc, 20, 22ab, 24, 26 がある。

⑤ *pistis* が自由あるいは強さとして用いられている聖書箇所には、ローマ 14:22, 23 がある。

(3) 信じられるもの、信仰／信仰心／教え（faith/belief/teaching）の本体としての *pistis*

tē hapax paradotheisē tois hagiois pistei. (Jude 3)
聖徒たちにひとたび伝えられた信仰のために

同じ用例としては他に、ローマ 1:5; 12:6; ガラテ 1:23; 3:23-25; Ⅰテモ 1:19; 4:1, 6; 6:10; ユダ 20 がある。

2 *pisteuō*（新約聖書に 241 回現れる動詞）

(1) 何かを真実で、信頼するに値すると考えること、信じる（believe）
  (a) 何かを信じる（believe in）、何かに確信させられる
    ① 対格と共に

[*hē agapē*] ... *panta pisteuei,* (1 Cor 13:7)
愛は……すべてを信じます。

pisteuei は対格と共に用いられて、「〜を信じます」を意味する。その文法形態は、現在形・能動態・直説法、3 人称・単数形で、*hē agapē* を受ける。同じ用例としては他に、ヨハネ 11:26b; Ⅰヨハ 4:16 がある。

    ② 接続詞 *hoti* を用いる形で（believe that ...）

makaria hē pisteusasa hoti estai teleiōsis tois lelalēmenois autē para kyriou. (Luke 1:45)
主が彼女に言われたことは実現されると信じる彼女は何と幸せでしょう。

pisteusasa は *hoti* 以下を「信じる」を意味する分詞で、直前の *hē*（「彼女」）を説明する。動詞 *pisteusasa* の文法形態は、分詞、アオリスト・能動態、主格・単数・女性形。

同じ用例としては他に、マルコ 11:23; ヨハネ 8:24; 9:18; 11:27; 13:19; 14:10; 16:27, 30; 17:8, 21; 20:31a; 使徒 9:26; ローマ 6:8; 10:9; Ⅰテサ 4:14; ヘブラ 11:6; ヤコブ 2:19a; Ⅰヨハ 5:1, 5 がある。

③ 対格および不定詞と共に

dia tēs charitos tou kyriou Iēsou pisteuomen sōthēnai (Acts15:11)
私たちは主イエスの恵みによって救われることを信じています。

動詞 *pisteuomen* の文法形態は現在形・能動態・直説法、1 人称・複数形である。*sōthēnai* の文法形態は不定詞、対格・複数形である。

④ 与格と共に

episteusan tē graphē kai tō logō hon eipen ho Iēsous. (John 2:22)
彼らは聖書とイエスが語った言葉を信じた。

動詞 *episteusan* は「信じた」を意味し、与格の *tē graphē* と *tō logō* に対応する。*episteusan* の文法形態は、アオリスト・能動態 直説法、3 人称・複数形。

同じ用例としては他に、ルカ 1:20; 4:50; 5:47ab; 10:38; 12:38; Acts24:14; ローマ 10:16; Ⅱテサ 2:11, 12 がある。

⑤ 前置詞 *eis, en, epi* と共に

Hos par' elpida ep' elpidi episteusen eis to genesthai auton patera pollōn ethnōn kata to eirēmenon· (Rom 4:18)
彼〔アブラハム〕は希望が全くないのに、言われている通りに、多くの国民の父となることを信じました。

episteusen eis で「～ということを信じました」を意味する。動詞 *episteusen* の文法形態は、アオリスト・能動態・直説法、3 人称・単数形。*eis* は対格と共に用いられる前置詞。

pisteuete en tō euangeliō. (Mark 1:15)
福音を信じなさい。

pisteuete en で「〜を信じなさい」を意味する。動詞 *pisteuete* の文法形態は、現在形・能動態・命令法、2 人称・複数形。*en* は与格と共に用いられる前置詞。

bradeis tē kardia tou pisteuein epi pasin hois elalēsan hoi prophētai· (Luke 24:25)
預言者たちが語ったすべてを信じることに心の鈍い者たち……

pisteuein epi で「〜を信じることに」を意味する。動詞 *pisteuein* の文法形態は、不定詞、現在形・能動態。前置詞 *epi* は与格と共に用いられる。
同じ用例としては他に、ローマ 9:33 がある。

(b) 信用している人びとと、あるいは信じている人びとと共に

彼らの中には、下記の聖句が示すように、信じた人びとと信じなかった人びとがいた。

tois theasamenois auton egēgermenon ouk episteusan. (Mark 16:14)
彼らは、死者から甦った彼を見た人びとを信じなかった。

hote de episteusan tō Philippō euangelizomenō peri tēs basileias tou theou kai tou onomatos Iēsou Christou, ebaptizonto andres te kai gunaikes. (Acts 8:12)
ピリポが神の国とイエス・キリストの御名について宣教するのを信じた彼らは、男も女も洗礼を受けた。

この種の記述は、マタイ 21:25, 32abc; マルコ 11:31; 16:13; ルカ 20:5; ヨハネ 5:46a; 使徒 26:27a などにあり、神の関連ではヨハネ 5:24; ローマ 4:3, 17; ガラテ 3:6; ヤコブ 2:23 に、イエスの関連ではマタイ 27:42; ヨハネ 5:38, 46; 6:30; 8:45, 46; 10:37, 38a などに見出される。

(c) 何かの関連で誰かを信じる

pisteuete moi hoti egō en tō patri kai ho patēr en emoi· (John 14:11a)
私が父のうちにおり、父が私のうちにおられると私が言うのを信じなさい。

同じ用例としては他に、ヨハネ 4:21; 使徒 27:25 がある。

(d) 否定的表現

Tote ean tis hymin eipē· idou hōde ho christos, hē· hōde, mē pisteusēte· (Matt 24:23)

その時もし誰かが「見よ、ここにキリストがいる」とか「そこにいる」と言っても、信じてはいけません。

同じ用例としては他に、マタイ 24:26; マルコ 13:21; ルカ 22:67; ヨハネ 3:12ab; 10:25f がある。

(2) 完全に信頼している存在者に自分自身を委ねる、信じる（believe in）、信頼する（trust）

(a) 「神を信じる」、「キリストを信じる」意味に

① 与格と共に「神を信じる」、「キリストを信じる」

ēgalliasato panoikei pepisteukōs tō theō. (Acts 16:34)

彼は神を信じたことを家族と共に喜んだ。

pepisteukōs は与格 *tō* を伴って「〜を信じたこと」を意味する。動詞 *pepisteukōs* の文法形態は、分詞、完了形・能動態、主格・単数・男性形。

Elegen oun ho Iēsous pros tous pepisteukotas autō Ioudaious· (John 8:31)

そこでイエスは、彼を信じたユダヤ人たちに言った。

tous pepisiteukotas は与格の *autō* を伴って「彼を信じた人びと」を意味し、*Ioudaious* と同格。動詞 *pepisteukotas* の文法形態は、分詞、完了形・能動態、対格・複数・男性形。

同じ用例としては他に、ヨハネ 6:30, 使徒 5:14, 18:8a がある。

② 前置詞 *eis* と共に「神を信じる」、「キリストを信じる」

ho pisteuōn eis eme ou pisteuei eis eme all' eis ton pempsanta me, (John 12:44b)

私を信じる者は私を信じるのではなく、私を遣わした方を信じているのです。

pisteuei は前置詞 *eis* を介して、*eme* だけでなく、*ton pempsanta me* を受

ける。*pisteuei* の文法形態は、現在形・能動態・直接法、3 人称・単数形。
同じ用例としては他に、ヨハネ 14:1a がある。

hena tōn mikrōn toutōn tōn pisteuontōn eis eme, (Matt 18:6)
私を信じるこれら小さな者たちの一人

pisteuontōn eis は「〜を信じるところの」を意味する。動詞 *pisteuontōn* の
文法形態は、分詞、現在形・能動態、属格・複数・男性形。
同じ用例としては他に、マルコ 9:42, ヨハネ 2:11; 3:16, 18a, 36; 使徒
10:43 などがある。

③ *epi* および与格と共に
キリストについての用例としては、ローマ 9:33; 10:11; Ⅰテモ 1:16; Ⅰペ
ト 2:6 がある。

④ *epi* および対格と共に
神についての用例としては、ローマ 4:5, 24 がある。
キリストについての用例としては、マタイ 27:42; 使徒 9:42; 11:17; 16:31;
22:19 がある。

(b) 信じる対象が全く表現されていない記述

ho pisteusas kai baptistheis sōthēsetai, (Mark 16:16a)
信じてバプテスマを受ける者は救われます。

これに類する用例は、ルカ 8:12f; ヨハネ 1:7; 3:15 …; 使徒 4:4; 8:13 …;ロ
ーマ 1:16 …; Ⅰコリ 1:21 など約 60 か所に及ぶ。

(c) 特殊な信仰に関する記述

eipen ho Iēsous tō hekatontarchē, hypage, hōs episteusas genēthētō soi. (Matt
8:13)
イエスは百人隊長に言った、「行きなさい。あなたの信じた通りになりますように」。

神あるいはキリストが苦境から脱出することを嘆願する人びとを助けてく
ださることを確信する信仰に関する記述は、この他に、マタイ 9:28; 21:22; マ

ルコ 5:36; 9:23f; 11:23; ルカ 8:50; Ⅱ コリ 4:13a などに見出される。

(3) 誰かに何かを委ねる／任せる

to alēthinon tis hymin pisteusei; (Luke 16:11)
真に価値あるものを誰があなたに任せるでしょうか？

pisteusei は「〜に任せるでしょう」を意味する。その文法形態は、未来形・能動態、3 人称・単数形。

autos de Iēsous ouk episteuen auton autois (John 2:24)
しかしイエスは、自分自身を彼らに委ねなかった。

episteuen auton autois は、「彼は自らを彼らに委ねるであろう」を意味し、*ouk* でそれを否定している。動詞 *episteuen* の文法形態は、未完了形・能動態・直説法、3 人称・単数形。

「委ねる」／「任せる」の用例としては他に、ローマ 3:2; Ⅰ コリ 9:17; ガラテ 2:7; Ⅰ テサ 2:4; Ⅰ テモ 1:11; テトス 1:3 がある。

(4) 何かについて確信している

hos men piteuei phagein panta, (Rom 14:2)
何を食べてもよいと信じている人

動詞 *piteuei* の文法形態は、現在形・能動態・直説法、3 人称・単数形。

3　*pistos*（新約聖書に 67 回現れる形容詞）

(1) 信じ、信頼するに値することに関して、忠実な、誠実な（faithful）、信頼できる（trustworthy, dependable）を意味する *pistos*
　(a) 人びとに関して
　　① 人間と（とキリスト）に用いて

Tis estin ho pistos doulos kai phronimos …; (Matt 24:45)

忠実な賢い僕とは誰でしょうか？

このように、形容詞 *pistos*（忠実な）が他の形容詞と共に用いられている用例は他にもある（マタイ 25:21a, 23a; ルカ 12:42; ヘブラ 2:17; 1 黙示録 3:14; 19:11）。

形容詞 *pistos* が「忠実な」という意味で用いられている用例は、ルカ 16:10, 11, 12; 19:17; Ⅰコリ 4:17; エフェ 6:21; コロサ 1:7; 4:7, 9; Ⅰテモ 1:12; 3:11; ヘブラ 3:2, 5; 黙示録 2:10; 17:14; 19:11 などに見出される。

形容詞「忠実な」が用いられている人間では、「僕」*doulos*（マタイ 24:45, 25:21a, 23a）、「管理人」*oikonomos*（ルカ 12:42, Ⅰコリ 4:2）、「証人」*martys*（黙示録 1:5; 2:13; 3:14）などが目立っている。

キリストとの関連では、*pistos* は大祭司の形容詞として用いられている。

hina eleēmōn genētai kai pistos archiereus ta pros ton theon (Heb 2:17)
〔イエスは〕神に仕える憐れみ深い、忠実な大祭司となるために

この他に、ヘブラ 3:2 にイエスへの言及があり、黙示録 1:5; 3:14; 19:11 にキリストへの言及がある。

形容詞 *pistos* はほとんど「忠実な」という意味で用いられているが、例外的に「信頼できる」 trustworthy の意味で用いられている箇所がある。

gnōmēn didōmi hōs ēleēmenos hypo kyriou pistos einai. (1 Cor 7:25)
私は主の憐れみによって信頼できる者として意見を述べます。

② 私たちが完全に信頼できる存在者としての神に用いて

pistos ho theos, (1 Cor 1:9)
神は真実な方です。

pistos は「真実な」存在者であることを意味している。このように、神が真実なことに言及した箇所は他に、Ⅰコリ 10:13; Ⅱコリ 1:18; Ⅰテサ 5:24; ヘブラ 10:23; 11:11; Ⅱテサ 3:3; Ⅱテモ 2:13; Ⅰペト 4:19; Ⅰヨハ 1:9 がある。ちなみに、これらの用例における *pistos* は、英訳聖書（例えば ESV）ではすべて、"faithful" と訳されている。

(b) 事物、特に言葉に関して

pistos ho logos … hoti (1 Tim 1:15)
〜という言葉は真実です。

　この場合の *pistos* は「真実な」「信頼できる」存在者を意味する。これに類する用例としては他に、Ⅰテモ 3:1; 4:9; Ⅱテモ 2:11; テトス 3:8; 黙示録 21:5; 22:6 がある。ちなみに、これらの用例における *pistos* は、英訳聖書（例えば ESV）ではすべて、"trustworthy" と訳されている。

(2)　信頼する存在に関して、信じている（trusting）、大切にしている信仰／信頼（cherishing faith/trust）を意味する *pistos*

hoi ek pisteōs eulogountai sun tō pistō Abraam. (Gal 3:9)
信じている彼らは、信じているアブラハムと共に祝福されています。

　tō pistō は「信じている者／信者」を意味し、*sun*（と共に）は与格と共に用いられる前置詞で、ここでは与格の *tō pistō Abraam* を受ける。
　これに類する用例としては他に、ヨハネ 20:27; 使徒 16:1, 15; エフェ 1:1; コロサ 1:2; Ⅰテモ 4:10; 5:16; 6:2ab; テトス 1:6; Ⅰペト 1:21 がある。

4　*apistos*（新約聖書に 23 回現れる形容詞）

(1)　信じられない、信じ難い（unbelievable, incredible）

ti apiston krinetai par' hymin ei ho theos nekrous egeirei; (Acts 26:8)
神が死者を甦らせるということを、あなた方のうちの誰かによって信じ難いと考えられているのですか？

　形容詞 *apiston* は「信じ難い」を意味する。動詞 *krinetai* は「判断する」を意味し、その文法形態は現在形・受動態・直説法、3 人称・単数形。*par' hymin* は、「あなた方のうちの誰か」（"any of you"）を意味する。しかし、多くの邦訳聖書は「あなた方」と訳している。

(2)　信仰のない（without faith）、信じない、信じようとしない（disbelieving, unbelieving）

ō genea apistos kai diestrammenē, (Matt 17:17)
何と信仰のない、曲がった時代なのか。

　形容詞 *apistos* の文法形態は、呼格・単数・女性形。
　apistos に関する用例としては、時代関連（マタイ 17:17 の他、マルコ 9:19; ルカ 9:41）、トマス関連（ヨハネ 20:27）、異邦人関連（Ⅰコリ 6:6; 7:15; 10:27; 14:22）、最後の審判関連（ルカ 12:46）、よそ者関連（Ⅰコリ 14:23f）、妻関連（Ⅰコリ 7:12, 13, 14）、悪事への含蓄関連（Ⅱコリ 6:14f; Ⅰテモ 5:8）、汚れ関連（テトス 1:15）、信じない者たちの思い関連（Ⅱコリ 4:4）などに見出される。

5　*apistia*（新約聖書に 12 回現れる女性名詞）

(1)　自分自身を他人に委ねたり、他人の言葉や行為に積極的に応えたりする意志がないこと、信仰心の欠如（lack of belief）、不信仰（unbelief）

ethaumazen dia tēn apistian autōn. (Mark 6:6)
彼〔イエス〕は彼らの信仰の無さに驚嘆した。

　apistian は「信仰心の無さ」／「不信仰」を意味する。その文法形態は、対格・単数・女性形。
　「不信仰」に言及した聖書箇所は、マルコ 6:6 の他、マタイ 13:58; 17:20; マルコ 9:24; 16:14; ローマ 4:20; 11:20, 23; Ⅰテモ 1:13; ヘブラ 3:12, 19 の 11 箇所である。

(2)　誠実さに欠けること、不誠実（unfaithfulness）

mē hē apistia autōn tēn pistin tou theou katargēsei; (Rom 3:3)
彼らの不誠実が神の誠実さを無にするのでしょうか？

　名詞 *apistia* の文法形態は、主格・単数・女性形。

6　*apisteō*（新約聖書に 8 回現れる動詞）

(1)　信じない（disbelieve）、信じることを拒む（refuse to believe）

akousantes hoti zē kai etheathē hyp' autēs ēpistēsan. (Mark 16:11)
彼らは彼〔イエス〕が生きており、彼女〔マリア〕によって見られたと聞いても、信じなかった。

　動詞 *ēpistēsan*「信じなかった」は、分詞の *akousantes hoti* …「……と聞いても」を受ける。*ēpistēsan.* の文法形態は、アオリスト・能動態・直説法、3 人称・複数形。
　同じ用例としては他に、ルカ 24:11, 41; 使徒 28:24 がある。

(2)　義務の感覚を欠いている者は不誠実である

ei ēpistēsan tines, (Rom 3:3)
もし誰か不誠実な者がいたら

　ei ēpistēsan は代名詞 *tines* を受けて、「（誰か）不誠実な者がいたら」を意味する。動詞 *ēpistēsan* の文法形態は、アオリスト・能動態・直説法、3 人称・複数形。
　これに類する用例に、Ⅱテモ 2:13 がある。

7　*oligopistos*（新約聖書に 5 回現れる形容詞）

信仰の小さい、信仰／信頼の薄い（of little faith / trust）

oligopistoi; (Matt 6:30)
あなた方は信仰の薄い者たちですか？

　形容詞 *oligopistoi* は、信仰の薄い者たちに対する呼びかけ語であり、新約聖書の中では共観福音書のみに現れ、イエスが弟子たちに呼びかける際に用いられている。*oligopistoi* の文法形態は、呼格・複数・男性形。
　同じ用例としては他に、マタイ 8:26; 14:31; 16:8、ルカ 12:28 がある。

8 *pistikos*（新約聖書に 2 回現れる形容詞）

純粋な、混じり気のない（genuine, unadulterated）

ēlthen gunē echousa alabastron murou nardou psistikēs polutelous,（Mark 14:3）
一人の女が非常に高価な、純粋なナルドの香油の入った石膏の壺を持って来た。

nardou psistikēs は「純粋なナルド」を意味する。形容詞 *psistikēs* の文法形態は、属格・単数・女性形。同じ用例は、ヨハネ 12:3 に見出される。

9 *pistoō*（新約聖書に 1 回のみ現れる動詞）

ある事柄を信頼できると感じ、確信させられることを意味し、新約聖書に受動態で 1 回のみ現れる。

Su mene en hois emathes kai epstōthēs,（2 Tim 3:14）
あなたが学び、確信させられたところに留まりなさい。

動詞 *eistōthēs* は「確信させられる」を意味する。その文法形態は、アオリスト・受動態・直説法、2 人称・単数形。

10 新約聖書に現れる *pist-* 語群の特徴

ギリシア語新約聖書における *pistis* を言語学的観点から見た第一の特徴は、そのすべての表現が *pist-* 語群によって為されていることである。その語群の中には、名詞 *pistis,* 動詞 *pisteuō,* 形容詞 *pistos* の他に、それらの反対語の *apistia, apisteuō, apistos* などが含まれている。ギリシア語の *pist-* 語群のように、名詞と動詞に同一の語幹を用いている言語には、ドイツ語系言語がある（ドイツ語：Glaube / galuben, スカンディナヴィア語：troen / troer）。他方、ラテン語やフランス語においては、名詞と動詞は語幹を異にしている（ラテン語：fides / erdere, フランス語：foi / croire）。さらに英語においては、名詞 **faith** の

他に、動詞 believe に対応する名詞 belief があるが、英訳聖書の伝統的用法としては、*pistis* = faith / *pisteuō* = believe の関係のみが成立している。

　第二の特徴は、ギリシア語新約聖書の *pistis* が共同体の信仰と個人的な信仰／信仰心を表す場合の両方に用いられ、*pistis* には両義性がある、ということである。

　例えば、*pistis* が共同体の信仰として用いられている事例は次の箇所に見出すことができる。

　こうして、神の言葉は益々広まり、エルサレムにおける弟子の数は非常に増え、非常に多くの祭司たちが信仰に対して従順になった（使徒 6:7）。

　こうして諸教会は、信仰において強められ、日毎にその数を増していった（使徒 16:5）。

　それはあなた方の信仰が全世界に言い伝えられているからです（ローマ 1:8）。

　あなたがたに手紙を書いて、聖なる者たちに一度伝えられた信仰のために戦うことを勧めなければならないと思ったからです（ユダ 3）。

　他方、個人的な信仰／信仰心の意味で用いられている事例は、次のような聖書箇所に見出される。

　イエスはこれを聞いて驚き、従って来た人びとにこう言った。「まことに、あなた方に言っておきます。私はイスラエルの中で、このような信仰（心）を見たことがありません」（マタイ 8:10）。

　イエスは振り向いて、彼女を見ながら言った。「娘よ、元気を出しなさい。あなた（自身）の信仰（心）があなたを癒したのです」。すると、女はその時から治った（マタイ 9:22）。

　イエスは彼らに、「あなた方（各自）の信仰（心）はどこにあるのですか？」と言った（ルカ 8:25a）。

　あなたが持っている信仰（心）は、神の前にあなた自身のものとして保ち続けなさい（ローマ 14:22）。

新約聖書における信仰、その概念的考察

前書き

　新約聖書の中には、信仰の概念がさまざまな形で述べられているので、それを包括的に論じることは難しい。したがって、新約聖書に見出される主要な諸概念を並記することから始めなければならない。

　キリスト教の初期の段階では、統一された信仰の概念はなかった。とは言え、初期のキリスト教は、キリストによって達成された救いにさまざまな方法で言及する *pistis* に関する共通の自己規定を所有していた。そして、初期の時代には、*pistis* を "faithful" と理解し、さらにギリシア語の伝統に対応して一層倫理的な意味に *dikaiosyne* (righteousness) とも理解していた。

　共観福音書のイエスの伝承において、*pist-* 語群が頻繁に、かつ集中的に用いられているのは、奇跡の物語の中である。これらの物語は、教会で語られたイエスの物語まで遡る。しかし、確実にイエスに帰せられる譬え話の伝承には *pist-* 語群は現れない。イエスの信仰への言及は、彼が「私を信じるこれら小さな者たちの一人」を気遣う文脈（マタイ 18:6）に初めて現れる。イエスの言葉の伝承の中では、マルコにおける山を動かし得る信仰が最も際立っている（マルコ 11:22-24／マタイ 21:21-22）。パウロも I コリ 13:2 で言及している。

（Dieter Lührmann 参照）

　共観福音書以外で、新約聖書に見出される主要な信仰の概念は、ヨハネの信仰観とパウロの信仰観に見出され、その他の書にも見出されるので、それらを概観する。

　　1　共観福音書における信仰の概念

　　2　ヨハネの信仰観

　　3　パウロの信仰観

　　4　ヘブライ人への手紙およびヤコブの手紙における信仰の概念

　　5　新約聖書における「信仰」の条件

1　共観福音書における信仰の概念

(1)　マルコによる福音書

　マルコはイエスの宣教活動の始まりに、福音への信仰を語っている —— 「時は満ち、神の王国は近付いています。悔い改めて、福音を信じなさい」(1:15)。マルコによれば、イエスは汚れた霊に取りつかれた少年に関する物語の中で、信仰を疑いがちな人びとに対して、「『もしできるなら』と言うのですか？　信じる者には何でもできます」(9:23) と言った。この記事は、マルコの読者たちにとって、疑うことのない信仰が問題になっていたことを示している。さらにマルコは、イエスが「神を信じなさい」と勧め、疑うことのない信仰は山を動かすことができると宣言したことを伝えている (11:22-23)。

(2)　マタイによる福音書

　百卒長の信仰に関する奇跡の物語 (8:5-13) の中には、イエスの言葉に絶対的な力があることを信じた百卒長の信仰心が紹介されている。そこでイエスは、「イスラエルの中で、私はこれほどの信仰を見たことがありません」と言っている。他方でマタイは、嵐を静める奇跡の物語 (8:23-27) の中で、信仰の小さい／信仰の薄い弟子たちに言及している。このようにしてマタイは、マルコとは対照的に、信仰が量的に大きいか小さいかで表現し得る、一つの態度であることを明らかにしている。

　また、マタイによる福音書は、エルサレムが破壊された第 1 次ユダヤ戦争 (66-70 年) 後、新しく形成されつつあったユダヤ教との議論の中で書かれたので、*pist-* 語群はキリスト教の自己規定として明確な形を取っていない。例えば、マルコ 1:15 と比較されるマタイの並行記事 4:17 には、改宗の勧めを欠いている。

(3)　ルカによる福音書

　ルカは、ルカによる福音書と使徒言行録の二著作において、*pist-* 語群の意味を、それ以前の伝統から「改宗」として引き継いだ。使徒言行録におけるユダヤ人たちに対する演説では、*pist-* 語群が現れるが (使徒 10:43; 13:39; 16:31; 20:21; 24:24)、異邦人たちに対する演説の中には現れない (14:15-17; 17:21-31)。

2　ヨハネの信仰観

　ヨハネによる福音書における *pist-* 語群の特徴は、動詞 *pisteuō* のみが現れ、名詞 *pistis* が一語も現れないことである。

　ヨハネにおける奇跡の物語は、共観福音書の奇跡とは対照的に、救う信仰の主題を欠いている。むしろ、奇跡はイエスに従う者たちを信者とするために起こされている。例えば、ガリラヤのカナにおけるイエスの最初の奇跡によって、「弟子たちはイエスを信じた」のである（2:11. 参照：4:23; 4:54）。

　この福音書における信仰は、イエスとの直接的出会いとは全く関係なく、「証し」の基礎の上に現れ（1:7; 3:11, 32f.）、またイエスの言葉から引き出されている（2:22）。そして、信仰の内容は、ヨハネ特有のキリスト論と結び付いて、御子の派遣に関する言説に見出される。すなわち、イエスの「私の言葉を聞いて、私を遣わした方を信じる者は誰でも、永遠の生命を得ます」（5:24）に見出され（参照：5:38; 6:29; 11:42; 14:17; 8:20）、また御子の父との関係を伝える「神を信じ、また私を信じなさい」（14:1）に見出される（参照：14:10; 16:27. 30f.）。

　ヨハネの信仰は、イエスの死と復活の用語ではなく、神がイエスをこの世に派遣したというキリスト論の用語で定式化されているところに、大きな特徴がある。

　信仰と救い

　　イエスが宣言し、またイエスを宣言する言葉への信仰は、救いをもたらす（ヨハネ 3:18; 5:24）。ヨハネにおいて救いを表す言葉は、生命である。この世が生命と呼ぶものは、生命ではない。世界は偽りの中にある（R. Bultmann, "*pistéuō* in John" in TDNT, p.856）。

　信仰の受容は救いを意味するので、信者たちはすでに永遠の生命を所有していることになる（3:15f., 36; 5:24; 6:40, 47; 11:25f.）。もはや裁きを受けることはない（3:16, 18）。「信じること」は「実現すること」と同義だからである（6:69）。

　しかし、ヨハネの信仰観にはパウロのそれと異なる側面もある。ヨハネの信仰のアンチテーゼは、義を求めるユダヤ的努力でも、律法の順守でもなく、この世がもたらす普遍的世俗性であり、より具体的には、その世俗性のキリスト教的形態としてのグノーシス主義であった。

　ヨハネ書簡においても、信仰は証拠に依存しており（Ⅰヨハ5:10f.）、「信じる

こと」と「実現すること」が並行している（4:16）。また書簡では、信仰があらゆる種類のキリスト仮現説に対して定式化されている（5:1-12）。そしてその中では、名詞 *pistis* が一度だけ用いられている（5:4）。

3　パウロの信仰観

　パウロは、神が死者に生命を与え、存在しないものを呼び出して存在させることを信じる信仰をアブラハムの信仰と考えていた（ローマ 4:17）。パウロはその点で、アブラハムを最初の回心者とさせたユダヤ教の伝統を踏襲している。パウロ自身も、テサロニケ人への第1の手紙で神に対する信仰に言及している（4:17）。しかし、パウロにとっての福音の内容は、キリストが私たちの罪のために死んだこと、そして三日目に甦らされたことであり（Ⅰコリ 15:3-4）、信仰はキリストの死と復活において救いを達成した神を信じることである（Ⅰテサ 1:9-10）。

　パウロにおける信仰の最大の特徴は、信仰を神の義と結び付けていることである（ローマ 3:21-31）。そして彼は、信仰によって義とされる私たちキリスト者の信仰の状態に言及している（ローマ 5:1-5）。パウロ思想における信仰、希望、愛の三本柱（Ⅰテサ 1:3; 5:8、Ⅰコリ 13:13. 参照：コロサ 1:4f.、エフェ 1:15-18、ヘブラ 10:22-24）は、ここでは義認の教義の意味に解釈されている。すなわち、信仰による義認（Ⅰテサ 5:1）、神の栄光における希望（5:2）、神の愛の賜物に基づくもの（5:5）と解釈されている。

　パウロの信仰観を特徴づけているもう一つの側面は、律法との関係である。パウロは信仰と律法を選択肢としている。むしろ、律法は信仰のアンチテーゼとなっている。律法の行為によっては、何人も神の目に義と認められることはなく、律法を通しては罪の意識が生ずるだけだからである（ローマ 3:20）。

　またパウロの信仰観の中には、信仰に発展段階があることも認められる。例えば、信仰において弱い人間がいること（ローマ 14:1）、信仰は成長するものであること（Ⅱコリ 10:15）、さらに、信仰には堅固さがあること（Ⅰコリ 15:58）などが指摘されている。

4　ヘブライ人への手紙およびヤコブの手紙における信仰の概念

　ヘブライ人への手紙およびヤコブの手紙において、 *pist-* 語群は二つの方向を確立した。一方において、信仰は異端的な教えに対抗するために、正しい教えとして確立され（参考：エフェ4:5、Iテモ4:6）、他方において、忠実さ／誠実さとしての *pistis* は徳として理解された（参考：Iテモ1:5、IIテモ1:5）。この二重の意味における *pistis* は、異端者たちに対する基準となると共に、信仰の自己規定の中心的用語となった。

　pist- 語群は、ヘブライ人への手紙にも著しく頻繁に現れる。その大部分は第11章に集中しているが、それらは名詞の類型的な繰り返しが目立っている。対象に結び付いた *pistis* は、「神に対する信仰」（6:1）に見出される。この書簡における *pistis* は、パウロやヨハネとは対照的に、信仰のキリスト論的な内容と結び付けて用いられていない。その典型的な例証は、第11章冒頭における信仰の定義である。この聖句を全キリスト教文献の中で最も有名な信仰の定義とみる向きもあるが、この定義は、族長たちの歴史概観（11章）と当時の教会の状況（12:1-11）を伝えるところに主眼が置かれており、「これは、信仰のすべての要素を包括的に要約したものではなく、迫害の下にある教会にとって根本的だった事柄を要約したものである」（Verlyn D. Verbrugge）。

　この手紙の *pistis* は、第11章で説明されているように、堅忍であり、約束された希望を固く保持することを意味している。そして、この手紙に見出される信仰の概念は、ストア哲学に見られる態度と同じものであり、パウロやヨハネが信仰心として抱いたものとは異なったものである。

　ヤコブは、信仰を立証する必要を感じていた（1:3）。彼にとって、信仰と従順の行為は固く結び付いている。ヤコブは、行為の伴わない信仰は役に立たないと信じていた（2:10）。

　注目すべきは、ヤコブ2:23が（パウロ同様に）創世記15:6を引用し、アブラハムの模範を取り上げて論じていることである。しかし、パウロが創世記15章におけるアブラハムの義認を判断する機会となった、神の約束に対する信仰心に訴えているのに、ヤコブはアブラハムがイサクを犠牲にする意志を示す創世記22章の物語に訴えている。ヤコブ2:22は、「あなたは（アブラハムの）信仰と行為が共に働き、彼の信仰が行為によって完成されたのを見ています」との結論を引き出している（Verlyn D. Verbrugge）。

5 新約聖書における「信仰」の条件

　今日多くの人は、真実であることを確証する歴史的証拠を持っていない何かを信ずることを信仰と考えている。多くの人にとって、信仰は一種の主観的経験となり、本質的に独我論的現象となっている。この種の信仰観は、ポール・ティリッヒやルドルフ・ブルトマンの信仰観に近い。「ティリッヒもブルトマンも、イエスが行った奇跡やイエスの体の復活を歴史上に起こった出来事と見なしていない。彼らは 18 世紀の啓蒙運動の哲学の影響を受けて、新約聖書に記録された奇跡の実在性を拒否した。彼らは、faith を聖書の奇跡から独立したものと見なし、したがって、例えば、キリストの体の復活が歴史において実際の現象として起こったのか、キリストの復活を報じた使徒たちの信仰において起こったのかを区別しなかった。二人とも、聖書に描写された歴史的事実から切り離された信仰を見ていた」（Alvin J. Schmidt）。

　しかし、彼らの信仰は新約聖書において提示されている信仰ではない。彼らは、体の復活後のイエスを見たことに固く根ざした信仰を持っていたキリストの弟子たちの経験を無視し、あるいは否定しているからである。

　新約聖書の信仰が歴史的事実に発していることは、聖書自体がそれを証言している。例えば、疑い深いトマスが復活したキリストの十字架上の傷跡を見、それに触れた時、彼に信仰を抱かせたのは、キリストの復活という経験的証拠であった（ヨハネ 20:21-29）。11 人の弟子たちがユダの代わりを選ぼうとした際にも、事実に基づかない信仰は無視された。ユダの継承者は、復活したキリストを個人的に見た者でなければならなかったからである（使徒 1:21-23）。また、使徒たちは、イエスの生涯と奇跡の事実に関して挑戦を受けた時、「私たちは私たちが見、聞いたことを話しているに過ぎません」（使徒 15:6）と答えた。パウロは、復活したキリストを見た 500 人以上の人の大部分が実際に生き残っていると明言している（Ⅰコリ 15:6）。これは、パウロにとって、キリストが死者の中から甦ったかどうかは問題ではなく、事実であったことを物語っている。換言すると、キリストの復活の真実性を確立したのは、使徒たちの信仰ではなく、むしろ、キリストが死者の中から肉体的に甦ったという知識が使徒たちの信仰を生み、強化したのである。使徒ヨハネは、同僚のキリスト者たちに宛てて、「自分と他の人びとが見て、私たちの手で触れたもの」を強調した（Ⅰヨハ 1:1-2）。また 1 世紀後半に、ペトロの第二の手紙を書いた著者は、自分と自分の仲間た

ちが「考え出された作り話に賢く従わず、彼（キリスト）の威光の目撃者となった」（1:16）ことを保証した（Alvin J. Schmidt）。

「信仰」に関する主要参考文献：

Alvin J. Schmidt, "Faith" in ECC.

Dieter Lührmann, "Faith" in ABD.

John Bowden, "Faith" in CCG.

"4411 *pistis*" in NIDNTT ed. Verlyn D. Verbrugge.

"*pisteuō*" "*pistis*" "*pistos*" in TDNT by Geoffrey W. Bromiley.

新約聖書における罪の赦し

前書き

　新約聖書の出発点となっているのは、すべての人間が罪人であり、神の怒りの下に置かれている、ということである（ローマ 1:18-3:23; ガラテ 3:22）。このことは、人間そのものが徹頭徹尾罪人であることを示している。[1]

　宗教改革の発端となった「95か条の提題」の冒頭において、マルティン・ルターは、すべての人間が罪人であり、悔い改めの必要性を強調した。

　　私たちの主であり、師であるイエス・キリストが「悔い改めなさい」（マタイ 4:17）
　　と言った時、彼は信ずる者たちの全生涯が改悛の生となることを求めたのである。[2]

　この観点から私たちが真っ先に目を向けるべきは、主の祈りである。主の祈りは主イエスが弟子たちに教えた罪人のための祈りである。この祈りが今日的な意義を持つのは、キリスト者がすべて罪人であることを認め、自覚することによってのみである。

　新約聖書には、主の祈り（マタイ 6:12）の他にも、キリスト者が罪人であることを示す記事が数多くある（マタイ 18:6-7／マルコ 9:42／ルカ 17:1-2; マタイ 18:15-17; ヨハネ 20:23; ローマ 3:23; Ⅱコリ 5:10; Ⅰテモ 5:20; ヤコブ 5:16; Ⅰヨハ 1:8, 10; 5:16-17）。そして聖書には、罪人たちを罪の赦しのための悔い改めに導く記事が数多くある（マルコ 1:4; ルカ 3:3; 15:21; 18:13; 24:47; 使徒 2:38; 5:31; ローマ 2:4-5；Ⅰヨハ 1:9）。

　このようにすべてのキリスト者が罪人であり、罪の赦しが欠くべからざる重要な課題であるとの観点から、小論では、聖書でさまざまに語られている罪の赦しの問題を分析し、包括的に考察する。

　　1　新約聖書における罪の赦しの諸相
　　2　洗礼による罪の赦し、その聖的根拠
　　3　受洗後の罪の赦し、その聖的根拠

　　参考資料：洗礼による赦しで、原罪は消えない

1 新約聖書における罪の赦しの諸相

　新約聖書における罪の赦しに関する記事は、一般的に考えられているよりもはるかに多角的で、多彩である。そこで、最初に、「罪を赦す」と「罪の赦し」を意味するギリシア語の基本的な語法を学び、それらを用いた聖書箇所を調べる。次いで、それらのギリシア語を用いてさまざまに語られている罪の赦しの諸相を概観する。

(1)　「罪の赦し」に関する言語学的アプローチ

　新約聖書と使徒教父たちは罪の赦しの文脈において、ギリシア語の動詞 *aphiēmi*（to forgive）と名詞 *aphesis*（forgiveness, release）を用いた。これらの用語はしばしば、財政的負債の免除の意味で用いられたが、新約聖書の時代以前にも赦しの意味でも用いられたことが分かっている（例えば、LXX のレビ記 16:26）。

　動詞 *aphiēmi* の同義語に *charizomai* がある。この語は通常、「惜しみなく与える」という意味で用いられている。しかし、書簡類では多くの場合、「赦す」意味で用いられている。

動詞 *aphiēmi* に関して

　動詞 *aphiēmi* は新約聖書に 143 回現れる。内訳は、マタイで 47 回、マルコで 34 回、ルカで 34 回、ヨハネで 15 回、その他で 13 回用いられている。こうして、*aphiēmi* は主として福音書で用いられており、それ以外の箇所では、特にパウロ書簡では用いられていないことが際立っている。

　aphiēmi の意味は多様で、「〜させる」（let）、「捨てる」（dismiss）、「離婚する」（divorce）、「解放する」（release）、「放置する」（leave）、「置き去りにする」（leave behind）、「見捨てる」（abandon）、「赦す」（forgive）など、さまざまである。

　「赦す」意味では、45 回現れる。

　「罪を赦す」という意味では、マタイ 9:2, 5, 6／マルコ 2:5, 7／ルカ 5:20, 21, 23, 24; マタイ 12:31f; 18:21; ルカ 7:47-49; 11:4; 17:3-4; ヨハネ 20:23; ローマ 4:7; ヤコブ 5:15; Ⅰヨハ 1:9; 2:12 で用いられている。しかし、ローマ 4:7 の *aphiēmi* は、旧約聖書（詩編 32:1-2）からの引用で、パウロの用語ではない。

「負い目を赦す」という意味では、マタイ 6:12 のみで用いられている。

「過ちを赦す」という意味では、マタイ 6:14-15; マルコ 11:25-26; ルカ 23:34 で用いられている。

世俗的な意味では、マタイ 18:27, 32, 35 で用いられている。

名詞 *aphesis* に関して

名詞 *aphesis* は新約聖書に 17 回現れる。そのうち 15 回は「赦し」の意味で用いられている。この語は、BDAG によると、義務、犯罪（行為）、あるいは刑罰から自由にする行為を指し、赦免、取り消し／解除 (pardon, cancellation) の意味で用いられている。これらの意味で用いられている聖書箇所は、マタイ 26:28; マルコ 1:4; 3:29; ルカ 1:77; 3:3; 24:47; 使徒 2:38; 5:31; 10:43; 13:38; 26:18; エフェ 1:7; コロサ 1:14; ヘブラ 9:22; 10:18 などである。

aphesis（見逃す、罰せずに済ます）は、ローマ 3:25 にのみ現れる。

これらの他に、ルカ 4:18 において 2 回、捕らわれの状態からの解放の意味で用いられている。

動詞 *charizomai* に関して

動詞 *charizomai* は新約聖書に 23 回現れる。この語は BDAG によると、通常「惜しみなく与える」という意味で、例えば、「イエスは多くの盲人に視力を与えた」（ルカ 7:21）のように用いられる。その他、悪事を赦すことによって誰かに慈悲を示す場合にも用いられ、赦す (forgive, pardon) ことを意味する。この意味で用いられている聖書箇所は、II コリ 2:7, 10; 12:13; エフェ 4:32; コロサ 2:13 である。

（参照文献：BDAG, NIDNTT, & TDNT）

(2)　新約聖書における罪の赦しの多様性

C.R. ショグレンは ABD において、新約聖書における罪の赦しを分析し、「神による赦し」「人の子による赦し」「十字架による赦し」「神があなたを赦すように他の人びとを赦しなさい」「使徒たちによる罪の赦し」および「赦されざる罪」に分類し、論じている。ここでは、彼の分類に基づいてその概要を紹介する。しかし必要に応じて、筆者は聖書箇所を補足した。さらに、彼が言及してない、「キリストの復活による赦し」を追記した。

神による赦し（Forgiveness by God）、

　神の赦しは神の愛の性格に依存している。その赦しはすべての者に差し出されているが、すべての者がそれを受け取るわけではない。赦しの障害には、悔い改めない頑固な気持ち（マルコ 4:12）、不信仰（使徒 2:37-38）、罪の否定（Ⅰヨハ 1:8-10）、他者に対する赦しの拒絶（マタイ 6:14-15）などがある。

　放蕩息子の譬え話（ルカ 15:11-32）は罪人に対する神の赦しの模範である。その特徴は、謙虚に立ち帰った者を回復させようとする父の熱意である。「罪の赦し」は、ルカ文学においては、救いの同義語となっている。その赦しは、最初の悔い改め（ルカ 24:47; 使徒 2:38; 5:31）とイエスへの改心（使徒 10:43; 13:38; 26:18）の文脈において与えられている。他の箇所では、赦しがキリストの贖いの故に与えられている（エフェ 1:7; コロサ 1:14; 2:13; 3:3）。

　また、他の箇所では、赦しがすでに信者となった人びとに差し出されている。イエスは弟子たちに、「私たちの負い目を赦してください」（マタイ 6:12）／「私たちの罪を赦してください」（ルカ 11:4）と祈るように教えた。そして、Ⅰヨハ 1:7-10 では、罪を告白し、真実で正しい神から赦され、新しく清められるように勧めている。

　洗礼と罪の赦しの関係は、キリスト教会内で早くから議論されてきた。バプテスマのヨハネの説教に関するルカ（ルカ 3:3）とペトロ（使徒 2:38）の記事は、罪の赦しのための洗礼の勧めを含んでいる（参照箇所：使徒 22:16; ローマ 6:1-11; Ⅰコリ 6:11; コロサ 2:12; Ⅰペト 3:21）。

人の子による赦し（Forgiveness by the Son of Man）

　諸福音書の革新の一つは、人の子が罪を赦すことができるという、イエスの主張である。そしてそれは、麻痺患者の癒しにおいて実証された。イエスは「人の子が地上で罪を赦す権威を持っていることを知らせるために」麻痺患者に神の赦しを与え、癒した（マタイ 9:1-8／マルコ 2:1-12／ルカ 5:17-26）。

　人の子の言説における要点は、イエス自身が地上において人の子であり、終末論的審判者である、ということであろう（マタイ 25:31-46; マルコ 8:38; ルカ 5:22）。

　他の箇所では、イエスは個人的な赦す力を直接主張することなく、神の赦しを肯定している。例えば、ルカ 7:47 では、「彼女の多くの罪は赦されます」と言い、ルカ 19:9-10 では、「今日、救いがこの家に来ました……人の子が失わ

新約聖書における罪の赦し

れた者を探し、救うために来たからです」と言い、ヨハネ 8:11 では、「私はあなたを有罪とはしません。行きなさい、再び罪を犯してはなりません」と言っている。

また、人の子が「人の子」に言及する文脈において、自分自身の贖いとしての死に言及している聖書箇所がある（マタイ 20:28; マルコ 10:45）。

十字架による赦し（Forgiveness in the Cross）

旧約聖書における古代の希望は、新しい契約に向けられていた。それは、神が民を赦し、彼らを内側から変える契約だった —— 「私は彼らの咎を赦し、彼らの罪を二度と思い出さないからです」（エレミ 31:34）。

イエスの宣教は、先例のない、罪の赦しをもたらした。彼は最後の晩餐において、新しい契約の確立に触れている。「これは罪の赦し（*aphesis*）のために、多くの人のために流される、私の契約の血です」（マタイ 26:28）。

新約聖書の著者たちは、旧約聖書の赦しが血による犠牲を要求された慣行を否定することなく、一貫してキリストを、究極的な犠牲と考え、モーセ方式の完成と見なした —— 「血を流さないところに、罪の赦し（*aphesis*）はありません」（ヘブラ 9:22. 他に 10:12-18 参照）。

パウロは、キリストにおける神の働きの用語で、神の赦しに関して語っている —— 「不法な行為が赦され、罪が覆われる人は幸いです。主に罪をとがめられない人は幸いです」（ローマ 4:7-8; 詩編 32:1-2 からの引用）。

パウロはまた、キリストの十字架上の死を贖いの死として捉え、その赦しを明快に語っている。すべての人は「キリスト・イエスの身請け／贖いを通して、賜物としての神の恵みによって義とされます。神はキリストを、信仰によって受け入れられるように、その血による宥めの供え物とされました。これは、神の義を示すためです。と言うのは、これまで犯した罪を神が忍耐をもって見逃して来られたからです」（ローマ 3:24-25）。

十字架による赦しは、上記の他、マタイ 20:28／マルコ 10:45; ローマ 8:32; エフェ 1:7 などにおいて言及されている。

神があなたを赦すように他の人びとを赦しなさい（Forgive Others as God Forgive you）

新約聖書は一貫して、「自分の仲間たちを赦しなさい」という戒めが神の憐れみ深い赦しに基づいていることを教えている。マタイ 18:23-35 における無慈

59

悲な僕の譬え話は、神の憐れみを引き出しておきながら、自分の僕たちに憐れみを施さなかった人びとに対する生き生きとした叱責を描写している。実際、この譬え話は神の怒りの再燃を示している ――「もしあなた方の一人があなたの兄弟を心から赦さないなら、私の天の父はあなた方を同じようにするでしょう」（35 節）。関連記事は他にもある（マタイ 5:7; 6:12; 14-15; 18:15-17, 21-22; ルカ 6:37; 11:4; 17:3-4; エフェ 4:32; コロサ 3:13; フィレモン全体）。

　キリスト者は「私の負い目を赦してください」と祈る時、「私たちが私たちに負い目のある人びとを赦したように」と言わなければならない（マタイ 6:12）。「赦しなさい、そうすれば、あなた方も赦されます」（ルカ 6:37; マルコ 11:25; シラ書 28:2）とも、教えている。イエスはまた、もし誰かが何らかの理由で怒りを買っていたら、赦しを求める前に仲直りすべきであると教えた（マタイ 5:23-24）。和解を求める戒めは、被害者と加害者の両方に与えられている。

　マタイ 18:15-17 は、罪を犯した兄弟に「自分の過ちを告げる」ように提案する勧告を含んでおり、和解は「もし彼があなたに耳を傾けるなら」を条件にもたらされる。

　ルカによるイエスの教え（17:3-4）は、こう教えている。「もしあなたの兄弟が罪を犯したなら、彼を責めなさい。もし彼が悔い改めたなら、赦しなさい。もし彼があなたに対して一日に 7 回罪を犯し、7 回あなたに向かい、私は悔い改めます、と言うなら、彼を赦さなければならない」。

　イエスの教えは、互いの敵を愛せよとの勧告に満ちていた。復讐することは、怒りを抱かせるものとして禁じられている（マタイ 5:39; ルカ 6:35; 参照：ローマ 12:14-21）。弟子は、もし加害者が頑固な心の持ち主だったとしても、霊において寛容でなければならない。

　「彼らを赦してください。彼らは自分たちがやっていることが分かっていないからです」（ルカ 23:24）において、イエスが自分自身の処刑を許したことは、ステファノ（使徒 7:60）に、また後代の数多くのローマの迫害に、反映されている。

使徒たちによる罪の赦免（Remission of Sins by the Apostles）

　ヨハネ 20:23 によれば、イエスは使徒たちの 10 人に現れ、「もしあなた方が誰かの罪を赦すなら、その人の罪は赦され、もしあなた方が誰かの罪をそのまま残すなら、その人の罪はそのまま残ります」と約束した。カトリック教会は

これを、内密の告白（Auricular Confession）および司祭による罪の赦しに対する、聖書的根拠と見なしてきた。プロテスタントの注釈者たちは通常、この権威を（ルカ 24:47 におけるように）福音宣教の根拠であると、すなわち洗礼を授けたり、差し控えたりする権利であると、理解している。最初期の時代から、全会衆は修練と赦しに関わっていたように思われる（マタイ 18:17; Ⅰコリ 5:1-13; Ⅱコリ 2:5-11; ヤコブ 5:16; Ⅰヨハ 5:16）。とは言え、権威ある人物は、罪や赦しの公的な宣言を与えることに関わっていたのかも知れない（マタイ 16:19; 18:18; 使徒 5:3-4, 9; 8:20-24; Ⅰコリ 5:3-4）。

赦されざる罪（The "Pardonable Sin"）

　後代のキリスト者たちは、マルコ 3:28-29（マタイ 12:31-32＝ルカ 12:10）を取り上げ、「人の子に反対して語ること」を、非キリスト者が犯す無知の罪と解釈したように思われる。他方、「霊に対する冒涜」は受洗者による意図的な罪とされた。モンタヌス主義に追随したテルトゥリアヌス（c.160-c.230 カルタゴのキリスト教神学者で、晩年モンタヌス派の運動に参加し、教会の信仰から離れた）は、キリスト者によって犯される七つの「死に至る罪」は赦されることがないと教えた。聖書が教える赦されざる罪は、「聖霊に逆らう冒涜」であり、「聖霊に逆らって語る」ことである（マタイ 12:31-32）。マタイとマルコの記事では、イエスの反対者たちがベルゼブルに対する悪魔祓いを信用する時に適用されている。その文脈では、赦されざる罪は、神の王国における霊の働きを頑固に拒否することであり、したがって神自身の拒絶である。ヘブラ 6:4-8; 10:26-29（参照：ヨハネ 5:16「死に至る罪」）は、キリスト教的な光に対する完全な反逆について語っている。

　ヨベル書 15:34 には、「赦されざる罪」への忠実な並行記事がある。自分の息子たちを割礼させない永遠の過ちを犯す人びとには、赦しが与えられない。この罪は、神の律法に照らして、神に対する「冒涜」と呼ばれる。この聖句は、イエスの時代には広く知られていて、多分、彼に反対する提案の土台を提供したのであろう。それは、割礼の不履行ではなく、赦されざる罪となる、霊の拒絶である。もしそれが伝統的な罪に類似しているなら、霊の冒涜は、実際、単純な行為というより、永久的な状態である。

（参照文献：Gary S. Shorgren, "Forgiveness" in ABD）

キリストの復活による赦し（Forgiveness by the Resurrection）

　聖書はまた、イエスを死者の中から甦らせた神を信じる信仰を通して罪が赦されることを、明確に教えている。（使徒 5:31; ローマ 4:25; Ⅰコリ 15:17. 参照：Ⅰペト 1:3）。

2　洗礼による罪の赦し、その聖書的根拠

　共観福音書はそれぞれの冒頭の部分で、洗礼者ヨハネによる「罪の赦しのための悔い改めのバプテスマ」に言及している。人びとはそれぞれの罪を悔い改め、バプテスマを受けることによって罪を赦されたのである。

　人びとは自分たちの罪を告白して、ヨルダン川で彼〔洗礼者ヨハネ〕からバプテスマを受けた（マタイ 3:6）。

　洗礼者ヨハネが荒野に現れ、罪の赦しのための悔い改めのバプテスマを宣べ伝えた（マルコ 1:4）。

　ヨハネはヨルダン川沿いのすべての地域に行き、罪の赦しのための悔い改めのバプテスマを宣べ伝えた（ルカ 3:3）。

　聖書は、キリストを信ずる人びとが洗礼を受けることによって、罪が赦されることを明らかにしている。

　「信じて洗礼を受ける者は救われますが、信じない者は罪に定められます」（マルコ 16:16）。

　ペトロは彼らに答えた、「悔い改めなさい、そしてあなた方は皆、罪の赦しを得るためにイエス・キリストの名によって洗礼を受けなさい。そうすれば、聖霊の賜物を受けるでしょう」（使徒 2:38）。

　彼〔イエス〕についてすべての預言者が、彼を信ずる者は誰でも彼の名を通して罪の赦しを受ける、と証言しています（使徒 10:43）。

　立ち上がって、その方の名を呼んでバプテスマを受け、あなたの罪を洗い流しなさい（使徒 22:16）。

新約聖書における罪の赦し

　パウロはバプテスマを重要視し、ローマ 6:3-4; Ⅰコリ 6:11; 12:13; ガラテ 3:27-28 において言及している。その他、エフェ 4:5; コロサ 2:11-12; Ⅰペト 3:21 でも言及されている。

　バプテスマを受けることによって罪を赦されるという、聖書の教えは、長い歴史を通して人びとの中に深く浸透している。生涯の終わりまで洗礼を遅らせ、そうすることによって生涯のすべての罪から赦免された人びとの存在が知られている（Gary S. Shogren）。

3　受洗後の罪の赦し、その聖書的根拠

　受洗後の罪の赦しに関する聖書的根拠は、驚くほど少ない。そのため、歴代の神学者、信者たちは受洗後の罪の赦しの問題について、文字通り苦闘してきた。この問題は、すでに新約聖書時代直後から始まった。その最古の痕跡は、使徒教父文書の教皇クレメンス一世（在位 92-101）の「クレメンスの第二の手紙」に見出される。その後も受洗後の罪からの解放を目指して、多くの神学者が如何に戦ってきたかは、その苦闘の歴史が示している。そして、受洗後の罪の赦し、贖宥状の問題をめぐって宗教改革が起こったことは周知の通りである。
　受洗後の罪の赦しに関する聖書的根拠は、次のような聖句に見出される。

　「私たちの負い目を赦してください、私たちが私たちに負い目のある人びとを赦しましたように」（マタイ 6:12）。

　イエスは彼ら〔弟子たち〕に息を吹きかけて言った、「聖霊を受けなさい。もしあなた方が誰かの罪を赦すなら、彼らの罪は赦され、もしあなた方が誰かの罪を赦さないなら、彼らの罪はそのまま残ります」（ヨハネ 20:22-23）。

　ですから、あなた方は互いに罪を言い表し、互いのために祈りなさい。癒されるためです。義人の祈りは働くと大きな力があります（ヤコブ 5:16）。

　もし私たちが私たちに罪がないというなら、私たちは私たち自身を欺いており、私たちのうちに真理はありません。もし私たちが罪を告白するなら、神は真実で正しい方ですから私たちの罪を赦し、私たちをすべての不義から清めてくれます（Ⅰヨハ 1:8-9）。

63

（参照記事：マタイ 18:15-17; ルカ 17:1-2; Ⅰテモ 5:20; Ⅰヨハ 5:16）

　これらの聖句から学ぶ最大の教訓は、私たちキリスト者が罪人であることを、真に認識することである。そして今も、神の前に、また多くの人に対して罪を犯しているという現実認識である。

　受洗後の罪の赦しは、歴史的に、主としてヨハネによる福音書 20:23 とヨハネへの第一の手紙 1:9 に基づいて、教会において聖職者たちによる父と子と聖霊の名によって改悛者たちに与えられてきた。その赦しの行為は、「赦罪宣言」（absolutio）という伝統的用語によって広く知られている。

　受洗後の罪の赦しの要点は、私たちが実存的に罪人であるように、実存的に、いつ、どこで、どのように赦されたのかを立証できる形で赦されることである。内在的な思い込みによる赦しは、罪の赦しの名に値しないことを銘記すべきである。

注

(1)　「罪 Sünde」in 『旧約・新約聖書大事典』（教文館 1989）pp.767-78.

(2)　1. When our LORD and Master, Jesus Chrsit, said "Repent", He called for the entire life of believers to be one of penitence. ("The Ninety-Five Theses, 1517" in Martin Luther, *Selections from His Writings*, ed. John W. Dillenberger.)

参考資料

洗礼による赦しで、原罪は消えない

洗礼において私たちの罪は完全に赦されるが、その罪が無に帰するわけではない。この間の事情を、マルティン・ルターは次のように説明している。

赦しは完全だが、聖化は完全でない〔1569〕

　私たちが洗礼においてキリストの血によって洗われる時、私たちの罪は完全に赦され、この赦しによって私たちは純粋である、と言うことができよう。しかし同時に、罪はなお内にこびり付いており、完全に洗い流されていない。赦しと洗い流すことは二つの事柄である。私はキリストの義において私自身を包み込み、それで私自身を覆う。これは罪の赦しであって、罪の除去ではない。第二に、罪を洗い流す義務が生じる。ルカ 10:34 によって例証しよう。サマリヤ人は傷を負った人間の傷に油とぶどう酒を注ぎ、傷に包帯をし、彼を動物に乗せた。ここであなたは包帯をしている、すなわち、あなたは罪の赦しを行い、癒しも行っているのである。傷が癒されると、油と絆創膏はもはや必要なくなるであろう。

洗礼で赦されても、原初の腐敗は残っている〔4161〕

　原罪は洗礼において取り除かれたのに、あなたはなぜ、それがまだ残っていて、絶えずそれと苦闘しなければならない、と言うのですか？　この問いにアウグスティヌスは、原罪は洗礼によって確かに赦されるが、それはもはや存在しないような仕方においてではなく、神が罪を負わせないような仕方においてである、と答えている……。すべての罪は実際、洗礼によって取り除かれるが、それは神が罪を負わせないような仕方においてである。そこで、それらの罪がなくなるわけではない。

（*What Luther Says*, Compiled by Ewald M. Plass）

私たちキリスト者が受洗後に罪を犯すことは、私たち自身のうちに原罪が宿されていることを示している。私たちキリスト者は実際、主の祈りによって教えられているように、日々、神の御前に罪人として立っている。

新約聖書における
イエスの死とケリュグマのキリストの死

前書き

　新約聖書におけるイエスの死は、二様に語られている。一方でイエスは、十字架上で「私の神、私の神、なぜ私を見捨てられたのですか？」と叫んで、自ら死と対決したことを示しており、他方でパウロは、「私が大事なこととしてあなた方に伝えたのは、キリストが聖書に従って私たちの罪のために死んだことです」と語り、キリストが罪人たちの身代わりとして死んだことを語っている。

　この二様の相違は、新約聖書学の世界では、前者で語られているのは歴史的イエスであり、後者で語られているのは、ケリュグマのキリストであると、すなわち、教会によって宣教されたキリストであると説明される。前者におけるイエスは、主としてユダヤ人キリスト者たちによって語られた歴史的イエスであり、奇跡を行う者、教師、預言者、メシアとして語られている。後者においては、パウロ書簡などの影響を受け、主としてヘレニズム的キリスト教共同体の間で強調された贖い主としてのキリストが中心に語られている。

　この二様の相違は著しく混同されている。この混同は、共観福音書の講解説教において歴史的イエスを語りながら、突如ケリュグマのキリストの贖い思想を持ち出して説明する態度に見ることができる。

　本考察では、まず歴史的イエスの死を語り、次いで歴史的イエスとケリュグマのキリストの関係について論じ、最後にキリストの死の解釈の多様性を論じ、評価する。

　　1　共観福音書が語る歴史的イエスの死

　　2　歴史的イエスとケリュグマのキリスト

　　3　ケリュグマのキリストの死の解釈

　　4　結論

　　　参考資料１：キリストの死の解釈に用いられたギリシア語
　　　　　　　２：キリストの死の解釈に用いられたギリシア語の使用箇所

1　共観福音書が語る歴史的イエスの死

　歴史的イエスは、共観福音書においてのみ語られている。イエスの死も、その中に含まれている。そこには、イエスが死に直面し、自らの自然的感情を吐露したと思われる聖書箇所がある。イエスのゲッセマネの祈り「私の父よ、できることなら、この杯を私から取り除いてください」（マタイ 26:39／マルコ 14:36／ルカ 22:42）と十字架上の言葉「私の神、私の神、なぜ私を見捨てられたのですか？」（マタイ 27:46／マルコ 15:34）を思い起こされたい。これらの言葉は、イエスが最後の最後まで死と格闘していたことは示している。ユダヤ人の高名な西洋古典学者のダヴィド・フルッサーは、歴史的イエスの死を次のように、二つの文献で論じている。

　当時のユダヤ人たちが、殉教のイメージを贖いの犠牲（an stoning sacrifice）として抱いていたことは事実である。[a]　しかしながら、関連テキストを言語学的に慎重に分析してみると、最初の三つの福音書には、イエスが彼を信じる者たちの罪を償うために死ななければならないということを決定的に表明した、完全に信頼できる言葉は存在しない。[b]　さらに、イエスが預言者イザヤによって表明された、神の苦難の、償いの僕（the suffering, atoning servant of God）として自らを見ていたとも思えない。その観念は、初期のキリスト教会において回顧的に聞かれるようになったものであり、イエスの磔刑後でなければ聞かれなかったものである。[c]　イエスは古代の文書に基づいて彼自身の死の観念[d]を巧妙に、あるいは神秘的に考案することもなく、それを実行することも勿論なかった。彼は中世の宗教劇に出てくる「祝祭のキリスト」ではなかった。なぜなら、イエスは最後の最後まで死と格闘していたからである。[1]

[a]　セレウコス朝アンティオコス・エピファネス（紀元前 167）による迫害での殉教の事例で始まる（ⅡMacc. 6-7 参照）。

[b]　例えば、マルコ 10:45 をルカ 22:27 の並行記事と比較せよ（David Flusser, "Salvation Present and Future," *Judaism*, p.233, n.4. 参照）。

[c]　Morna Hooker, op. cit., pp.151-157. 参照。

[d]　要約：イエスが罪を償うために死ぬことを明確に宣言したと言われている二つの重要な聖句は、マルコ 10:45（およびマタイ 20:28）および最

後の晩餐に関するマルコの記事（マルコ 14:24 およびマタイ 26:28）である。前者、すなわちマルコ 10:45（およびマタイ 20:28）に関しては、誰が一番偉いかを論じる並行記事（ルカ 22:24-27）と比較されたい。マルコおよびマタイより古い、真正なルカの記事には、「イエスの身代わりの死」への言及はない。後者に関しては、ルカ 22:20 における並行記事は、古い重要な写本に欠落しているので、原初のものではなく、また、全体の語句（ルカ 22:19b-20）は I コリ 11:23-25 からとられた、ルカの原初のテキストに対する二次的付加であることは、多くの学者に知られている。マルコ 14:24（およびマタイ 26:28）における並行記事は、I コリ 11:23-24 によって記述されているのと同じ伝承に基づいている。

歴史的イエスに関する私たちの知識の主要な源泉は、共観福音書である。イエスの身代わりの死の観念は ── かかる十字架の解釈はユダヤ教の殉教の概念に基づいているものであるが ── 共観的伝承の原初の層には完全に欠落している[a]。[2]

> [a] 共観福音書におけるイエスの、身代わりの犠牲に関する二つの明確な表明は、マルコ 10:45（およびマタイ 20:28；参照：22:27）およびマルコ 14:24（ルカ 22:19-20）で為されている。第一の事例では、原初とされているルカは、イエスの犠牲の観念を反映していない。第二の事例では、決定的な聖句は重要な Codex Bezae に欠落しており、また西方テキストを反映している二つの古代訳にも欠落している。

イエスが信者たちの罪を償うために死ぬことを明確に宣言した二つの聖句は、「他人に尽くすことに関するイエスの教え」（マルコ 10:35-45／マタイ 20:20-28）の中に現れるマルコ 10:45／マタイ 20:28 および最後の晩餐の文脈に現れるマルコ 14:24／マタイ 26:28 である。

> 人の子が来たのは、仕えられるためではなく仕えるためであり、また多くの人の身代金として自分の生命を与えるためです（マルコ 10:45）。

> イエスは言った、「これは多くの人のために流される私の契約の血です」（マルコ 14:24）。

これらの聖書箇所は、フルッサーによって論証されたように、総じて後代の

付加と見なされている。

　また、ABD で「罪の償い」を論じたトゥケット（C.M. Tuckett）はマルコによる福音書 10:45 および 14:24 を根拠に、イエスの死を罪のための犠牲と解釈することが難しいことを次のように論じている。

> 多くの人は〔例えば、Craig S. Keener が書いているように（IVPBBC, p.155）〕、二つの共観的言説のマルコによる福音書 10:45 および 14:24 を根拠に、イエスが第二イザヤの苦難の僕の預言に関連させて、自らの死を罪のための犠牲の観点から予見し、解釈したと主張している。しかし、イザヤ書 53 章がイエスの念頭にあったとする学説は今日、根本的に疑問視されている（M.D. Hooker, *Jesus and the Servant*, 1959）。マルコによる福音書 10:45 の身代金（*lytron*）は実際、苦難の僕の死と同義ではない。多くの学者は、マルコ 10:45b の身代金の言説を、10:45a における仕えることの重要性に対するイースター後の注解と見なしている（ルカ 22:27 と比較）。こうして、マルコ 10:45 の表現をイザヤ書 53 章と直接結び付けることは難しい。マルコによる福音書 14:24 の表現は、償いの犠牲よりも（新しい）契約の観念と一層密接に結び付いている。(3)

> 支払われている代価の観念を最もよく表現している聖句は、マルコによる福音書 10:45 で、そこではイエスの死が *lytron anti pollōn*（"a ransom for many"）であると言われている。*anti*（"in place of," "for"）は、もし強調されれば、代理および等価（substitution and equivalence）の観念を示し、*lytron* による身代金の観念はこれを補強していると見なせる。しかし深読みしてはならない。ここでは「罪」について言及していないので、この節を、代理的犠牲の観念の下に、罪に対する償いの犠牲としてのイエスの死を暗示していると、不必要な解釈をしてはならない。(4)

2　歴史的イエスとケリュグマのキリスト

　歴史的イエスの研究は、18 世紀の終りから始まった。その時に初めて、歴史的イエスとキリスト教会によって宣教された福音書のキリストとは同一でない、いう認識が生まれた。すなわち、ライマールス（Hermann Samuel Reimarus, 1694-1768）の断片的著作「イエスと彼の弟子たちの目的について」において述べられていた見解が、レッシング（Gotthold Ephraim Lessing）によって公

にされたのである。

　ライマールスは、歴史上のイエスと宣教されたキリストが同一人でないことを認めた。歴史と教義とは二つの異なった事柄である。歴史的イエスの問題は、このライマールスから始まっている。アルベルト・シュヴァイツァー（Albert Schweitzer, 1875-1965）がそのイエスの生涯の研究の第一版を、"From Reimarus to Wrede" と名付けているのは正しい。[5]

　ケーラー（Martin Köhler）は、『歴史的イエスと永続的・聖書的キリスト』（1892）において、一方において、「イエス」（ナザレの人間）と「キリスト」（教会によって述べ伝えられた救い主）とを区別し、他方において、historisch (historical) と geschichtlich (histolic) とを区別した。このようにしてケーラーは、イエス伝研究が目指した「歴史的イエス」と使徒たちが宣べ伝えた「永続的・聖書的キリスト」とを対比させた。この見解は後に、ブルトマン（Rudolf Bultmann, 1884-1976）によって受け入れられた。

　ブルトマンの影響下で、150年間も、歴史的イエスと取り組んできた批評的神学（Critical Theology）は、結局のところ、歴史的イエスの探究を放棄し、使徒たちによるキリストの宣教への回帰を主張した。この神学がなぜ歴史的イエスの探究を放棄するに至ったかと言えば、第一に、四つの福音書がすべて、イエスを福音書記者たちの信仰心に基づいて描写されており、主観的な、神話の衣装を纏った姿でしか、イエスを知り得ないものとなっていたからである。そして第二に、ナザレのイエスは、人間を全く罪人と見なして、神の赦しを宣べ伝えた。彼が説いた教説は、徹底的な旧約的・ユダヤ教的神信仰だったからである。

　こうしてこの神学は、歴史的イエスの幻影を追究することを諦め、ケリュグマに回帰し、罪人たちの義認に関する使徒パウロのメッセージを解釈することを自分たちの課題とした。すなわち、イエスのメッセージを非神話化し、実存哲学の助けを借りてそれを現代の用語に翻訳することを目指したのである。

　福音書に基づいてイエスの伝記を書くという望みは絶たれたわけだが、「それにもかかわらず」と、ドイツの新約聖書学者で、歴史的イエスの研究に秀でていたエレミアス（Joachim Jeremias, 1900-79）は主張する。「私たちは歴史的イエスおよび彼のメッセージに戻らなければならない。私たちはイエスを避けて通ることはできない」。

それはなぜなのか？　彼は次のように説明する。

　福音書の各節は、キリスト教の起源がケリュグマでもなく、弟子たちの復活体験でもなく、「キリストの観念」でもないことを私たちに語っている。各節はむしろ、キリスト教の起源がポンテオ・ピラトの下で十字架につけられた人間、ナザレのイエスの出現および彼のメッセージにあることを語っている。私は最後の語句「および彼のメッセージ」を強調して置きたい。(6)

　エレミアスは歴史的イエスの研究が不可欠であることを強調した上で、ケリュグマの核心に迫っている。

　ケリュグマの核心：「キリストは聖書にしたがって、私たちの罪のために死にました」（Ⅰコリ 15:3）は、この死が私たちのために起こったという、歴史的出来事に対する一つの解釈であることを示している。そして、このイエスの十字架の解釈がこの出来事に対して独断的に刻まれたのか、あるいはこの出来事の中にこの解釈を可能とするような何らかの状況が存在したのか、という問題を提起している。換言すると、イエス自身が差し迫った自分の死について語り、それに何らかの意義を付与したのかを、私たちは問わなければならない。(7)

　この議論の後で私たちは、イエスのメッセージがケリュグマの起源であると主張するエレミアスの強力な見解に出会う。

　私たちはイエスのメッセージを知ることなしに、パウロのメッセージを理解できないことは明らかである。私たちが調べようとするそのケリュグマも、その起源は常にイエスのメッセージの中に見出される。最初期の教会がこのことを明確に知っていたことは、ケリュグマ（伝道説教）がディダケー（共同体の教え）で補足されている事実によって分かる。このことは、諸書簡とヨハネ黙示録のみでなく、諸福音書にも反映されている。最初期の教会において、ディダケーのないケリュグマが存在した時期はない。(8)

　エレミアスは歴史的イエスとケリュグマを区別しながら、両者を対立的にではなく、両者が深く結びついていることに注目している。

　イエスの福音と初期教会のケリュグマは同じ土台の上に置かれてはならず、それらは相互に、呼びかけと応答として結び付いている。イエスの生涯・言行・死、アッバと

言える者としての権威ある言葉、神の権威をもって罪人たちを食卓に招く者、および神の僕として十字架に向かうこと ― これはすべて、神の呼びかけである。初期教会の信仰の証言、霊に導かれた一千の言葉によるコーラスは、神の呼びかけに対する応答である。……

　重要なのは応答でなくて、呼びかけである。パウロ、ヨハネ、ヘブライ人への手紙などの、初期教会の多面的な証言は、イエスのメッセージの光の下で評価されなければならない。(9)

　エレミアスは歴史的イエスとケリュグマのキリストの関係について、「歴史的イエスと彼のメッセージは、ケリュグマにとって数多くある前提の中の一つではなく、ケリュグマの唯一の前提である」と結論付けている。(10)

3　ケリュグマのキリストの死の解釈

　新約聖書は、イエスの死に関して、歴史的イエスの死を描写する他に、さまざまな死の解釈を行っている。初期教会によって宣教された、いわゆるケリュグマのキリストの死の解釈の中で最も際立っているのは、「罪人の代理人としての死」と「罪人を身請けするための死」であるが、「神を宥めるための死」および「罪人を神と和解させるための死」の解釈も見逃してはならない。

　以下、イエスの死に関する4分類の解釈を、聖句によって例証する。

（主として、ABD, EDT および ECC を参照）

(1)　罪人の代理人としての死

　罪人たちの代理人は、キリストが罪人たちの代わりに神の罰を受けた事実を指す。この場合の「償い」は「身代り」を意味する。キリストの代理的性格は、旧・新約聖書の以下の聖句に明記されている。

　私たちすべては羊のように迷って、私たちは皆、自分たちの道を行った。
　そして主は、私たちすべての罪悪を彼の上に置いた。（イザヤ 53:6）

　これは罪の赦しのために多くの人のために流される私の契約の血（*to haima mou tēs diathēkēs*）です（マタイ 26:28／マルコ 14:24）。

新約聖書におけるイエスの死とケリュグマのキリストの死

私たちがまだ罪人であった時に、キリストが私たちのために死んだことによって、神は私たちに対するご自身の愛を示しました（ローマ5:8）。

神は私たちのために、罪を全く知らない者を罪があるとされました。それは、彼において私たちが神の義となるためです（Ⅱコリ5:21）。

彼はご自身で、木の上のご自身の体に私たちの罪を負いました。私たちが罪に死に、義に生きるためです。彼の傷によってあなた方は癒されました（Ⅰペト2:24）。

キリストもまた、罪のために一度苦しみました。正しい者が悪者のために（身代わりとなったのです）。肉において死に、霊において生かされて、私たちを神に導くためです（Ⅰペト3:18）。

(2) 罪人を身請けするための死

罪からの身請けは、奴隷の身分から解放するための代価の支払いに関わりがある。この表現はキリストの死を、罪人を残酷な主人から解放するための身代金と見なしている。

人の子が来たのは、仕えられるためではなく、仕えるためであり、また多くの人のための身代金 (*lytron*) として自分の生命を与えるためです（マタイ20:28／マルコ10:45）。

〔すべての人は〕キリスト・イエスの身請け／贖い (*apolytrōseōs*) を通して、賜物としての恵みによって義とされています（ローマ3:24）。

キリスト・イエスは私たちのために神からの知恵、すなわち私たちの義、聖、および身請け／贖い (*apolytrōsis*) となりました（Ⅰコリ1:30b）。

あなた方は代価を支払って買い取られた (*ēgorasthēte gar timēs*) のです。だから、あなた方の体をもって神を称えなさい（Ⅰコリ6:20）。

あなた方は代価をもって買い取られました (*timēs ēgorasthēte*)（Ⅰコリ7:23）。

キリストは私たちのために呪いとなって、私たちを律法の呪いから救い出しました (*exēgorasen*)（ガラテ3:13）。

彼において私たちは、彼の血による身請け／贖い (*apolytrōsin*)、すなわち、彼の恵みの豊かさによって私たちの罪の赦しを得ています（エフェ1:7）。

〔御子において〕私たちは、身請け／贖い（*apolytrōsin*）、すなわち罪の赦しを得ています（コロサ 1:14）。

（キリストは）すべての人のための身代金（*antilytron*）としてご自身を与えました（Ⅰテモ 2:6）。

〔イエス・キリストは〕私たちをすべての不法から身代金を払って身請けする（*lytrōsētai*）ために……ご自身を私たちのために与えました（テトス 2:14）。

彼は、ヤギと子牛の血によってではなく、ご自身の血によってただ一度だけ聖所に入り、私たちのために永遠の身請け／贖い（*aiōnian lytrōsin*）を獲得しました（ヘブラ 9:12）。

ご承知のように、あなた方が父祖たちから受け継いだ空しい生き方から身代金を支払って（*elytrōthēte*）解放されたのは、銀や金のような朽ちるものによらず、傷も汚れもない子羊のようなキリストの尊い血によったのです（Ⅰペト 1:18-19）。

彼ら（偽教師たち）は、滅びに導く異端を密かに持ち込み、自分たちを買い取られた（*agorasanta*）師さえ否定して、自分たちの上に速やかな滅びを招いています（Ⅱペト 2:1）。

彼らは新しい歌を歌った。
　　あなたは巻物を受け取り、
　　その封印を解くのにふさわしい方、
　　あなたは屠られてその血によって
　　あらゆる部族、言語、民族、国民の中から
　　神のために人びとを贖った（*egorasas*）（黙示録 5:9）。

（3）　神を宥めるための死

キリストの死は宥めである。キリストの死によって罪に対する神の怒りを鎮めたからである。

神はキリストを、信仰によって受け入れられるように、その血による宥めの供え物（*hilastērion*）とされました。これは、神の義を示すためです。と言うのは、これまでに犯した罪を神が忍耐をもって見逃して来られたからです（ローマ 3:25）。

私たちは彼の血によって義とされていますから、私たちが彼によって神の怒りから救われるのは当然のことです（ローマ 5:9）。

したがって彼は、あらゆる点で自分の兄弟のようにならなければなりませんでした。それは人びとの罪のための宥め（*hilaskesthai*）となるために神の前で憐れみ深く、忠実な大祭司となるためでした（ヘブラ 2:17）。

彼〔キリスト〕は私たちの罪のための、私たちだけでなく、世界全体の罪のための宥め（*hilasmos*）です（Ⅰヨハ 2:2）。

ここに愛があります、私たちが神を愛したのではなく、神が私たちを愛し、私たちの罪のための宥め（*hilasmon*）とするために御子を贈られたのです（Ⅰヨハ 4:10）。

(4) 罪人を神と和解させるための死

「和解」の語を用いてキリストの働きに言及する表現は、パウロの伝統に限られている。とは言え、ローマの人びとへの手紙 5:10 の表現は、第二義的パウロの伝統（エフェ 2:14-16、コロサ 1:20）において発展させられている。

もし私たちが敵であった時に、御子の死によって神と和解させられた（*katēllagēmen*）のであれば、和解させられた私たちが彼の生命によって救われるのは当然のことです。そればかりでなく、今や私たちを和解（*katallagēn*）させてくださった私たちの主イエス・キリストを通して、私たちは神を大いに喜んでいます（ローマ 5:10-11）。

このすべては神から出ています。神がキリストを通して、私たちをご自身と和解させ（*katallaxantos*）、私たちに和解（*katallagēs*）の務めを与えました。すなわち、キリストにおいて神は、世界をご自身と和解させ（*katallassōn*）、彼らの罪を彼らに帰することなく、和解（*katallagēs*）の使信を私たちに委ねました。したがって私たちは、キリストの使者です。神は私たちを通して勧めています。私たちはキリストに代わって、神と和解される（*katallagēte*）ようにあなた方に懇願します（Ⅱコリ 5:18-20）。

また、十字架を通して彼ら〔ユダヤ人と異邦人〕の両方を一つの身体として神と和解させ（*apokatallaxē*）、十字架によって敵意を滅ぼされました（エフェ 2:16）。

また〔神は〕地にあるものであれ、天にあるものであれ、彼の十字架の血によって平和をつくり、彼を通して万物をご自身と和解させました（*apokatallaxai*）（コロサ 1:20）。

神は今や、あなた方を神の目に聖にして、非難されず、咎められないようにするために、キリストの死を通して彼の肉の身体において和解されました（*apokatēllaxen*）（コロサ 1:22）。

　新約聖書におけるケリュグマのキリストの死の解釈が多彩であることは上記の通り例証されたが、この関連でもう一つ見逃すことのできない重要な問題が残されている。それは、償いが向けられた対象に ── キリストの死が誰のためだったのかに関して ── 二つの見解が存在することである。W.A. Elwell によれば、第一の見解は、神がキリストの死の効果を特定の人びとに限定したとの理解に基づいており、「限定的償い」（limited atonement）あるいは「特定の身請け」（particular redemption）と呼ばれている。第二の見解は、神がキリストの身請けの死を人類一般のためになるように意図されたとの理解に基づいたもので、「限定なき償い」（unlimited atonement）あるいは「全体的身請け」（general redemption）と呼ばれている。

(1)　「特定の身請け」（particular redemption）
　キリストが世のためでなく選ばれた特定の人びとのために、彼らの身請けを保証するために死んだという教義は、宗教改革の直後に発展したもので、ドルト宗教会議（1618-19）において公式に承認された。
　新約聖書には、キリストの死によって恩恵を受ける人びとに関する記述がある（マタイ 1:21、ヨハネ 10:11, 15、使徒 20:28、ローマ 8:32-35）。
　また、キリストの死がその民の救いを保証し、身請けを限定していることを記した記事がある（ローマ 5:10、Ⅱコリ 5:21、ガラテ 1:4; 3:13、エフェ 1:7）。

(2)　「全体的身請け」（general redemption）
　全体的身請けの教義は、キリストの死はキリストを信ずるか否かに関わりなく、全人類を含めるように計画された、と論じる。全体的身請けを擁護する人びとには、ルター、メランヒトン、ブリンガー、ラティマー、クランマー、カヴァーデール、カルヴァンなどがいた。カルヴァンはコロサイの人びとへの手紙 1:14 に関して、「この身請けはキリストの血を通して獲得される。なぜなら、キリストの血の犠牲によって世のすべての罪が償われたからである」と言っている。彼はまた、マルコによる福音書 14:24 の「多くの人のために流された」という語句に関して、「『多くの』という語によって、彼は世の一部ではなく、

全人類を意味している」と注解した。

　この見解は、聖書がキリストはすべての人のために死んだと言う時、その通りであることを意味している（イザヤ 53:6、Ⅰヨハ 2:2、Ⅰテモ 2:1-6; 4:10）。

　また、新約聖書はキリストが「罪人たち」のために死んだと教えている（ローマ 5:6-8、Ⅰテモ 1:15）。罪人という語が「教会」とか「選ばれた者たち」を意味する箇所はない。それは単純に、滅びる全人類を指している。

5　結論

　共観福音書で語られている歴史的イエスは、ゲッセマネの祈りと十字架の言葉「なぜ私を見捨てられたのですか？」に象徴されているように、最後の最後まで死と格闘した。ところが、多くの人は、イエスは罪人たちの罪を償うために死んだと考えている。彼らにとって、イエスは贖い主なのである。しかし、ダヴィッド・フルッサーが言明したように、「イエスが彼を信じる者たちの罪を償うために死ななければならないということを決定的に表明した、完全に信頼できる言葉は〔新約聖書に〕存在しない」。この言明は、イエスが信者たちの罪を償うために死ぬことを宣言した二箇所の聖句（マルコ 10:45／マタイ 20:28 およびマルコ 14:24／マタイ 26:28）が何れも後代の付加であることが論証されたことを背景にしている。この言明はまた、ローマ教皇庁聖書委員会が『聖書とキリスト論』において、「『注解者であり、贖い主である主キリスト』に関する完全な論考は〔聖書の〕どこにも見出されない」[11] という表明と、その結論において一致している。

　歴史的イエスとケリュグマのキリストとの関係は、イエスの死の議論において、その頂点に達している。ケリュグマのキリストの死は、新約聖書において「罪人の代理人としての死」「罪人を身請けするための死」「神を宥めるための死」および「罪人を神と和解させるための死」として、四様に解釈されている。

　さらに新約聖書には、キリストが誰のために死んだのかに関して、二つの見解が存在する。すなわち、一方において、キリストの死は選ばれた特定の人びとのためだったという見解があり、他方において、人類一般のためだったという見解がある。

　このように、ケリュグマのキリストの死の解釈は多彩であるが故に、また、

キリストが誰のために死んだのかに関して、新約聖書に二つの見解が存在する
が故に、キリストの死は、歴史的に、キリスト教会の中心的教義として成立す
ることなく、さまざまな贖い思想を生み出す要因となってきた。したがって、
ケリュグマのキリストの死は、キリスト教共同体の信仰の対象とすることは不
適切であり、キリスト者たちの信仰心の範囲内に留めておくことが望ましい。

　さまざまな解釈の中からどれか一つを選んでそれを絶対化することは、新約
聖書の著者たちの見解ではないので、厳に慎まなければならない（C.M.
Tuckett）。

注

(1)　David Flusser, "The Son" in *Jesus*, p.123.

(2)　David Flusser, "Salvation Present and Future" in *Judaism and the Origins of Christianity*, p.233.

(3)　C.M. Tuckett, "Atonement in the NT," in ABD, Vol. 1, p.520.

(4)　C.M. Tuckett, "Atonement in the NT," in ABD, Vol. 1, p.521.

(5)　Joachim Jeremias, *Jesus and the Message of the New Testament*, p.2.

(6)　Joachim Jeremias, p.6.

(7)　Joachim Jeremias, p.7.

(8)　Joachim Jeremias, pp.7-8.

(9)　Joachim Jeremias, p.13.

(10)　Joachim Jeremias, p.14.

(11)　Joseph A. Fitzmyer, S.J., *Scripture & Christology*, p.49.

参考資料 1 :

キリストの死の解釈に用いられたギリシア語

凡例　　　GK: Goodrick-Kohlenberger number

(−X): Frequency in New Testament

BDAG: *A Greek-English Lexicon of the New Testament and Other Early Christian Literature*, 2000.

MCED: *Mounce's Complete Expository Dictionary of Old and New Testament Words*, 2006.

agorazō　GK60 (30X)　動詞：買う、（比喩的に）代価を払って信者を贖う

antilytron　GK519 (1X)　名詞：身代金

apokatallassō　GK639 (3X)　動詞：和解する

apolytrōsis　GK667 (10X)　名詞：身請け、（比喩的に）贖い

exagorazō　GK1973 (4X)　動詞：救い出す／贖い出す

hilaskomai　2661 (2X)　動詞：宥める、罪を償う

hilasmos　GK2662 (2X)　名詞：罪に不可欠な宥め／罪の償い

hilastērion　GK2663 (2X)　名詞：宥めの手段

katallagē　GK2903 (4X)　名詞：和解

katallassō　GK2904 (6X)　動詞：和解する

lytron　GK3389 (2X)　名詞：身代金

lytroō　GK3390 (3X)　動詞：身代金を払って解放する、身請けする

lytrōsis　GK3391 (3X)　名詞：身代金を払って身請けすること

agorazō　GK60 (30X)　動詞：買う、（比喩的に）代価を払って信者を贖う

BDAG: ① to acquire things or services in exchange for money, *buy*, *purchase*, Matt 13:44; Luke 14:18; etc.

② to secure the rights to someone by paying a price, *buy*, *acquire as property*, figurative extension of believers for whom Christ has paid the price with his blood: with genitive of price *ēgorasthēte timēs you were bought for a price*, 1 Cor. 6:20; 7:23.

MCED: *agorazō* は、多くの場合、広義の「買う」意味に用いられている。すなわち、畑（マタイ 13:44, 27:7）、高価な真珠（13:46）、食物（14:15）、油（25:9-10）、布（マルコ 15:46）、香料（16:1）、牛（ルカ 14:19）などを買う場合に用いられている。

用例は少ないが、*agorazō* は比喩的に、キリスト信者の身請けを表現するためにも用いられている。すなわち、キリストを信じる人びとの罪のためにキリストの血が支払われた意味に用いられる。私たちは「代価を払って買い取られた」のである（1 Cor. 6:20; 7:23; cf. 2 Pet. 2:1; Rev. 5:9; 14:3-4）。(p.91)

antilytron　GK519(1X)　名詞：身代金
BDAG: *ransom*: 1 Ti 2:6
MCED: a ransom: 1 Tim 2:6

apokatallassō　GK639 (3X)　動詞：和解する
BDAG: *reconcile*: Eph 2:16; Col 1:20, 22
MCED: *to transfer from a certain state to another which is quite different*; hence, *to reconcile, restore to favor*: Eph 2:16; Col 1:20, 22

コロサイ 1:20, 22 においてパウロは、神と人間の間の和解は、キリストが十字架上で流した血によって達成されると主張している。この和解は、アダムとエバの堕落以来神と断絶されており、キリストの再臨において完全に回復される全宇宙の和解から派生したものである。

エフェソ 2:16 においてパウロは、人間レベルでの和解、すなわちユダヤ人たちと異邦人たちの和解に言及している。この種の和解もまた、十字架を通して来る。十字架を通してキリストは、新しい人間性（キリストの体）を創造することによって、人間の敵意と分派に終止符を打ったからである。(p.565)

apolytrōsis　GK667 (10X)　名詞：拷問からの解放、捕われの状態からの解放、身請け（比喩的に、キリストによる罪と死からの解放、贖い）

BDAG: ① release from a painful interrogation, *release*: Hb 11:35 ② release from a captive condition, *release*, *redemption*, *deliverance*〔捕虜あるいは奴隷の解放と結び付いた原初の使用法の延長線上にある比喩的用法：キリストを通して来る罪と有限性からの解放〕:Lk 21:28; Ro 3:24; 8:23; 1 Cor 1:30; Eph 1:7,14; 4:30; Col 1:14; Hb 9:15

MCED: *redemption, a deliverance, procured by the payment of a ransom*; 1 Cor. 1:30; *deliverance*, simply, the idea of a ransom being excluded: Lk. 21:28; Heb. 11:35

(1) ヘブライ 9:15 において、この語は lytron の同義語で、"ransom"（解放するための代価）を意味する。イエスは私たちを罪から解放するために身代金として死んだのである。ヘブライ 11:15 における *apolytrōsis* は捕虜と拷問から解放されるという意味合いを持っている。

(2) *apolytrōsis* はほとんどの場合、キリストの十字架上の死を通して与えられる贖いを意味している。エフェソ 1:7 とコロサイ 1:14 では、信者たちが今、所有しているものとして語られている。 しかし、この語のその他の使用箇所（ルカ 21:28、ローマ 8:23、エフェ 1:14; 4:30）においては、イエスが再臨するまでは完全に経験されない贖いの未来的側面が見られる。贖いは今完全に所有していないから、危険に晒されているのか？ そういうことは絶対にない。私たちは最後の贖いを保証する手付金としての聖霊を持っているからである。（p.567）

exagorazō GK1973（4X） 動詞：救い出す／贖い出す、機会を生かす

BDAG:① to secure deliverance of, *deliver*, *liberate*: Gal 3:13; 4:5 ② to gain something, especially advantage of opportunity, *make the most of*: Eph 5:16; Col 4:5

MCED: *to buy out* of the hands of a person; *to redeem, set free*: Gal. 3:13; 4:5; middle *to redeem, buy off, to secure for one's self* or *one's own use, to rescue* from loss or misapplication: Eph. 5:16; Col. 4:5

exagorazō は「贖う」あるいは「最も重要視する」を意味する。

(1) パウロはこの動詞をガラテヤで二度、イエスが十字架上の死を通して私

たちのために行なった霊的な贖いを指すために用いている。キリストが適切な時にこの世に来た目的は、罪と律法の呪いに捕われていた人びとを贖うためだった（ガラテヤ 4:5）。キリストはそれをどのように為したのか？呪いの死を受け入れることによってである（3:13）。換言すると、罪なく、呪われていないキリストは呪われた死を受け入れることによって、神の呪いを私たちから取り除いたのである（申命記 21:23 参照）。

(2) エフェソ 5:16 とコロサイ 4:5 においてパウロは、「機会を生かす」（redeeming the time）という観念を表現するために ― キリストとキリストの証人に仕えるためにあらゆる機会を掴み取るために ― *exagorazō* を用いている。（pp.566-67）

hilaskomai　2661 (2X)　動詞：宥める／怒りを鎮める、罪を償う／贖う、憐れむ

BDAG：① to cause to be favorably inclined or disposed, *propitiate, conciliate*: Lk 18:13 ② to eliminate impediments that alienate the deity, *expiate, wipe out*: Hb 2:17

MCED: *to appease, render propitious*; in NT *to expiate, make an stonement* or *expiation for*: Heb. 2:17: *hilasthēti, be gracious, show mercy, pardon*: Lk. 18:13

hilaskomai は「贖う」「憐れむ」「〜のために償いをする」「宥める」を意味する。新約聖書では、神の怒りを宥めるキリストの贖い／償いの業を指している。（p.545）

hilasmos　GK2662 (2X)　名詞：罪に不可欠な宥め／罪の償い、償いの犠牲

BDAG: appeasement necessitated by sin, *expiation*: 1 J 2:2; 4:10

MCED: *atoning sacrifice, sin offering, propitiation, expiation*; *one who makes propitiation/expiation*: I Jn. 2:2; 4:10

hilasmos は「償いの犠牲」「宥め」を指している。この語は、Ⅰヨハネ 2:2 と 4:10 でのみ用いられている。（p.545）

hilastērion　GK2663 (2X)　名詞：宥めの手段、償いの場所

BDAG：① *means of expiation*: Ro 3:25 ② *place of propitiation*

Hb 9:5

MCED: *the cover of the ark of the covenant, the mercy-seat, the place of propitiation*, Rom. 3:25; Heb. 9:5

　hilasterion は「償いの覆い」「償いの犠牲」を意味する。70 人訳聖書では、契約の箱の上に置かれる償いの覆い（*kappōret*）に限定して用いられている。(p.545)

katallagē　GK2903（4X）　名詞：断絶された、あるいは破棄された関係を回復すること／和解

　　　BDAG: reestablishment of an interrupted or broken relationship, *reconciliation*: Ro 5:11; 11:15; 2 Cor 5:18,19

　　　MCED: *an exchange; reconciliation, restration to favor*, Rom. 5:11; 11:15; 2 Cor. 5:18, 19

　　　katallage は、キリストの血を通して為される神との和解に対して、新約聖書が用いている語である（ローマ 5:11）。したがってそれは、神自身と人間の間の敵意を取り除く神の働きである（Ⅱコリ 5:18-19）。この神の働きは、人間から信仰の応答を要求する。パウロが「神と和解される」ことを読者たちに勧告しているのはそのためである（Ⅱコリ 5:20）。和解は、キリストが大部分のユダヤ人によって拒絶されたから、すべての人に有効とされた（ローマ 11:15）。このような、神と人類の間の敵意の除去は、宣教の熱心さへと、すなわち、私たちがキリストの使節となるように導く（Ⅱコリ 5:20）。(pp.565-66)

katallassō　GK2904（6X）　動詞：友好関係を保つために敵意を捨てる／和解する

　　　BDAG: to exchange hostility for a friendly relationship, *reconcile*: Ro 5:10; 2 Cor 5:18, 19, 20. Of reconciliation between human beings: 1 Cor 7:11

　　　MCED: *to exchange, exchange; to reconcile*; passive *to be reconciled*, Rom. 5:10 (2X); 1 Cor.7:11; 2 Cor. 5:18, 19, 20

　　　katallassō は「和解する」を意味する。この語はギリシア語の *allassō*（to change, exchange を意味する）と関わりがある。古典ギリシア語の

katallassō は通常、敵対し合っていた二人が一緒に来ることを意味し、宗教的な意味で用いられることは稀であった。これは多分、神・人間関係に個人的な関わりを欠き、その代わりに神々に宥めを求める異教に由来するのであろう。しかし新約聖書における *katallassō* は、人間と神との間の敵意を除くことを表す神学的用語である（ローマ 5:10 [2X]、Ⅱコリ 5:18, 19, 20）。この語は人間関係では一度だけ現れる（Ⅰコリ 7:11. 夫婦関係がこの語によって語られることは意義深い）。聖書思想においては、神は御子の死を通して人間をご自身と和解させている（ローマ 5:10、Ⅱコリ 5:18-20）。（p.565）

lytron　GK3389（2X）　名詞：解放するための代価／身代金

BDAG: *price of release, ransom* (especially also the ransom money for the manumission of slaves, mostly in plural): Mt 20:28; Mk 10:45

MCED: *price paid; a ransom*: Mt. 20:28; Mk. 10:45

　lytron は「身代金」を意味する。マタイ 20:28 とマルコ 10:45 において、イエスは「人の子は多くの人のための「身代金」として、その生命を与えるために来た」と言っている。ローマの世界では、戦争の捕虜と奴隷は代価をもって買い取られた、キリストは「代価で」（Ⅰコリ 6:20）、血の代価で私たちを買い取った。この代価は誰に支払われたのか？　キリスト教会の神学者たちは、血を要求した怒れる神に支払われたと、あるいは血に飢えた悪魔に支払われたと、という学説を考え出した。しかし、聖書は誰に支払われたかについては沈黙している。したがって私たちは、聖書が語っていないことを比喩的に追求すべきではない。むしろ、「あなたの体をもって神を称えることによって」（Ⅰコリ 6:20）感謝の応答をすべきであろう。（p.559）

lytroō　GK3390（3X）　動詞：身代金を払って解放する、身請けする、抑圧された状態から救い出す、贖う

BDAG:① to free by paying a ransom, *redeem*: 1 Pt 1:18. ② to liberate from an oppresive situation, *set free, rescue, redeem*: Lk 24:21 (compare Is 44:22-4); Tit 2:14

MCED: *to release for a ransom*; middle *to ransom, redeem, deliver, liberate*: Lk. 24:21; Tit. 2:14; 1 Pet. 1:18

lytroō は「贖う」を意味する。この動詞は、Ⅰペトロ 1:18-19 において
のみ、実際の支払いに言及している。私たちは無駄な、罪深い生命から、金
銀ではなく、(過越しの子羊のような) 汚れも欠点もない (イザヤ 53:7 参照)
神の子羊の貴重な血によって贖われた。霊的な贖いの観念は、テトス 2:14
におけると同様に、ここでは明らかに突出している。

　出エジプトにおける奴隷からの贖い／救出、またバビロニア捕囚からの帰
還における政治的隷属からの贖い／救出の歴史的背景は、ルカ 24:21 におい
て突出している。そこでは、エマオへの途上にあった二人が、イエスがイス
ラエルをローマへの政治的隷属から贖い出す／救い出すであろう、との希望
を表明している。それが起こらないうちに、イエスの十字架を通して、一層
重要な贖い、霊的な贖いが起こった。(p.567)

lytrōsis　GK3391 (3X)　名詞：代価をもって何かを買い戻す商業的用法から転
じて、抑圧された状態から解放すること／身代金を払って身請けすること
／贖うこと

　　BDAG: experience of being liberated from an oppressive
　　situation, transferred sense of commercial usage 'redemption of
　　something for a price': *ransoming, releasing, redemption*: Lk
　　1:68; 2:38; Hb 9:12
　　MCED: *redemption*: Heb. 9:12; *liberation, deliverance*: Lk. 1:68;
　　2:38

　　lytrōsis は「贖い」を意味する。バプテスマのヨハネが割礼を受けた後、
　　そしてイエスがすでに母の胎内にいた時に、ヨハネの父ザカリヤは、神は「そ
　　の民のために贖いを為した」(ルカ 1:68) と言って、神を称えた。イエスが
　　生まれ、神殿に連れて来られた時、アンナは幼児を見て、神を称え、贖いを
　　待ち望んでいるすべてのユダヤ人に幼児について語った (ルカ 2:38)。ヘブ
　　ライの著者 (9:12) は、キリストがご自身の血によって、私たちのために永
　　遠の贖いを獲得したことを私たちに思い起こさせてくれる。贖いは今、始ま
　　り、永遠に続く！ (p.567)

参考資料２：

キリストの死の解釈に用いられたギリシア語の使用箇所

マタイ 20:28	*lytron* GK3389	名詞：身代金
マルコ 10:45	*lytron* GK3389	名詞：身代金
ルカ 1:68	*lytrōsis* GK3391	名詞：身代金を払って身請けすること
ルカ 2:38	*lytrōsis* GK3391	名詞：身代金を払って身請けすること
ルカ 18:13	*hilaskomai* GK2661	動詞：宥める、罪を償う
ルカ 21:28	*apolytrōsis* GK667	名詞：身請け、（比喩的に）贖い
ルカ 24:21	*lytroō* GK3390	動詞：身代金を払って解放する
ローマ 3:24	*apolytrōsis* GK667	名詞：身請け、（比喩的に）贖い
ローマ 3:25	*hilastērion* GK2663	名詞：宥めの手段
ローマ 5:10	*katallassō* GK2904	動詞：和解する
ローマ 5:11	*katallagē* GK2903	名詞：和解
ローマ 8:23	*apolytrōsis* GK667	名詞：身請け、（比喩的に）贖い
ローマ 11:15	*katallagē* GK2903	名詞：和解
Ⅰコリ 1:30	*apolytrōsis* GK667	名詞：身請け、（比喩的に）贖い
Ⅰコリ 6:20	*agorazō* GK60（30X）	動詞：代価を払って信者を贖う
Ⅰコリ 7:11	*katallassō* GK2904	動詞：和解する
Ⅰコリ 7:23	*agorazō* GK60（30X）	動詞：代価を払って信者を贖う
Ⅱコリ 5:18, 19	*katallagē* GK2903	名詞：和解
Ⅱコリ 5:18, 19, 20	*katallassō* GK2904	動詞：和解する
ガラテ 3:13	*exagorazō* GK1973	動詞：救い出す／贖い出す
ガラテ 4:5	*exagorazō* GK1973	動詞：救い出す／贖い出す
エフェ 1:7	*apolytrōsis* GK667	名詞：身請け、（比喩的に）贖い
エフェ 1:14	*apolytrōsis* GK667	名詞：身請け、（比喩的に）贖い
エフェ 2:16	*apokatallassō* GK639	動詞：和解する
エフェ 4:30	*apolytrōsis* GK667	名詞：身請け、（比喩的に）贖い
エフェ 5:16	*exagorazō* GK1973	動詞：救い出す／贖い出す
コロサ 1:14	*apolytrōsis* GK667	名詞：身請け、（比喩的に）贖い

コロサ 1:20	*apokatallassō*	GK639	動詞：和解する
コロサ 1:22	*apokatallassō*	GK639	動詞：和解する
コロサ 4:5	*exagorazō*	GK1973	動詞：救い出す／贖い出す
Ⅰテモ 2:6	*antilytron*	GK519	名詞：身代金
テトス 2:14	*lytroō*	GK3390	動詞：身代金を払って解放する
ヘブラ 2:17	*hilaskomai*	GK2661	動詞：宥める、罪を償う
ヘブラ 9:5	*hilastērion*	GK2663	名詞：宥めの手段
ヘブラ 9:12	*lytrōsis*	GK3391	名詞：身代金を払って身請けすること
ヘブラ 9:15	*apolytrōsis*	GK667	名詞：身請け、（比喩的に）贖い
ヘブラ 11:35	*apolytrōsis*	GK667	名詞：身請け、（比喩的に）贖い
Ⅰペト 1:18-19	*lytroō*	GK3390	動詞：身代金を払って解放する
Ⅱペト 2:1	*agorazō*	GK60 (30X)	動詞：代価を払って信者を贖う
Ⅰヨハ 2:2	*hilasmos*	GK2662	名詞：罪に不可欠な宥め／罪の償い
Ⅰヨハ 4:10	*hilasmos*	GK2662	名詞：罪に不可欠な宥め／罪の償い
黙示録 5:9	*agorazō*	GK60 (30X)	動詞：代価を払って信者を贖う

聖書中心主義の限界

問題の所在

　プロテスタント信者の中には極端な聖書中心主義者と目される人が、意外と多い。彼らは一様に、自分たちの正当性を信じて疑うことを知らない。彼らは皆、キリスト教は新約聖書を中心にした宗教だから、如何なるキリスト教的問題も聖書を紐解くことによって解決が得られる、と固く信じている。だから、彼らと議論していると、二言目には「聖書に何と書かれていますか？」と問いかけ、「イエスは何と言っていますか？」と畳み掛けてくる。

　しかし、キリスト者がこの現世で生きる上で遭遇するすべての問題に対する回答が、聖書から得られるとは限らない。聖書の教えには限りがあり、聖書中心主義には限界があるように思われる。と言うわけは、新約聖書における記述が多様で、統一を欠いており、そこから結論を引き出すことができない主題が幾つも存在するからである。

　この小論では、新約聖書における重要な主題が多様に語られている、その多様な状態を例証する。他の論考で扱われている主題に関しては、そこから要約する形をとる。

　　　1　キリスト教は新約聖書から生まれたものではない
　　　2　新約聖書における多様な信仰観
　　　3　新約聖書における多様な罪の赦し
　　　4　新約聖書におけるキリストの死の解釈の多様性
　　　5　新約聖書における多様な死生観

1　キリスト教は新約聖書から生まれたものではない

　聖書中心主義を標榜する人びとに最も欠けているのは、キリスト教は新約聖書から生まれた宗教ではない、という歴史的認識である。キリストを中心にし

て、まずキリスト信者が生まれ、キリスト教会が形成され、彼らがキリストの言行を記録し始めたのが聖書の始まりである。

　新約聖書に記録されているように、主イエズス・キリストは復活後、四十日経ってから御父のところに昇られました。そしてその後、数十年間にキリスト教徒は徐々に増えてきました。ところがよく考えてみると、この数十年の間には、教会は確かに存在していましたが、新約聖書はまだ書かれていなかったのです……。

　　しかし使徒たちは、キリストのできごとなどを口頭で伝えました。これが後に、「聖伝」、「伝承（traditio）」と名づけられたものです……。

　　新約聖書というものは聖伝と異質のものでなく、聖伝の一部が文章とされたものと理解してもよいでしょう。(1)

歴史的観点から見ると、キリスト教は新約聖書から生じたのではなく、むしろ新約聖書が初期キリスト教から生じたのである……。

　新約聖書は、紀元50〜150年の間にキリスト信者たちによって書かれた27の小冊子から成るアンソロジーである。各小冊子は特定の目的をもって書かれたので、当然のこととして、そのまま受け入れられた。その結果、新約聖書は初期のキリスト信者たちが信じていた事柄を包括的に要約したものではなく、諸教会におけるさまざまな必要に応じて書かれた文章の集まりにすぎない。したがってその中に、死や死後の生に関する、さまざまな観念が入り混じっているのを見出したとしても少しも不思議ではない。(2)

　新約聖書ではさまざまなテーマが扱われているが、そのすべてに統一的見解が示されているわけではない。非常に重要な主題においてさえ、多様な見解が並記されている。さらに、キリスト教の重要な主題の根拠が聖書の中に見出せない場合さえある。例えば、三位一体の神に言及した記述は新約聖書の中には存在しない。(3)

　キリスト教の重要な主題に関して、例えば、信仰観、罪の赦し、キリストの死の解釈、死生観に関して、多様な見解が述べられていても、新約聖書の成立事情から見て当然の成り行きだったのだろうと、あるいは少なくとも、止むを得なかったのだろうと考えることができる。

2　新約聖書における多様な信仰観

新約聖書の中には信仰の概念がさまざまな形で現れているので、それらを包括的に論じることも、簡潔に要約することも難しい。信仰の概念は共観福音書、ヨハネによる福音書、パウロ書簡、その他の諸書において異なっているので、以下、それぞれの特徴を概観する。

(1)　共観福音書の信仰観

マタイによる福音書：

百卒長の信仰に関する奇跡の物語（8:5-13）では、イエスの言葉に絶対的な力があることを信じていた百卒長の信仰心が紹介されている。彼の信仰心についてイエスは、「イスラエルの中で、私はこれほどの信仰〔＝信仰心〕を見たことがありません」と言っている。他方でマタイは、嵐を静める奇跡の物語（8:23-27）の中で、信仰の小さい／信仰の薄い弟子たちに言及している。このようにしてマタイは、信仰が量的に表現し得る、一つの態度であることを明らかにしている。

マルコによる福音書：

マルコはイエスの活動の始まりに、福音への信仰を説いている ── 「悔い改めて、福音を信じなさい」（1:15）。マルコの信仰の特徴は、信仰の力を誇示していることである ── 信仰を疑いがちな人びとに対して、「信じる者には何でもできます」（9:23）と言い、イエスが疑うことのない信仰は山を動かすことができると宣言したことを伝えている（11:22-23）。

ルカによる福音書と使徒言行録：

ルカは、ルカによる福音書と使徒言行録の二著作において、*pist-* 語群の意味を以前からの伝統に基づいて「改宗」として引き継いだ。だから、使徒言行録における *pist-* 語群は、ペトロのユダヤ人たちに対する演説の中に現れるが（使徒 10:43; 13:39; 16:31; 20:21; 24:24）、異邦人たちに対する演説の中には現れない（14:15-17; 17:21-31）。

(2)　ヨハネの信仰観

ヨハネにおける奇跡の物語は、共観福音書の奇跡とは対照的に、救う信仰の主題を欠いている。むしろ、奇跡はイエスに従う者たちを信者とするために起

こされている。例えば、ガリラヤのカナにおけるイエスの最初の奇跡によって、「弟子たちはイエスを信じた」(2:11)。

ヨハネ福音書における信仰は、イエスとの直接的出会いとは全く関係なく、御子の派遣に関する言説に、すなわち、イエスの「私の言葉を聞いて、私を遣わした方を信じる者は誰でも、永遠の生命を得ます」(5:24) に見出される。

ヨハネの信仰観にはパウロのそれと異なる側面がある。ヨハネの信仰のアンチテーゼは、義を求めるユダヤ的努力でも、律法の順守でもなく、この世がもたらす普遍的世俗性であり、その世俗性のキリスト教的形態としてのグノーシス主義であった。

(3)　パウロの信仰観

パウロは、神が死者に生命を与え、存在しないものを呼び出して存在させることを信じる信仰をアブラハムの信仰と考えていた (ローマ 4:17)。パウロ自身も神に対する信仰に言及している (Ⅰテサ 4:17)。しかし、パウロにとっての福音の内容は、キリストが私たちの罪のために死んだこと、そして三日目に甦らされたことであり (Ⅰコリ 13:3-4)、信仰とはキリストの死と復活において救いを達成した神を信じることであった (Ⅰテサ 1:9-10)。

パウロにおける信仰の最大の特徴は、信仰を神の義と結び付けたことである (ローマ 3:21-31)。彼は、信仰によって義とされるキリスト者の信仰の状態に言及している (ローマ 5:1-5)。

パウロの信仰観を特徴づけているもう一つの側面は、律法との関係である。律法は信仰のアンチテーゼとなっている。律法の行為によっては、何人も神の目に義と認められることはなく、律法を通しては罪の意識が生ずるだけだからである (ローマ 3:20)。

またパウロは、信仰に発展があることを認めている。彼は信仰において弱い人間がいること(ローマ 14:1)、信仰が成長することを信じていた (Ⅱコリ 10:15)。

(4)　その他の諸書に見られる信仰の概念

第二義的パウロ書簡において、*pist-* 語群は二つの方向を確立した。一方において、信仰は異端的な教えに対抗するために、正しい教えとして確立され (参考：エフェ 4:5、Ⅰテモ 4:6)、他方において、忠実さ／誠実さとしての *pistis* は徳としてして理解された。

pist- 語群は、ヘブライ人への手紙に著しく頻繁に現れる。その大部分は第11章に集中している。この書簡における *pistis* は、パウロやヨハネとは対照的に、キリスト論的な内容とは結び付いていない。その典型的な例証は、第11章冒頭における信仰の定義である。この定義は、族長たちの歴史概観（11章）と当時の教会の状況（12:1-11）を伝えることに主眼が置かれており、「これは、信仰のすべての要素を包括的に要約したものではなく、迫害の下にある教会にとって根本的だった事柄を要約したものである」（NIDNTT）。

ヤコブは、信仰を立証する必要を感じていた（1:3）。彼にとって、信仰と従順の行為は固く結び付いている。ヤコブは、行為の伴わない信仰は役に立たないと信じていた（2:10）。

3　新約聖書における多様な罪の赦し

新約聖書における罪の赦しを考察する際には、それがさまざまな観点から記述されていることを認識することである。C.R. ショグレン（Cary R. Shogren）はABDにおいて、新約聖書における罪の赦しを分析し、分類を行っている。

(1)　神による赦し
　　関連聖書箇所：ルカ 15:11-32; 24:47; 使徒 2:38; 5:31; 10:43; 13:38; 26:18.
　　キリストの贖い関連：エフェ 1:7; コロサ 1:14; 2:13; 3:3; Ⅰヨハ 1:7-10

(2)　人の子による赦し
　　関連聖書個所：マタイ 9:1-8／マルコ 2:1-12／ルカ 5:17-26
　　神の赦しの肯定：ルカ 7:47; 19:9-10; ヨハネ 8:11

(3)　十字架による赦し
　　関連聖書個所：マタイ 20:28／マルコ 10:45; マタイ 26-28; ローマ 3:24-25; ヘブラ 9:22; 10:12-18

(4)　神があなたを赦すように他の人びとを赦しなさい
　　関連聖書個所：マタイ 18:23-35 の他、マタイ 5:7; 6:12, 14-15; 18:15-17, 21-22; マルコ 11:25; ルカ 6:37; 11:4; 17:3-4; エフェ 4:32; コロサ 3:13; フィレ全体

(5) 　使徒たちによる罪の赦免

関連聖書個所：〔使徒による赦し〕ヨハネ 20:23. 〔教会と会衆による赦し〕マタイ
18:17-18；Ⅰコリ 5:1-13；Ⅱコリ 2:5-11；ヤコブ 5:16；Ⅰヨハ 5:16

赦しの宣言が行われた可能性：マタイ 16:19; 18:18; 使徒 5:3-4, 9; 8:20-24；Ⅰコリ
5:3-4

(6) 　キリストの復活による赦し

関連聖書個所：使徒 5:31；ローマ 4:25；Ⅰコリ 15:17

他方、新約聖書は、罪の赦しを別の観点から見ている。すなわち、洗礼を受
けることによって罪を赦される記述があり（マタイ 3:6／マルコ 1:4／ルカ 3:3；マ
ルコ 16:16; 使徒 2:38; 22:16）、信者たちが受洗後の罪に悩んだ記録も残されてい
る（マタイ 18:15-17；ルカ 17:1-2；Ⅰテモ 5:20；ヤコブ 5:16；Ⅰヨハ 5:16）。しかし、
新約聖書が信者の受洗後の罪の赦しに言及している記事は極めて少ない（マタ
イ 6:12；ヨハネ 20:22-23；Ⅰヨハネ 1:9; 2:1-2）。

4　新約聖書におけるキリストの死の解釈の多様性

新約聖書は、イエスの死に関して、歴史的イエスの死を描写する他に、さま
ざまな死の解釈を行っている。初期教会によって宣教された、いわゆるケリュ
グマのキリストの死の解釈の中で最も際立っているのは、「罪人の代理人として
の死」と「罪人を身請けするための死」であるが、「神を宥めるための死」およ
び「罪人を神と和解させるための死」も見逃すことはできない。

(1) 　罪人の代理人としての死

罪人たちの代理人は、キリストが罪人たちの代わりに神の罰を受けた事実を
指す。この場合の「償い」は「身代り」を意味する。

(2) 　罪人を身請けするための死

罪からの身請けは、奴隷の身分から解放するための代価の支払いに関わりが
ある。この表現はキリストの死を、罪人を残酷な主人から解放するための身代
金と見なしている。

(3)　神を宥めるための死

　キリストの死は宥めである。キリストの死によって罪に対する神の怒りを鎮めたからである。

(4)　罪人を神と和解させるための死

　「和解」の語を用いてキリストの働きに言及する表現は、パウロの伝統に限られている。とは言え、ローマの人びとへの手紙 5:10 の表現は、第二義的パウロの伝統（エフェ 2:14-16、コロサ 1:20）において発展させられている。

　キリストの死の解釈に関連して、もう一つ見逃すことのできない重要な問題がある。それは、償いが向けられた対象に ── キリストの死が誰のためだったのかに関して ── 二つの見解が存在することである。

「特定の身請け」（particular redemption）

　キリストが世のためでなく選ばれた特定の人びとのために、彼らの身請けを保証するために死んだという教義は、宗教改革の直後に発展したもので、ドルト宗教会議（1618-19）において公式に承認された。

「全体的身請け」（general redemption）

　全体的身請けの教義は、キリストの死はキリストを信ずるか否かに関わりなく、全人類を含めるように計画された、と論じる。全体的身請けを擁護する人びとには、ルター、メランヒトン、ブリンガー、ラティマー、クランマー、カヴァーデール、カルヴァンなどがいた。カルヴァンはコロサイの人びとへの手紙 1:14 に関して、「この身請けはキリストの血を通して獲得される。なぜなら、キリストの血の犠牲によって世のすべての罪が償われたからである」と言っている。彼はまた、マルコによる福音書 14:24 の「多くの人のために流された」という語句に関して、「『多くの』という語によって、彼は世の一部ではなく、全人類を意味している」と注解した。

5　新約聖書における多様な死生観

　聖書中心主義者たちの常套句「聖書に何と書かれていますか？」は、聖書に

書かれていないことはないという憶測と、聖書の教えには一貫性があるという思い込みから発せられている。

しかし彼らは、人間の死後の生について「聖書に何と書かれていますか？」という問いを発することはできない。新約聖書の多様性は、人間の死と死後の生に関する記述においてその頂点に達しているからである。実際、人間の死後の生に関する統一的見解を新約聖書から引き出すことはできない。

以下、その多様性について一瞥する。

(1) 死後の生に関するイエスの教え

イエスは、現世において神の戒めを守ることを教え、神の国を宣教することを強調した。「神はその独り子を与えたほどにこの世を愛しました」（ヨハネ3:16）という言葉をイエスの言葉と断定することは難しいが、(4) イエスが来世より現世を重視していたことを示している。イエスは確かに、死者が行く来世よりも、この世における生活を重視した（マタイ8:21-22）。したがって、死後の生に言及したマルコによる福音書12:25、ルカによる福音書16:19ff.; 23:43などの記事は例外に属する。

マルコによる福音書12:18-27は、イエスが死後の生について語っている唯一の箇所で、サドカイ人たちと復活を論じている。ここでの復活は単なる生き返りではなく、全く異なった存在、永久に死ぬことのない霊的な存在への変容を意味している。

ルカによる福音書16:22-26（富める男とラザロの物語）では、正しく貧しい男が天使によってアブラハムのふところに連れて行かれ、富める悪い男は苦しみの中に置かれている。ここでは、死後の生が魂の不滅を前提に生き生きと語られている。この状況は、明らかに人びとの生活に対する神の評価を暗示しているが、復活に先立っている。なぜなら、金持ちの兄弟たちはなお地上で生きているからである（ルカ16:28）。

ルカによる福音書23:43（「あなたは今日、私と共にパラダイスにいるでしょう」）は、犯罪人の一人が死後の生の存在を保証され、神の裁きが個別的に、瞬時に行われたことを示している。

共観福音書において、ある種の霊的な復活思想が当時の身体的復活思想と並行して存在することは、初期キリスト教の終末論に混乱があったことを示している。(5)

(2)　死後の生に関するヨハネの思想

　ヨハネによる福音書は復活について論ずるよりも永遠の生命について多く論じている（ヨハネ 3:16; 3:36; 5:24; 6:47; 17:3 など）。ヨハネは永遠の生命を説き、それを得た者は裁かれることがないと言いながら、死者の復活についても語っている（ヨハネ 5:25, 28-29）。さらに彼は、永遠の生命を得た人びとの復活について語っているが（ヨハネ 6:40）、永遠の生命を持っている人びとの復活がなぜ必要なのかについては語っていない。

　ヨハネは現世において永遠の生命を得ることの必要性を強調し、時には復活についても語ったが、他方では、神を信じる者が死後直ちに向かう「父の家」についても語っている（ヨハネ 14:1-4）。

(3)　死後の生に関するパウロの思想

　新約聖書において正面から一般的復活を説いたのはパウロだけである。彼にとって死と死後の生の問題は、イエスの教えにおいてよりも重要な意味を持っていた。イエスの復活を信じてキリスト教に回心したからである。

　パウロはイエスの死と復活の伝承を踏まえて、すべての者が復活させられるとの結論に達した（Ⅰテサ 4:14、Ⅰコリ 15:12-19）。パウロは、人間の体には「自然的な体」と「霊的な体」があることを前提に、復活を前者から後者への変容として理解した（Ⅰコリ 15:35-44）。しかし、彼の復活観には複雑な側面もある。彼は終末論的復活による変容について語り（Ⅰテサ 4:13-16, 5:10、Ⅰコリ 15:51-52）、キリスト者の漸次的変容についても語っているからである（Ⅱコリ 4:16-5:10）。

　人間的な視点からパウロの復活観を見ると、そこに幾つかの綻びがあることに気付く。パウロは、死と再臨の間のキリスト者の状態に関して明確な説明をしなかった。それどころか、彼には復活観と矛盾する思想も見出される。彼は死後直ちにキリストと共にあることを望んでいた（フィリ 1:21-25）。

注

(1)　ホセ・ヨンパルト『カトリックとプロテスタント、どのように違うか』pp.55-56.

(2)　L.E. Keck, "Dead and Afterlife in the N.T." in Hiroshi Obayashi, ed., *Death And Afterlife*, pp.85-86.

(3)　聖書から導き出せない、この種の重要なキリスト教の主題は、すべて、世界教会会

議（Ecumenial Councils）において協議され、信条として定義することによって解決されてきた。三位一体の神に関しては、アタナシオス信条（5〜6 世紀）において定義され、キリスト教の中心的教義として受容され、今日に至っている。

かつては、Ⅰヨハネ 5:7 が三位一体の神に関する教説の有力な根拠とされていた — For there are three that bear record in heaven, the Father, the Word, and the Holy Ghost: and these three are one. (AV/KJV) しかし、この聖書箇所はその後改訂され、For there are three that testify: (ESV) のように訳されている。今日、聖書的な裏付けとしては、ローマ 1:7b; フィリ 2:11; Ⅰコリ 12:3 が、辛うじて参照されるに過ぎない。

(4) イエスとニコデモの対話（ヨハネ 3:1-21）において、後半のイエスの言葉の範囲は、RSV, TNIV では 15 節で終わっている。2011 NIV も 15 節で終わっているが、3:10-21 説は脚注に付記された。

(5) John Hick, *Death and Eternal Life*, p.183。

II
キリスト教編

カソリケー・カイ・アポストリケー・エクレーシアの探究

信仰による義認

キリスト教の祈りの探究

キリスト教信仰の概念の歴史的変遷

実存的な罪の赦し、その歴史と現代

贖い思想、その歴史的諸学説と包括的諸論考（要約）

魂の不滅思想、その起源と歴史

現代に生き続ける魂の不滅思想

現代キリスト教の世俗化

カソリケー・カイ・アポストリケー・エクレーシアの探究

前書き

　使徒信条（ラテン語）の第 9 条前半には、(Credo in...) sanctam ecclesiam catholicam と記されている。「（私は）聖なる、普遍の教会を（信ず）」という意味である。

　今日の標準的な使徒信条のテキストは、ローマ信条 *The Roman Symbol* を僅かに拡大したものと考えられている。原初のローマ信条（c. 390）には、'catholicam' の語はなかった。この語がラテン語の使徒信条に挿入されたのは、4 世紀末以前だったと考えられている。

　'*Catholicam*' (universal) は、ニカイア信条と古い東洋の形式に従って、4 世紀末以前にラテン語に受け入れられた。*Catholic* の用語が教会に適用されたのは、イグナティウスの書簡に現れたのが最初であった。[1]

　しかし使徒信条は、歴史的観点から見ると、ニカイア信条（325 年）からだけでなく、その後のニカイア・コンスタンティノポリス信条（381 年）から、また当時の教会教父、神学者たちからも影響を受けたように思われる。

　この小論では、使徒信条のラテン語 "ecclesiam catholicam" からニカイア信条のギリシア語 *katholikē kai apostolikē ekklēsia* にまで遡って、その意味と意義を探求する。また、"catholic" の語に焦点を合わせて、その歴史的発展の跡を辿り、その意義の変遷を考察する。

1　「ニカイア・コンスタンティノポリス信条」における "catholic" & "apostolic"

2　初期の教会教父、神学者たちによる "catholic" & "apostolic" への言及

3　キリスト教会の普遍性の要約：「レランのヴィンケンティウスの基準」

4　普遍の、使徒の教会探求の総括

　　参考資料 1 ：ローマ信条と使徒信条の比較

　　参考資料 2 ："catholic" の意味

1 「ニカイア・コンスタンティノポリス信条」における
"catholic" & "apostolic"

「ニカイア信条」の *hē katholikē kai apostolikē ekklēsia*（普遍の、使徒の教会は）という表現は、「ニカイア・コンスタンティノポリス信条」では、*eis mian hagian katholikēn kai apostolikēn ekklēsian*（一つの、聖なる、普遍の、使徒の教会を）という表現をとって現れる。ここでは、*katholikē kai apostolikē*（catholic and apostolic）に関する「ニカイア・コンスタンティノポリス信条」の、優れた注解を紹介する。

"Catholic" という用語は、以前には余り用いられなかったが、キリスト者たちの口伝によって新しい意義を獲得した。Pacian of Barcelona は、使徒たちの時代には "catholic" と呼ばれるような慣わしはなかったと書いた。しかし、異端者たちが現れ、さまざまな名の下に共同体を分裂させる動きが激しくなった時、使徒的な人びとは自分たちが堕落していない者たちの統一体であることを示す名前を必要とした。アンティオケのイグナティオス（111 年没）は、分離者たちの聖餐式に対抗するキリスト者たちの教会に "catholic" という形容詞を付した最初の人だった。イグナティオスにおけるこの用語の意味は、さほど明確ではない。

この信条が教会との関連において用いている最後の記述は、形容詞 "apostolic" である。この語は新約聖書に現れないが、歴史的事実としての使徒たちを指している。使徒たちは初期キリスト教において、イエスとイエスに関する使信の担い手だったために、特権的な立場を享受した。その使信は、合法的に選ばれ、イエスに特有な、あの権威を与えられた人びとによって伝達された。使信の最初の担い手たちは、次のメッセンジャーたちに伝えた。その伝達は口頭で行われた。2 世紀の初めに、ヒエラポリスのパピアスは、口頭による聴取は書面によるよりも一層有益だと考えた。また、テルトゥリアヌスは口頭伝承に基づいて聖書を読む方法論に言及した。使徒の権威は2 世紀を通じて、使徒たちの名前で書かれたテキストの中に見出された。すべては、使徒たちと使徒たちの教えに訴え、イエスと使徒たちの秘儀的な教えに通じていたグノーシス主義者たちにさえ訴えている。ここから、主教たちの一覧の作成を通じて以前の使徒たちからの公的な、記録された継承の必要性が生じた。

継承という用語は新約聖書にない。委託されたものと健全な教義に対して、継続性と忠実さを保証する先取りは、時間的・空間的にその独自性を保持するために、牧会

書簡と使徒言行録の中に存在する（Ⅰテモ 6:20、Ⅱテモ 4:3）。この理由で、聖職制が制定された（Ⅰテモ 5:17, 22、テトス 1:5、使徒 14:23; 20:17）。継承は按手と神の恵みへの祈りを通して保証された。「あなたが持っている賜物を軽んじてはいけません。それは長老たちの議会があなたに手を置いた時、預言の言葉によってあなたに与えられたものです」（Ⅰテモ 4:14. 参照：5:22）。「この故に私は、手を置いてあなたに与えられた神の賜物を再び燃え立たせるようにあなたに望みます。なぜなら、神は臆病の霊ではなく、力と愛と自制の霊をあなたに与えたからです」（Ⅱテモ 1:6-7. 参照：使徒 14:23）。ローマのクレメントは、継承という用語を詳述した最初の人だった。テルトゥリアヌスは、使徒たちが扱わなかった教会の諸問題に取り組んだ。時を経て、使徒性は、教会の普遍性（catholicity）との関連において制度的・教義的重要性を担うようになった。

　古代教会の歴史は多くの異端と分離派に対する絶えざる戦闘として書くことができる。教会は統一と分裂の絶えざる緊張の中に置かれ、ある程度は、主教たちの手中にあった力の中央集権化によって克服された。ここから、数多くの教会会議をさまざまな段階で（すなわち、管区、州、地域の各段階で）行う必要性が生じた。例えば、教会会議では、前回の教会法規を再読するアフリカ会議が行われた。なぜか？　この再読は、継続の印であった。教会会議はかくして、地域的・時間的の両方で、さまざまな段階における同僚間一体化のモデルとなった。

　この継続性は、教会の信仰と生活にとって非常に重要だった。J.N.D.Kelly が言っているように、キリスト者たちが信条に「使徒」の名称を挿入した時、彼らは信仰の、教会の、個々の信者たちの、そして教会の聖職組織の歴史的・実証的継続性を確認することを望んだのである。"apostolic" と "catholic" の二語は、第一に、現在の統一とその起源との連続性を説明する点において、そして第二に、現在の *koinōnia* を説明する点において、相互補完の関係にある。4 世紀のアリウス主義論争の間、使徒的基礎を持つ幾つかの教会はアリウスの教義を受け入れたので、"apostolic churches"という表現は、すでに使徒たちから出た教えが強調されており、その擁護的性格を失い始めていた。事実、レランのヴィンケンティウスは 5 世紀の初めに、もはやこの概念を用いなかった。他方、単数形の、"apostolic church" という表現は、使徒たちの基礎の上に留まり、留まらなければならない全体教会を指すのに用いられている。そしてそれは、しばしば形容詞 "catholic" と共に用いられる。ローマ教会は、独占的ではないが、通常使徒座として言及されている。[2]

2　初期の教会教父、神学者たちによる
"catholic" & "apostolic" への言及

　キリスト教初期の教会教父たちや神学者たちは、「ニカイア信条」と「ニカイア・コンスタンティノポリス信条」における "catholic" & "apostolic" に注目し、さまざまに論じたことが知られている。ここでは、それらを論じた断片を紹介する。断片的ではあるが、有益な言及であることは言うまでもない。

　地方的教会と普遍的教会の両方が catholic である（Martyrdom of Polycarp）。

　それは地方的な意味において、真の、真正の教会であるが、互いに交わりの中にあるその他の教会も、真の、真正の教会である。catholic 教会は、地理的な意味で世界中に広がっている（Apostlic Constitutions）。

　教会が catholic と呼ばれるのは、大地の一端から他端まで世界中に広がっているからであり、また、当然人間の知識となるべきすべての教義を普遍的に、完全に教えるからである（Cyril of Jerusalem）。

　教会はすべての聖徒たちの共同体である。世界の初めからいたすべての者は義とされており、あるいは義とされるであろう（Niceta）。

　異端者たちは信仰それ自体に危害を加え、分離者たちは兄弟愛と絶交する。彼らは catholic 教会に属していない（Augustine）。

　真の、純粋な Catholic は、神の真理を愛し、教会を愛する。彼あるいは彼女は、キリストの体を愛し、何ものにもまして、神性な宗教と catholic 信仰を重んじる。その信仰はキリストの体を、最高の権威として保持し、最高の敬意をもって、私たちが保持し得る才能、雄弁、哲学の上にある存在として保持する（Vincent）。

　使徒たちは教会に揉め事が起こることを想定して、継承に備えた（Clement of Rome）。

　聖職位階には主教、司祭、執事の 3 段階がある。主教は主ご自身を代弁する（Ignatius）。

　ヘゲシッポス〔Hegesippus　2 世紀のギリシアの教会史家、ユダヤ教から改宗。各地に旅して正統的教理を擁護し、グノーシス主義を攻撃した〕は orthodoxy の確かさを求めて旅に出て ── パレスチナを去り、遠くローマまで ── 人びとの教えを検証す

るために主要な諸教会を訪ねた。この目的のために、彼は人びとが使徒たちの教えに立ち戻ることができるように、主教の継承を確立した。諸教会の使徒性と主教の継承は、秘密の伝統に訴える異端者たちに対して、歴史的に裏付けられる（Irenaeus）。

使徒たちは教会を建て、使徒たち自身キリストを通して神によって教えられ、真の教義の伝達を確実にした（Tertullian）。

主教たちの集まり ── 書簡、旅行、特に宗教会議を通しての接触 ── は、新しい状況の多様性と直面する新しい規律上の問題にもかかわらず、伝統に忠実であり続けるために、教会間で行われるの *koinōnia* による手段である。ローマ教会は「慈善を主導する」(Ignatius)ことによってその役割を果たし、ペトロとパウロによって建てられ、彼らの墓もそこに設置された（Irenaeus）。

古代教会は、キリストの一つなる教会と教会の交わりを評価するための、変更できない、必要不可欠な基準として、歴史的使徒性の基準に顕著な役割を委ねた。すべての教会は使徒的であるべきだが、時間的に他より先に建てられた母教会は、組織面において他より大きな責任を負わされた。使徒性は歴史的なものであり、異なる諸教会の主教たちの一覧から明らかにされる。それらの一覧は、原初の、忠実な委託物の伝達の連鎖であり、その真正性の検証を可能にする（Irenaeus, Tertullian, Clement of Alexandria, Origen）。

形容詞 apostolic に関しては非常に早くから、catholic の語との関連において、教義的、組織的意義が認められた（Tertullian, Origen）。

catholic 教会は真正なものである。なぜなら、それは使徒たちに遡り、使徒たちの教え、主の教えの最初の、真の諸証言を忠実に伝えてきたからであり、さらにそれは、将来の教会組織に関連して決断をした使徒たちによって建てられたからである（Tertullian, Ephrem, Alexander, Athanasius）。

御父〜キリストによって受けた使命は、キリストの弟子たちに委託された。その弟子たちは、忠実な証人たちと呼ばれており、使徒たちから、神の王国を宣べ伝え、聖徒たちにただ一度だけ伝えられた信仰を守る使命を果たす人びとに継承していく（Augustine）。[3]

3　キリスト教会の普遍性の要約：
「レランのヴィンケンティウスの基準」

　キリスト教会の普遍性が原始教会に根差すという思想を最も簡潔に要約した表現に、「レランのヴィンケンティウスの基準」がある。

　ガリアの神学者ヴィンケンティウス（450 年以前に没）は、フランス南岸のカンヌ湾のレラン諸島の大修道院の修道士だったことから、レランのヴィンケンティウスとして知られている。特に、彼はアウグスティヌスの恩恵説を批判した神学者として知られており、「ヴィンケンティウスの基準」（Vincentian Canon）として知られるようになった語句「どこでも、常に、すべての人によって信じられているもの」は、彼の著作に由来する。

　ヴィンケンティウスは、アウグスティヌス（354-430）のペラギウスとの論争の直後に書いた著作『備忘録』において、二人の論争は神学的新機軸を生み出したとの個人的見解を表明した。彼がアウグスティヌスの二重予定の教義を念頭に置いていたことは疑いない。ヴィンケンティウスは、正統的キリスト教が備えるべき三つの基準、すなわち、何処でも信じられる世界教会性（ecumenicity）、常に信じられる古代性（antiquity）、すべての人によって信じられる一致性（consent）について、次のように論じた。

> 　さて、普遍的教会（the catholic church）自体において、私たちはどこでも、常に、すべての人によって信じられてきたもの [quod ubique, quod semper, quod ab omnibus creditum est] を保持することに最大の注意を払っている。これこそ、真に、正しく普遍的な（catholic）ものである。これは、あらゆるものを普遍的に（universally）に理解する言葉と理性の力から明らかである。私たちは、もし全教会が世界中で告白する一つの信仰が真実であることを認めるなら、「普遍性」（universality）をこのように理解するであろう。私たちは、もし偉大な聖徒たちや私たちの教父たちが表明したことがこれらの理解から逸脱していないなら、「古代性」を肯定する。また私たちは、もしこの古代性において、主教たちや教師たちのすべての（あるいは、ほとんどすべての）定義を認めるなら、「一致」（consensus）を認める。(4)

　「レランのヴィンケンティウスの基準」は、キリスト教世界に大きな影響を与えただけでなく、キリスト教信仰の普遍的な価値を探求する上でも重要な役割を果たしてきた。その痕跡の一つは、英国教会におけるカロライン神学者た

ち（＝チャールズ王朝時代の神学者たち）の働きに見ることができる。特にカロライン神学者たちは、キリスト教会の普遍性を原始教会に根差すものとし、その本質は「レランのヴィンケンティウスの基準」であると主張した。

「レランのヴィンケンティウスの基準」をめぐる彼らの議論の要点は、次の通りであった。

① 「どこでも」空間的なカトリック性

カロライン神学者たちは、英国教会の自立性を尊重したが、他方で、そのことによって世界の他の諸教会から絶縁された、孤立した教会であってはならないと考えた。すなわち英国教会は、空間的に全世界に普及しているキリスト教信仰を共有する共同体としてのみ存在する、普遍的教会の肢としてのみ存在することを確認したのである。

② 「いつでも」時間的なカトリック性

カロライン神学者たちは、自分たちの信仰が原始教会において信じられたことと同一であるかどうかを吟味し、言葉の表現においてばかりでなく、神への忠実さにおいても同一であることを目指し、原始教会の、特にギリシア教父たちの文献を研究し、翻訳した。また、原始教会の祈祷や詩歌を翻訳し、自分たちの礼拝に適用した。

③ 「だれによっても」使徒的継承におけるカトリック性

カロライン神学者たちは、使徒職を継承する歴史的主教制を最重要視し、彼らに託されている職務を通して、サクラメントを分かち合い、共通の信仰を保持し、すべての人に救いの道を伝えるように努めた。そして何よりも、英国教会は、ローマカトリック教会が教皇の独裁的権威を主張した以前の教会に立ち戻るように努めた。

④ 「信じられていること」信仰におけるカトリック性の確証

カロライン神学者たちは、原始教会の信仰的伝承が普遍的に信じられるべき信仰であるとして、原始教会の伝承に徹底的にこだわった。そして彼らは、洗礼時の信仰告白の他に、「ヴィンケンティウスの基準」を拠り所とする教会が普遍性を持つ教会と考えた。要するに彼らは、原始的・使徒的教会の礼拝、信仰生活上の規律と実践、教会の共同的な営みの要としての主教制に、徹底的にこだわったのである。(5)

4 普遍の、使徒の教会探求の総括

　東西教会が分離する 1054 年まで、キリスト教会は文字通り、一つの、普遍の、使徒の教会であり続けた。しかし、分離した後の両教会は統一的教会であることをやめた。そして、両教会はそれぞれに、普遍の、使徒の教会となった。すなわち、東方正教会は、「ニカイア信条」、「ニカイア・コンスタンティノポリス信条」および使徒的伝統に基づいて、普遍の、使徒の教会であることを自認してきた。他方のカトリック教会は「ニカイア・コンスタンティノポリス信条」（聖霊は神と子から生まれたと変更）と「使徒信条」に基づいて、普遍の教会であることを表明し続けて、今日に至っている。

　東方正教会とカトリック教会の他に、16 世紀にローマカトリック教会から分離、独立した英国教会も、一般的に普遍的教会と見なされている。「ニカイア・コンスタンティノポリス信条」と「使徒信条」を公認し、使徒伝承の職務を持つ主教制を保持しているためであろう。

　宗教改革者たちは「ニカイア信条」と「ニカイア・コンスタンティノポリス信条」を受け入れなかった。それらに含まれる「使徒の教会」が自分たちの聖書中心主義に反していたからである。彼らは概して、「使徒信条」を受け入れたが、その受容の仕方は一様でなかった。例えば、マルティン・ルターがその大教理問答で取り上げた使徒信条では、中世の何人かの先駆者たちに倣って、「聖なるカトリック教会」の語句を「聖なるキリスト教会」に変更した。

　またジャン・カルヴァンは、「ジュネーヴ・教理問答」（1541/42 年）において、「カトリック／普遍的」の意味を次のように定義した。

　問 97 カトリック、すなわち普遍的という語によって何が意味されていますか？
　信者たちにはただ一人の首がいるように、彼らすべては一つの体に結び付けられていなければなりません。したがって、幾つもの教会があるわけではなく、世界中に広がっているただ一つの教会がある、ということが意味されています。(6)

　この回答は、言葉の定義としては全く正しいが、ジュネーヴ教会が普遍の教会であることを示したわけではない。理想的な教会のあり方を提示したものと理解すべきであろう。しかしカルヴァンが、多くの点で使徒的教会から学んでいたことを忘れてはならない。彼が『キリスト教綱要』において初期キリスト

教の教父たちの著作から多く引用し、また自ら制定した礼拝形式に「古代の慣習による聖礼典の執行および結婚祝福を含む祈りと歌の形式」という名を付していたことはそのことを示している。

　プロテスタント諸教会は、概して「使徒信条」を受け入れたが、全世界に広がっている普遍の教会の概念を放棄し、教派内で普遍の教会であることに甘んじてきたように思われる。例えば、ドイツの神学者ヴィルヘルム・ニーゼルは、カトリック教会を分派と見なし、自分の属する告白教会が公同の教会であることを表明している。

　　宗教改革者たちはかれらの教会をローマ教会から引き離したが……かれらはこの普遍的なキリスト教の真理がただ自分たちの教会においてだけ証言されており、それゆえに、自分たちのこの教会こそが公同の教会なのであり、ローマ教会は一つの分派でしかないということを、信仰によって敢えて判定したのである。(7)

　　自由教会を設立するためには、公同の教会が他の諸教会のうちにはもはやなく、ただ、自分たちが大きい群れから分離してつくった集会の中にのみ存し、しかもこのことによってこそ、この集会が普遍的なキリストの教会に属することをまさしく証しするものであるという信仰が前提とならなければならない。これだけの手続きを経ない他の場合のものは、教会ではなく一つの分派である。ここ数ヵ月来おこなわれて来ている……教会闘争における告白的諸教会が、真実に、キリストの教会そのものにかかわりをもっており、つねに公同的な教会であることの証明である。(8)

　こうして、プロテスタント諸教会は、自分たちの教会が教派内で普遍的であると主張し、あるいは暗黙のうちにそのことを認めているように思われる。

　日本のプロテスタント諸教会においても、この事情は変わっていない。憂うべきは、簡単な信条／信仰告白しか持たない教派の各個教会において使徒信条を唱え、公同の教会であることを表明しながら、その典礼において、またその説教において、教派内での普遍性の向上に全く配慮していないことである。

　この小論の結論としては、普遍の、使徒の教会側から投げかけられている、次の批判に、謙虚に耳を傾ける必要があることを強調しなければならない。

　　大陸のプロテスタントは中世ローマ教会の誤りや不純物を取り除き、聖書の原始的証言に立ち返ることを主張した点では正しかったが、粛正を急ぐ余り教会の伝承を切り

棄て、またキリスト教信仰の共同的生活や共同礼拝の重要性を忘れてこれらをも捨て去ってしまったため、使徒的教会の伝承の多くを失った。このため、真正の使徒的教会と同一の教会ではなくなった。[9]

プロテスタント諸教会は……使徒的継承の職務を持つ主教制を廃棄したために、カトリック性を確保・継承する手段と保証を失った。こうして、プロテスタント教会は必ずしもキリスト教会ではないと言えないまでも、そのカトリック性を確認する術がない。[10]

注

(1)　Philip Schaff, ed., *The Creeds of Christendom*, Volume I, p.22.

(2)　"We believe in One Holy Catholic Apostlic Church" in *Ancient Christian Doctrine 5*, pp.55-56.

(3)　Ibid., pp.58-59.

(4)　Vincent of Lérins, Commonitorium II. 1-3／McGrath, *The Christian Theology Reader*, 4th edn., p.78.

(5)　主として、塚田理『イングランドの宗教 ── アングリカニズムの歴史とその特質』特に、「カトリック主義への反動──カロライン神学への回帰」pp.155-165 参照。

(6)　"Geneva Catechism" in CCFCT.

(7)　ニーゼル著／渡辺信夫訳『教会の改革と形成』p.78.

(8)　同上 pp.79-80.

(9)　塚田理『イングランドの宗教』p.157.

(10)　同上 p.164.

参考資料 1

ローマ信条と使徒信条の比較

The Old Roman Form　　　　**The Received Form**

1. I believe in God the Father Almighty.

I believe in God the Father Almighty
[*Maker of heaven and earth*].

2. And in Jesus Christ, his only Son, our Lord;

The same.

3. Who was born by the Holy Ghost of the Virgin Mary;

Who was [*conceived*] by the Holy Ghost,
born of the Virgin Mary;

4. Was crucified under Pontius Pilate and was buried;

[*Suffered*] under Pontius Pilate, was cru-
cified [*dead*], and buried [*He descended
into Hell (Hades)*];

5. The third day he rose from the dead;

The same.

6. He ascended into heaven; and sitteth on the right hand of the Father;

He ascended into heaven; and sitteth on
the right hand of [*God*] the Father [*Al-
mighty*];

7. From thence he shall come to judge the quick and the dead.

The same.

8. And in the Holy Ghost;　　　[*I believe*] in the Holy Ghost;

9. The Holy Church;　　　The Holy [*Catholic*] Church [*The com-
munion of saints*];

10. The forgiveness of sins;　　　The same.

11. The resurrection of the body (flesh).

The resurrection of the body (flesh);

12.　　　[*And the life everlasting*].

(Philip Schaff, *The Creed of Christendom*, Vol. I, pp.21-22)

参考資料2

"catholic" の意味

Catholic A adjective. 1 CHRISTIAN CHURCH. 1 Of, belonging to, or designating the ancient church before the great schism between East and West, or any Church standing in historical continuity with it, as (a) the Western or Latin Church after the schism (distinguished from **Eastern Orthodox**). (b) the Latin Church that remained under the Roman obedience after the Reformation. (c) the Anglican Church regarded as a continuation of both the Ancient and Latin Churches. LME〔1350-1469〕
2 Of, belonging to, or designating the Christian Church as a whold. M16〔1530-1569〕

(*Shorter Oxford English Dictionary*, Fifth edition, 2002)

Catholic：この語は、ギリシア語の *katholikos* (universal) に由来する。この語は、2世紀以降のキリスト教的著作者たちによれば、キリスト教会を各地方の共同体から、あるいは異教の宗派から区別するために、一般的に用いられてきた。この用語の顕著な解説は、キリスト教の最初の3世紀間における発展を背景にして、エルサレムの聖キュロスの教義学（348）に行われた。それによれば、この用語は、その世界中への広がり、その教義上の完成度、あらゆる種類の人びとの要請に応えるその適応力、その道徳的・精神的完璧さを示すために用いられてきたのだという。

　普遍的に教えられ、実践されてきたものが真実であるという学説は、聖アウグスティヌスによって、教会の性質とその職務に関するドナドゥス派〔極端に厳格な教会生活を主張〕との論争において、初めて発展させられた。それは、聖ヴィンセント（St. Vincent of Lérins）の *Commonitoria*（434）の一つの段落において、古典的な表現を与えられ、そこから「すべての人間が常に何処でも信じたものは、真実とされなければならない」という定式が生まれた。聖ヴィンセントは、真の信仰とは教会が全世界を通して、古代のものと一致し、過去数世代間に弁別され、合意された神学的見解の表明である、という考えを維持した。こうして、'catholic' という用語は、正統性（orthodox）の意味を獲得することとなった。

　この用語の使用には、混乱が不可避だった。ローマカトリック教会から異端、あるい

は分離派として非難されたさまざまな教派的集団が、自分たちこそ公同性を有するとの主張を取り下げなかったからである。ローマカトリック教会だけでなく、東方正教会、英国教会、さまざまな国家的集団、その他の諸教会もまた、自分たちこそ聖なる公同の教会の会員であると主張し、主要なプロテスタント教会の多くも、そう主張している。

（*Encyclopedia Britannica*, 2015 参照）

Catholic：この形容詞は、ギリシア語の *kata* (according to) と *holon* (the whole)の合成語に由来する。その精確な意味は、議論されているが、それは多分、"complete" or "full" といった原初の意味を持っているのであろう。その後それは、広がりとか領土における "universal" の意味を獲得した。

アンティオケのイグナティウス〔c.110〕は Smyrneus への手紙において、教会を記述するために *he katholike ekklesia* と言って、それを初めて用いた。リヨンのエイレナイオス〔c.200/203〕はそれを、特にグノーシス主義における分派や集会に対抗して、新のキリスト教会を指すために用いた。エイレナイオスの使用後、この語はキリスト教著作者たちの間で標準となった。こうして、ニケア・コンスタンチノポリス信条において教会に関する条項に配されるに至った。

後代の動詞 *sobirat'* (to gather) から派生した *sobornaya* のようなギリシア語の教会スラブ語訳は、そこから由来した実名詞の *sobornost* と共に、19 世紀のアレクシス・コーミアコフ（Alexis Khomiakov）以降、ロシアのキリスト教研究の特定の系譜に影響を与えた。コーミアコフとその追随者たちは、特に権威の問題との関連において、また教皇中心主義とプロテスタントの分派主義の両方に対抗して、この語を東方正教会の会議と共同体の性格を表現するものと見なした。

（*The A to Z of the Orthodox Church*, 2010）

Catholic: 全キリスト教会の、公同（普公）教会の、（特に、教派分裂以前の古代キリスト教会にいう）

（『研究社新英和大辞典』2002）

信仰による義認

前書き

　キリスト者は罪人である（ローマ 3:23）。これが真実であることは、キリスト者のみならず、非キリスト者によっても認められている。それは、キリスト者自身、実存的に罪人であることを意識し、日ごとに主の祈りを祈り、事あるごとに罪を告白していることが広く知られているからである。要するに、キリスト者は常態的に罪人なのである。

　ところが、日本基督教団信仰告白は、「神は恵みをもて我らを選び、ただキリストを信ずる信仰により、我らの罪を赦して義としたもう」と表明することによって、この信仰告白を唱えるキリスト者をして、罪を赦され、義とされた者としている。しかし聖書には、キリストを信じる信仰によって罪が赦され、キリストを信じる信仰によって義とされる記述はあるが、キリストを信じる信仰によって罪が赦され、かつ義とされる文脈は存在しない。信仰による義認の神学では、キリスト者は「罪人にして同時に義人」とされている。

　さらに、日本基督教団信仰告白に基づいてキリストを信じる信仰により罪を赦され、義とされたキリスト者は後段の使徒信条を唱えることによって自家撞着に陥る。使徒信条は罪人であることを前提に成り立っているからである。

　この小論では、信仰による義認の教説を聖書的に、またマルティン・ルターとジャン・カルヴァンの神学に基づいて考察する。

　　1　信仰による義認の聖書的根拠
　　2　ルターにおける神の義の発見
　　3　ルターの信仰観
　　4　ルターにおける「罪人にして同時に義人」
　　5　カルヴァンにおける信仰による義認
　　6　結論：義人の悔い改め

　　　参考資料1　ルターにおける神の義の外在的側面
　　　参考資料2　ジョン・パイパーによるルターの外在的概念の弁証

1 信仰による義認の聖書的根拠

　信仰による義認は、キリストが私たちの罪のために死に渡され、私たちを義とするために甦らせられた（ローマ 4:25）ことに依存している。神の義はキリストを信ずる信仰を通して、私たちに恩恵として与えられる。

　この信仰による義認の教説は、初期のキリスト教会ではほとんど問題とされることはなかった。英国の修道士ペラギウス（418 年以後没）が原罪を否定し、人間は独力で、キリストの贖罪なくして救済されると説いた時、アウグスティヌスは彼に反駁し、人間の救済は神の恩恵のみに依存すると主張した。こうして、この信仰による義認の教説は、二人の論争を通じて脚光を浴びた。さらに、中世後期にマルティン・ルターは、義認における神の行為の側面に重点を置き、「信仰のみ Sola fide」を強調した。

　聖書は、キリストを信ずる信仰によって義とされることを次のように表明している。

　なぜなら、神の義は福音のうちに信仰から信仰を通して啓示され、それは「義人は信仰によって生きる」と書かれている通りです（ローマ 1:17）。

　今や、神の義が律法とは別に明らかにされ、律法と預言者たちがそれを証言しています ── その神の義はイエス・キリストを信ずる信仰を通して、信ずる者すべてに与えられます（ローマ 3:21-22）。

　なぜなら、私たちは、人が義とされるのは律法による行いとは関わりなく、信仰のみによると考えるからです（ローマ 3:28）。

　　　　　　　　　「のみ」の付加は、ルターのドイツ語訳に限って現れる。

　私たちの主イエス・キリストを死者の中から甦らせた方を信ずる私たちも、その信仰を義とされます。彼は私たちの罪のために死に渡され、私たちを義とするために甦らせられました（ローマ 4:24-25）。

　キリストが律法を終わらせたので、信ずる者すべてが義とされます（ローマ 10:4）。

　これらの聖書箇所においてパウロは、ギリシア語動詞 *dikaioō* （義とする）という用語で、神の罪人たちに対する恵みの行為を表現した。この用語は、新約聖書で 39 回用いられており、そのうち 27 回はパウロ書簡に現れる。

しかし、新約聖書の言語学から見ると、「赦す」と「義とする」を同義と見なす根拠は存在しない。ギリシア語動詞 *aphiēmi* は新約聖書に 143 回現れ（マタイに 47 回、マルコとルカに各 34 回、ヨハネに 15 回、その他 13 回）、その意味は多岐に亘っている。ちなみに、「義務から解放する」「赦す」「取り消す」などの意味では 45 回現れる。名詞 *aphesis* は新約聖書に 17 回現れ、そのうち 15 回は「赦し」の意味で用いられている。ところが、*aphiēmi* も *aphesis* も、パウロ書簡には全く現れない。ローマ人への手紙 4:7 に現れる唯一の *aphiēmi* は詩編 32:1-2 からの引用であり、パウロの言葉ではない。

　こうして、ギリシア語動詞 *dikaioō* は、パウロ特有の神学用語であり、*aphiēmi* と結び付く文脈は新約聖書のどこにも見出されない。

　参考までに、パウロは *dikaioō* と同じような意味で、*katallassō*（和解する）という用語を用いた（パウロ書簡にのみ 6 回現れる）。また、*aphiēmi*（赦す）の同義語として、*charizomai*（惜しみなく与える）を用いた（Ⅱコリ 2:7, 10）。

2　ルターにおける神の義の発見

　マルティン・ルターは、『ラテン語著作の完全版』（ヴィッテンベルク、1545 年）の序言において、青年時代に経験した主要な神学的問題を回想した。彼にとって神の義（*institia Dei*）は、自分を含めて罪人たちを断罪することを意味していた。しかし、ローマ人への手紙 1:17 の意味を吟味した結果、自らの神学的改革の扉を開くことによって、ついに神の義を理解するようになった。その時期は、諸説あるが、第二回目の一連の詩編講義をしていた 1518 年と考えられる。

　下記に掲げる文章は、その経験を要約したものである。

私は実のところ、ローマ人への手紙におけるパウロを理解するために異常な熱心さの虜となっていた。しかし、それまで私の道に立ちはだかっていたのは、心臓の周りの冷たい血ではなく、第 1 章 [17] の「そのうちに神の義が啓示されています」という唯一の語句だった。なぜなら、私はその「神の義」という言葉を嫌悪していたからである。すなわち、私はすべての教師たちの語法と習慣に従って哲学的に理解するように教えられ、形式的あるいは積極的な義 ── すべての教師たちはそう呼んでいた ──

に関しては、神は義であり、不義の罪人たちを罰する、と理解していた。

　私は修道士として非難されることなく生活していたけれども、極端に不安な良心から神の前に罪人であると感じていた。私は罪を償うことによって神を宥めることができるとは思っていなかった。私は罪人たちを罰する義なる神を愛していなかったし、確かに嫌悪していた。そしてひそかに、冒涜的でなかったとしても、確かに大げさに呟き、神に怒りを覚えて私は、「実際、原罪によって永遠に見捨てられた惨めな罪人たちが十戒の律法に基づいてあらゆる種類の災難によって粉砕されても十分でないかのように、神を信じないと、福音によって苦しみに苦しみを加え、また福音によって神の義と怒りをもって私たちを脅すのですか！」と言った。こうして私は、荒れ狂った、不安な良心をもって激怒した。それにもかかわらず、私は聖パウロが欲していたものを最も熱心に知ろうとして、その場所でパウロを執拗に叩いた。

　遂に、神の憐れみによって、日夜瞑想して、私はこの語句の文脈に、すなわち、「『信仰によって義なる者は生きる（'He who through faith is righteous shall live.'）』と書かれているように、そのうちに神の義は啓示されています」〔ローマ 1:17〕に注目した。神の義とは、義なる者が神の義に基づいて神の賜物によって、すなわち信仰によって生きることだと、私は理解し始めた。そして、その意味するところは、神の義は福音によって啓示されており、すなわち、憐れみ深い神はその受動的な義に基づいて、「信仰によって義なる者は生きる」と書かれているように、私たちを信仰によって義とする、ということである。ここで私は、全く生まれ変わり、開かれた扉から楽園そのものに入ったと感じた。ここで、全聖書の別の顔がそれ自体を私に現した。そこで私は、記憶を辿って聖書をざっと読んだ。私は類似する他の用語を見出した。例えば、神の働き、すなわち神が私たちのうちに為すもの、私たちを強くする神の力、私たちを賢くする神の知恵、神の力強さ、神の救い、神の栄光などを見出した。

　そこで私は、以前に嫌悪していた言葉「神の義」に対する嫌悪感に匹敵する愛をもって、私の最も甘美な言葉を激賞した。こうして、パウロにおけるあの場所は、私にとって、真に楽園への扉となった。(1)

　ルターは、「私はこの語句の文脈に、すなわち、『'He who through faith is righteous shall live.'』と書かれているように、そのうちに神の義が啓示されていることに注目した」と書いているが、私は特に、'He who through faith is righteous shall live.' に注目する。この語句は、ギリシア語の *ὁ δικαιος εκ πιστεως ζησεται* からの、ジョン・ディレンバーガーによる翻訳である。ルター

による神の義の発見は、実は、このギリシア語の解釈に深く関わっているように思われる。以下に、そのことを簡潔に論証する。

$ὁ \ δε \ δικαιος \ εκ \ πιστεως \ ζησεται$ は、ヘブライ語聖書の וְצַדִּיק בֶּאֱמוּנָתוֹ יִחְיֶה׃ (Hab 2:4)（ヴェツァディク　ベエムナトー　イフイェ）からの翻訳であり、字義通りには、「しかし、正しい者はその信仰によって生きる」という意味である。

しかし、ギリシア語の $ὁ \ δικαιος \ εκ \ πιστεως \ ζησεται$ は、歴史的に二様に解釈されてきた。すなわち、一方では、ハバククに倣い、$εκ \ πιστεως$ を後の $ζησεται$ と結び付けて "The righteous shall/will live by faith" と訳され（ESV, NRSV, NIV 参照）、他方では、$εκ \ πιστεως$ を前の $δικαιος$ と結び付けて、例えば、"Whoever is justified through faith shall gain life." (REB)、"The people God accepts because of their faith will live." (CEV) などと訳されてきた。

ルター自身はドイツ語訳聖書において、前者に倣って、 »Der Gerechte wird aus Glauben leben.« と訳した。しかし、ローマ人への手紙 1:17 の意味を日夜瞑想して吟味した際には、ディレンバーガーによる翻訳を読む限り $ὁ \ δικαιος \ εκ \ πιστεως \ ζησεται$ を「信仰によって義なる者は生きる」の意味に解釈することによって核心に到達したことを示している。

3　ルターの信仰観

ルターは、「ローマ人への手紙への序言」（1522 年）で、主要な神学用語（律法、罪、恩寵、信仰、肉、霊）について解説した。次の文章は、信仰に関する解説である。

多くの人が信仰は夢想するもの、人間の幻想と理解しているが、信仰はそのようなものではない。信仰が道徳的改善も善行も伴わないのを見る時にはいつでも、人びとは、信仰について多く語られていることを念頭に、もし私たちが正しくなり、救いを獲得しようとしても、信仰が不十分だから「業」（works）を為さなければならないと宣言して誤謬に陥る。理由はこうである。彼らは福音を聞く時、要点を見落としている。彼らは心の中で、また自分自身の供給源から、純粋な信仰と考えている「信仰心」（belief）と呼ぶ一つの観念を創出する。けれどもそれは、人間の偽造物、心の深奥に対応する経験なき一つの観念に過ぎない。したがってそれは、無力であり、良き種

類の生活をもたらさない。

　しかし信仰は、神が私たちに働きかける何かである。それは私たちを変え、私たちは神から生まれ変わらせられる（ヨハネ 1:13）。信仰は古いアダムを殺し、私たちを心において、精神において、私たちのすべての力において、まったく異なった人間にする。また信仰は、聖霊に伴われて現れる。ああ、信仰たるや、何と生き生きとし、創造的で、活動的で、力強いものか。それは常に、善以外のことを為し得ない。為すべき善行が何であるかを問う余裕を持たない。むしろ、その問いが発せられる前に、行動を起こし、それを為し続ける。このような活動をしない人間は、信仰なき人間である。彼は信仰を求めて手探りし、善行を探し求めるが、信仰の何であるかを、善行の何であるかを知り得ない。それにもかかわらず、彼は信仰と善行について無意味に語り続ける。

　信仰は生き生きとした、揺るぎなき確信であり、人がそのために何千回でも死ぬことを厭わないほど神の恩寵を信ずることである。神の恩寵に対するこの種の確信と、それに伴うこの種の知識は、私たちの神と全人類との関係において、私たちを喜ばせ、活気づけ、熱心にさせる。それは、聖霊が信仰を通して働きかけるものである。それ故、信仰の人は、急き立てられなくても、かかる恩寵を示した神の愛と栄光のために、自発的に喜んで、誰にでも善を行い、誰にでも仕えることを求め、あらゆる種類の苦難を耐え忍ぶ。実際、信仰から業（works）を分離することは、火から熱と光を分離できないように、不可能である。したがって、あなた自身の、また最大の愚かさを露呈しながら、信仰と業に関する賢い判断をしていると考えて戯言を語る人びとの、間違った概念に注意しなさい。あなたの祈りを神に捧げ、あなたのうちに信仰を創造してくださるように神に求めなさい。さもなければ、たとえあなたがどれほどあなた自身を欺こうとしても、あなたの努力と能力がどれほどのものであったとしても、あなたは常に信仰を欠くであろう。(2)

　ルターの信仰観には、幾つかの顕著な特徴がある。その第一は、自分自身の供給源から創り出される信仰心（belief）を信仰の定義から排除していることである。ルターは、私たち自身の中には滅びのほか何もなく、私たちの救いは常に外から、主から来ると信じていたのである（ローマ人への手紙 4:7 の注解／詩編 121:2 参照）。

　第二に、信仰を神から与えられる恩寵として、すなわち聖霊に伴われて現れるものとして、神中心的に捉えていることである。

第三に、信仰を生き生きとして、ダイナミックな働きとして捉えていることである。

こうして、私たちがキリスト者として義とされる場合の信仰が、ここに明らかにされたように思われる。

4　ルターにおける「罪人にして同時に義人」

一般的に、キリストを信ずることにより、個人的に罪を赦され、義とされると理解されがちであるが、ルターはそのように自分を自分自身で義とする態度を自己義認、偽善的行為として排斥した。彼は自ら罪人でありながら、神の前に、神の評価において義とされることを、すなわち外在的に義とされることを、キリスト者の態度として勧めた。

ルターにおける信仰による義認の教説では、彼の「罪人にして同時に義人」という逆説的定説も見逃すことはできない。しかし驚くなかれ！　ルターによれば、私たちは罪を赦されて、神の義を受けるのではなく、罪人として受けるのである。ルターはこのことを次のように明解に語っている。

「過ちが赦され、罪が覆い隠された人びとは幸いです」（ローマ 4:7／詩編 32:1）に関する注解：

聖徒たちは常に、彼ら自身の目に罪人たちであり、したがって常に、外的に（extrinsice）義とされる。しかし、偽善者たちは常に、彼ら自身の目に〔内的に〕義人であり、したがって常に、外的に罪人たちである。

聖徒たちは絶えず、自分たちの罪を意識し、神の憐れみによる神からの義を求める時、神によって義人と見なされる。彼らは、彼ら自身の目に、また実際に不義なる者である故に、罪を告白する故に、神がそれを評価して、神の前に義人とされるのである。彼らは意識せずに義人であり、意識的に不義なる者である。すなわち、彼らは事実上罪人たちであるが、希望において義人なのである。(3)

「私自身は、理性では神の律法に仕え、肉では罪の律法に仕えているのです」（ローマ 7:25b）に関する注解：

これはすべての中で最も明確な表明である。一人の、同一の人間が、神の律法と罪の律法に同時に仕えていることに、すなわち、義であると同時に罪であることに注目せ

よ！　なぜなら、パウロは「私の理性は神の律法に仕えている」とも、「私の肉は罪
の律法に仕えている」とも言わず、「私という全人間、同じ人格が、二重の奴隷状態
に置かれている」と言っているからである。したがって彼は、神の律法に仕えている
ことに感謝し、罪の律法に仕えているために憐れみを求めているのである。[4]

小牧治・泉谷周三郎両氏はその著『ルター』において、ルターの義認論に関
して次のように解説している。

「罪人にして同時に義人」という定式は、平和と安息ではなく、一瞬一瞬の悔い改め、
罪との絶えざる戦いを意味するのである。[5]

こうして、ルターの信仰による義（神との正しい関係）から導き出されるも
のは、罪の赦しではなく、私たち自身のうちにある罪の意識であり、心の奥底
からの罪の告白である。こうして、ルターの信仰による義は、主の祈りと結び
付き、罪の告白を経て、私たちキリスト者を赦罪宣言の必要性へと導く。

5　カルヴァンにおける信仰による義認

カルヴァンが他の宗教改革者たち、ルター、メランヒトン、ツヴィングリ、
ブツァーから、特にルターから影響を受けたことは広く知られている。[6]
信仰による義認に関しても、カルヴァンがルターから影響を受けていたこと
は明らかである。例えば、「人は信仰のみによって義とされる」（ローマ 3:28）
というルター訳を取り上げ、カルヴァンはこの、ギリシア語新約聖書にない表
現の「信仰のみ」を擁護している（Institutes, III. 11. 19）。
信仰による義認の論述は『キリスト教綱要』の、かの有名な「黄金の小冊子」
（Institutes, III. 6-10）の直後の、第 11 章に現れる（Institutes, III. 11. 1-23）。
以下に、その要点を引用する

第 11 章　信仰による義認：その用語とその事柄自体の定義

1.　「義認」の教説の聖書箇所と意味

キリストは ― 私たちが信仰によって把握し、所有することができるように ― 神
の寛大さによって私たちに与えられた。私たちはキリストに与ることによって、主と

して二重の恵みを受ける。すなわち、〔まず〕キリストの潔白さを通して神と和解させられることによって、私たちは天において審判者の代わりに、慈悲深い父を持つようになる。第二に、私たちはキリストの霊によって聖化され、汚れなく清らかな生活を目指すようになる……。（義認は）宗教が拠って立つ重要な中心点であるから、私たちは義認に対して一層の注意と配慮を払わなければならない。なぜなら、あなたがまず神との関係が如何なるものであるかを、またあなたに対する神の裁きの性質が如何なるものであるかを把握しない限り、あなたは救いを確立する基礎も、神に対する敬虔を築く基礎も持たないからである。（Institutes III. 11. 1.）

2. 義認の概念

信仰によって義とされるとは、行いによる義から排除され、信仰を通してキリストの義を把握し、その義を着た者が、神の前に罪人としてではなく、義なる人間として現れることを言う。したがって私たちは、義認とは、神が私たちを義なる者としてご自身の慈愛のうちに受け入れられることである、と単純に説明する。そして私たちは、義認は罪の赦しとキリストの義の転移に存する、と言う。（Institutes III. 11. 2.）

11. 本質的義認に関するオシアンダーの教説は救いの確かさを無効にする

オジアンダーは、実際に悪に留まっている人びとを義とすることは、神を侮辱し、神の本性とも矛盾すると言う。しかし、私がすでに言ったことを記憶しなければならない。すなわち、義認の恵みは再生と切り離せないが、両者は区別されなければならない。しかし、義人たちのうちに罪の痕跡が常に残されているということは経験によってよく知られているので、彼らの義認は新しい生命への改革〔ローマ 6:4 参照〕とはかなり異なったものとならざるを得ない。神はご自身が選んだ者のうちにおいてこの第二段階（再生）を始められ、それを、生涯を通して徐々に、時にはゆっくりと前進させられる。彼らは常に神の法廷で死の宣告を受ける状態に置かれているからである。しかし、神は彼らを一部分だけでなく、惜しみなく義とするので、彼らはキリストの清らかさをまとうが如く天に現れることになる。（Institutes III. 11. 11.）

これらの要点を、筆者は次のように理解する。

① 私たちはキリストに与かることによって、神と和解させられ、キリストの霊によって聖化され、清らかな生活を目指すようになる。
② 信仰による義認とは、神が私たちを義なる者として受け入れてくださることを意味する。

③　義とされた後も罪を犯す義人たちは、神から惜しみなく義とされた身分で再生の道を歩み始め、生涯を通して聖化される。

シュタインメッツ（David C. Steinmetz）は「カルヴァンの神学」の論考において、カルヴァンが描いた、信仰によって義とされた罪人たちの生き方を次のように要約している。。

> 信仰による義認の教義は、カルヴァンにとって、中世教会の告解の秘蹟を無効にした（とは言え、カルヴァンは、ルター同様に、牧師に対して個人的に罪を告白することを、有効な霊的修練として勧めた）。イエス・キリストの生涯と死と復活を通して罪の赦しの良き知らせを信じた罪人たちは、自分たちに帰せられるキリストの義を持っていた……。罪人たちは信仰によって義とされ、その働きは聖霊によって内面化され、それ自体において変容し続ける。そういうわけで、義とされた罪人たちは、信仰の最初の瞬間から死の最後の瞬間に至る全生涯にわたる長い道程において聖霊によって聖化される。[7]

ここでシュタインメッツが「義とされた罪人たち」と言っていることに注目されたい。「罪を赦された義人」とは言っていない。義人とされた後も、キリスト者が罪を犯すことは経験によっては知られているからである。聖霊によって聖化される義人の生き方とは、具体的にはどのようなものなのか、カルヴァンがそれを改悛の行為の中に見出したことを、シュタインメッツは次のように説明している。

> カルヴァンにとって、「改悛と信仰」という語句は、誤解を招きやすいものだった。なぜなら、信仰は真の改悛に続くものではなく、それに先行するものだったからである。信仰の学校における本来的な順序は、「信仰と改悛」であった。信者たちだけが罪の何たるかを真に知っているので、改悛は敬虔な人びとの日々の行動となるのである（Ibid.）。

ここで、義人の悔い改めが強調されていることは明らかである。信仰によって義とされたキリスト者が、罪を赦された状態にあるのではなく、罪人として罪を悔い改める状態にあることは、常に銘記されなければならない。

ここで、ルターの「罪人にして同時に義人」が別の形をとって現れていることに注目されたい。

6　結論：義人の悔い改め

　私たちキリスト者は、キリストを信じ洗礼を受けてそれまでの罪を赦され、キリスト者として生きることになっても、不可避的に罪人として生きることを余儀なくされる。主の祈りその他の聖書の言葉によって教えられている通り、キリスト者はすべて罪人である（ローマ 3:23）。その状態は、パウロの言葉（ローマ 4:7）をルターが解説したように、キリストを信ずることによって義とされながらも、罪人として生きる状態と一致している。

　またカルヴァンは、信仰による義人は神の法廷で死の宣告を受ける状態にありながら、神から惜しみなく義とされているので、全生涯にわたる長い道程を聖霊の導きの下での改悛を通して聖化され天に現れる、と説いている。

　こうして、キリスト者は義人として、悔い改めの生涯を生きることになる。義人の悔い改めについては、東方正教会の見解が大いに役立つ。

　　シリア人聖イサクはこう言っています、「悔い改めは、常に、すべての人にふさわしいものです。罪人たちにとっても、救いを求める義人にとっても、完全に至る道に境界はありません。なぜなら、最も完全な人の完全でさえ、不完全なものだからです。ですから、死の瞬間まで、悔い改めの時も行為も完全ではあり得ないのです」。[8]

　　聖人とは悔い改める者、自覚した罪人 ── 常に自分が《いちばん罪深いもの》であると自覚している罪びと ── であるが、その自覚があるからこそ、神の恩寵にあずかることができる。[9]

　こうして、「神は恵みをもて我らを選び、ただキリストを信ずる信仰により、我らの罪を赦して義としたもう」という、日本基督教団信仰告白の表明が、これまでの考察から、聖書の根拠なき表明であるばかりか、キリスト者の実存的な生き方を反映していないことは明らかである。

　この関連では、日本バプテスト連盟がその信仰宣言において、「信仰はイエス・キリストを信じ受入れ、罪を悔い改め、全身全霊をもってキリストに従うことである。この信仰によってのみ、私たちは神に義とされ、新生にあずかることができる」と表明していることは、真に、着目に値する。

　このように、キリスト教の伝統的な教義がすべて、聖書に基づいて、罪人の観点から書かれていることを忘れてはならない。

注

(1) *Martin Luther: Selections From His writings*, ed. John Dillenberger, pp.10-12.／
The Christian Reader, ed. A.E. McGrath, pp.369-70.

(2) "Preface to the Epistle of St. Paul to the Romans, 1522" in *Martin Luther:
Selections From His Writings*, pp.23-24.

(3) "Lectures on Romans" in *Luther's Works*, Vol.25, p.257.〔要約〕

(4) "Lectures on Romans" in *Luther's Works*, Vol.25, pp.335-36.

(5) 小牧治・泉谷周三郎共著『ルター』p.129.

(6) Alexandre Ganoczy, "The Sources of the First Edition of the *Institutes*" in *the
young Calvin*, pp.137-168.

(7) David C. Steinmetz, "The Theology of John Calvin" in *The Cambridge
Companion to Reformation Theology*, p.125.

(8) Vladimir Lossky, *The Mystical Theology of the Eastern Church*, p.204.

(9) オリヴィエ・クレマン著／冷牟田修二・白石治郎訳『東方正教会』p.155.

参考資料1

ルターにおける神の義の外在的側面

ルターの「罪人にして同時に義人」 ― 人間は生きている限り原罪に拘束され、神の憐れみによって義人とされてからも依然として罪人にとどまる ― という定式は、私たちに信仰による義認の核心を指し示している。キリスト者は現実的に罪人であるが、神の恩寵によって、すなわち、信仰によって義人なのである。

「神の福音のために選別され、使徒として召されたキリスト・イエスの僕パウロ」（ローマ 1:1）注解

神は私たち自身を通して私たちを救うことを欲せず、外在的な義と知恵を通して私たちを救うことを欲している。すなわち、私たちから生じ、私たちの中で成長するものを通してではなく、私たちの外側から来るものを通して、この地上に起源を持つものではなく天から来るものによって、私たちを救うことを欲している。したがって私たちは、完全に外側から来る異質な義を教えられなければならない。私たちから生まれる私たちの義は、真っ先に根こそぎにされなければならない。

("Lectures on Romans" in *Luther's Works*, Vol.25, p.136)

「過ちが赦され、罪が覆い隠された人びとは幸いです」（ローマ 4:7／詩編 32:1）注解

聖徒たちは常に、自分たち自身の目に〔内的に〕罪人であり、したがって常に、外的に義人とされる。

しかし、偽善者たちは常に、自分たち自身の目に〔内的に〕義人であり、したがって常に、外的に罪人である。

私が「内的に」（intrinsice）という用語を用いるのは、私たち自身の目に、私たち自身の評価において、私たちが私たち自身において如何にあるかを示すためであり、「外的に」（extrinsice）という用語を用いるのは、神の前に、また神の評価において、私たちが如何にあるかを明らかにするためである。したがって私たちは、私たち自身によらず、私たち自身の行為にもよらず、神の〔キリストの行為を人間のものと見なす〕転嫁の行為によって、外的に義人である。なぜなら、神の転嫁の行為は、私たち自身の中にある、あるいは私たち自身の力の中にあるものに基づいて為されるものではないからである。そういうわけで、私たちの義は、私たちの中にも、私たち自身の

力の中にもない。ホセア書 13:9 に記されているように、「イスラエルよ、あなた自身
は滅びであり、あなたの助けは私のうちにある」。すなわち、あなた自身の中には、
滅びの他に何もなく、あなたの救いはあなたの外側から来るのである。詩編 121:2 に、
「私の助けは主から来る」と記されているが、これは私自身から来るということでは
ない。……

　聖徒たちは絶えず自分たちの罪を意識し、神の憐れみによる神からの義を求める時、
まさにそのために、彼らは常に、神によって義人と見なされる。こうして彼らは、彼
ら自身の目に、また実際に不義なる者である故に罪を告白するから、神がそれを評価
して、彼らは神の前に義人とされるのである。彼らは実際に罪人であるが、憐れみの
神による転嫁の行為によって義人とされるのである。彼らは無意識に義人であり、意
識的に不義なる者である。すなわち、彼らは事実上罪人であるが、希望において義人
なのである。だから、「不法を赦され、罪を覆われた人びとは幸いです」（詩編 32:1）
と言われている。

　すべての聖徒は罪人であり、その罪のために祈ることに注目せよ。詩編 38:18 には、
「私は私の不法を告白し、私の罪のために悲しんでいます」と記されている。私たち
を罪人と同時に罪なき者と見なす神の憐れみは、何と素晴らしく、甘美なことか！

(Ibid., pp.257-58)

**「そういうわけで、私自身は、理性では神の律法に仕え、肉では罪の律法に仕えてい
るのです」（ローマ 7:25b）**

　これは、すべての中で最も明確な表明である。一人の、同一の人間が、神の律法と
罪の律法に同時に仕えていることに、義であると同時に罪であることに注目せよ！
なぜなら、パウロは「私の理性は神の律法に仕えている」とも、「私の肉は罪の律法
に仕えている」とも言わず、「私という全人間、同じ人格が、二重の奴隷状態に置か
れている」と言っているからである。だから彼は、神の律法に仕えていることに感謝
し、罪の律法に仕えているために憐れみを求めているのである。

(Ibid., pp.335-36)

127

参考資料2

ジョン・パイパーによるルターの外在的概念の弁証

ジョン・パイパー（John Piper）はその著『至高の喜びの遺産』においてアウグスティヌス、ルター、およびカルヴァンの三人の神学者の生涯と神学を論じたが、その中でルター神学における外在的概念の重要性にも言及している。以下にその要点を紹介する。

神の言葉は一冊の本である

宗教改革の ― 特にマルティン・ルターの ― 偉大な発見の一つは、神の言葉は一冊の本の形で私たちに来る、ということだった。換言すると、ルターは、神が救いと聖性の経験を時代から時代へと保持し続けるのは、一冊の啓示の本という手段によってであり、ローマ教会の司教によってでも、トマス・ミュンツァーやツヴィッカウの預言者たちの恍惚状態によってでもないという、この力強い事実を把握した。……

ルターは 1539 年に、詩編 119 編を注解して、「この詩編において、ダビデは常に、昼も夜も絶えず、神の言葉と戒めについてのみ話し、考え、語り、読むであろう、と言っている。神は外在的な言葉を通してのみ、ご自身の霊をあなた方に与えることを望んでいるからである」（*What Luther says*, comp. E.M. Plass）。この表現は極端に重要である。「外在的な言葉」とは、聖書のことである。そしてルターは、救い、聖化、神の霊の照明は、この「外在的な言葉」を通して私たちに来る、と言う。ルターがそれを「外在的な言葉」と呼ぶのは、それが客観的で、固定的で、私たち自身の外にあり、それ故に不変であることを強調するためである。それは一冊の本である……。それは神のように「外在的」である。あなたはそれを受け入れることも、見捨てることもできる。しかし、現に存在しているものを他のものに作り変えることはできない。それは、固定的な幾つもの文字、語、文章から成り立っている一冊の本である。……

ルターは聖霊を非常に愛する人間だった。彼は聖書を「外在的な言葉」として称揚することによって、霊を少しも過小評価しなかった。それどころか、霊の大きな贈物をキリスト教世界にまで高めた。1533 年に彼は、「神の言葉は、キリスト教世界における最大の、最も必要な、最も重要なものである」（*What Luther says*, comp. E.M. Plass）と言った。「外在的な言葉」がなければ、私たちは他者から来る霊を知ることはできないだろうし、聖霊自体の客観的な人格も主観的な表現の霞の中で消え失せる

であろう。聖書を大事にすることは、ルターにとって、聖霊が知られ、愛されるに値する美しい人格であって、単なる感覚的な騒音でないことを意味していた。……

　牧師の宣教と平信徒の宣教にとっての、この多大な含蓄は、聖職者たちが本質的に一冊の本によって伝達される神の言葉の仲買人である、ということである。私たちは基本的に、聖書のメッセージの読者であり、教師であり、布告者である。そして、そのすべては受肉の言葉の栄光のためであり、内在的な霊の力によるものである。しかし、内在的な霊も受肉の言葉も、ルターが「外在的な言葉」と呼んだ聖書から私たちを逸らせることはない。キリストは「外在的な言葉」から、私たちの礼拝と私たちの交わりと私たちの従順に向かって踏み出している。これは、私たちが「キリストの顔において神の栄光」（Ⅱコリ4:6）を見るところである。そういうわけで、霊が、キリストがはっきりしてところで聖書に気を配り、漠然としてところで有頂天にならないのはキリストのためである。

(John Piper, *The Legacy of Sovereign Joy*, pp.77-83)

キリスト教の祈りの探求

　キリスト教の祈りには、イエスが弟子たちに教えたように、模範的な祈りの文言をそのまま唱える祈りもあれば、イエスがゲッセマネの園で自ら実践したように、即興的に（extemporaneously）祈る祈りもある。何れの場合も、祈りの本領は、その時、その場において全存在をかけて祈るところにある。

　この小論では、キリスト教の祈りを聖書から、また筆者の崇敬するキリスト者たちの見解から広範囲に学ぶこととする。

　　1　キリスト教の祈りに関する基本的な学び
　　(1)　詩編と祈り
　　(2)　ローマの人びとへの手紙 8:26 に関するルターの注解
　　(3)　ローマの人びとへの手紙 8:26 に関するカルヴァンの注解
　　(4)　ローマの人びとへの手紙 12:12 に関するルターの注解
　　(5)　祈りに関するカルヴァンの見解
　　(6)　祈りに関するヒルティーの見解
　　(7)　祈りに関するアレクシー・カレルの見解
　　(8)　ボンヘッファーにおける「祈りと正義の実践」
　　(9)　祈りに関する植村正久の見解
　　(10)　ユダヤ人の祈りの伝統（参考）
　　2　模範的な祈り
　　3　実存的な祈り、それは外在的な神への祈り

1　キリスト教の祈りに関する基本的な学び

(1)　詩編と祈り

キリスト教の祈りとしての詩編

　詩編は神のことばとして二つの役割をもつ。すなわち、第一に、神の民で

あるわれわれに対する神のことばであり、神の名、力、偉大さ、永遠性、ならびに神の無限のあわれみ、愛、誠実をあらわしている。第二に、われわれが神に話しかけるときに用いることばとして、神がわれわれに教えられたものである。そのことばづかいは、親密感、信頼感にあふれたもので、時として無遠慮な場合すらある。この場合、われわれの思想、感情を入れずに、ただ、詩編に現れている思想、感情を取って、われわれのものとすれば十分であろう。要するに、詩編は、神の民と神との対話であり、キリストの花嫁である教会とキリストの間の愛のことば、ひいては、キリストのうちに、聖霊による愛の交わり中で、おん父にささげる賛美である。(1)

祈りの言葉遣いとしての詩編

　この詩編には、神がご自身の目に最も尊く、最も甘美な香りであると明言した讃美の犠牲を神に捧げるための正しい方法に関して、私たちを導くための絶対確実な規則が規定されている。ご自身の教会に対する神の比類なき惜しみなさとご自身のすべての業の両方について、これ以上に明白で高尚な讃美が見出される書は他にない。これほど多くの解放が記録されている書、すなわち神が私たちに与えられた父らしい摂理と配慮に関する証拠と経験が — 輝かしい言葉遣いで、しかも真理にしっかりと密着しながら — 祝福されている書は他にない。要するに、神を讃美する正しい方法を私たちに完全に教えてくれる書、すなわちこの敬虔的修練に向けて私たちを力強く駆り立ててくれる書は他にない。

　さらに詩編は、私たちの生活を聖、敬虔、義のあらゆる部分に適合させるのに役立つすべての戒律で充満しているけれども、それらの戒律は、主として私たちに十字架を負うことを教え、私たちを修練する。そして十字架を負うことは、私たちが従順である純粋な証拠である。と言うわけは、十字架を負うことによって私たちは、私たち自身の感情に基づく案内を放棄し、神が私たちを支配し、私たちの生活を神の意志に従って律することができるように、私たち自身を完全に神に服従させることによって、私たちの性質にとって最も辛く、最も厳しい苦悩は — 神から生ずるものであるが故に — 私たちにとって甘美なものとなるからである。(2)

(2)　ローマの人びとへの手紙 8:26 に関するルターの注解

「同様に、霊は弱い私たちを助けてくださいます。なぜなら、私たちは如何に祈るべきかを知りませんが、霊自身が言葉では言い表せない呻きをもって私たちを執り成してくださるからです」（ローマ 8:26）。

もし物事が私たちの願いとは反対になるように思われるとしても、それは悪い印ではなく、非常に良い印である。もしあらゆることが私たちの願い通りになったとしても、それが良い印でないのと同じである。

その理由は、神の卓越せる意図と意志は、私たちの意図と意志をはるかに超えているからである。イザヤ書 55:8-9 に、「私の思いはあなた方の思いとは異なり、あなた方の道は私の道とは異なる、と主は言う。天が地よりも高いように、私の道はあなた方の道より高く、私の思いはあなた方の思いより高い」と記されている通りである。また詩編 94:11 は、「主は人びとの思いが空しいことを知っている」と記している。また詩編 33:10 は「主は国々の意図を空しくし、人びとの計画を挫折させ、君主たちの意図を退ける」と記している。

この故に、私たちがどんな事柄であろうと、神に何かを祈る時、また神が私たちの祈りを聞き、私たちが望むものを与え始める時、神は私たちのすべての考え、すなわち私たちの計画に反するような方法で与える。そのため私たちには、神は私たちの祈りの後に一層立腹され、私たちが願った後には願う前より僅かしか与えないように見える。神がすべてをこのように行うのは、神はその良きものを私たちに与える前に、私たちのうちにあるものは何であれ、まず破壊し、粉砕するのが神の性質だからである。聖書に、「主は貧しくし、また富ませ、神は黄泉に下し、また引き上げる」（サム上 2:7, 6）と記されている通りである。

神は、その最も恵み深い意図によって、ご自身の賜物と働きを私たちが受けることができるようにされる。そして私たちは、私たち自身の意図が無くなり、私たちの働きが止まり、私たちが私たちの内的・外的な行動に関して、神の前に純粋に受身になる時にのみ、神の働きと意図を受けることができるようになる。これこそが、神が「私の思いはあなた方の思いとは異なり、あなた方の道は私の道とは異なる」（イザヤ 55:8）と言われることを意味している。したがって、すべてのことが私たちにとって絶望的であり、すべての事柄が私たちの祈りと願望に反する方向に向かう時、その時に、あの言葉では言い表せない呻きが始まり、またその時に、「霊は弱い私たちを助けてくだ

さいます」……

　純潔に祈り求めている者に対して、神が一層淫らな誘惑を送り込み、あるいは力を祈り求めている者に対して、一層の弱さを送り込むことにもまして驚くべきことがあるであろうか？　もし人が〔不運にも〕怯むことがないなら、神は祈り求める以上のものを実現される。エフェソの人びとへの手紙 3:20 で、「私たちのうちに働く力によって、私たちが願い、思う……すべてをはるかに超えて豊かに与えられる方に」と言われ、コリントの人びとへの第二の手紙 9:8-9 で、「神はあらゆる恵みを溢れるばかりにあなた方に与えることができます……『彼は広く散らして、貧しい人びとに与えた』と書かれている通りです」（自分たちを受身にしている人びとに対して、という意味である）。(3)

(3)　ローマの人びとへの手紙 8:26 に関するカルヴァンの注解

同様に、霊も……

　信者たちはこれに反対しないだろう ── 彼らは余りにも多くの、余りにも重い重荷に耐えることができないほど弱いから、神はすべての困難を克服するために必要な霊の助けを彼らにもたらす。さて、十字架に耐えることが当事者たちの力を超えているという点では、誰も異議を唱えない。私たちは天の力によって支えられているからである。またここで、ギリシア語 *synantilambanetai*（霊が自らの上に重荷の一部を背負うことによって私たちの弱さが圧迫されることを意味する）を用いているところに大きな意味がある。すなわち、霊は私たちを助け、救うだけでなく、私たちと共に重荷の下に行き、私たちを持ち上げてくれるのである。"infirmities" の語は複数形であるので、「弱さ」を意味する究極的な表現である。経験から分かるように、私たちは神の手によって支えられなければ、直ちに数多くの悪に圧倒されてしまうので、パウロはここで、私たちはあらゆる面で弱く、さまざまな弱さが私たちを堕落させようと威嚇しているけれども、神の霊によって堕落しないように支えられ、諸悪から守られていることを思い出させようとしている。同時に、これらの霊の援助は、私たちが私たちの救いのために呻き、ため息をついて努力することが神の命令であることを、一層明確に立証している。

私たちはどのように祈るべきか……

パウロは前にも、霊の証言に関して、私たちは霊によって神が私たちの父であることを知り、それを信頼して私たちは神を私たちの父と親しく呼ぶ、と語った。彼はここで、第二の部分、神への祈願（invocation）に言及し、私たちは同じ霊によってどのように祈るべきかを、また私たちの祈りにおいて何を願うべきかを教えられる、と語っている。また彼は、祈りを信者たちの切なる願望に、適切に結び付けている。それは神が、隠された悲嘆で内的に脅かす災いをもって彼らを苦しめず、祈りによって彼らの重荷を降ろし、彼らの信仰を修練するためである。

　この聖書箇所に関してさまざまな注解があることを私は知っている。しかしパウロは、単純にこういうことを意味していたように思われる ── すなわち、私たちは神に何を願うかについて盲目である。なぜなら、私たちは私たちの悪に気付いているけれども、私たちの精神は何がふさわしく、何が適切であるかを正しく選ぶには余りにもかき乱され、混乱させられているからである。もし誰かが、神の言葉によって一つの規則が私たちに示されている、と異議を唱えるなら、私は、霊がその光によって私たちの思いを導くまで私たちは暗黒の中をさ迷い続ける、と答えたい。

しかし霊自らが……執り成し……

　実際にも、あるいは何らかの契機で、私たちの祈りが神に聞かれることはないように思われる。しかしパウロは、天の恵みの存在は、祈りの願望の中にすでに輝き出ている、と結論付けている。なぜなら、何人も敬虔な、信心深い熱意を自ら生み出すことはできないからである。不信心な者たちは実際、くどくどと祈るが、神を弄んでいるに過ぎない。なぜなら、その中に真摯なもの、真剣なもの、正しく洞察されたものは何一つないからである。さて、正しく祈る方法は、霊によって示唆されなければならない。また霊は、私たちが霊の刺激によって吐き出すところの、<u>言葉では言い表せない</u>呻きを呼び起こす。この理由は、呻きは私たち自身の理性の能力をはるかに超えているからである。<u>霊は執り成す</u>と言われているが、それは霊が祈るために、あるいは呻くために、実際に、自ら謙遜になるためではなく、私たちが抱かなければならない願望を私たちの心の中に注ぎ込むためである。また霊は、願望がその熱意によって天そのものに突入するように、私たちの心を掻き立てる。またパウロは、すべてを霊の恵みに帰するように勧めている。私たちは実際、叩くように命じられているが、神がその霊の神秘的な刺戟によって私たちの

キリスト教の祈りの探究

扉を叩き、ご自身のために私たちの心を開くまで、何人も自分自身について一音節たりとも予見することはできない。(4)

　神の霊によって導かれなければ、誰しも心から祈ることはできない。そして私たちは、私たちの心が天にまで高められるのは、霊の特別の働きであることを知っている。なぜなら、私たちが信仰と悔い改めを奮い起こさなければ、私たちの祈りは空しいからである。さらに、これらの創作者は聖霊の他に誰がいるだろうか？(5)

(4)　ローマの人びとへの手紙 12:12 に関するルターの注解

「絶えず祈りなさい」

　古代の教父たちが言ったように、「神に対する祈りほどの難事はない」。したがって、司祭職に就こうと欲する者は、あらゆる仕事の中で最も困難な仕事、すなわち祈りの仕事に就くということを、真っ先に考えなければならない。なぜならこの仕事は、極度に従順にして砕かれた精神と高揚させられた勝利の霊を要求するからである。(6)

　霊的な、あるいは情緒的な注意深さがあり、それによって人は ─ 悲しむ人びとと共に悲しみ、喜ぶ人びとと共に喜び、喜んで叫ぶ人びとと共に喜んで叫び、そして言葉のあらゆる変化に自分自身を適用させる時のように ─ 言葉の情緒的な、あるいは霊的な効果に注目する。これこそ真の祈りである。これら二つの点に関して、使徒は「私は霊で歌い、理性でも歌います」（Ⅰコリ 14:15）と言っている。彼は「霊で歌う」という表現によって、敬虔な尼僧たちや無学な人びとにおけるように、知的な注意深さとは異なる感覚的な注意深さに注目しつつ、情緒的な注意深さとも密接に結び付けている。彼はまた、「理性でも歌う」という表現によって、霊があっても霊がなくても引き起こされる、知的な注意深さに言及している。心的な祈り（mental prayer）は霊ばかりでなく理性の、神への上昇である。これは、彼が「絶えず祈りなさい」と言っている時の祈りである。この語句によって彼は、キリスト者たちが頻繁に、かつ勤勉に祈らなければならないことを強調している。「絶えず」とは、多くの時間を割くばかりでなく、勧め、駆り立て、切望することを意味している。キリスト者たちにとって、一層頻繁にしなければならない仕事

135

は他にないように、一層労し、努力することを要求する仕事、一層効果的
（efficacious）で実りの多い（fruitfull）仕事は他にない。(7)

(5)　祈りに関するカルヴァンの見解

祈りの最も重要な部分としての罪の赦しを求める嘆願

　要するに、正しい祈りの始まりは、その準備でさえ、謙虚で率直な罪の告
白を伴った赦しを求める嘆願である。如何に聖なる者であろうと、神が進ん
で和解するまでは何も獲得することができないし、神が赦した者以外に慈悲
深く臨まれることもあり得ないからである。したがって、私たちが数多くの
詩編から学んでいるように、信者たちがこの鍵をもって祈りの扉を開けたと
しても少しも不思議ではない。(8)

(6)　祈りに関するヒルティーの見解

　最初の使徒時代における霊的諸能力は、今もなお存在する。それは、一時
的に優勢な唯物論的時勢のために、ただ引き籠っているに過ぎない……。
　それらの諸才能のうちで最上のものは ── それらの間で選別するなら ──
神に聞き入れられる祈り erhörliche Gebet である。と言うわけは、祈りは、
その他の諸能力、例えば病気の治癒、罪の赦し、未来の予見などの能力を含
むからである。それらの諸能力も神からのみ発し、祈りに基づいて与えられ
るもので、個々人の、ただその場限りの力に依存するものではない。(9)

　もしあなたに勧めることがあるとすれば、あなたの辞典から "beten"（祈
る）という語を取り除いて、その代わりに "bitten"（願う）という語を補う
ことである。
　"Beten"（祈祷）という言葉は、一定の時刻に、あるいは一定の文言で「行
われ」なければならない、神への形式的な挨拶といった、言い古された嫌味
を持っており、しばしば不承不承行う ── 喩えて言えば、不穏な領民たちが
本当は何一つ納めたくない領主に送り届ける ── 一種の貢物のようなもので
ある。公式の祈祷はすべて、そのような性質を帯びている……。
　もしあなたが「主の祈り」を真実なものとして、あなた自身が実感できる
願いとして唱えることができるなら、安んじて唱えなさい。さもなければ、

他のすべての祈祷文と同じように、あなたのためには余り役に立たない。とは言え、それは、およそこれまで表明されてきた、またこれからも表明されるであろう祈りの中で、真に必要なすべてのものに向けられた最上の、最も美しい、簡潔な祈りである。しかしそれは、あなた自身の感情に合致し、あなたの個人的な真実の願いでなければならない。(10)

(7) 祈りに関するアレクシー・カレルの見解

祈りとは、ただ機械的に決まり文句を朗唱するものとしてではなく、神秘的な高揚として、つまり、この世に浸透しながらも超越している一つの原理をじっと観想しつつ意識を没入させるものとして理解しなければならない。こういう心理状態は知的ではない。哲学者や科学者には不可解であり、近づきがたいものである……。器官への影響を伴うような祈りには、全く私心がない。自分を神に捧げているのだ。そして神の恩寵を願うと共に、他の人のために祈るのである……。謙遜な人、無学な人、貧乏な人の方が、金持ちや知性の高い人よりもこの自己否定に耐え得る。祈りがこのような特性を帯びると、不思議な現象が起こり始めることがある。それが奇蹟である。(11)

祈りとは本質的に、世界の精神的基体へと向う精神の動きであると思われる。普通それは、嘆きとか、不安の叫び、救いの請願などの形をとる。また時には、万物の内在的でもあり超越的でもある本源に対する、静かな瞑想ともなる。神に向っての、魂の高揚として定義することもできるだろうし、生命という驚異の根源にある存在への、愛と賛美の行為としても定義できるであろう。実際、祈りは、万物の創造者、至高の英知、力にして美、父にして我われひとりひとりの救い主である、目に見えぬ存在との一致への人間の努力である。真の祈りは、決まった祈りの文句の単なる朗誦にとどまるものではなく、意識が神のうちに没入する神秘的状態を表している。(12)

祈るには、ただ神のほうに向かう努力をすればよいのである。この努力は知的なものではなく、情感的なものでなければならない。(13)

祈りはその最高の形においては請願であることをやめる。万物の主に対して人間は、主を愛し、主の賜物に感謝し、主の御旨が何であっても、それを果たすつもりであることを述べるのである。そのとき祈りは観想になる。(14)

他人のためにする祈りは常に、自分のためにする祈りよりも実りが多いのである。祈りの効果的、祈りの集中度と質にかかっているようである。ルルドの奇跡は、4, 50年前に比べるとずっと少なくなっている。それは病人の周囲に、かつてそこを支配していた深い瞑想の空気がもはや存在しないからである。(15)

(8)　ボンヘッファーにおける「祈りと正義の実践」

　私たちの教会は、ここ何年か自己保存のためにのみ、そのこと自体が目的であるかのように戦ってきたが、人間のためと世界が存続していくために、和解と救済の言葉の担い手となり得ないでいる。そのために古代の言葉はその勢力を失い、沈黙を余儀なくされている。私たちが今日キリスト者であることは二つの事柄においてのみ存立するであろう。すなわち、祈ることと人びとの間で正義を行うことにおいてである。すべてのキリスト教会の思考と言論と組織化はそのような祈りから、そのような行為から再生されなければならない。(16)

(9)　祈りに関する植村正久の見解

祈祷の用語 ── 祈祷会のため

　祈祷は心と気と語〔ことば〕の三より成る。心なければ祈祷なし。心あれども同気相求むる精神の内に燃ゆるものなければまた真の祈祷なし。こは言うまでもなく皆人のよく知れるところなり。語はこの二者に比ぶればその位置はるかに下りてもとより同様に談ずべきものにあらず。神は語の美わしくして整いたるを喜び給わず。ただその心の誠にして気充ち神格〔しんいた〕らんことを求む。語に余り屈託するは曲事〔ひがごと〕にて、やがて偽善の端なり。されど語を閑却して絶えて心を用いざるはまた大いなる曲事なり。語は心を耕し気を養うの便りともなり、語より心生じ気動くことあればなり……。

　心と気は祈祷の身体なり。語は祈祷の衣装なり。衣装をのみ飾るは無下に卑しく厭わしけれども、人物に似合わしき装せるは誠に打ち上がりて見ゆるものなり。況や衣装その物にその人物の性格気風現実するにおいてをや。語は衣装なりとて決して軽んずべからず。ここに至って語は独り衣装たるのみ

ならず、体その物の表現なり。[17]

〔　〕内の仮名遣いは原文の振り仮名を示す。

(10)　ユダヤ人の祈りの伝統（参考）

　ユダヤ人がバビロニアにおいて、どこで、どのように礼拝していたのかという問題は、ユダヤ人の祈りが持っていた共同体的な性格を背景にして考察しなければならない……。イスラエルにおける祈りの経験は、共同体としての礼拝に根差していた。人は礼拝の経験を共有することによって、日毎に特定の回数祈ることが習慣になるものである（ダニエル書に出てくる祈りは、日に三度祈る習慣の発端となったものであり、後にユダヤ教の標準となった）。また、祈りが標準的な形式を持つようになるのも、集団での実践を通してである。ちなみに、ダニエルの祈りは、感謝と請願と嘆願から成っていた。[18]

2　模範的な祈り

アウグスティヌス

　遅くなって私は、あなたを愛しました。美しさよ、昔からあり、今も新しい。遅くなって私は、あなたを愛しました。見よ、あなたは私のうちにおられましたが、私は外にいました。そして私は、外に、またあなたが作られた愛すべきものを踏みにじった私の醜さの中に、あなたを求めました。あなたは私と共にいましたが、私はあなたと共にいませんでした。私はそれらのものによってあなたから離れていましたが、それらはあなたのうちにありませんでした。それらは全くなかったのでしょう。あなたは耳を貸さない私の頑さを打ち砕くために、私に呼びかけ、叫ばれました。そしてあなたは、あなたの光線を送られ、私を照らし、私の盲目を追い払いました。あなたは私に芳香を漂わせましたので、私はそれを吸い、今やあなたを熱望します。私はあなたを味わい、今やあなたに飢え、あなたに渇いています。あなたは私に触れられましたので、私はあなたの平安を切に求めてきました。[19]

　私が真理を発見した時、私はそこで真理である私の神を発見しました。ま

た私は、そこでその時から、あなたを学びました。あなたは私の記憶に留まっています。またそこで、私があなたを記憶に呼び起こそうとし、またあなたを喜ぼうとする時にはいつでも、私はあなたを発見します。(20)

トマス・ア・ケンピス

　主よ、願わくは、私が知るべきものを知るように、私が愛すべきものを愛するように、あなたが最も喜ぶものを誉め称えるように、あなたの目に尊いものを尊重するように、あなたにとって不快なものを憎むようにしてください。私の目の視力にしたがって判断することで、また無知な人びとの耳の聴力にしたがって判断することで、私を苦しめないでください。目に見えるものと霊的なものの間を真の判断力をもって洞察することを、とりわけあなたの意志にとって何が喜びなのか探求することを可能にしてください。(21)

マルティン・ルター

　主よ、満たさなければならない空の器を見てください。私の主よ、それを満たしてください。私は信仰において弱いので、あなたが私を強めてください。私は愛において冷淡なので、あなたが私を暖め、私の愛が隣人に向かうように、私を熱くしてください。私は強く、堅固な信仰を持っていません。私は時々、あなたを疑い、あなたを全く信頼することができません。主よ、私を助けてください。私の信仰を強めてください、そうすれば、あなたを信頼します。あなたのうちに、私は私のすべての宝を封印しました。私は貧しい者です。あなたは豊かで、貧しい者に憐れみをかけるために来られました。私は罪人です。あなたは公正な方です。私には罪が溢れています。あなたには義が充満しています。それ故私は、あなたから受けることができても、あなたに与えることができない、そのあなたのうちに留まります。(22)

イグナティウス・ロヨラ

　主よ、私のすべての自由を取り上げてください。私の記憶、私の理解、また私の全意志を受け入れてください。私が持っているもの、所有しているものは何であれ、あなたが与えてくださったものです。あなたに対して私は、

それを全面的に返還し、またあなたの意志に対して私は、あなたの指示通りにそれを完全に明け渡します。あなたの恩寵によって、あなたの愛のみを私に与えてください。私はそれで十分に豊かです。その他に私は、何も求めません。(23)

ゼーレン・キルケゴール

　私たちは私たちの宝を土の器の中に持っていますが、聖霊よ、あなたは人間の中に住む時、最も低いものの中に住みます。聖なる霊であるあなたは、不純と腐敗の只中に住みます。知恵の霊であるあなたは、愚かさの只中に住みます。真理の霊であるあなたは、自分自身を欺いている者の只中に住みます。おお、望ましい住処を求めないあなたは、そこに住み続けてください。なぜなら、創造者にして贖い主であるあなたは、あなた自身のための住処とするために、無益にそこを求めているからです。おお、そこに住み続けてください。あなたはいつの日か、愚かで、欺きがちで、不純そのものである私の心の中にあなた自身が準備する住処で満足されるのでしょう。(24)

ジョン・ウェスリー

　主よ、あなたは私たちに善を施すことに飽くことがありません。あなたに仕えることに飽くことがないようにしてください。しかし、あなたがあなたの僕たちの繁栄を喜ばれますように。私たちが主に仕えて喜び、あなたの業とあなたの愛において豊かになり、あなたを永遠に誉め称えることができるようにしてください。おお、欠けているものすべてを満たしてください。私たちにある間違いが何であれ、矯正してください。私たちに関わるものすべてを完成させてください。あなたの赦しの愛の証しを、私たちすべての者の心に常に留まらせてください。(25)

ボンヘッファー（ナチスの牢獄で処刑を待つ間に）

　神よ、朝早くに私は、あなたに叫びます。
　私の祈りを助けてください。
　そして、私の思いをあなたに集中させてください、

これだけは為すことができません。

私のうちには暗黒があります。

しかし、あなたには光があります。

私は孤独ですが、あなたは私を見捨てません。

私は心の弱い者ですが、あなたには助けがあります。

私は不安を抱えていますが、あなたには平和があります。

私には苦痛がありますが、あなたには忍耐があります。

私はあなたの行き方を理解しませんが、

あなたは私にとっての行く手をご存知です。

自由に向けて私を回復させてください。

そして、あなたの前に、また私の前に、私が答え得るように、

今、生きられるようにしてください。

主よ、この日に何が起ころうとも、

あなたの名が誉め称えられますように。(26)

カルヴァンの罪の告白の祈り

　　私の兄弟たちよ、あなた方各自は主の顔の前に自分自身をさらけ出し、私の言葉に従って心の中で自分の過ちと罪を告白してください。

　　永遠にして全能の父・神である主よ、私たちは不法と腐敗のうちに宿されて生まれ、悪を行いがちで、如何なる善をもなし得ない惨めな罪人たちであることを、また私たちの堕落によって、私たちは際限なく、絶えず、あなたの聖なる戒めに背いていることを、あなたの聖なる威厳の前に正直に告白し、認めます。私たちはあなたの正しい裁きを通して、破滅と永遠の死を身に帯びています。しかし主よ、私たちはあなたを怒らせてしまったことを嘆き悲しんでいます。また私たちは、真に悔い改めて私たち自身と私たちの罪を責め、私たちの苦悩を取り除くためにあなたの恵みを願い求めます。神であり、最も慈悲深く、憐れみに満ちておられる父よ、あなたの御子、私たちの主イエス・キリストの名によって私たちを憐れんでください。そしてあなたが私たちの罪と汚れを拭い去られる時、あなたの聖霊の恵みを日々私たちのうちに増し加えてください 。そのようにして、私たちが心を尽くして私たちの不義を認める時、私たちのすべての罪を辱めることによって、またあなたの

喜びである義と潔白の果実を私たちにもたらすことによって、私たちは私たちのうちに真の悔い改めを生み出すに違いないあの悲しみによって掻き立てられます。（私たちの主）同じイエス・キリストを通して（アーメン）。(27)

カルヴァンの祈りに基づくバルトの牧会祈祷

　　全能の神よ、私たちはあなたの裁きによって立ち、落ちます。願わくは、私たちが私たちの弱さと力なさを正しく知ることができますように、そして、あなたが私たちの力であり、強さであることを常に覚えさせて下さい。私たち自身とこの世の持物に対するすべての信頼を放棄できるように助けて下さい。私たちが常にあなたのものであり続け、あなたに栄誉を与えることができますように、あなたのうちに避難所を求め、そして私たちの現在の生と私たちの永遠の救いを御手の中に置くことを教えて下さい。あなたのうちにのみ安らぐことを、そしてあなたを喜ばせる仕方で生きることを学べるように助けて下さい。

　　あなたは私たちの救いの始まりであり、終わりでありますので、神よ、願わくは、私たちが恐れをもって慄きながら、あなたに従うことができますように、またあなたが行くように招かれるところにはどこまでも従い行くことができますように。願わくは、私たちが最後にはすべての危険から逃れ、あなたの唯一の独り子の苦しみと死と復活によって私たちに備えてくださった、あの永遠の平和に到達するまで、私たちが常にあなたに呼びかけ、私たちの悲しみをあなたに投げかけることができますように。アーメン。(28)

英国教会における罪の告白の祈り

　　私たちの主イエス・キリストの父であり、
　　万物の造り主であり、万人の審判者である全能の神よ、
　　私たちは私たちの多くの罪を認め、
　　また、私たちがあなたの神聖な威厳に対して思いと言葉と行いによって
　　繰り返し犯した悪行を認め、悲しんでいます。
　　私たちはあなたの正しい怒りとあなたの憤りを引き起こしました。
　　私たちは心から悔い改め、それらの悪事に対して深く後悔しています。
　　それらの記憶は私たちを圧迫し、

それらの重荷は余りにも大きく耐え難いものです。
私たちを憐れんでください、
最も憐れみ深い父よ、私たちを憐れんでください。
あなたの御子、私たちの主イエス・キリストの故に、
私たちの過去のすべてを赦してください。
そして願わくは、これ以後、
私たちが常に、あなたの御名の栄誉と栄光のために、
生命の新しさによってあなたに仕え、
あなたを喜ばせることができますように、
私たちの主イエス・キリストを通して。
アーメン。(29)

英国合同改革派教会における罪の告白の祈り

すべての者は罪を犯したので、神の栄光を受けられなくなっています（ローマ 3:23）。

もし私たちが私たちに罪はないというなら、私たち自身を欺いており、私たちのうちに真理はありません。もし私たちが私たちの罪を告白するなら、忠実で正しい神は私たちの罪を赦されるでしょう（Ⅰヨハ 1:8-9a）

イエスは言う、私は正しい人を招くためではなく、罪人たちを招くために来たのです（マルコ 2:17）。

私たちの罪を一緒に告白し、神の赦しを求めましょう。

全能の神よ、私たちはあなたの前に、
私たちの罪、教会の罪、そして私たちが関わっているこの世界の罪を告白します。
私たちは私たちの全存在をかけてあなたを愛しませんでした。
私たちは私たちの隣人を私たち自身のように愛しませんでした。
あなたの憐れみによって、
私たちの過去の重荷から私たちを解放し、
私たちをあなたのかたちとあなたに似たものに造りかえてください。
私たちの主、イエス・キリストを通して。アーメン。(30)

キリスト教の祈りの探究

3　実存的な祈り、それは外在的な神への祈り

　祈りとは本質的に、事前に作成した文章を朗読するものではなく、永遠の今を生きる者として、主体的かつ実存的に、理性からよりは、むしろ感情から、全存在をかけて神に語りかけるものであろう。

　キリスト教の神が外在的であることは、新約聖書の主の祈りにおいて「天にいます私たちの父よ」と祈るように教えられたことによって証言されている。

　今日、正統的ユダヤ教では、神を宇宙の王として崇めている。これはキリスト者にとっても、注目に値する信仰的態度であるように思われる。

God the Creator of all things

　　Blessed art thou, O Lord our God, King of the universe, who formest light and createst darkness, who makest peace and createst all things: [31]

　私たちは、神を宇宙の神として崇める時に、真に全能なる神にふさわしい栄光と威厳を帰することができる。

　外在的な神に注目し、強調した神学者にマルティン・ルターがいた。彼は神も聖書も聖霊も、すべて外在的な存在であることを確信していた。

　ルターは 1539 年に、詩編 119 編を注解して、「この詩編において、ダビデは常に、昼も夜も絶えず、神の言葉と戒めについてのみ話し、考え、語り、読むであろう、と言っている。神は外在的な言葉を通してのみ、ご自身の霊をあなた方に与えることを望んでいるからである」(*What Luther Says*, comp. E.M. Plass)。「外在的な言葉」とは、聖書のことである。そしてルターは、救い、聖化、神の霊の照明は、この「外在的な言葉」を通して私たちに来る、と言う。ルターがそれを「外在的な言葉」と呼ぶのは、それが客観的で、固定的で、私たち自身の外にあり、それ故に不変であることを強調するためである……。それは、神のように「外在的」である……。「外在的な言葉」がなければ、私たちは他者から来る霊を知ることはできないだろうし、聖霊自体の客観的な人格も主観的な表現の霞の中で消え失せるであろう。[32]

　ルターはまた、神が外在的な義を通して私たちを救うことを欲しており、そのために私たちが持っている義は根絶されなければならないと言った。

　「イエス・キリストの僕パウロ」（ローマ 1:1）

神は私たち自身を通して私たちを救うことを欲せず、外在的な義と知恵を通して私
たちを救うことを欲している。すなわち、私たちから生じ、私たちの中で成長するも
のを通してではなく、私たちの外側から来るものを通して、この地上に起源を持つも
のではなく天から来るものによって、私たちを救うことを欲している。したがって私
たちは、完全に外側から来る異質な義を教えられなければならない。私たちから生ま
れる私たちの義は、真っ先に根こそぎにされなければならない。(33)

　そこで私たちは、外在的な義を求めて、超越的で外在的な、真の神に祈らな
ければならない。その神は、人間理性によって都合よく考案された神ではない。

　こうして、私たちは、全存在をかけて祈る実存的な祈りは、外在的な神に対
する祈りに他ならない、と結論する。

　しかし実際には、外在的な神に祈るのとは対照的に、内在的な神に祈る人び
とがいる。内在的な神とは、自分の理性に基づいて観念的に創作した神であり、
主観的・自己中心的であるところに、その特徴がある。

　内在的な神に対する祈りは、多くのキリスト教会の公式の祈りにおいて聞く
ことができる。それらの祈りは、事前に作成した祈祷文の朗読であり、真の意
味において、「祈り」と呼ぶに値しない。なぜなら、それらは自分たちが抱いて
いる観念的な神を念頭に、理性をもって考え出した祈祷文だからである。

　内在的な神の最大の欠点は、個々人のうちに内在するが故に、個々人の死と
共に消滅することである。

注

(1)　フランシスコ会聖書研究所訳注『詩編』、「詩編の解説」からの引用。

(2)　"The Author's Preface" to The Psalmes in *Calvin's Commentaries*, Volume IV.

(3)　*Luther's Works*, Vol. 25, pp.364-67.

(4)　"The Epistle of Paul the Apostle to the Romans" in *Calvin's Commentaries*, Volume XIX, pp.311-13.

(5)　John Hesselink, "Introduction: John Calvin on Prayer" in John Calvin, *On Prayer*, p.10.〔これは、カルヴァンがミカ書 3:4 の注解において述べた言葉である。〕

(6)　*Luther's Works*, Vol. 25, p.458.

(7)　*Luther's Works*, Vol. 25, p.460.

キリスト教の祈りの探究

(8) Institutes, III. 20. 9.

(9) Carl Hilty, *Für schlaflose Nächte*, Zweiter Teil, "12. Februar," pp.30-31.

(10) Carl Hilty, Zweiter Teil, "3. November," pp.247-49.

(11) カレル／渡部昇一訳『人間―この未知なるもの』p.176.

(12) カレル／中村弓子訳『ルルドの旅・祈り』p.167.

(13) 同上 p.168.

(14) 同上 p.170.

(15) 同上 p.177.

(16) Dietrich Bonhoeffer, *Widerstand und Ergebung,* 1964, p.207.

(17) 『植村正久著作集 6』「祈祷の用語 ― 祈祷会のため」pp.343-45.

(18) J.D. Purvis, "Exile and Return" in *Ancient Israel,* 1988, pp.159-60.

(19) *The Oxford Book of Prayer*, No.175.

(20) Ibid., No.243.

(21) Ibid., No.284.

(22) Ibid., No.137.

(23) Ibid., No.237.

(24) Ibid., No.192.

(25) Ibid., No.209.

(26) Ibid., No.538.

(27) Bard Thompson, *Liturgies of the Western Church*, pp.197-98.

(28) "A Selection of Barth's Pastoral Prayers" in Karl Barth, *Prayer*, p.71.

(29) *Common Worship: Services and Prayers for the Church of England*, Holy Communion Order Two, p.257.

(30) *Worship: from The United Reformed Church*, First Order of Holy Communion.

(31) *Authorized Daily Prayer Book*, By Dr. Joseph H. Hertz, p.109.

(32) John Piper, *The Legacy of Sovereign Joy*, pp.78-79.

(33) "Lectures on Romans" in *Luther's Works*, Vol. 25, p.136.

キリスト教信仰の概念の歴史的変遷

前書き

　新約聖書の諸著作は、聖書編の「新約聖書における信仰、その概念的考察」において学んだように、信仰の自己規定（self-definition）を行っているが、その設定方法を異にしている。それはある程度は、ユダヤ教の言語（ヘブライ語）とユダヤ教の伝統の取り上げ方が異なっていたためである。新約聖書の正典としての編集はアタナシオスの権威によって 367 年、最終的に 27 文書を確定したが、それによって信仰の統一的概念がもたらされることはなかった。

　この小論では、まず聖書時代以降の初期キリスト教会の「信仰」について考察し、次いで偉大な神学者たちの信仰観と、プロテスタント諸信条における信仰の定義を学び、最後にキリスト教信仰の包括的定義を学ぶこととする。

　　1　初期キリスト教会の「信仰」
　　2　神学者たちの信仰観
　　3　プロテスタント諸信条における信仰の定義
　　4　キリスト教信仰の包括的定義

1　初期キリスト教会の「信仰」

　私たちは使徒教父たちの著作のうちに、後に新約聖書の正典となったと思われる著作から彼らが信仰に関する二つの流れを引き出していたことを知ることができる。その一つの流れはパウロの系統であり、アンティオケのイグナティオス（110 年頃没）、ポリュカルポス（69?-155?）、殉教者ユスティノス（110?-165?）の *Dialog with Trypho* へと続いている。もう一つの流れはヘブライ人への手紙の系統であり、クレメンス一世（97 年没）と『ヘルマスの牧者』（140 年頃）に見ることができる。この二つの系統は、『バルナバの手紙』（アレキクサンドリアで書かれたとされる使徒教父文書、成立年代不詳）において

一つにまとめられた。（Dieter Lührmann, ABD 参照）

　初期キリスト教において、信仰に関する異なった理解の結合は、主として外部要因によって引き起こされた。一度はグノーシス主義との教会内部の論争において、次いで、ギリシア哲学の伝統（特にプラトン主義）との敵対的議論において起こった。要するに、キリスト教はそれらの議論において、信仰の自己規定を検証することを余儀なくされ、それを擁護し、それを確立したのである。

　グノーシス主義は、基本的に、人間は本来的に神の火花を持ち、天上界から下ったイエス・キリストからもたらされる「知識」（gnosis）によって初めて救済されると説いた。そして、イエスの受肉と受難は、歴史上のイエスとはかかわりなく、仮現的と見なされた。したがって、イエスの死と復活に基づくキリスト教「信仰」は極端に価値を減じられ、「知識」の前に影の薄いものとなった。このような見解がキリスト教神学者たちから排除されたことは、言うまでもない。ちなみに、霊と共に、救済論に現れる光と闇と精神の三本柱を含む宇宙論に pistis が現れることはない。

　哲学的側面からのキリスト教への攻撃は、グノーシス主義よりも強烈だった。その最大の攻撃書は、ケルスス（Celsus）が 178 年頃著した *Alethes Logos*〔真の教義〕だった。彼の神学は東方の賢人たちによって継承されてきた古代からの伝統に基づいていた。「真の教義」とは、多くの名で呼ばれ、すべての敬虔な人びとによって崇拝されてきた一人の神（one god）を信じることを意味していた。彼はこの著作の最後で、プラトン主義者として、キリスト教の受肉の観念を非難し、その不合理な信仰を放棄するように勧めた。この多神教的な一神教（polytheistic monotheism）は、ユダヤ人たちやキリスト教徒たちによって曲解され、あるいは誤解された。もし彼の思想が正しく理解されていたら、皇帝の神聖な権威を認める道が開かれたであろうと考えられた。しかし彼の著作は、キリスト教の国教化に伴って抹殺された。[1]

　オリゲネスは *Contra Celsum* によってケルススに反論した。オリゲネスの反論は、その哲学的神学がケルススの見解との関係において表明されたばかりでなく、ケルススと共に、宗教的概念を字義通りに解釈することに反対したことでも重要である。しかしオリゲネスは、最終的に、ケルススに真っ向から反対し、ヘブライ的・キリスト教的伝統の特殊性を受け入れた。[2] 他方、オリゲネスは信仰の自己規定を相対化し、信仰を一般的観念にした。こうして彼の観念は、信仰を知識の前提としていた 70 人訳聖書やウルガタ聖書の、問題の

聖句（イザヤ 7:9）を新約聖書において引用しなかったことと軌を一にしている。その後、この聖句は信仰と理解の間の関係を特定するために、エイレナイオスによって初めて引用された。

正典編集後にも、神学者たちは信仰に関して、正典にまで遡ってそこで言われていることを探求し続けた。それはアウグスティヌスのうちにもその痕跡を見出すことができる。

第一に私たちは、アウグスティヌスのうちに *fides quae creditur* と *fides qua creditur* の間にある中世の、また現代の神学的相違を、すなわち、教えとしての信仰と行為としての信仰の相違を見ることができる。[3]

前者のラテン語は、信じられる信仰と理解され、an article of faith と呼ばれ、後者の「多くの証人たちの群れ」（ヘブラ 12:1）によって示された信頼は、信仰によって信じられる信仰と理解され、the act of faith と呼ばれている（John Bowden, CCG 参照）。

2　神学者たちの信仰観

キリスト教の歴史において、神学者たちはその発展と改革のために、非常に大きな役割を果たしてきた。彼らの見解は革新的であるが故に、直ちに受け容れられないものも少なくなかった。しかし、キリスト教信に関する彼らの見解は終始変わらず、今日でも立派に通用しているように思われる。そこで、代表的な神学者たちによる信仰の定義を見てみる。

中世イタリアの神学者トマス・アクィナスはその主著『神学大全』において、キリスト教信仰を次のように定義している。

信ずることは価値のあるものなのか？
　信ずるという行為は、神の恵みによって触発された意志の支配下で神の真理を承認する知性的行為である。したがってそれは、神に関して自由な選択に委ねられている。それ故、信仰の行為は価値のあるものとなり得る。[4]

宗教改革者のマルティン・ルターは、特に信仰のみによる義認との関連において、信仰に関する見解を次のように表明している。

信仰は生き生きとした、揺るぎなき確信であり、人がそのために何千回でも死ぬことを厭わないほど神の恩寵を信ずることである。神の恩寵に対するこの種の確信と、それに伴うこの種の知識は、私たちの神と全人類との関係において、私たちを喜ばせ、活気づけ、熱心にさせる。それは、聖霊が信仰を通して働きかけるものである。それ故、信仰の人は、急き立てられなくても、かかる恩寵を示した神の愛と栄光のために、自発的に喜んで、誰にでも善を行い、誰にでも仕えることを求め、あらゆる種類の苦難を耐え忍ぶ。実際、信仰から業（works）を分離することは、火から熱と光を分離できないように、不可能である。したがって、あなた自身の、また最大の愚かさを露呈しながら、信仰と業に関する賢い判断をしていると考えて戯言を語る人びとの、間違った概念に注意しなさい。あなたの祈りを神に捧げ、あなたのうちに信仰を創造してくださるように神に求めなさい。さもなければ、たとえあなたがどれほどあなた自身を欺こうとしても、あなたの努力と能力がどれほどのものであったとしても、あなたは常に信仰を欠くであろう。(5)

　また、フランス人の宗教改革者・神学者のジャン・カルヴァンはその主著『キリスト教綱要』において、キリスト教信仰を次のように定義している。

もし私たちがキリストによって惜しげなく与えられた約束の真理の上に築かれ、聖霊を通して私たちの精神に啓示されると共に、私たちの心に保証された、神の私たちに対する慈悲に関する確固にして確実な知識を信仰と言うなら、私たちは信仰について正しい定義を所有していることになろう。(6)

　これら三人の神学者の「信仰」の定義を特徴付けているのは、信仰がトマス・アクィナスにおいては「神の恵み」、ルターにおいては「神の恩寵」、カルヴァンにおいては「神の慈悲」と見なされていることである。ここにおいて、キリスト教の共同体としての信仰が神の恩寵によるものであることは疑いない、と言えよう。この見解は、紛れもなく聖書の言葉（エフェ2:8）を反映している。
　20世紀の代表的神学者の一人ルドルフ・ブルトマンの信仰観も、上記三人の神学者と変わらない。

ブルトマンは「信仰」を、死後、来世において起こるべき救いに向けられているものであると同時に、「信仰」を持つこと、そのこと自体が、救いの出来事であると定義づけている。言いかえれば、神によって提供された救済を信ずる「信仰」を持つこと自体が、すでに救済のはじまりである。なぜならば、罪人である我々が誰の力をも借

りずに、おのずと信仰を生み出すことはできないからである。罪人であるということは、そもそも神に対する信仰を持たぬということ、持ち得ないということである。信仰というものは、人間の側からいえば、決断をもって、神を信ずる生活へと踏み切ることかも知れないが、そのこと自体が神の恵みなしには起こらないのである。神が我々を恵みの中に信仰へと導かぬ限り、我々は信仰を始動させることはできない。神による先行の恵み（prevenient grace）なしには、神への人間の信仰も可能ではない。信仰を持つことの報いとしての賜物（永遠の生命）が与えられるというのではなく、信仰そのものが、賜物（永遠の生命）なのである。それならば、信仰を持つこと自体がすでに「救済の出来事、終末的出来事」（Rudolf Bultmann, *The Theology of the New Testament*, 1951, I, p.329）なのである。[7]

　さて最後に、偉大な神学者たちの信仰観に言及したついでに、彼らの神学、すなわち彼らの個人的な宗教的信念（信仰心）が時を経て、教義（共同体の信仰）として結実した事例を紹介する。その代表的な例としては、カトリック教会における「魂の不滅」とプロテスタント・改革派における「予定説」を挙げることができる。

　トマス・アクィナスが『神学大全』（1267-73）において主張した「魂の不滅」思想は、実に２世紀半の時を経て、第５回ラテラン公会議（1512-17）においてカトリック教会の信仰（教義）となった。その結果、今日のカトリックは魂の不滅をカトリック信仰の一部として語ることができるのである。

　また、ジャン・カルヴァンが「神の永遠の予定について」（1552）で主張した予定説は、半世紀以上の時を隔てて、「ドルト信仰基準」（1619）において採用され、名実共に改革派の信仰（教義）となった。その結果、今日の改革派のプロテスタントが予定説をカルヴァンの教説としてのみ語ることは、片手落ちの誇りを免れ難い。

3　プロテスタント諸信条における信仰の定義 [8]

(1)　プロテスタント信仰の定義

　ここでは、さまざまなプロテスタント教会の教義（信仰告白、教理問答）の中で、信仰がどのように定義されているのかを概観する。

アウクスブルク信仰告白（1530年）

「第20条　信仰と善き業」

23．ここで語られている信仰は、キリストの苦難と死者のうちからの甦りの史実を信ずるような、悪魔や不信心な者も持っている信仰ではなく、私たちがキリストを通して恵みと罪の赦しを得ることを信ずる、そのような真の信仰を意味している。

第1スイス信仰告白（1536年）

「第13条　キリストの恵みと功績は如何にして私たちに伝えられるか、またそこから如何なる成果が得られるか」

この信仰は、私たちが神に望んでいるすべての事柄の、確かな、堅固な、そして揺ぎなき基礎であり、それを把握することであり、その神から愛とそれに伴うすべての徳と善き業の実がもたらされる。

ハイデルベルク教理問答（1563年）

「問21．真の信仰とは何か」

答　それは、神がその言葉をもって私たちに啓示されたすべてを、私が真実なものと認める類の知識であるだけでなく、聖霊が福音を通して私のうちに創造された真心からの信頼でもある。

第2スイス信仰告白（1566年）

「第16章　信仰、善き業、その報酬、および人間の功績について」

信仰とは何か？　キリスト教信仰は、一つの見解や人間的信念ではなく、最も堅固な信頼、明快にして不動の精神の同意であり、さらに、聖書と使徒信条に提示された神の真理に関する最も確実な理解、最高の善なる神自身に関する、特に神の約束に関する理解、またすべての約束を成就されるキリストに関する理解である。

メノナイト・小信仰告白（1610年）

「第20条　救いの信仰について」

イエス・キリストがご自身の功績を通して罪びとたちの救いのために獲得されたすべての霊的な賜物と慈愛を、私たちは愛のうちに働く生ける信仰を通して恵みによって享受する。この信仰は、この信仰は恵みによって神の言葉から受け入れた、神について、キリストについて、その他の天的な事柄についての、心からの確かな確信あるいは内なる知識である」

ウエストミンスター信仰告白（1647年）

「第14章　救いの信仰について」

1.　選ばれた者たちをして彼らの魂の救いを信ずるに至らしめる神の恵みは、彼らの心の中で働くキリストの霊の業であって、通常、御言葉の宣教によってもたらされる。そして、御言葉の宣教、聖礼典の執行、および祈りによって増進され、強化される。

2.　この信仰によってキリスト者は、御言葉に啓示されていることすべてを、神自身が権威をもって語っているが故に真実であると信じ、またそこに含まれる個々の章句に基づいてそれぞれに行動する。すなわち、命令には従順に従い、脅威には慄き、この世と来るべき世の生に対する神の約束を信ずる。

ウエストミンスター小教理問答（1648年）

「問86.　イエス・キリストに対する信仰とは何か」

答　イエス・キリストに対する信仰は、救いの恵みであり、それによって私たちは、救われるために、キリストを福音によって私たちに差し出されたものとして、彼のみを受け入れ、彼にのみ寄り頼むことである。

(2)　プロテスタント信仰の総括 [9]

宗教改革以後のプロテスタントの信条・信仰告白に「信仰」の定義が標準的に含まれたことは、信仰による義認の教義が重要視された観点から当然の成り行きだったと見なすことができる。

1536年のジュネーヴ信仰告白は、「揺るぎなき確証と心の確かさにおいて、私たちが福音の約束を信じ、御父によって私たちに差し出され、神の言葉によって私たちに示されたイエス・キリストを受け入れる」時に、信仰は現存すると説明している。同年成立の第1スイス信仰告白は、スイスのドイツ語圏の地域から生まれたものだが、「私たちが神に望んでいるすべての事柄の、確かな、堅固な、そして揺るぎなき基礎であり、またそれを把握することであり、その神から愛とそれに伴うすべての徳と善き業の実がもたらされる」と、信仰を定義している。第2スイス信仰告白は信仰を、「一つの見解や人間的信念ではなく、最も堅固な信頼、明快にして不動の精神の同意であり、聖書と使徒信条に提示された神の真理に関する最も確実な理解」として語っている。1563年のハイデルベルク教理問答は信仰を、「神がその言葉をもって私たちに啓示されたすべてを、私が真実なものと認める類の知識に留まらず、聖書が福音を通して私たちのうちに創造された真心からの信頼である」と定義している。1647年のウエス

トミンスター信仰告白によれば、「この信仰によって私たちは、御言葉に啓示されているすべてを、神自身が権威をもって語っているが故に真実であると信じ、またそこに含まれる個々の章句に基づいてそれぞれに行動する。すなわち、命令には従順に従い、脅威には慄き、この世と来るべき世の生に対する神の約束を信ずる」と表明している。その翌年のウエストミンスター小教理問答は信仰を、「救いの恵みであり、それによって私たちが救われるために、キリストを福音によって彼のみを受け入れ、彼にのみより頼むことである」と定義している。そして、1610年成立のメノナイト小信仰告白には、「この信仰は恵みによって神の言葉から受け入れた、神について、キリストについて、その他の天的な事柄についての、心からの確かな確信あるいは内なる知識である」との定義が含まれている。

　宗教改革の伝統を継承する組織神学者たちは、聖書言語と諸信条・信仰告白の用語において、「信仰」の語に相互に関連する三つの意味、すなわち知識としての信仰、同意としての信仰、および信頼としての信仰が含まれていることに注目した。彼らが「信仰による義認」について語る時 ― もちろん知識としての信仰と同意としての信仰との結び付きを前提としているが ― 主として第3番目の信頼と確信（trust and confidence）としての信仰に重きを置いている。アウグスブルク信仰告白において、信仰とは「私たちがキリストを通して恵みと罪の赦しを得ることを信ずる、そのような真の信仰を意味している」と述べている通りである。他方で、信頼としての信仰の定義は、予定の教義を保持するカルヴァン主義的信仰告白に対して問題を提起した。そこで、ウエストミンスター信仰告白は、恵みと救いの確かさを「ただ単なる推測的、蓋然的信念でなく、絶対誤りなき信仰の確かさ」と定義し、「この絶対誤りなき信仰の確かさとは、信仰の本質には属さず、真の信者が長く待ち、信仰に与る者となる前に多くの困難と戦うことであろう」（Chapter 18.3）と主張している。

　しかし、今日のプロテスタント神学者たちが信条や信仰告白に関して語る時、彼らの主要な強調は、概して信頼としての信仰よりも、知識としての信仰と同意としての信仰に置かれている。信条や信仰告白がキリスト教の伝統として語られている事実は、そのことを如実に立証している。またそれは、共同体としての信仰が重要視されている今日の状況を反映している。

4 キリスト教信仰の包括的定義

　キリスト教信仰の、最も基本的、包括的で公平な定義は、『エンサイクロペディア・ブリタニカ』に見出すことができる。

　キリスト教世界の信仰は、さまざまな教会の信仰告白と信条的文書の中に現存する。三つの信条が通常世界教会的規模で承認されている。その三つの信条とは、使徒信条、ニカイア・コンスタンティノポリス信条（ニカイア信条とも呼ばれる）、およびアタナシオス信条である。使徒信条はローマカトリックの共同体の洗礼式の告白である。ギリシア語の讃美歌としての最初の形は、（2 世紀の）12 使徒の伝統にまで遡る。ニカイア・コンスタンティノポリス信条は、325 年のニカイア（現在のトルコのイズニカ村）における世界教会会議の信仰告白であり、381 年にコンスタンティノープルの世界教会会議で補足されたものである。その主要な用途は、聖餐の典礼である。アタナシオス信条は、ラテン語による信条であり、その神学的内容はアレクサンドリアのアタナシオス（4 世紀）にまで遡るが、は多分、5 世紀のスペインか南ガリアに起源があるのであろう。それは、アウグスティヌスの影響を受けた三位一体の教義とキリスト論（神人二性の教義）に関する詳細な公式論を含んでいる。これら三つの信条はすべて、宗教改革を行った諸教会によって受け容れられた。[10]

　キリスト教世界の広義の「信条」（creeds）には、信条という名で呼ばれている個々の信条の他に、「信仰告白」（confessions of faith）と「教理問答」（catechism）が含まれる。そして、キリスト教世界には数多くの、広義の信条が存在する。「信仰告白」は信条と同義の、プロテスタント教会で用いられる用語である。「教理問答」（信仰問答）はカトリックとプロテスタント教会の両方に存在し、その内容は ― 個々の「信条」や「信仰告白」が共同体としての教義を要約しているのに対して ― 信者あるいは求道者向けに、使徒信条、主の祈り、十戒を問答の形により解説したものである。「教理問答」の起源は中世にまで遡るが、ルターはこれに、洗礼と聖餐のテーマを付け加えた。その影響を受け、今日のカトリック教会のカテキズムには、サクラメントが含まれている。

　共同体の信仰は、文書化された信条の他に、現実的・生活的側面から典礼の形でも現存している。共同体の信仰が典礼の中に現存していることは紛れもない事実であり、キリスト教世界で広く認められている現象である。

156

キリスト教信仰の概念の歴史的変遷

　アメリカ合衆国長老教会は「1967 年の信仰告白」において、共同体の信仰がさまざまな形で表現されることを明記し、それを次のように要約している。

　　いつの時代においても、教会は時代の要請に応えて、言葉と行動においてその証言を表現してきた。最も初期の告白例は、聖書中に見出される。告白的表現は、讃美歌、典礼式文、教義的定義、教理問答、神学的要綱、脅威となる悪に対抗するための宣言など、さまざまな形態をとってきた。[11]

　この宣言において、告白的表現が讃美歌、典礼式文、教義的定義の形態をとると指摘されていることは、注目に値する。これら三つの要素によって、共同体としての信仰は初めて、調和のとれた信仰を表明することができるからである。これら三つの要素の調和が保持されないところ、蔑ろにされるところでは、その共同体の信仰は真に生きたものとなることはない。

注

(1)　Robert M. Grant, "Celsus" in *Encyclopedia of Philosophy*, edited by Donald M. Borchert 参照。

(2)　Robert M. Grant, "Origen" in *Encyclopedia of Philosophy* 参照。

(3)　Dieter Lührmann, "Faith" in ABD, p. II-756.

(4)　"Whether To Believe Is Meritorious?" in *The Summa Theologica of Saint Thomas Aquinas*, Part II of the Second Part, Q.2, Article 9.

(5)　"Preface to the Epistle of St. Paul to the Romans" in *Martin Luther: Selections From His Writings*, p.24.

(6)　"Faith arises from God's promise of grace in Christ" in Institutes, III. 2. 7.

(7)　大林浩『死と永遠の生命』 p.131.

(8)　CCFCT, Vol. II.

(9)　"Faith Defined" in Jaroslav Pelikan, *Credo, Historical & Theological Guide to CCFCT* 参照。

(10)　"Creeds and confessions" in Britannica, 1994-2001.

(11)　"The Confessions of 1967, Preface" in *Book of Confessions*, 1999, p.321.

実存的な罪の赦し、その歴史と現代

1　理想的な生き方を求めたキリスト者たち

2　現実的な生き方を求めたキリスト者たち

3　信条的観点から見た罪の赦し

4　実存的観点から見た罪の赦し

5　現代の、典礼による受洗後の罪の赦し

参考資料1　聖餐と罪の赦し

参考資料2　キリストの十字架による罪の赦し

1　理想的な生き方を求めたキリスト者たち

　キリスト者の生き方には、歴史的に二つの流れが見られる。一つの流れは理想的な生き方で、受洗後に罪を犯すことはキリスト教的生活にふさわしくないという考え方である。その聖書的根拠は、「神から生まれた者は誰でも罪を犯しません。神の種が彼のうちにあり、神から生まれた故に、罪を犯すことができません」（Ⅰヨハ3:9）に求めることができる。

　この流れは、『使徒教憲』（4世紀後半頃シリアで編集された教会法令集）に見られる。その中で著者は、次のように述べている。

　私たちは、洗礼で清められた人びとが呪うべき異教徒の邪悪な行為の罪に再び陥るとは信じない……。もし人が邪悪な行為を行なったと判決されるなら、彼はもはやキリスト者ではなく、偽善を通してしか主の宗教を保持することはできない。(1)

2　現実的な生き方を求めたキリスト者たち

　もう一つの流れは、主の祈りに見られる。主の祈りは紛れもなく、受洗後にも罪を犯すキリスト者の現実的な姿を前提として成り立っている。

実存的な罪の赦し、その歴史と現代

　聖書時代以後の、特に2世紀におけるキリスト者たちの主要な関心事は、受洗後の罪を犯した時に何を為すべきか、だった。受洗後のキリスト者の罪の問題を扱った最古の痕跡は、使徒教父文書の教皇クレメンス1世（在位92-101）の『クレメンスの第2の手紙』に見られる。その手紙は、受洗後の罪の赦しの問題を扱っており、悔い改めの教義の萌芽を含んでいる。

　『ヘルマスの牧者』（使徒教父集に含まれる一文書）は140年頃、ローマの一信徒によって書かれたもので、受洗後の罪を犯した者には、悔い改めの機会が一度だけ与えられることに言及している。

> ヘルマスは言った、「主は心の中を見通す方であり、万物を先見されるので、人びとの弱さ、悪魔のさまざまな企み、悪魔が神の僕たちに対して常に何を企み、悪賢く扱う様を見ています……。そこであなたに言いましょう。もし誰かが重要で聖なる召しに与かった後に、悪魔に唆されて罪を犯したなら、彼には改悛の機会が一度与えられます」。(2)

　カルタゴ生まれのキリスト教神学者テルトゥリアヌス（c.160-c.220）は、まだカトリックだった204年頃、洗礼志願者用の教材として、改悛に関する論文を書いた。彼はその中で受洗後に犯す罪の可能性を認め、彼らが再び堕落した場合には、洗礼がキリスト者となる前の罪を拭い去るように、教会の監督下で行われる改悛の規律が受洗後の罪を赦免する、と不本意ながら表明した。

　彼はまた、改悛者たちを衣服によって差別する儀式、改悛者たちにふさわしい態度、一定期間聖体の祭儀から排除されるべきことなどを論じた。ここから「聖餐停止」の慣行が始まった。

　半世紀後、カルタゴの司教キュプリアヌス（c.200-258）は、迫害の下で信仰から逸脱するキリスト者たちの問題に直面し ― 告白、改悛による罪の償い、および平和の回復と教会との再結合の ― 3部から成る典礼を考案した。

　アレクサンドリア派のキリスト教神学者アレクサンドリアのクレメンス（c.150-c.215）は、信仰を持たない者は洗礼を通して赦しを受け、キリスト者は改悛を通して赦しを受けると語り、「神は未来を見通し、未来を予見するので、罪を犯した信者にさえ憐れみをもって、第二の改悛の機会を与えられる。したがって、誰かが信仰に召された後に、悪魔に唆され巧妙に欺かれたならば、彼には改悛の機会が一回だけ与えられる」と言っている。

　アレクサンドリアのクレメンスの弟子オリゲネス（c.185-c.254）は、重大な

159

罪を犯した事例について、「改悛の機会は一回だけ与えられる。しかし私たちが、頻繁に犯す通常の罪には、常に悔い改める余地があり、必要に応じて赦しが与えられる」と言っている。オリゲネスは後年の著作では、「一回だけ」の表現を「一回だけ、あるいは稀に」と変え、厳しさを緩和した。

　中世初期に、カッシアヌス（436-435）は、改悛に関して、死に至る罪を列挙し、「魂の友」や司教によって行なわれる個人的な改悛の手順について論じた。

　12 世紀までに、ペトロス・ロンバルドゥス（c.1095-1160）の『命題論集』は、悔い改めに関する、画期的なローマカトリック様式を提起した。彼の秘跡としての悔い改めに関する定義には、

① 神に対する悔恨（contrition）
② 司祭に対する告白（confession）
③ 司祭による赦罪宣言（absolution: 後に、罪の赦しの専門用語となる）
④ 改悛のための罪の償い（penitential satisfaction）が含まれていた。

　中世後期には、ローマカトリック教会における罪の悔い改めと赦しの様式は、改悛のための罪の償いとしての贖宥／免罪が強調され、その最盛期を迎えた。そして、償いとして求められる慈善行為の規定は施しや巡礼の他、聖堂訪問から献金にまで拡大された。1517 年、ドミニコ会の修道士テッツェル（c.1465-1519）がヴィッテンベルク近くで行なった、聖ペテロ大聖堂建立のための贖宥状販売の説教がマルティン・ルターの注意を引いた。ルターはこれに抗議して 10 月 31 日、95 か条のテーゼを掲出した。これが宗教改革の火蓋を切ったことは周知の事実である。

　カトリック教会は宗教改革による批判を受けて、トリエント公会議（1545-63）において教義を見直し、再確認したが、その中には赦しの秘跡も含まれていた。こうして、赦しの秘跡は、ヨハネ 20:23 を聖書的根拠として、キリスト者の受洗後の罪を客観的に赦す秘跡として保持された。しかし、宗教改革者たちはヨハネによる福音書 20:23 を、受洗後の罪を赦す聖書的根拠とすることを退けた。「プロテスタントの注釈者たちの多くは、この権威を（ルカ24:47 におけるように）福音宣教の根拠であると見なした。すなわち、洗礼を授けたり、差し控えたりする権利であると理解している」。[3]　とは言えメソジスト教会は、ヨハネによる福音書 20:23 を、赦罪宣言を行うための聖書的根拠として用いている。[4]

宗教改革者たちは、カトリックの赦しの秘跡を認めず、聖礼典に含めなかった。しかし彼らは、告解に基づく赦しの慣行を尊重し、継承した。例えば、ルターはカトリック教会を離脱した後も、近くの教会の主任司祭に告解したことが伝えられている。告解の慣行を重要視したルターの神学は、アウクスブルク信仰告白の「悔い改め」の規定に生かされている —— 「私たちは、洗礼後に罪を犯した人びとは悔い改める時にはいつでも赦しを受けると、また赦罪宣言は教会によって否定されてはならないと、教えられている」。[5] その教義は、今日、ルター派の公的・個人的両典礼に継承されている。[6]

宗教改革者たちの、受洗後の罪の赦しに対する洞察は、その個人的な側面から共同体的な側面にも向けられた。すなわち彼らは、受洗後の罪の赦しを、告解室という密室から、典礼という公的な場へと移すことを考えたのである。この試みは、ストラスブールのマルティン・ブツァーの教会では成功したが、ジュネーヴに帰還したジャン・カルヴァンの教会では信者たちの猛反対に遭って挫折した。[7] そのため、ジュネーヴの教会では、「赦しの宣言」を含まない『祈りの形式』*La forme des prières*, Geneva [8] がカルヴァンの生涯を通じて用いられた。

しかし彼は、他方で「赦しの宣言」を含む礼拝形式に固執し、『祈りの形式』*La forme des prières*, Strasbourg [9] を 1545 年ストラスブールで出版した。この礼拝形式はカルヴァンによって歴史的に用いられることはなかったが、後代に大きな影響を及ぼした。現行の米国長老教会の礼拝形式はこのストラスブール版を土台にして一層発展した形で構築されたものである。

また、「カルヴァンは、ルター同様に、牧師に対して個人的に罪を告白することを、有効な霊的修練として勧めた」。[10] こうして彼は、『キリスト教綱要』において、「私たちの罪は、教会それ自体の務めによって絶えず赦される」と主張し、受洗後の罪が公的にも私的にも赦されることを肯定した。[11]

3　信条的観点から見た罪の赦し

キリスト教の基本的信条（ニカイア・コンスタンティノポリス信条、カルケドン信条、アタナシオス信条）は何れも、十字架による罪の赦しに言及してない。このことは、古代キリスト教会が十字架による罪の赦しを、信仰の基本的

要件として承認していなかったことを示している。

　使徒信条もまた、十字架による罪の赦しには言及してない。それどころか、使徒信条はキリスト者がすべて罪人であることを前提にして成り立っている。キリストの再臨による審判が記されているのは、そのためである。また、「罪の赦し」は将来与えられるものとして、信仰の対象とされている。

　したがって、十字架による罪の赦しを信ずる人びとは、すでに赦されていると信じ、主張しているのだから、使徒信条を告白することによって自家撞着に陥る。

　プロテスタント諸教派の主要な信条も、キリストの十字架による罪の赦しには言及せず、信者たちが罪人であることを自覚し、心から悔い改めることを勧めている。

　アウクスブルク信仰告白（The Augsburg Confession, 1530）
　第12条　悔い改め
　　　私たちの教会は、洗礼を受けた後に罪を犯した人びとが回心した時には、彼らは罪の赦しを受けることができると教える。また教会は、悔い改めて立ち戻る人びとには赦罪宣言を告げなければならない（CCFCT, II-64）。

　第2スイス信仰告白（The Second Helvetic Confession, 1566）
　第14章　悔い改めと人間の回心について
　　　1.　悔い改めの教理は福音と結び付いている。主は福音においてこう言ったからです。すなわち、悔い改めと罪の赦しは、私の名においてすべての国で宣教されなければなりません（ルカ 24:47）（CCFCT, II-483）。

　ウエストミンスター信仰告白（The Westminster Confession of Faith, 1647）
　第15章　生命に至る悔い改めについて
　　　1.　生命に至る悔い改めは福音的恩寵である。その教理は、キリストへの信仰の教理と同様に、すべての福音の教師によって宣教されなければならない（CCFCT, II-524）。

　ウエストミンスター信仰告白はさらに、主の晩餐が罪の赦しのために為される如何なる犠牲でもなく、その記念であることを明らかにしている。

実存的な罪の赦し、その歴史と現代

ウエストミンスター信仰告白

第29章　主の晩餐について

2. この聖礼典において、キリストが生きている者または死んだ者の罪の赦しのために御父に捧げられるのではなく、また、どのような現実の犠牲が捧げられるのでもない。それは、十字架上でただ一度だけ御自身によって捧げられた供え物の記念であり、そのために神に捧げ得る最高の讃美の霊的な奉献である。したがって、彼らがミサと呼んでいる教皇主義的犠牲は、キリストの唯一の犠牲、すなわち選民のすべての罪のための唯一の宥めの供え物にとって、最も甚だしく有害である（CCFCT, II-642）。

　私たちキリスト者は、キリストを信じ洗礼を受けて罪を赦され、キリスト者として生きることになっても、不可避的に罪人として生きることを余儀なくされる。主の祈りその他の聖書の言葉によって教えられている通り、キリスト者はすべて罪人である。その状態は、パウロの言葉（ローマ 4:7）をルターが解説したように、キリストを信ずることによって義とされながらも、罪人として生きる状態と一致している。キリスト者は義人として、悔い改めの生涯を生きることになる。
　悔い改めについては、東方正教会の見解が大いに役立つ。

　シリア人聖イサクはこう言っています、「悔い改めは、常に、すべての人にふさわしいものです。罪人たちにとっても、救いを求める義人にとっても、完全に至る道に境界はありません。なぜなら、最も完全な人の完全でさえ、不完全なものだからです。ですから、死の瞬間まで、悔い改めの時も行為も完全ではあり得ないのです」。[12]

　聖人とは悔い改める者、自覚した罪人 ── 常に自分が《いちばん罪深いもの》であると自覚している罪びと ── であるが、その自覚があるからこそ、神の恩寵にあずかることができる。[13]

4　実存的観点から見た罪の赦し

　キリスト教諸教派の「赦罪宣言」（Absolutio）[14]の伝統は、実存的観点から見る時、特に有意義なものとなる。その赦しはいつ、どこで、どのように赦

されるのかを実感、実証することができるからである。さらに、この赦罪宣言がそれに先立つ罪の告白によって、赦される罪が特定されることは、とりわけ重要である。

この関連で思い起こすのは、ボンヘッファーの名言である。

　安価な恩寵は、悔い改めを欠く赦しの説教であり、教会の規律を欠く洗礼であり、悔い改めを欠く聖餐であり、個人的な悔い改めを欠く赦罪宣言である。(15)

このボンヘッファーの言葉は、彼の精神的遺産とも言うべきものである。と言うわけは、近年英語圏で出版されたキリスト教思想と思想家を紹介する文献の中でしばしば引用されているからである。(16)

「赦罪宣言」による赦しとは対照的に、十字架による罪の赦しは、実存的観点から見て ─ 現実的存在の意識に照らして ─ 非存在である。十字架による罪の赦しは、いつ、どこで、どのように赦されたのかを客観的に立証することができないからである。その赦しは、赦されたと意識する人びとの内部で起こる心理的事象であり、彼らの信仰心／信心として観念的に内在するに過ぎない。

5　現代の、典礼による受洗後の罪の赦し

　キリスト教世界における受洗後の罪の赦しは、特に宗教改革期以後、個人的問題としてばかりでなく、共同体の問題としても扱われてきた。そしてそれは、さまざまな様相を呈し、多様化している。ここでは、それらの代表的な形態を紹介する。（一部、歴史的典礼を含む）

(1)　「赦罪宣言」による赦しの、個人的典礼
①　カトリックの赦しの秘跡
　　司教、あるいは司祭は、信者の罪の告白を聴いてから、次の言葉（赦罪宣言の式文）によって罪の赦しを与える。

　憐れみ深い父なる神は、御子の死と復活を通して世をご自身と和解させ、罪の赦しのために私たちに聖霊を注がれました。教会の奉仕の務めを通して神が、あなたに赦しと平和を与えて下さいますように。私は父と子と聖霊の名によって、あなたの

罪の赦しを宣言します。(17)

② 米国聖公会の改悛者の和解
　司祭は罪を告白した改悛者に対し、助言と指示と慰めを与えてから、次の赦罪宣言を行う。

　真に悔い改め、キリストを信ずるすべての罪人を赦すために、教会に力を与えられた私たちの主イエス・キリストは、その大いなる憐れみによって、あなたのすべての罪を赦します。また私に委ねられたキリストの権能によって、私はあなたのすべての罪が赦されることを宣言します、父と子と聖霊の名によって。**アーメン**。

　この他に、執事あるいは信徒によって行われる赦しの宣言がある。その場合には、次の式文が用いられる。

　私たちのためにご自身を犠牲として御父に捧げられ私たちの主イエス・キリストは、聖霊の恵みによってあなたの罪を赦します。**アーメン**。(18)

③ 日本聖公会の個人懺悔
　司祭は信者の懺悔を聞き、適当な指導を与え、償いの教えを示し、次の言葉によって罪の赦しを告げる。

　主がその大いなる憐れみによって、あなたの罪を赦してくださるように　アーメン。主イエス・キリストは、真実に罪を悔やみ主を信じるすべての人に罪の赦しを告げる権威を、教会に与えました。わたしは今、主がゆだねられた教会の奉仕の務めによって、父と子と聖霊のみ名により、あなたのすべての罪の赦しを宣言します　アーメン。(19)

④ メソジスト教会の悔い改めと和解の典礼
　聖職者は罪の告白を行った改悛者の頭に自らの手を置き、次のように赦しを宣言する。

　憐れみに満ちた父なる神よ、御子イエス・キリストを通して、真に悔い改め、キリストを信ずるすべての者を赦してください。
　キリストによって教会に与えられた和解の務めによって、私はあなたの罪が赦され

ることを、父と子と聖霊の名において宣言します。**アーメン。**[20]

⑤　ルターの小教理問答に基づく、ルター派の赦罪宣言

　　ルター派の諸教会における赦罪宣言は、牧師の告げる赦しが牧師の赦しでなく、神の赦しであることを信じる改悛者に対して行われる。

　　私の主イエス・キリストに代わって、また彼の命によって、私は父と子と聖霊の名において、あなたのすべての罪を赦します。

　　アーメン。[21]

(2)　「赦罪宣言」による赦しの、共同体の典礼

①　カルヴァンの『祈りの形式』（Strassburg, 1545）における赦しの宣言（参考）

　　この式文に基づく教会では、聖職者が自らの良心を慰めるために聖書の言葉（Ⅰテモ 1:15、ヨハネ 3:16 など）を述べた後で、次の方法によって罪の赦しが宣言される。

　　あなた方各自は、神の前に謙虚になって、自分が罪人であることを真実に認め、また天の父がイエス・キリストによって自分に恵み深くあろうとされていることを信じなさい。このように悔い改め、イエス・キリストに救いを求めるすべての人に対し、私は父と子と聖霊の名によって、罪の赦しが与えられることを宣言します。**アーメン。**[22]

②　米国長老教会の赦しの宣言

　　米国長老教会における典礼による赦しの宣言は、カルヴァンの『祈りの形式』（Strassburg, 1545）から強い影響を受けたもので、「罪の告白」「キリエ・エレイソン」に続いて、牧師は神の赦しの恵みを保証するために、次のように宣言する。

　　主の憐れみは永遠から永遠に及びます。

　　私はあなた方の罪が赦されることを

　　イエス・キリストの名において、あなた方に宣言します。

　　あなた方のすべての罪を赦す憐れみの神が

実存的な罪の赦し、その歴史と現代

すべての善においてあなた方を強め、

聖霊の力によって

あなた方を永遠の生命のうちに保たれますように。

アーメン。

この後、会衆は「平和の挨拶」を相互に交わして赦しを祝う。(23)

③　英国教会の赦罪宣言

会衆の告白に続いて、司祭は次のように赦罪宣言を行う。

こよなく憐れみ深い、天にいます私たちの父である全能の神は、

心からの悔い改めと真の信仰をもって神に立ち帰るすべての人びとに対して

罪の赦しを約束されました。

あなた方を憐れみ、あなた方を赦免し、

あなた方をすべての罪から解き放ち、

すべての善においてあなた方を堅くし、強め、

あなた方を永遠の生命へと導かれますように。

私たちの主イエス・キリストを通して。

アーメン。

この後、司祭は、私たちの救い主キリストが真に彼に立ち帰るすべての人に言った「慰めの言葉」（マタイ 11:28、ヨハネ 3:16。Ⅰテモ 1:15、Ⅰヨハ 2:1-2）を述べる。(24)

④　メソジスト教会の赦罪宣言

会衆の告白の祈りに続く沈黙の後、牧師は次のように赦罪宣言を行う。

キリスト・イエスは罪人たちを救うために世に来ました。

これは慈悲深い言葉です。

「あなたの罪は赦されています」。

アーメン。神に感謝。(25)

⑤　ルター派の公的な赦罪宣言

会衆が、牧師の告げる赦しが牧師の赦しでなく、神の赦しであることを誓

約した後に、次の言葉によって、改悛者すべてを祭壇から赦免する。

私の主イエス・キリストに代わって、また彼の命によって、私は父と子と聖霊の名
において、あなた方すべての罪を赦します。

アーメン。(26)

注

(1) Michael J. O'Donnell, *Penance in the early church*, 1908, p.2.

(2) O'Donnell, pp.4-5.

(3) Gary S. Shogren, "Forgiveness" in ABD.

(4) "A Service of Repentance and Reconciliation" in *The Methodist Worship Book*,
1999.

(5) "12 Repentance" in Augsburg Confession, CCFCT, 2003.

(6) *Lutheran Service Book*, 2006.

(7) *Liturgies of the Western Church*, by Bard Thompson, 1980, p.191.

(8) 今日、英語圏では、このジュネーヴ版がカルヴァンの礼拝形式として紹介されてい
る。例えば、Elsie Anne McKee, "Sunday Worship in Calvin's Geneva" in *John
Calvin: Writings on Pastoral Piety*, 2001／Henry Beveridge, "Forms of Prayer for
the Church" in *Treaties on the Sacraments and Tracts by John Calvin*, 2002 参照。

(9) 『祈りの形式』*La forme des prières* (Strassburg, 1545) は、歴史的に実践された
ものではなく、彼の神学的著作に属する。日本のプロテスタント教会の間では、この
ストラスブール版のみが彼の唯一の、あるいは代表的な礼拝形式であるかのように紹
介されているが、これは日本に特有な現象である。

(10) David C. Steinmetz, "The Theology of John Calvin" in *The Cambridge
Companion to Reformation Theology*, p.125.

(11) Institutes, IV. 1. 22.

(12) Vladimir Lossky, *The Mystical Theology of the Eastern Church*, 1998, p.204.

(13) オリヴィエ・クレマン著／冷牟田修二・白石治郎訳『東方正教会』p.155.

(14) 赦罪宣言「私は父と子と聖霊の名によってあなたの罪を赦します」について：
キリスト教の 2000 年に亘る歴史は、歴代のキリスト者たちが洗礼による罪の赦し
を固く信じ、受洗後も常に罪人であることを自覚し、神の憐れみを求め続けてきたこ

とを示している。そして、罪の赦しは、赦罪宣言（Absolution）によって行われてきたことを示している。このことは、十字架による罪の赦しが、キリスト信者たちの受洗後の罪の赦しとして全く機能していないことを裏書している。

　赦罪宣言は今日、東方正教会、カトリック教会、英国教会系諸教会の他、ルター派諸教会、米国長老教会、メソジスト教会などのプロテスタント諸教会でも行われている。プロテスタント諸教派は、サクラメントとしての罪の赦しを承認しなかったが、罪の赦しの慣行そのものは有益なものとして継承した。

(15)　Dietrich Bonhoeffer, *Nachfolge*, 2016, p.41.

(16)　*Invitation to Christian Spirituality*, ed. John R. Tyson, 1999, p.391／Tony Lane, *A Concise History of Christian Thought*, 2006, p.282.

(17)　*Catechism of the Catholic Church*, Second Edition, p.364.

(18)　*The Book of Common Prayer Acorcing to the Use of The Episcopal Church*, 1979, p.448.

(19)　『日本聖公会祈祷書』2004, pp.298-99.

(20)　"The Act of Repentance and Reconciliation" in *The Methodist Worship Book*, 1999, p.425.

(21)　"Individual Confession and Absolution" in *Lutheran Service Book*, 2006, pp.292-93.

(22)　*Liturgies of the Western Church* by Bard Thompson, 1980, p.198.

(23)　"The Service for the Lord's Day" in *Book of Common Worship*, for the Presbyterian Church (U,S,A,) and the Cumberland Presbyterian Church, 1993, p.56.

(24)　*Common Worship: Services and Prayers for the Church of England*, Holy Communion Order Two, p.258.

(25)　"Prayer of confession and declaration of forgiveness" in *The Methodist Worship Book*, 1999, p.29.

(26)　"Corporate Confession and Absolution" in *Lutheran Service Book*, 2006, pp.290-291.

参考資料1

聖餐と罪の赦し

　聖餐において罪の赦しが与えられる根拠は、聖書にある。

　　それからイエスは杯を取り、感謝をささげ、彼らにそれを与えて言いました。「あな
　　た方は皆、これを飲みなさい。なぜなら、これは罪を赦すために多くの人びとのため
　　に流される、私の新しい契約の血だからです」（マタイ 26:27-28）。

　宗教改革以後、この聖書個所をめぐって、カトリック教会とプロテスタント
教会の間で議論が展開された。すなわち、聖餐において、キリストが生きてい
る者と死せる者の罪の赦しのために父なる神に捧げられるのか否かをめぐって
論じられたのである。

　カトリック教会は、ミサおいて、キリストの十字架の死が記念され、キリス
トの体と血が神に捧げられ、信者たちはキリストの体と血に変化したパンとぶ
どう酒を永遠の生命の糧として、繰り返し受けることができると定めた。しか
し、ミサにおいて罪の赦しが与えられることはない。

　他方、プロテスタント教会は聖餐をキリストが自らの体を一度だけ十字架上
で捧げられたことの記念と理解して、今日に至っている。しかし、聖餐の場に
おいて陪餐者の罪が赦されるか否かをめぐっては、見解が分かれている。

聖餐において罪の赦しを認める教義

(1)　ルターの小教理問答（1529）
　プロテスタント教会の中で最も早く聖餐の意義を問い直したのは、マルティ
ン・ルターである。彼はその小教理問答の中で、聖礼典で罪の赦しが与えられ
ることを明らかにしている。

　聖壇の聖礼典
　[5] このように食べ、飲むことにはどんな恩恵があるか？

[6] 答：私たちには、「あなた方のために」および「罪の赦しのために」という言葉が
与えられている。聖礼典において私たちは、これらの言葉によって罪の赦し、生命、
および救いが与えられる。なぜなら、罪の赦しがあるところには、生命と救いがある
からである。

[7] 身体的に食べ、飲むことがどうしてかかる大きな効果を生み出すのか？

[8] 答：食べることと飲むことは、それ自体において効果を生み出すことはないが、「あ
なた方のために」および「罪の赦しのために」という言葉が生み出す。これらの言葉
は、身体的に食べ、飲むことが伴う時に、聖礼典における主要事となる。これらの言
葉を信じる者は、それらの言葉が言い、宣言するものを、すなわち罪の赦しを所有す
る。

("Lutheran Confessions: The Small Catechism" in CCFCT, II-43.)

　これらの問答においてルターは、私たちがパンを食べ、ぶどう酒を飲む時に
キリストの言葉「あなた方のために」および「罪の赦しのために」を想起する
ことを勧めている。そうすることによって、キリストの言葉が私たちに罪の赦
しを確信させることを期待しているのである。ここで注目すべきは、罪の赦し
が内在的に理解されていることである。

(2)　ハイデルベルク教理問答（1563）

　ハイデルベルク教理問答は、問76および問81の答えにおいて、罪の赦しに
言及している。

問76　キリストの十字架にかけられた体を食べ、彼の流された血を飲むことにどうい
う意味があるか？

答　それは、ただ単に、信仰心をもってキリストの完全な受難と死を受入れ、それに
よって罪の赦しと永遠の生命を得るということではない。さらに、キリストの中にも
私たちの中にも住みたもう聖霊によって益々キリストの祝福された体と結び付けら
れ、彼は天におり、私たちは地上にいるけれども、それでも私たちは彼の肉の肉であ
り、骨の骨であり、私たちの体のさまざまな部分が一つの魂によって支配されている
ように、一つの霊によって永遠に生き、支配されるということである。

問81　主の食卓に来るべき者とは？

答　それは、自分たちの罪故に自分たち自身を嫌悪している人びとであり、それらの

罪が赦され、自分たちに残っている弱さもキリストの受難と死によって覆い隠されていると信じる人びとであり、また、自分たちの信仰が強化され、自分たちの生活が改善されることを一層望む人びとである。しかし、悔い改めない者たちと偽善者たちは、自分たち自身への裁きを飲み食いしているのである。

("Heidelberg Catechism" in CCFCT, II-445.)

　問 76 および問 81 の答えは、聖餐に与かることによって罪の赦しが与えられると言っている。しかしここで語られている罪の赦しは、ルターの小教理問答におけると同様に、内在的である。

　問 81 の答えでは、「悔い改めない者たちと偽善者たち」が罪の赦しの圏外にいることを示唆しているが、聖餐の場において悔い改める行為が如何にかかわるのかについては言及がない。

聖餐において罪の赦しを認めない神学・教義

(1)　カルヴァンにおける聖餐の意義

　カルヴァンは、主著『基督教綱要』の「鍵の力」において、罪の赦しが求めに応じて公的にも個人的にも与えられることを明らかにした（Institutes, IV. 1. 22.）。そして公的な意味での罪の赦しに関しては、彼自身、ストラスブールの教会で数年間実践した経緯があり、後に『祈りの形式』（1545 年ストラスブール版）において明解に規定した。しかし、聖餐において罪の赦しに言及することはなかった。

　カルヴァンが聖餐において罪の赦しに言及しなかったことは、『基督教綱要』の「主の晩餐の正しい祝い方について」（Institutes, IV. 17. 43.）、『祈りの形式』において聖餐の行われる日に付加される「祈祷」、「聖書の教えと勧告」および「晩餐後の感謝」についても言える。

　ちなみに、主の晩餐後の感謝は次のように捧げられる。

天の父よ、私たちは、あなたが私たちのために死に渡されて苦しまれ、今、永遠の生命の食物として私たちに分け与えられた、あなたの御子イエス・キリストに私たちを与からせることによって、惨めな罪人の私たちに賜った大いなる祝福に対し、永遠の讃美と感謝をあなたに捧げます。そして今、私たちに対するあなたの慈しみの継続に

実存的な罪の赦し、その歴史と現代

よって、これらのものを忘れることを許さず、むしろそれらを、私たちの心に刻み付けることによって、あらゆる善き行いへと結び付ける信仰によって、私たちが益を得、豊かになることができますように。またここから、私たちが私たちの生涯の残りを、あなたの栄光の増進と私たちの隣人たちの啓発に捧げることができますように。あなたと共に生き、永遠に治める聖霊と一体なる、あなたの御子、同じイエス・キリストを通して。アーメン。

（"Forms of Prayer for the Church" in *Treatises on the Sacraments / Tracts by John Calvin*, tr. Henry Beveridge, p.106.）

カルヴァンにおける聖餐の意義について、ヴィルヘルム・ニーゼルはその著『カルヴァンの神学』（1956）において、次のように要約している。

洗礼の水によって、私たちはイエス・キリストにおいて罪の赦しを獲得することを経験させられるが、パンとぶどう酒の奉献によって、私たちはキリストの体と血が私たちのうちで真の生命を養い、支えるのを経験するのである（『綱要』IV, 17, 3）。

（"The Effect of the Sacraments" in Wilhelm Niesel, *The Theology of Calvin*, pp.221-22.）

(2)　ウエストミンスター信仰告白（1647）

ウエストミンスター信仰告白は、聖餐における罪の赦しを否定している。

第29条　主の晩餐について

2.　この聖礼典において、キリストが生きている者または死んだ者の罪の赦しのために御父に捧げられるのではなく、また、どのような現実の犠牲が捧げられるのでもない。それは、十字架上でただ一度だけ御自身によって捧げられた供え物の記念であり、そのために神に捧げ得る最高の讃美の霊的な奉献である。

（Westminster Confession of Faith" in CCFCT, II-642-43.）

この聖礼典において、キリストの十字架上の死による罪の赦しが与えられていないことは明らかである。

173

参考資料2

キリストの十字架による罪の赦し

問題の所在

　日本のプロテスタント教会の中には、キリストの十字架による罪の赦しを力説する牧師がいる。ある牧師はその主旨を、明快に語っている ── 「十字架には完全な赦しがあります。キリストがただ一度血を流されたから、私たちは罪赦された者として、いやされるのです。この十字架のキリストに結ばれている限り、もう罪に悩むことはありません」。

　しかし、他の多くの教会では、「御子イエス・キリストの贖いのゆえに、私たちの罪を赦してください」と祈っている。次に掲げる二つの式文はそのことを例証している。

『日本基督教団式文（試用版 2006）』から

司式者　全能の神に罪を告白しましょう。

　　　　憐れみ深い父なる神よ、わたしたちは御言葉に信頼することに薄く、戒めに従って歩むことに怠慢でありました。御心に背いて罪と過ちを重ねたことを懺悔いたします。どうか今、わたしたちを憐れみ、御子イエス・キリストの贖いのゆえに、お赦しください。そして、悔い改めるわたしたちに、豊かな恵みを与え、新しい命で満たしてくださいますように。主イエス・キリストの御名によって（祈ります）。

一同　　アーメン。　　　　　　　　　　　　　　　　　　　　　　　　（p.61）

『主日礼拝の祈り』（越川弘英・吉岡光人監修、2017）から

〔司〕　イエス・キリストはすべての人を愛し、すべての人の身代わりとなって十字架にかかられました。しかしわたしたちはその恵みを忘れ、あなたの御心に反する歩みを繰り返してきました。

〔会〕　わたしたちは今、イエス・キリストの歩みに従えなかったことを懺悔いたします。

〔全員〕どうか十字架の贖いのゆえに、あなたの戒めを守れなかったわたしたちの罪

実存的な罪の赦し、その歴史と現代

を赦してくださいますように。救い主イエス・キリストの御名によって祈ります。アーメン。 (p. 98)

　ここにおいて、私たちキリスト者は「十字架の贖いのゆえに」罪が赦されているのか、あるいは罪の赦しを求めるべきなのかの問題に直面させられている。日本基督教団という同一教派内において、このような教義的な違いが生じていることは由々しき問題であるように思われる。

　この小論では、この問題を聖書的観点から、神学的観点から、さらに実存的観点から考察する。

　　1　新約聖書の赦しの教説
　　2　ケリュグマのキリストの死の解釈
　　3　実存的観点から見た「十字架による罪の赦し」

1　新約聖書の赦しの教説

　新約聖書における罪の赦しは、実に多彩で、次のように、さまざまに語られている。（主として Gary S. Shogren, ABD 参照）

　　神による赦し
　　人の子による赦し
　　十字架による赦し
　　神があなたを赦すように他の人びとを赦しなさい
　　使徒たちによる赦し
　　キリストの復活による赦し

　この並記されている分析結果から私たちは、聖書が教える罪の赦しは「十字架による赦し」のみでないことを知る。また、「十字架による赦し」を優先する根拠も存在しないことを教えられる。教皇庁・聖書委員会が明言したように、「『仲介者であり、贖い主である主キリスト』に関する完全な論考は〔聖書の〕どこにも見出されない」。（本書 p.198 参照）

　多くの教派において伝統的に行われている「赦罪宣言」（absolution）：「私は父と子と聖霊の御名によってあなたの罪を赦します」は、12世紀にペトロス・

175

ロンバルドゥスによって提起されたもので、「使徒たちによる赦し」に属し、ヨ
ハネによる福音書 20:23 に基づいている。

2　ケリュグマのキリストの死の解釈

　キリストの十字架上の死は、新約聖書においてさまざまに語られている。し
かしそれは、歴史的イエスの死としてではなく、ケリュグマのキリストの死と
してである。そして、ケリュグマのキリストの死は、現代の聖書研究において
少なくとも次の四つに分類され、多様に理解されている。（Alan W. Gomes, ECC
参照）

　　罪人の代理人としての死
　　罪人を身請けするための死
　　神を宥めるための死
　　罪人を神と和解させるための死

　ケリュグマのキリストの死の理解に関して銘記すべきは、その死が聖書にお
いてさまざまに語られているために、何れの教派においても、キリストの贖い
の死がキリスト教の教義として歴史的に成立するに至らず、個々の教会と信者
たちの信仰心に委ねられてきたという事実である。（L.L. Morris, EDT; Trevor
Williams, CCG　参照）

　要するに、キリストの十字架の死によって自分の罪が赦されていると信じる
者は、それがキリスト教の教義（共同体の信仰）ではなく、自分自身の信仰心
であることを認識しなければならない。

3　実存的観点から見た「十字架による罪の赦し」

　実存的観点から見ると、十字架による罪の赦しは観念的で、現実的存在感に
欠けている。その赦しは、それを信じる人びとのうちに内在的に存在するに過
ぎない。その赦しは罪の告白／悔い改めに基づいていないから、私たちのどの
罪が、いつ、どこで、どのように赦されたのかを客観的に立証することができ

実存的な罪の赦し、その歴史と現代

ない。哲学的に言うと、十字架による罪の赦しは時空に座を持たず、私たちが生きる現実的世界にとっては非存在である。

十字架による罪の赦しは、それが礼拝の祈りにおいて、あるいは説教において表明される時に、その欠陥を露わにする。すなわち、主の祈りを唱え、使徒信条によって信仰告白をする礼拝において罪の赦しを表明することは、明らかに矛盾しており、礼拝の調和を乱している。

この関連では、次のカルヴァン学者の見解が大いに役に立つ。

礼拝を行うにあたってとくに留意されるべきことは、会衆が礼拝の意味をはっきりと知り、理解した上で悔改めと讃美をともにするということであり、魔術的な儀式や手順は一切排される。（久米あつみ『カルヴァンとユマニスム』p.75）

さらに筆者は、悔改めを基調とする植村正久牧師の説教観を思い起こす。

説教者の心構え

　今日の教会において甚だ嘆かわしく思わるるは、講壇の調子の衰えたることなり。美わしき説教や面白き説教はこれあらん、されど真に人の心奥に迫って悔改を促し、そのうなだれたる霊〔たましい〕を励まし、憂え悲しめる者に限りなき慰藉を与うる力あるものは稀なり。その原因は要するに説教者自ら熱するところなく、ことに主張せんとする思想を懐かず、深く罪悪と戦ってこれを悔改するの経験乏しく、キリストの恩寵に生活するの味わいを知らざる者多きに在りと言わざるべからず。……

（『福音新報』第226号、明治32.10.25／『植村正久著作集』6, pp.342-43.）

要するに、キリスト者は現実的に、日々に罪人なのである ── カルヴァンによれば、「信者たちだけが罪の何たるかを真に知っているので、悔悢は敬虔な人びとの日々の行動となるのである」（本書 p.123 参照）。

さて、十字架による罪の赦しをめぐるもう一つの問題は、十字架による罪の赦しが宣教の核心であるかの如く語られていることである。パウロにとっての福音は、キリストが私たちの罪のために死なれ、三日目に復活させられたことだったので（Ⅰコリ 15:3-4）、私たちにとっての宣教の核心は、パウロ流に言えば、キリストが私たちの罪のために死なれ、三日目に復活させられ、神の救いが達成された、ということになろう（本書 p.51 参照）。

177

贖い思想、その歴史的諸学説と包括的諸論考（要約）

1 贖い思想、その歴史的諸学説

　新約聖書においてケリュグマのキリストの死が、罪人の代理人としての死、罪人を身請けするための死、神を宥めるための死、罪人を神と和解させるための死などと、さまざまに解釈されてきたために、贖い思想は教義として公に定義されることなく、各個教会と信者たちの信仰心に任されてきた。その結果、さまざまな贖い思想の諸学説が現れた。その主要な学説は、次の通りである。

(1)　古典的学説（"Christus Victor" or "classic" theory）

　　この償いのモデルは、今日、"Christus Victor"／"classic" theory　と呼ばれている。"Christus Victor" とは、スウェーデンの神学者アウレン（Gustaf Aulén, 1879-1978）による造語で、「征服者キリスト」を意味する。そう呼ばれるのは、キリストが十字架上で死ぬことによって、人類を奴隷としていたサタンとその悪魔的軍勢を征服し、捕われていた人類を彼らの手中から解放したからである。

　　アウレンは、神と悪魔の関係に関して、和解する者であり、和解させられる者でもある神の偉大な逆説を強調し、神の敵であり、同時に神の怒りの代行者でもある悪魔の性格を強調した。こうして、キリストと悪魔の争いは、神自身の心の中で行われたように思われる。

　　神はなぜ悪魔の存在を許しているのか？　神はなぜ悪魔を完全に滅ぼさないのか？　この古典的な、悲痛な問いに対して、神学者ティリッヒ（Paul Tillich）は、悪魔的なものは神を見捨てる人間の自由から生じる、それなしでは愛によって神に立ち帰ることはできないだろう、と言っている。神にとって、悪魔を滅ぼすことは人類を滅ぼし、神自身の愛の目的を打ち砕くことを意味するからである。

　　この学説が「古典的」と呼ばれるのは、この見解の起源が非常に古く、初期の多くの教会教父たちによって支持されたからである。この学説は、一層体系的な学説が現れるまでの約一千年間、人気のあるテーマであり続けた。

キリストの働きが悪の力を征服した、と見なすこの見解は、東方正教会の神学を今日に至るまで特徴付けている。

(2) サタンへの身代金学説（"Ransom to Satan" theory）

この学説によれば、キリストの死は、罪を犯した人間を正当に所有していたサタンに支払われた身代金と見なされた。このサタンへの身代金支払いの理論は、ギリシア教会において提示された。オリゲネス（Origen, c.185-c.254）とニュッサのグレゴリウス（Gregory Nyssa, 330-c.395）の著作において、キリストの死は、罪によってサタンの支配下に置かれていた人類を身請けするために、神によってサタンに支払われた身代金と解釈された。この学説は、その後西方においても受け入れられたが、それはキリストの復活によってサタンが敗北したという感性に基づいたものだった。この学説の信奉者の中には、ポアティエのヒラリウス、アウグスティヌス、ローマ教皇グレゴリウス、クレルヴォーのバーナード、ペトロス・ロンバルドゥスなどがいた。

神は如何にしてサタンと取引することができたのか？　サタンはすでに手中に収めていた人類を解放するための交換条件として、キリストの罪なき魂を要求する権利を持ち、それを望んでいた、ということが想定された。サタンは意気揚々と、キリストの人間性の餌に飛びついたが、彼の神聖の鉤に引っ掛けられることに気付いていなかった。結果的に、サタンは騙されてキリストの魂を捕まえることができず、敗北した。

現代の精神にとって、この学説を受け入れ難くしているのは、サタンの存在を仮定しているからであろう。とは言え、サタンの存在は 21 世紀でもキリスト教会の中で生き続けている。そして、神は全能であるのに、サタンの要求に応じて身代金を支払ったことが神の正義と矛盾することに気付いている ― サタンの要求に応じて神が支払ったものは、サタンにとって「保持の苦痛に耐えることのできない」ものだった。サタンは成功したと思っていたが、実際には、十字架上の自己犠牲者の美しい潔白を見上げた時に、自分の満足感が恥辱と屈辱の灰と化するのを見たのである。この見解には魅力がある。身代金の観念と神の正義を両立させているからである。

「サタンへの身代金学説」において、身代金は敵との取引を示唆しているので、後代の取引学説にヒントを与えた。

この「サタンへの身代金学説」は「古典的学説」と共に、何世紀にも亘っ

て広まり、一般化した。しかし、11 世紀にアンセルムスの著作 *Cur Deus Homo?* が現れたことによって放棄された。

(3) アンセルムスの贖罪学説（Anselm's Satisfaction theory）／取引学説（Transactional theory）

　　11 世紀のカンタベリー大主教のアンセルムス（Anselmus, 1033/34-1109）は、*Cur Deus Homo?*（なぜ神人なのか？）を書き、サタンに身代金が支払われたという教父たちの見解を厳しく批判した。彼はそこに、神の威厳を汚す罪を見たのである。神に対する侮辱の罪は余りにも大きいので、神のみがその罪を償うことができる、と彼は論じた。しかし、この侮辱は一人の人間によって為されたので、一人の人間のみが贖罪をもたらすことができる。こうして彼は、神と人間の両方の性格を備える神人が必要である、との結論に達したのである。

　　アンセルムスにとって、神の正義は、罪の償いが為されない限り、罪に対する罰を要求した。しかし罰は、神の創造における目的を無効にするものだった。有限的な人類は、神に対する無限的な罪によって、無限的な罪の償いを差し出すことができなかった。解決策は神人に頼るしかなかった。神人は人間として罪の償いをしなければならず、神として差し出された罪の償いに ―― 罪なく、自分にふさわしくない死を喜んで受けることに ―― 無限の価値を与えることができた。御父への彼の生命の贈物は、神人が同胞の人間の罪の償いを為し、彼らを神と和解させるための無限の報酬をもたらした。

　　しかしアンセルムスは、キリストの償いの働きを彼の生涯と苦難から切り離して、彼の死に焦点を合わせたために批判された。今日、アンセルムスに同調する人はさほど多くない。彼は罪に関して深刻な見解を持っていた。この見解を欠くところに贖罪の余地はない、ということでは多くの人が同調している。

　　Cur Deus Homo? の出現によって古い学説は放棄され、アンセルムス以降キリスト教会は、自分たちの満足できる償い学説をそれぞれに構築し、保持するようになった。

(4) 刑罰の代理受刑説（Penal Substitution）

　　宗教改革者たちは、罪が深刻な問題であることではアンセルムスに同意し

たが、罪が神の威厳を傷つけるというより、神の律法を破るものと見なした。彼らは、罪人たちが神の呪いの下に置かれていることに言及した聖書の教えを深刻に受け止めた。彼らは、キリストの救いの本質はキリストが罪人の代わりをしたことにあると信じ、キリストは、私たちの代わりに、罪の報いである死に耐え、また呪いに耐えたと信じた（ガラテ 3:13）。

スコラ神学者ロンバルドゥスはキリストの死について、「これは、キリストが御父に対して怒りを和らげてくださるように差し出した、私たちの和解の代価である」と言った。その後トマス・アクイナスは、「悪魔には如何なる代価も支払われず、神に対して支払われた」と書いた。宗教改革者たちはこの教義を継承し、一層強固なものとした。例えば、フィリップ・メランヒトンは「キリストの恩恵は罪と永遠の死に耐えること、すなわち、神の偉大な怒りを宥めることである」と言った。彼によって準備されたアウクスブルク信仰告白（1530）は、キリストは「御父を私たちと和解させるために」苦しみ、死んだと宣言している。同じ主題はジャン・カルヴァンによって繰り返された。しかし、一層大きな強調が神の愛に置かれていた。マルティン・ルターの場合は、古典的観念が支配的だった。彼の見解によれば、神との和解が保証されるのは、キリストの義が罪人たちに転嫁されることによってのみであった。かくして、神の前に無罪放免とされる義認は、信仰のみによって為されたものを受容することだった。

この学説に対する反論は、刑罰を他の人に移すことができるのか、という問題である。懲罰が悪事の張本人に割り当てられることなくして、正義は行われるのか？ 刑罰の代理受刑は如何にして正当化されるのか？ 罪を犯さなかった人びとを罰することは、競技に勝利できなかった者に褒美を与えるのと同じで、正しくない。この論理は、懲罰にも適用することができる。犯罪者と受刑者はあくまでも同一人でなければならないというのが、正義の原則である。もしイエスが比類なく罪なき者であるなら、彼は世界の罪のために罰せられるべきでない唯一の人間であることを意味している。

(5) 道徳的感化説（Moral Influence theory）

道徳的感化説は、神の愛を強調した、12 世紀の神学者アベラール（Peter Abelard, 1079-?1142）に帰せられており、キリスト模範説（exemplarism）とも呼ばれている。

道徳的感化説によれば、キリストの受肉、苦難、および死は、人びとを悔い改めるように導くためにある。この学説の主唱者たちは、罪人たちのために死にゆく無私のキリストの光景は私たちを悔い改めへと突き動かす、と言う。その要点は、キリスト者たちの個人的経験であり、個人的経験の中でのみ真実である、ということである。

　キリストの死が私たちに愛の模範を示し、キリストを愛するように鼓舞してくれることは確かに真実であり（ヨハネ 3:16; ローマ 5:8）、キリストの犠牲が真似るべき模範を示していることも真実である（Iペト 2:21, 24）。

　アベラールは、罪人たちのために死ぬことを望んだ中に啓示されたキリストの愛の変容力を強調し（ヨハネ 15:13）、罰への恐れを取り除いた。アベラールにとって罰は矯正的で、応報的でなかったので、神の愛によって「矯正された」人びとには、罰はもはや必要なかった。キリストの愛の変容力への強調は、トマス・アクィナスのような後代の神学者たちの著作の中に取り込まれた。近代には、特に自由主義的学派の間で広く保持された。

(6)　模範的学説（Example theory）
　この学説は、近代ユニテリアンの創始者ソッツィーニ（Faustus Socinus, 1539-1604）によって打ち立てられた。キリストは自分が教えた信仰心の故に苦しみを受け、殉教者として死んだので、私たちは彼の模範に従って、真理のために苦しみ、彼の説いた救いの道を歩むことができる、と教えた。

　模範的学説は道徳的感化説と関連している。道徳的感化説と模範的学説は共に、真理の要素を幾つか含んでいる。キリストの死が私たちに苦難の愛の模範を示し（ヨハネ 3:16、ローマ 5:8）、キリストを愛するように鼓舞してくれることは、確かに真実である。キリストの犠牲が真似るべき模範を示していることも真実である（Iペト 2:21, 24）。両学説は、キリストの人格、働き、および罪のうちに死んだ自然的人間の条件に関する聖書的観点を否定している（IIコリ 5:21; エフェ 2:1; ローマ 7:18）。

(7)　政治的学説（Govermental theory）
　この学説は、オランダの法学者、神学者のグロティウス（Hugo Grotius, 1583-1645）によって提起された。「政治的学説」の名称は、グロティウスが神を、「罪を犯す魂は死ぬ」という律法を定めた統治者あるいは政治的首長と

して構想したことに由来する。古い文献では、「指導者学説」（Rectoral theory）として知られている。

この学説によると、神は罪のための償いを求めず、罪人たちが真に謙虚になり、悔い改めるなら、「赦し、忘れる」ことを望んでいる。他方で神は、罪人たちが如何に悔い改めようと完全に赦さない。簡単に赦すことは、神の「道徳的政治」の秩序にとって危険だからである。

このモデルにおいて、神は罪人たちが死ぬことを望まなかったので、規則を緩和し、その代わりにキリストの死を受け入れた。キリストの死が聖なる神の正当な要求を満足させるためでなく、罪に対する神の不快を示すために要求されたことは注目に値する。罪に対する神の不快が（キリストの死を通して）明らかにされたので、この学説の擁護者たちは、神は今や自由に（すなわち、何の償いもせずに）赦すことができる、と言う。

神が道徳的統治者であり、またキリストの死が罪に対する憎悪を示すことは、確かに真実である。キリストの苦難が人びとを悔い改めるように導くことも真実である。しかし政治学説は、論理的、道徳的土台の両方において失敗している、と反対論者は論ずる。この学説は非論理的で、非道徳的でもある、と言う。なぜなら、もし神が罪に対する不快を示すことを欲していたなら、神は汚れなき御子を苦しめるよりも、最悪の罪人を罰したはずだからである。

政治的学説は、19世紀に「新イングランド」（"New England"）学説として一般化し、再興を果たした。有名な福音主義者フィネイ（Charles C. Finney）によって教えられた。最近では、オルソン（Gordon C. Olson）、コン（Harry Conn）らによって支持されている。

(8) 偶然的学説（Accident theory）

この学説においては、イエスの死は如何なる特定の宥めも、死に対する如何なる救済的性格も持っていない。イエスは当時の宗教的、政治的指導者たちと揉め事を起こし、沈黙させられるために殺されたのである。この見解は、キリストの死に関する自然的、合理的観点に立っており、今日、ユニテリアン派の普遍救済論者たちによって支持されている。

偶然的学説のすべての形態は、初めから計画されたことを示す聖書箇所（使徒 2:23；マタイ 26:53；27:50；ヨハネ 10:17-18；19:30）によって反駁される。

偶然的学説はムーン（Sun Myung Moon）によって修正された。ムーン版の偶然的学説は、キリストの死にある程度の救いの効果を認めた点で原初版と異なっている。

2　贖い思想、その包括的諸論考（要約）

新約聖書における贖いに関する記述はケリュグマのキリストを語る書を中心に数多く見出され、その内容は多彩で一概に論ずることはできない。その記述が多彩を極めているために、古来さまざまな解釈が行われてきた。その複雑な事情は、キリスト教世界の主要な信条の中に贖いに関する教義が含まれなかったことに現れている。

この包括的諸論考では、贖いに関する主要な論考を要約して紹介する。最初にユダヤ教とキリスト教に大別し、それぞれの論考は発表年代順に配した。これらの諸論考は、イエスの死に関する聖書箇所の解説、イエスの死に関する歴史的解釈、イエス／キリストの死の解釈から導き出される学説などから成っている。

諸論考はすべて英語で書かれたものなので、贖いに関する英語の専門用語について注記する。

この諸論考で用いられた贖いに関する専門用語は atonement, expiation, propitiation, ransom, redemption, satisfaction の6語で、何れも広義の「贖い」の意味を含んでいる。したがって、もし「贖い」の表現を用いると、6語のうちの何れの英語の翻訳であるのか見通すことができず、正確な理解を妨げることになる。そこで、この翻訳では、翻訳語を通して元の英語が分かるように配慮し、「贖い」の語は包括的な意味でのみ用い、翻訳語としては、一部の例外（例えば、IV　新約聖書における「仲介者」と「贖い主」）を除いて現れない。

具体的には、 atonement は「罪の償い」あるいは「償い」と訳した。

expiation も「罪の償い」あるいは「償い」と訳したが、 atonement と区別するために訳語の直後に（expiation）を付記した。

propitiation は一貫して「宥め」と訳した。

ransom は一貫して「身代金」と訳した。

redemption は特に違和感を抱かせない限り、「身請け」と訳した。この判断
は、「redemption は救いが身代金の支払いによって達成されることを意味して
いる」（E.F. Harrison）および「redemption は身代金を払う行為を意味する」
（Douglas Estes）の見解に基づいている。

　satisfaction は原則として「贖罪」と訳し、「罪の償い」と訳す時には
（satisfaction）を付記した。

　その他、訳語を通して元の言語が分からない場合や誤解を与える恐れのある
訳語には括弧内に英語を付記した。

目次

I　ユダヤ教の「罪の償い」（expiation and atonement）in *Encyclopedia of Religion and Ethics*, 1908-22　186

II　ユダヤ教の罪の償いと身請け　in *Encyclopaedia Judaica*　188

III　キリスト教の「罪の償い」（expiation and atonement）in *Encyclopedia of Religion and Ethics*, 1908-22　191

IV　新約聖書における「仲介者」と「贖い主」 in Joseph A. Fitzmyer, S.J., *Scripture & Christology*, 1986　198

V　新約聖書における罪の償いと身請け　in *Anchor Bible Dictionary*, 1992　199

VI　パウロにおける身請け　in *Dictionary of Paul and His Letters*, 1993　207

VII　東方正教会における罪の償い　in *The A to Z of the Orthodox Church*, 1996　210

VIII　福音主義神学における罪の償い、その範囲、その学説、および身請け人、身請け　in *Evangelical Dictionary of Theology*, 2001　212

IX　罪の償い　in *Christianity: The Complete Guide*, 2005　221

X　罪の償い　in *The Cambridge Companion to Christian Philosophical Theology*, 2010　226

XI　罪の償いの学説　in *The Encyclopedia of Christian Civilaization*, 2011　231

XII　身請け　in *The Encyclopedia of Christian Civilaization*, 2011　237

補遺：贖い思想に関する包括的諸論考における総括的評価　238

I　ユダヤ教の「罪の償い」(expiation and atonement)

in *Encyclopedia of Religion and Ethics*

１．悔い改め（penitence/repentance）と罪の償い（expiation/atonement）を区別することは容易でないが、必要なことである。悔い改め（penitence）は罪の意識であり、罪の償い（atonement）は罪から解放されようとする願望あるいは努力である。悔い改めは罪の償いに先行する。悔い改めは態度であり、罪の償いはその態度の実現に向けられた身体の、その後の活動だからである。とは言え、悔い改めはそれ自体において罪の償いであった事例が、時々見られる。

　すべての正統派と幾つかの改革派のシナゴーグ祈祷書には、犠牲に関する豊富な記述と、罪に対する償いの手段としての再生の祈りが含まれている。

　贖いの日（ヨム・キプール）それ自体は、ラビの悔い改めの体系における顕著な特徴である。シナゴーグの典礼には神殿の典礼からの痕跡が数多く含まれている。ロシアのゲットーにおける最も謙虚なユダヤ人たちは、王や大祭司が用いたのと同じ式文を用いて自分たちの罪を告白した。

２．臨終の悔い改めは効果的だが、罪の償いの最高の形ではない。断食、施与、トーラーの研究、むち打ちへの服従、これらは罪を償うことができる。罪の償いのすべての形態が成功するためには、神の恩寵によらなければならない。

　罪の告白の義務は、それ自体、精神的な戒めである。レビ記 26:40 では、自分たちの罪と父祖たちの罪を告白するように勧めている。贖いの日の祈祷書には、個人的な罪の告白文の模範が記されている。

> 神よ、私はあなたに逆らい、あなたの戒めに違反し、罪を犯しました。また私は……を行いました。私は心から悔い改め、私の行いを恥じています。それ故、私はこのような行為に再び立ち戻ることはありません。

　最後の文は、マイモニデスによると、罪の告白における不可欠な要素とされている。

　共同体の告白も重要視されている。全イスラエルのための罪の償いだからである。神殿の崩壊は、悔い改めそのものを罪の償いの手段とした。悔い改めは

強力で、生涯罪人だった人間の臨終の悔い改めにさえ効果があった。

　神の名を冒涜した人間に対しては、絶えず悔い改めることが求められる。彼の完全な赦しは、死ぬまで延期される。しかし、悔い改め、贖いの日、折檻などの効果によって、刑罰は免れる。

　下記事例に対しては、罪の償いは適用されない。

> 改悛せずに死んだ人びと
> 快楽主義者
> トーラー・復活・メシアの到来を否定する人びと
> 大多数の人に罪を犯させた人びと
> 会衆のやり方から逸脱させる人びと
> 血を流す人びと
> 他人を中傷する人びと
> 神の存在を否定する人びと

３．ユダヤ教の神学には、原罪の観念は含まれていない。したがって、この観念には、罪の償いの計画が欠落している。

　ユダヤ教においては、洗礼が罪の償いの手段とされることはほとんどない。

> 出典：Herbert Loewe, "Expiation and Atonement (Jewish)" in *Encyclopedia of Religion and Ethics*, Edited by James Hastings & John A. Selbie, 24 volumes, 1908-22.

Ⅱ　ユダヤ教の罪の償いと身請け

in *Encyclopaedia Judaica*

ユダヤ教の「罪の償い」（atonement）

ユダヤ教の「身請け」（redemption）

ユダヤ教の「罪の償い」（atonement）

罪の償い

　英語の atonement（"at-one-ment"）は、ユダヤ教の atonement（神との和解）の基本的概念を明確に伝達している。聖書とラビの神学は、神は聖であるが故に、人間は神との交わりを維持するために純粋でなければならない、という信念を反映している。

　罪と冒涜は被造物と創造者の間の関係を損なうが、罪の償いの措置は悔い改めと補償を通して、その関係を回復する。

聖書における罪の償い

　罪の償いの基本的な手段は、犠牲の儀式である。その儀式は、罪と汚れの両面から人を清める働きをする（レビ記5章）。その儀式は、罪の償いの外面的な慣例であり、効果あらしめるためには、人間は自らを清めなければならない（イザヤ1:11-17）。

　断食と祈りもまた、罪の償いの手段として規定された（イザヤ58:1-10、ヨナ書3章）。

ラビ文献における罪の償い

　神殿崩壊とその結果犠牲の慣行が中止された後、ラビたちは「祈り、悔い改め、および慈善は、悪の命令を逸らす」と宣言した（TJ, Ta'an, 2:1, 65b）。苦難もまた、罪の償いの手段と見なされ、神の寵愛を獲得するために効果があると考えられた（Ber. 5a）。

　死は最後の罪の償いである（Mekh. Jethro 7）。「私の死が私のすべての罪の償

い（expiation）でありますように」は終わりが近づいた時に唱えられる定式である（Sanh. 6:2）。

　ラビの一般的な取り組み方は罪の償いを導き出し、神との関係において、それを個々人の宗教的生活の中心に据えることだった。「私たちは預言者も、祭司も、犠牲も持っていないので、誰が私たちを償うのか？　私たちの手中に残されているのは、祈りのみである」（Tanh. Va-Yishlah 10）。

出典：*Encyclopaedia Judaica*, Corrected Edition, Keter Publishing house Jerusalem Ltd, Israel, Vol. 3, pp.830-31.

ユダヤ教の「身請け」（redemption）

身請け

　"Redeemer" およびその関連語の "redeem" と "redemption" は、旧約聖書に約 130 回現れる。それらの語は何れも、二つのヘブライ語の語根 *pdh*（פדה）と *g'l*（גאל）に由来する。それらの語は神の活動にも、通常の人間の出来事にも現れるが、それらの理解には文脈が重要な役割を果たす。

　　　　筆者による補足
　　　　פָּדָה ＝ to rescue, ransom; to release, free, rescue; , to sell (in cash)
　　　　גָּאַל ＝ to redeem, ransom, deliver, rescue, save, liberate
　　　　　　　　（Reuben Alcalay, *The Complete Hebrew English Dictionary*）

　pdh は一般的で、商法の領域に属し、解放されるべき、あるいは安全にされるべきものに対する等価の支払いに関連している。動詞 *pdh* は、*g'l* と異なり、身請け（redemption）の対象（人間あるいはその他の生き物）に対する行為者の関係に関与することはない。その用法は、祭儀的活動において、通常の商取引の場合と変わらない。その両方の事例において、人あるいは動物は、金銭あるいは適切な代用物への見返りとして解放される（参照：出エジ 13:13; 34:20; レビ記 27:27; サム上 14:45 with 出エジ 21:7-8; レビ記 19:20; ヨブ記 6:23）。

　g'l は用法が限定されていて、家族法と結び付いている。例えば、貧困のため奴隷にさせられた親族の男を身請けする場合に用いられる（レビ記 25:47 以下）。

血が流された時には、その復讐をする場合に用いられる（民数記 35:17-19）。

　トーラーにおいて、申命記は出エジプト時の神の行為を redemptive （身請け的）として特徴づけるのに、*pdh* を用いた（例えば、申命記 9:20; 15:15; 21:8; 24:18）。この用法は、後代の作者たちによって、イスラエルの終末論的身請けを述べるのにまで拡張され（例えば、イザヤ 1:27; 35:10）、またある機会には罪からの解放に適用された（詩編 130:8）。

　さて、預言者にとって望ましい方法は、神が民を身請けするのに特別な理由を持っていることを知らせて民を安心させることだった。なぜなら、神は彼らの *go'el* (redeemer) だからである（イザヤ 41:14; 43:14; 44:6, 24; 47:4; 48:17; etc.）。

　ヨブは神を、迫害された人びとの *pdh* と信じていた（19:25; cf. 19:21-22）。

　神のみが、メシア的王でも、その他の神聖な存在者でもなく、身請け人（redeemer）だった。幾つかの聖書箇所では、神による解放は悔い改めることを条件としているが、多くの箇所では、単純に、神ご自身の際限なき愛の故に主導的であり（例えば、イザヤ 54:8）、正義に対して熱意をもって関わっている（例えば、イザヤ 59:15-20 参照）と言われている。

出典：*Encyclopaedia Judaica*, Corrected Edition, Keter Publishing house Jerusalem Ltd, Israel, Vol. 14, pp.1-2.

贖い思想、その歴史的諸学説と包括的諸論考（要約）

Ⅲ　キリスト教の「罪の償い」(expiation and atonement)
in *Encyclopedia of Religion and Ethics*

序

　罪の償い（atonement）は二つの意味で用いられる。和解（reconciliation, at-one-ment）の同義語として、また、悪事、危害に対する賠償（satisfaction）あるいは補償（reparation）として用いられる。

　神学における償い（atonement）は、人類のためにキリストによって為された贖罪（satisfaction）を意味している。しかし、キリストの償いの目的は罪人たちを神と和解させることだったので、償い（atonement）の真の意味は、贖罪ではなく、和解であると言われている。贖罪の教義は、12世紀のアンセルムス（1033/34-1109, カンタベリー大司教）の有名な論文 *Cur Deus Homo?* において初めて明確に定式化された。罪の償いの教義は新約聖書自体から始まったが、その豊富な資料は後代の思索が混乱する原因となった。

聖書的基礎

　新約聖書におけるキリストの死の解釈に用いられた概念は、次の5群に分類される。

(1)　使徒言行録 3:18 において、ペトロはキリストの死を旧約聖書の預言の成就と見なしている。

(2)　マタイによる福音書 26:28 において、イエスは自らの死を契約の犠牲に譬えている。この犠牲の概念は、アンセルムスの教義の基礎となっている。

(3)　マルコによる福音書 10:45 において、イエスは、自らの死を身代金と見なしている。すなわち、罪によって囚われの身となった弟子たちを解放するための買取りの代価と見なしている。教父たちは、キリストの死を、神によってサタンに支払われた身代金と解釈した。

(4)　イザヤ書 53 章では、正しい僕のむち打ちが邪悪な者たちを癒す手段とされているが、新約聖書においてそれは、十字架をキリストの自発的な受容と見る、パウロの概念となっている。この概念は、後に「刑罰学説」（Penal theory）となった。

191

(5) 何世紀にも亘るキリストの死の解釈をたどる時、私たちは二つの主要な思想を見出す。第一の思想は、キリストの死を受肉せる生涯における一事件と見るもので、ギリシア・カトリック主義の神学の特徴となっている。第二の思想は、キリストの死を受肉が引き起こした終焉と見るもので、これはローマカトリック主義とプロテスタント主義の神学の特徴となっている。

ギリシア神学における罪の償い

オリゲネスとニュッサのグレゴリウスの著作において、キリストの死は、罪によってサタンの支配下に置かれていた人類の身請け（redemption）を獲得するために、神によってサタンに支払われた身代金と解釈されている。この学説はその後大きな影響を及ぼし、その信奉者の中には、アウグスティヌス、ローマ教皇グレゴリウス、クレルヴォーのバーナード、ペトロス・ロンバルドゥスなどがいた。

初期のキリスト教神学者たちにとって、サタンとその天使たちは真に現実的存在であり、彼らの力から人間を解放する身請けは人間の最高の要求だった。しかし、このサタンへの身代金支払いの理論は、ギリシア教会によって提示された唯一の見解ではない。ギリシア神学は後代の神学のように、異なった思想学派を持っており、さまざまな見解を内包している。例えば、「道徳的影響説」（Moral Influence theory）の芽生えはエイレナイオスに見出され、「贖罪説」（Satisfaction theory）の芽生えはオリゲネスに見出される。このように、後代の歴史に現れるすべての見解は、ギリシア神学にその萌芽を見出すことができる。

ラテン神学における罪の償い

アンセルムスの論文 *Cur Deus Homo?* は、しばしば "Why did God become man?" と訳されるが、"Why a God-man?" と訳すべきである。なぜ神人の存在が必要だったのか？ それは、罪の償いを可能とするために必要だったのである。人の罪のために必要な贖罪を神に差し出すことのできる、また身請けを可能とする（神と人間を合一した）一人格が必要だったのである。こうして、アンセルムスの学説においては、人間の身請けを可能とするのは、キリストの償いの犠牲を通してのみであり、その犠牲に神の目に貴重な価値を与えるのは神聖である。

アンセルムスの学説は、ヘブライ人への手紙の「贖罪説」（Satisfaction theory）の発展した形であり、後代の「倫理的贖罪諸学説」（Ethical Satisfaction theories）と密接な関係がある。

アンセルムスの学説は、後代のローマカトリック神学において二つの点が修正された。第一に、余分な善行の概念が、キリストの死を越えてキリストの奉仕の生涯にまで拡大された。これはトマス・アクイナスの神学に見出される。第二に、アンセルムスにとって根本的概念だった罪の償いの等価の概念が、罪の償いの有効性を神の憐れみ深さに依存する理論によって放棄された。これはスコトゥス主義神学の特徴である。これら二つの修正は、プロテスタント主義の神学に相似するものを持っている。

初期プロテスタント神学における罪の償い

プロテスタント的立場は、一言でこのように言うことができる。イエス・キリストの償いを通して、人間の身請けの代価はただ一度だけ支払われた。その後には、信仰を通してこの達成された救いの恩恵を入手することしか残されていない。

この教義に与えられる中心的重要性は、その使用言語に現れる。プロテスタント主義においては、罪の償い（atonement）と身請け（redemption）はしばしば同義語として用いられる。こうしてウエストミンスター信仰告白（iii.6）は、「アダムにおいて堕落した」選ばれた者たちを、「キリストによって身請けされた」者たちとして語っている。

キリストの身請けの働きが広範な側面を持っているという認識は、プロテスタント神学から消えることはなかった。しかし、キリストの死はほとんど最初から中心点となり、そこにプロテスタント思想が形成され、そこに神の身請けの愛（redeeming love）が最高に示された。この中心的立場の成立は、キリストの死が贖罪として解釈されず、刑罰として解釈された事実に帰せられた。そして、代理的意義はアンセルムスの学説以上に強調された。

キリストの死を、キリストのライフワークの頂点と見る現代の観念は、すでにカルヴァンの『キリスト教綱要』において予期されていたが、後代のカルヴァン派の神学においては、キリストの死と生涯との密接な関係は維持されなくなった。キリストの服従は、別の意義を持つものとして、彼の苦難から分離されている。それは、キリストが私たちの義を成就する手段であり、私たちにと

っての真価は、私たち自身では獲得することのできない報酬である。キリスト
の死は、私たちの罰の支払いであると共に、私たちの赦しを保証する手段でも
ある。

　プロテスタントとカトリックの間で最も顕著な相違は、キリストの償いの働
きとその恩恵の関係である。カルヴァン派の神学においては、恩恵は神意によ
ってもたらされる。永遠からキリストの償いをあらかじめ定めた神は、その恩
恵を受けるべき人びとを決定した。そして時が来ると、彼らの中に、キリスト
が服従によって得た新しい生命を、聖霊を通して創造する。恩恵は、神の計画
によって定められた人びとにのみ与えられ、役に立てられる。

近代プロテスタント主義における罪の償い

　私たちが聖書から得られる罪の償いの概念は、首尾一貫した単一の教義的学
説ではなく、一連の並行概念であり、多種多様な解釈である。このような事情
から、首尾一貫した教義を組み立てようとする企てを放棄する動きさえ生じて
いる。

　デイル（R.W. Dale）は有名な論文 The Atonement において、キリストの
死における刑罰的な意義を保持するために努力している。デイルはキリストの
死を、民族の自発的な代表のキリストに正当に加えられた苦難と考えている。
それは、神の意志と本質的に一致しており、義の永遠の律法を満足させるため
だった。

　昔の学説を現代の表現に翻訳した著作に、リジェット（Scott Lidgett）の The
Spiritual Principle of the Atonemnet, as a Satisfaction made to God for Sins
of the World がある。リジェットは、罰の性質の概念ではデイルに同意してい
るが、刑罰的贖罪の必要性を父性それ自体の性質に見出している点では、デイル
と意見を異にしている。

　デイルとリジェットは、キリストの死に救いの力を与えているのはその刑罰
的特質であり、キリストが私たちの代理あるいは代表として耐えた苦難である
という点で同意している。この立場に挑戦している著者たちは苦難に身請けの
要素があることを否定し、キリストの償いの働きの本質を服従としての、その
道徳的特質に見出している。

　償いに関して英国思想に大きな影響を与えた著作に次の二冊がある。一つは、
McLeod Campbell, Nature of the Atonement in Relation of Sins and Eternal

Life, 1886 であり、もう一つは Horace Bushnell, *The Vicarious Sacrifice grounded in Principles interpreted by Human Analogies*, 1891 である。

　キャンブル（Campbell）の関心は、キリストの苦難と死の特質を追究することだった。政治的学説と刑罰的学説の失敗は、聖書に赦しの条件に関する首尾一貫性が欠落していたからだった。この条件は、彼によれば、悔い改めであった。キリストの改悛（penitence）が如何に他の人びとの役に立つか？　キリストにおいて私たちは、理想的な改悛者（ideal penitent）を提示されている。キリストがご自身を私たちの罪と同一視しているように、私たちは信仰と信頼において、私たち自身をキリストの悔い改め（repentance）と同一視する。この同一視を通して私たちのうちに道徳的変容がもたらされ、キリストの至高の断罪が私たちの側で繰り返されることになり、私たちは神が純粋な悔い改めに対して用意している完全な赦しを享受することになる。

　ブシュネル（Bushnell）が解決しようとした問題は、宗教的な代理の性質である。彼は愛のうちに、代理の原則を発見している。その原則は、一方において、愛する者の、愛される対象との自己同一視を含み、他方において、愛される者の応答的変容を含んでいる。彼はこの原則を、母性、友情、愛国心の事例を用いて説明し、その中に神ご自身にまで遡る普遍的律法の啓示を見出している。彼はすべての善きものは代理的犠牲の原則の中にあると主張し、神と人間の両方に有効な、この犠牲の律法の事実の上に、償いの教義を構築している。そして、キリストの苦難と死において、聖なる神はご自身を、同情において人間の子らの罪および苦難と同一視している。そしてご自身の経験において、彼らの悪事によってもたらされた痛々しい結果の責任を感じ、またご自身の自己犠牲の愛の啓示を通して、彼らの側に、彼らの赦しと究極的な回復を可能とする彼への応答的愛を呼び起こしている。

　最後に、モバリィ（Campbell Moberly）の *Atonement and Personality*, 1901 および リチュル（Albrecht Ritschl）の *Die christliche Lehre von der rechtfertigung und Versöhnung*（*Justification and Reconciliation*, 1900）で表明された見解を瞥見する。

　モバリィは、罪の償いそれ自体の概念に関する限り、悔悛の中にその本質を見出したキャンブルに同意している。彼はキャンブル同様、完全な悔い改めが見出されるなら、適切な償いを構成するだろう、と主張する。さらにキャンブル同様、かかる悔い改めが人間にのみ可能であることを否定する。しかし、人

間にのみ可能でないものは、神人には可能である。罪なきキリストにおいて私たちは、神の人類に対する理想が初めて実現された方を持ち、また、キリストの完全な服従と悔悛において、人類の罪に対する適切な償いが最後に為されたのを見る。

　リチュルは、モバリィ同様、償いの社会的意義を強調する。リチュルによると、神の目的は第一義的に、個人の救いではなく、神の王国という身請けされた社会における人びとの結合である。しかしこれは、人びとに啓示された時にのみ可能である。この啓示は、キリストの生涯の事業において私たちに与えられる。私たちはキリストの生涯が始めから終わりまで神への信頼と他者への愛の原則において支配されていたことを見る。信頼の生活と奉仕の生活はキリスト教的生活の二つの独立した要素ではなく、一つの同じ経験の二つの側面である。イエスが兄弟たちのために死に至るまで苦しみ父との関係を実現したように、弟子たちは献身的にイエスの従うことによって、父との真の関係を実現する。

　キリストの苦難は、人間の身請けのためにキリストによって神に支払われた代価として単なる倫理的価値を持っているわけではない。キリストの苦難は、神の人間に対する目的の啓示として、とりわけ、人間を最悪の敵対者たちに対する勝利者とすることのできる神の力の保証としての宗教的価値を持っている。かかる啓示としてキリストの苦難は、彼の生涯の事業全体と調和している。

　こうして、私たちは、罪の償いに関する最新のドイツ思想が最初期のギリシア神学の観点に逆戻りしているのを、また、キリストの身請けの概念を得ようとしているのを見る。

要約と結論

　罪の償いの歴史を振り返ってみると、その見解の多様さに驚かされる。その多様さは、償いの性質、目的、必要性、あるいは人間生活に効果的とされる手段の観点から考察すると、どんな調和のとれた企ても断念せざるを得ないほどである。

　それらの主要な見解を瞥見すれば、その多様性は容易に理解できる。例えば、キリストの死の償いの性質は、苦難として刑罰的特質の中に見出され、従順として倫理的特質の中に見出される。それはまた、人びとをサタンから身請けするための身代金として見られ、神の栄誉に帰せられる贖罪として見られ、神の

正義から要請される刑罰として見られている、といった具合である。

　神が、古代のギリシア神学におけるように、物質的なあるいは形而上学的な用語で ― 人間を彼自身の不滅の生命に与かるものとすることによって救う、不変で朽ちることなき ― 絶対的な霊として考えられる場合には、罪の償いは必然的に受肉者の生涯における単なる一事件となり、アタナシオスによって提示された思想形態がその結果である。

　ローマカトリック主義と初期のプロテスタント主義の神学におけるように、神が主として、私的であれ公的であれ、人びとを正義の用語で扱う統治者あるいは裁判官として考えられる場合には、法的な言葉遣いは宗教の自然的表現となる。そして、さまざまな代理的学説が、贖罪の形にせよ刑罰の形にせよ、その結果である。

　他方、現代におけるように倫理的および精神的範疇が支配的である場合には、罪の償いには、同じような方法で、倫理的および精神的解釈が与えられるであろう。そして、その性質、その必要性、およびその効果に関するさまざまな問題は、後代のプロテスタント著作者たちによって追随された路線に沿って回答が与えられるであろう。

出典：W. Adams Brown, "Expiation and Atonement (Christian)" in
Encyclopedia of Religion and Ethics, Edited by James Hastings &
John A. Selbie, 24 volumes, 1908-22, Vol. 14, pp.641-650.

Ⅳ　新約聖書における「仲介者」と「贖い主」

in Joseph A. Fitzmyer, S.J., *Scripture & Christology*

新約聖書における「仲介者」と「贖い主」

　「仲介者（Mediator）であり、贖い主（Redeemer）である主キリスト」に関する完全な論考は、〔聖書の〕どこにも見出されない。新約聖書の著者たちは、正確には牧者として、また教師として、実際には同じキリストを調和のとれた音楽の一部として異なった声で証言している。

　しかし、これらすべての証言は、信仰に根差し、信仰に基づくキリストに関する知識としてのキリスト論がキリスト信者たちの間で真に真正なものとして発展していくために、その全体において受け入れられなければならない。一個人は、与えられた知性あるいは文化にしたがってキリストの意味を一層適切に表現していると思われる、この、あるいはあの証言を正当なものとして受け入れがちである。しかし、これらすべての証言は、信者たちにとって、キリストによって、またキリストについて宣言された特有の福音を構成している。二次的発展の所産であるからキリストの真の姿を表現していないという理由によって、あるいは、過去の文化的文脈の痕跡を留めているから今日的に重要でないという理由によって、それらの一つも拒絶されてはならない。テキストの解釈は不可欠なものであるが、その内容の何れかを無視するものであってはならない。

> 出典：“The Development of Christology” in Joseph A. Fitzmyer, S.J., *Scripture & Christology*, A Statement of the Biblical Commission with a Commentary, 1986, p.49.
>
> 　関連文献に、教皇庁聖書委員会『聖書とキリスト論』 Pontifical Biblical Commission *On Sacred Scripture and Christology*（カトリック中央協議会, 2016）がある。

贖い思想、その歴史的諸学説と包括的諸論考（要約）

V　新約聖書における罪の償いと身請け

in *Anchor Bible Dictionary*

新約聖書における「罪の償い」（atonement）

新約聖書における「身請け」（redemption）

新約聖書における「罪の償い」（atonement）

A.　序論

　償い（atonement）に関する新約聖書の観念の顕著な特徴の一つは、その多彩さである。償いに関するさまざまな異なった記述は、幾分かは、人間の状態それ自体がさまざまな方法で記述されていることに帰せられる。

　もし人間の状態が罪の観点から述べられているなら、償いは罪を扱う犠牲として考えることができる。もし人間の状態が敵対的な力の下に置かれている立場から述べられているなら、償いはそれらの力からの救い、それらの力に対する勝利として説明することができる。もし人間の状態が無知に基づいていると見なされるなら、償いは啓発あるいは啓示として見ることができる。

　後代のキリスト教神学は、それら償いのモデルのどれかに縛り付けられ、あるいは、それらのどれかを絶対化してきた。しかし、そのような特定の見解は、新約聖書の著者たちの見解ではない。

B.　犠牲

　イエスの十字架の死を犠牲として見るべきだとの主張は、歴史的キリスト教神学と敬虔的思想に多大な影響を及ぼした。それらは多分、新約聖書がイエスの死を「血」として言及していることから（例えば、ローマ 5:9）、またイエスの死を「多くの人のため／私たちの罪のため／私たちのため／他の人びとのため」であることに言及していることから（例えば、マルコ 14:24、I コリ 15:3）影響を受けているのであろう。

　しかし、このような観念をイエスの死に適用した背景について、かなり議論されてきた。ユダヤ教の犠牲の祭儀の伝統において、犠牲的表現を一人格（a

199

person）に適用した事例を見出すことは難しい。人が他の人のために死ぬという観念は、ユダヤ教の中に見出すことは容易でないが、ギリシア思想には広く認められる（例えば、4 マカバイ）。それはまた、イザヤ書 52:13〜53:12 の有名な苦難の僕の記述にも見られる。

イエスの死のキリスト教的解釈をめぐっては、（神の怒りを避けるための）宥め（propitiatory）と見なすべきか、あるいは（罪の結果を無にするための）償い（expiatory）と見なすべきかの議論が為されてきた。神の怒りを犠牲によって宥めるという観念は、確かに幾つかの非ユダヤ教的犠牲の観念に見られる。新約聖書はイエスの死が神の怒りを和らげるとは言っていない、というドッドの議論（C.H. Dodd, The Bible and the Greeks, 1935）は多くの人を納得させた。むしろ神は、イエスを通して罪とその結果を無にしたのである。

パウロの多くの表現の背後には、代理の観念があると考えられてきた。とは言え、多くの人は代理行為（substitution）よりむしろ代表行為（representation）の方がパウロ思想にふさわしいのではないかと論じた。イエスの生涯と死と復活は、他の人の代わりをして何かを成し遂げるという意味で「身代り」（vicarious）である。パウロには他に、重要な犠牲的表現が見られる。例えば、新しい過ぎ越しの犠牲として（Ⅰコリ 5:7）、新しい契約の犠牲として（Ⅰコリ 11:25）、罪の捧げものとして（ローマ 8:5）、恐らく贖罪日の罪の捧げものとして（ローマ 3:25）表現されている。

犠牲的表現はヘブライ人への手紙でも目立っている。著者は、イエスの死をユダヤ教の贖罪日の観点から見ている（9-10 章）。しかしユダヤ教の犠牲的祭儀に拘束されることなく、彼は単純に「血を流すことなしに赦しはない」（9:22）と言っている。彼はまた、イエスの死が新しい契約を行い、ここからイエスの死を契約の犠牲として見るべきだとの観念を発達させた（7:22; 8:6; 9:15）。こうして、古い契約が時代遅れとなっていることを示している。

犠牲的表現はヨハネによる福音書にも見られる。バプテスマのヨハネの言葉（1:29）は、過ぎ越しの子羊としてのイエスを指しているように思われる。しかし、過ぎ越しの犠牲は一般的に償いとは考えられていないから、彼の「世の罪を取り除く……」という言葉は、全く異なった犠牲の観念を導入しているのかも知れない。

多くの人は、二つの共観的言説のマルコによる福音書 10:45 および 14:24 を根拠に、イエスが第二イザヤの苦難の僕の預言に関連させて、自らの死を罪の

ための犠牲の観点から予見し、解釈したと主張している。しかし、イザヤ書53章がイエスの念頭にあったとする学説は今日、根本的に疑問視されている（M.D. Hooker, *Jesus and the Servant*, 1959）。マルコによる福音書 10:45 の身代金（*lytron*）は実際、苦難の僕の死と同義ではない。多くの学者は、マルコ 10:45b の身代金の言説を、10:45a における仕えることの重要性に対するイースター後の注解と見なしている（ルカ 22:27 と比較）。こうして、マルコ 10:45 の表現をイザヤ書 53 章と直接結び付けることは難しい。マルコによる福音書 14:24 の表現は、償いの犠牲よりも（新しい）契約の観念と一層密接に結び付いている。

C.　身請け

　身請け（*apolytrōsis,* redemption）の表現は、一世紀を生きた人びとにとっては、理解しやすいものだった。奴隷たちも戦争の捕虜たちも、相応の身代金の代価を支払うことによって身請けされていたからである。イスラエル人をエジプトの奴隷状態から救出するという、神の解放の行為を指すのに、ユダヤ人たちは身請けの用語を用いた（申命記 7:8）。しかし、彼らの念頭にあったのは民の救出だけであり、代価の支払いは含まれていなかった。

　新約聖書の著者たちがイエスの死を人類の解放を確実にするために支払われた代価として考えていたかどうかは確かでない。この観念は代価が誰に（神にか、悪魔にか）支払われたかをめぐって教父たちによって議論されたが、かかる思想を新約聖書自体の中に見出すことは難しい。エフェソの人びとへの手紙 1:7 とペトロの第一の手紙 1:18-19 の両テキストは、ギリシア語において、代価の所有格の構文を用いていないので、イエスの死を身代金の代価と見なす学説を支持するのにほとんど役に立たない。

　パウロの「あなた方は代価を払って買い取られたのです」（Ⅰコリ 6:20; 7:23）の表現は、強調されるべき性質のものではない。それは、キリスト者たちが忠誠を尽くす対象を変えた事実を強調するために奴隷市場の表現を用いたに過ぎない。また、イエスが私たちのために呪いとなることによって、律法の呪いの下にある人びとを身請けするというパウロの表現（ガラテ 3:13; 4:5）は、イエスの死が代理的意味において払われた身代金の代価として解釈される、という見解を辛うじて支持している。パウロにとって重要なのは、イエスの死の代理的性質だったように思われる。

支払われている代価の観念を最もよく表現している聖句は、マルコによる福音書 10:45 で、そこではイエスの死が *lytron anti pollōn* ("a ransom for many") であると言われている。*anti* ("in place of," "for") は、もし強調されれば、代理および等価（substitution and equivalence）の観念を示し、*lytron* による身代金の観念はこれを補強していると見なせる。しかし深読みしてはならない。ここでは「罪」について言及していないので、この節を、代理的犠牲の観念の下に、罪に対する償いの犠牲としてのイエスの死を暗示していると、不必要な解釈をしてはならない。

D.　悪の諸勢力に対する勝利

　イスラエルに代わるヤーウェの行為は、民族の自由を確保するだけでなく、ファラオに対する勝利を示している。この勝利の観念は、新約聖書ではイエスの死に適用されている。

　新約聖書は、神に反抗する勢力を一人のサタン（a single Devil）に凝縮しており、イエスの死はサタンを打倒したと解釈されている（ヘブラ 2:14、ヨハネ 12:31、Ⅰヨハ 3:8、黙示録 12:7-12）。

　コロサイ人への手紙 2:14-15 は、無力化された諸勢力を十字架に釘付けして、勝利の行進をする様子を比喩的に語っている。

E.　和解

　「和解」の語を用いてキリストの働きに言及する表現は、パウロの伝統に限られているので、新約聖書全体から見ると一般的でない。

　ローマの人びとへの手紙 5:8-9 の極めて祭儀的、法廷的な表現において、イエスの死の結果を述べる際にも、パウロがどのような表現にも縛られていないことは印象的である。ローマの人びとへの手紙 5:10 の表現は、第二義的パウロの伝統において、コロサイの人びとへの手紙 1:20 が十字架を通して全宇宙の和解について話しているところで、またエフェソの人びとへの手紙 2:14-16 がユダヤ人と異邦人の国々との和解について話すところで、発展させられている。

F.　啓示

　第 4 福音書の最大の特徴は、神と人類の両方の啓示である。支配的なテーマは、光と知識をもたらす者、神の真の性質を明らかにする者としてのイエスで

ある。イエスの到来は神の栄光を明らかにし（1:14）、唯一の独り子としてのイエスは神を説明する（1:18）。

ヨハネにおける十字架は、イエスの宣教全体を見下ろす偉大な時間（hour）である。それは、人の子が身体的に十字架上で、また栄光のうちに高く上げられる瞬間である。したがって、十字架は神の完全な栄光が啓示される瞬間である（17:1）。かくして十字架は、最高に、啓示の瞬間である。

かかる図式はヨハネに特有なものであるが、マルコとも密接な類似点を持っている（マルコ 15:39）。

結論（全文）

キリストの償いの働き（the atoning work）に関する新約聖書の見解は、数が多く多彩である。新約聖書の著者たちは、自分たちの信仰心を表明するために広範な、さまざまなモデルと比喩的表現を用いた。恐らく、多彩であること自体は、償いに関する学説が二番目に重要であった事実を示しているのであろう。一番目に重要だったのは、赦しの経験であり、最初のキリスト者たちが享受しようとしていた新しい生命だった。新約聖書の著者たちは、これがイエスの生涯、死、および復活において、またそれらを通して行動する神ご自身の働きであったと信ずることにおいて一致していた。これが如何に達成されたかを詳細に記述することを試みて、新約聖書は一世紀の思想世界における同時代の諸モデルに基づくさまざまな観念を用いた。しかし、これらすべての表明に共通しているのは、起こったことが普遍的な意義を有するものであり、愛において行動する神ご自身の働きだったという主張だった。同時代の償いに関するどのような見解も、もしそれが新約聖書にとって真実であるなら、すべて真剣に扱わなければならない。

出典：C.M. Tuckett, "Atonement in the NT," in *Anchor Bible Dictionary*, Editor in chief: David Noel Freedman, 1992.

新約聖書における「身請け」（redemption）

A. "redemption" の用語法

新約聖書は「身請け」（redemption）について語るのに、二つの語群を用いている。*agorazō* は "to buy" に相当する（マルコ 13:44）。"to buy" "to redeem" は身請けの行為を表わす（Ⅰコリ 6:20）。複合形の *exagorazō* はクリュソストモス〔c.347-407〕によって "to buy away from" と理解された。

もう一つの語群は、*lytroō* で、"to redeem" を意味する（テトス 2:14）。この語群に属する語には、次のような語がある。

> *lytron*: "ransom"（マルコ 10:45 ＝ マタイ 20:28 のみ）
> *antilytron*: "ransom"（Ⅰテモ 2:6 のみ）
> *lytrōsis*: "redemption"（ヘブラ 9:12）
> *apolytrōsis*: "redemption"（ローマ 3:24）

旧約聖書における身請けは、通常、代価をもって解放することを意味する。それは時々、「解放する」（to deliver）ことを意味する。

イザヤ書 52:3 には、身請けの代価はない：「あなたはただで売られ、金銭なくして解放される（*lytroō*）」。

B. 観念的背景

LXX が新約聖書の身請けの概念に大きな影響を与えたことは疑いない。

lytron は人の生命の交換物として役立つ支払いを意味した。同語源の動詞 *lytroō* は身請けを意味する二つのヘブライ語 גָּאַל と פָּדָה の訳語である。

ユダヤ人は、神が将来自分たちを身請けすることを予見していた。イザヤ書 52:3 は神の力による解放について語っている。

ヒル（David Hill）は、殉教の神学がパウロの神学に直接影響した、という見解を表明した。4 マカバイ 17:21 では、ユダヤ人の殉教者たちが民全体に「身代金」として役立ち、神による解放がもたらしたと述べている。

新約聖書の著者たちは出エジプト記と奴隷の身請けの両方から影響を受けた。出エジプト記の比喩的表現は、コロサイの人びとへの手紙 1:14、ペトロの第一の手紙 1:18-19、黙示録 5:9; 14:3-4 に見られる。他方、奴隷の身請けの描写は、コリントの人びとへの第一の手紙 6:20; 7:23、ガラテヤの人びとへの手紙 4:5 に潜在している。これは、新約聖書に二つの身請けが存在すると言っているのではなく、キリストにおける神の救いの行為を述べるのに、著者たちが二つの解放の比喩から自由に選んだということである。

C. 身請けと救い

十字架の身請けに関する最初の言及「多くの人のための身代金として自分の生命を与えるために来た」（マルコ 10:45 ＝ マタイ 20:28）には、議論が集中している。諸注釈書は、新約聖書の学者たちがこの語句をイエスに帰することに難儀したことを立証している。

パウロの、イエスの死を償いと見る理解は、奴隷解放の慣習から影響を受けている。古代人は多くの主人たちの奴隷だった。すなわち、罪の奴隷（ローマ 7:14、テトス 2:14）、律法の奴隷（ガラテ 3:13; 4:1-7）、死の奴隷（ローマ 8:21, 23）、偽りの神々の奴隷（ガラテ 4:8-9）、サタンの王国の奴隷（コロサ 1:13、ヘブラ 2:14-15）だったのである。

身請けにおいてキリストが果たした役割は、コリントの人びとへの第一の手紙 1:30 およびテトスへの手紙 2:14 に、ありのままに示されている。

身請けとキリストの血の結び付きは、非パウロの文献によって発展させられている。コロサイの人びとへの手紙 1:14 は、暗黒の支配からの過去の解放が「身請け」だと言っている。ここには罪の赦しが含まれているが、「キリストの血を通して」は含まれていない。並行記事のエフェソの人びとへの手紙 1:7 は、キリストの血による身請けと罪の赦しを得ていると言っている。ヘブライ人への手紙 9:12 は、キリストご自身の血によってただ一度だけ、聖所に入り、永遠の身請け（*lytrōsis*）を獲得したと言っている。ペトロの第一の手紙 1:18-19 は、身請けが過越しの子羊と比較されるキリストの血によって買われたことを示している。

もしキリストの血が身請けの代価であるなら、その代価は誰に支払われたのか？　新約聖書は語っていないが、キリストが人びとの罪を償うためにご自身を神にささげたことは明らかである。

D. 終末論的身請け

ユダヤ人はしばしば、神による終末論的解放、すなわちメシアについて語る時、 *lytroō* を用いた。

新約聖書では、特にルカが身請けの思想を好んでいた。「彼は民を尋ねて身請けした（*lytrōsis*）」（ルカ 1:68）。また、ルカのみがイエスの終末論的使信について、ユダヤの慣行との連続性を示している。「見上げなさい、そしてあなたの頭を上げなさい。あなたの身請け（*apolytrōsis*）が近いからです」（ルカ 21:28）。

205

パウロは終末論的身請けを創造と関連付けている（ローマ 8:21）。しかし、ダイスマンは（A. Deissmann, *Light from the Ancient East*, 1927）は、新約聖書に終末論的側面があるのを認めなかった（エフェ 4:30）。

E.　時を身請けする（全文）

コロサイの人びとへの手紙 4:5 とエフェソの人びとへの手紙 5:16 には、キリスト者たちがこの悪の時代を如何に生きるべきかを述べるのに *exagorazō* を用いて、時を身請けするための勧告が含まれている。「時を身請けする」の反対は、時を浪費すること、あるいはすべての好機を悪魔に明け渡すことであるように思われる。RSV の "making the most of the time" は前述聖句の意味をよく捉えているように思われる。

F.　歴史に現れた身請けの教義

古代の神学的観念の中で最も不思議に思われるものの一つは、神がその民を解き放つためにサタンに支払いをして民を身請けしたというものである。エイレナイオスによって提起され、オリゲネスによって発展させられた学説は、悪魔は権限によって人類を所有していたが、キリストを身代金と見なすことによって欺かれた、という筋書きである。この「サタンへの身代金の観念」は何世紀にも亘って広まり、一般化した。しかし 11 世紀に、アンセルムスが著した *Cur Deus Homo?* によって古い学説は放棄された。アンセルムス以降、キリスト教会は、自分たちの満足できる償い学説をそれぞれに構築し、保持するようになった。

出典： Gary S. Shogren, "Redemption in the NT," in *Anchor Bible Dictionary*, Editor in chief: David Noel Freedman, 1992.

贖い思想、その歴史的諸学説と包括的諸論考（要約）

VI　パウロにおける身請け
in *Dictionary of Paul and His Letters*

身請け

　パウロは身請けの概念を、主としてキリストの死による救いの意義を述べるのに用いている。それは、キリストの働きに関するパウロ的比喩の一つであり、神のイスラエルとの契約関係の物語にその起源がある。

1.　背景

　古代における身請けの基本的概念は、戦いの勝者が捕虜とした者たちを代価の支払いを条件に釈放した慣行に、その起源がある。この過程が身請けと呼ばれ、支払われた代価は身代金と呼ばれた。

　旧約聖書は、パウロの身請けに関する思考に直接関係している三つの領域を提供している。

　第一の最も重要な背景は、出エジプト記の比喩的表現のうちに、イスラエルが神によってエジプトの隷属から身請けされた物語のうちに見られる。、出エジプト記 8:23 は、この物語の基本的ヘブライ思想を要約している。ヤーウェは言う、イスラエルとエジプト人の間に「私は身請けを設ける」。こうして、イスラエルは神の所有とされた（出エジ 12-24 章）。この物語において、神の強さと解放の行為は、身請けの手段として際立っている。

　第二に、イスラエルは神の長子だったので、神は彼を助けようのない奴隷の状態から身請けし、その後もさまざまな状況から人びとと財産を身請けするために存在した。例えば、危険な雄牛を所有している男が注意を怠ったために、その雄牛が誰かを殺したら、雄牛とその所有者は殺されなければならなかった。しかし、意図的な謀殺が行われたわけではないので身請けの規定が設けられた。すなわち、男は身代金を払うことによって自由の身となった（出エジ 21:29-30）。

　第三に、身代金の支払いによって、あるいは権威者の寛大な行為によって解放された捕虜たちに関する慣行は、キュロスの勅令に見られる（エズラ 1 章）。イザヤ書 45 章は、キュロスがバビロニア捕囚の人びとを解放する代理人であると語り、イザヤ書 52:3 は、身請け人は神であると語っている。

207

2. 身請けと十字架

キリストの十字架を解釈する一つの見方は、代価の支払いとして（Ｉコリ 6:20;
7:23）、人びとを奴隷状態から、あるいは死の宣告から解き放つ身代金として（Ｉ
テモ 2:6）見ることだった。では、身代金は誰に支払われたのか？ 新約聖書の
どこにもその説明はない。

パウロは身代金について、通例の *lytron* を用いず、代価を意味する一層強い
語の *antilytron*（Ｉテモ 2:6）を用いた。意味において大きな相違はないが、合
成語は代用の観念を強調している。パウロはこの他に、通常用いない語の
apolytrōsis も用いている。この語は新約聖書に 10 回現れるが、この語を用い
た著者たちは、自分たちの言っている身請けが特殊な身請けであることを示唆
しているのかも知れない。

エフェソの人びとへの手紙 1:7 とコロサイの人びとへの手紙 1:14 が「キリ
ストにおいて私たちは、彼の血を通して身請けされている」と語る時、「罪の赦
し」を並置している。しかし、多くの写本は、キリストの死を意味する「彼の
血を通して」の表現を省略している。

ローマの人びとへの手紙 3:24 では身請けと義認が結び付けられているが、
この二つは同一視すべきではない。この二つの語は、キリストが成し遂げた救
いを見る二つの見方である。ガラテヤの人びとへの手紙は、身請けを律法から
の自由と二度結び付けている。

3. 身請けされた者の生活

パウロはコリントの人びとに「代価をもって買い取られた」者たちであるこ
とを思い起こさせ、「あなた方の体で神の栄光を表すように」（Ｉコリ 6:20）と勧
めている。身請けを霊界の過程と考えてはならない。身請けは日々の経験と生
活の中に効果をもたらすものである。神に属するように身請けされた者は、自
分たちを人間の見解の奴隷としてはならない。

パウロは、「時を身請けする」ことについて二度語っている（エフェ 5:16、コ
ロサ 4:5）。キリスト者たちは、自分たちに与えられた大部分の時を、日々に出
会う奉仕の機会とすべきである。かくして、身請けは「神の栄光を称える」（エ
フェ 1:14）ことになる。

贖い思想、その歴史的諸学説と包括的諸論考（要約）

4. 身請けと未来（全文）

　信者たちは、この生において完全な身請けを経験することはない。パウロは、「子たること、私たちの体の身請け」（ローマ 8:23）を待つ霊を受けた人びとについて語っている。この世での人生の選択は、時代の終りの復活において見逃されることはないだろう。これは、「身請けの日まで（聖霊によって）封印される」（エフェ 4:30）というパウロの言及にも見られる。身請けはその時代まで延長される。

　　　　　　　　　出典：L. Morris, "Redemption" in *Dictionary of Paul and His Letters*, 1993.

VII 東方正教会における罪の償い

in *The A to Z of the Orthodox Church*

罪の償い（Atonement）

　償いは、古典的に、イエス・キリストの犠牲的な死を通して、人間の、神との和解として定義されてきた。この教義は、特に中世以降、西方におけると同様に、東方においても受容されてきた（ピョートル皇帝［1727-30］以降のロシアは多分例外）。

　償いは、犠牲的制度であれ、イザヤの「苦難の僕」（suffering servant）の表現であれ、旧訳聖書の概念に由来する。これらの主題はすべて新約聖書に反映されている。すなわち、ヘブライ人への手紙だけでなく、

　　犠牲的制度との関連において（マルコ 10:45：「多くの人のための身代金として自分の生命を与えるために」、ローマ 3:25、Ⅰペト 1:18-19）、
　　新しい契約の成立（聖餐の制定の言葉および神の子羊と過ぎ越しの羊の間のヨハネの並行記事）、
　　イエスの「苦難の僕」との自己同一視（ルカ 22:37）、
　　新生の教会による自己同一視（Ⅰコリ 15:3、使徒 8:32-35）

などに反映されている。

　オリゲネスは、多分グノーシス主義の影響下において、サタンを含めることによって、この教義を発展させた。サタンは人間を堕落させることによって人間を支配する権利を持ったので、キリストの死は必要不可欠な身代金の支払いとなった。オリゲネスの見解は、西方において、ポアティエのヒラリウス（Hilary of Poitier）、アウグスティヌス、教皇レオによって受け入れられたが、それは、キリストの復活によってサタンが敗北したという感性に基づいたものだった。

　東方正教会は、西方教会と異なる「原罪」の神学を保持している。西方では一般的に、償いを復活と変容から分けている。アウグスティヌスの原罪が身請けの条件を満たすために受肉の「必要性」を規定した時、償いは、復活と生命の変容という関連の「積極的」神学に言及することなく、「消極的」記述の中に収まっている。

贖い思想、その歴史的諸学説と包括的諸論考（要約）

　これとは対照的に、償いに関する全教父的伝統は、キリストを人類の代理人としてよりも、むしろ人類の代表者として見ている。代表者は、万人のために模範となる事柄、すなわち変容、十字架、復活を行う。イエスの行為は、キリスト教的生活にとって「規範的」と考えられており、単なる「奇跡的な」介入ではない。この立場は東方正教会の解釈ではなく、共観福音書の伝統であることは銘記されなければならない。ペトロの信仰告白の後、十字架、復活、および変容が起こったことは、マルコ、マタイ、ルカの最重要項目となっている。東方正教会の何人かの神学者たちはこれを超えて、たとえ堕落がなくても、受肉は起こったであろうと言っている。なぜなら、神は自己啓示される方であり、人類をご自身に導くことを望んでいるからである。

出典："Atonement" in *The A to Z of the Orthodox Church*, 1996.

Ⅷ　福音主義神学における罪の償い、その範囲、その学説、および身請け人、身請け

in *Evangelical Dictionary of Theology*

罪の償い（Atonement）

罪の償いの範囲（Extent of Atonement）

罪の償いの学説（Theories of Atonement）

身請け人、身請け（Redeemer, Redemption）

罪の償い（Atonement）

　「償いをする」という表現は、出エジプト記、レビ記、民数紀に頻繁に現れる。その基本的観念は広く行きわたっており、その必要性は人類の罪深さから来る。

　旧約聖書では、罪は犠牲の捧げものによって対処される。焼き尽くす捧げものは「償いをするために」受け入れられ（レビ記 1:4）、罪の捧げものと犯罪行為の捧げものとして（4:20; 7:7）、特に贖罪日の犠牲として（16 章）捧げられる。

　悔い改めと真実な心から捧げられる犠牲は、償いを見出す。償いは時々、犠牲と区別された。犠牲は金を支払うことであり（出エジ 30:12-16）、あるいは生命を捧げることであった（サム下 21:3-6）。このような事例では、償いをすることは、「金銭であったり、生命であったりしたが、身代金の支払いによって罰、特に神の怒りを避けること」（Morris, *Apostlic preaching of the Cross*）を意味していた。旧約聖書を通して罪は深刻であり、神が求める方法で償いが為されなければ、罰せられた。

　新約聖書では、すべての者が罪人であり（ローマ 3:23）、地獄が彼らを待っている（マルコ 9:43、ルカ 12:5）ことが明らかにされている。他方、神が御子の生涯と死と復活と昇天において救いをもたらしたことが明らかにされている。神の愛が主要動機である（ローマ 3:16; 5:8）。

　キリストの十字架は、救いの中心である。イエスの死は、殉教者の死ではなく、救い主の死であった。彼の死は、人びとをその罪から救った。キリストは

彼らの代わりとなり、彼らの死を死んだのである（マルコ 10:45、II コリ 5:21）。

救いは多くの側面を持っている。キリストは罪に値する刑罰を受けた（ローマ 3:25-26; 6:23、ガラテ 3:13）。彼は私たちを自由にするための代価を支払うことによって（I コリ 6:20、ガラテ 5:1）、私たちを身請けした（エフェ 1:7）。彼は新しい契約を作成した（ヘブラ 9:15）。彼は勝利を勝ち取った（I コリ 15:55-57）。彼は神の怒りを逸らすための宥めとなった（ローマ 3:25）。そして、敵を友に変える和解を達成した（エフェ 2:16）。彼の愛と苦難に対する忍耐は模範となった（I ペト 2:21）。私たちは私たちの十字架を負うべきである（ルカ 9:23）。キリストは私たちが私たち自身のために為し得なかったものを為すことによって私たちの代わりとなった。私たちの役割は、単純に、悔い改め、信仰、無私の生をもって応答することである。

L.L. Morris

罪の償いの範囲（Extent of Atonement）

償いが向けられるべき対象に関しては、二つの見解がある。第一の見解は、「限定的償い」（limited atonement）と呼ばれる。神はキリストの死の効果を特定の人びとに限定したからである。したがって、「特定の身請け」（particular redemption）と呼ばれることもある。第二の見解は、「限定なき償い」（unlimited atonement）あるいは「全体的身請け」（general redemption）として言及される。神はキリストの身請けの死を選んだ人びとに限定せず、人類一般のためになるように意図した、との理解に基づいている。

「特定の身請け」（particular redemption）

イエスが、世のためでなく選ばれた特定の人びとのために、彼らの身請けを保証するために死んだという教義は選びの教義と密接な関係の下で起こり、償いの理論は宗教改革の直後に発展した。ドルト宗教会議（1618-19）は、イエスの死を "sufficient for all but efficient for the elect" と定義した。これを受けて始まった論争は今日まで続いている。

「限定的償い」の教義を擁護する議論には、次のようなものがある。

第一に、聖書には、キリストの死によって恩恵を受ける人びとに関する記述

がある（マタイ 1:21、ヨハネ 10:11, 15、使徒 20:28、ローマ 8:32-35）。

　第二に、聖書はキリストを拒む者たちは消え去ると教えているので、誰もが救われないことは明らかである。キリストはすべての人のために死んだと言うことは、事実上、神の救いの意志は行われなかったと言うに等しい。

　第三に、もしキリストがすべての人のために死んだのなら、神が罪を犯した人びとを地獄に送ることは不公平である。キリストは選ばれた人びとの罪のために償い、堕落した人びとは自分たちの罪を償うのである。

　第四に、キリストがすべての人のために死んだという考えは、論理的に、すべての人間は究極的に救済されるという万人救済説に向かう。

　第五に、聖書は明らかに、キリストの死がその民の救いを保証し、身請けを限定していることを示している（ローマ 5:10、Ⅱコリ 5:21、ガラテ 1:4; 3:13、エフェ 1:7）。

　第六に、キリストの死は悔い改め、信ずる人びと、すなわち選ばれた人びとのみに意図されたものである。

　第七に、キリストの死は世（world）のためだと語る聖書箇所は、誤解されている。「世」とは、実際に選ばれた人びとの世界、信者たちの世界、教会、あるいはすべての国々を意味する。また、キリストがすべての人のために死んだという聖書箇所の「すべて」は、「すべての階級」を意味し、すべての人を意味するものではない。

「全体的身請け」（general redemption）
　全体的身請けの教義は、キリストの死はキリストを信ずるか否かに関わりなく、全人類を含めるように計画された、と論じる。全体的身請けを擁護する人びとは、これが教会の歴史的見解であると主張する。この見解は、アウグスティヌスを除き、ルター、メランヒトン、ブリンガー、ラティマー、クランマー、カヴァーデールなどの宗教改革者たちによって支持された。それは、カルヴァンの注解にさえ見出される。カルヴァンはコロサイの人びとへの手紙 1:14 に関して、「この身請けはキリストの血を通して獲得される。なぜなら、キリストの血の犠牲によって世のすべての罪が償われたからである」と言っている。彼はまた、マルコによる福音書 14:24 の「多くの人のために流された」という語句に関して、「『多くの』という語によって、彼は世の一部ではなく、全人類を意味している」と注解した。

全体的身請けの議論は、第二に、聖書がキリストはすべての人のために死んだと言う時、その通りであることを意味している。イザヤ書53:6、ヨハネの第一の手紙 2:2、テモテへの第一の手紙 2:1-6; 4:10 のような聖書箇所は、正常な方法で理解されない限り、全く意味をなさない。

第三に、聖書は、キリストは世の罪を取り除く救い主である、と言っている。世とは、神が嫌悪し、キリストが拒絶し、サタンが支配しているところである。しかしその世は、キリストがそのために死んだ世である。世が「教会」あるいは「選ばれた人びと」を意味する箇所は、聖書のどこにもない。

第四に、パウロは迷うことなく、神はある意味ですべての人のための救い主であったと言い、もう一つの意味で信者のための救い主だったと言っている（I テモ 4:10）。

第五に、神は救いの申し出を拒んだ人びとを非難しているので、不公平であると言うことはできない。

第六に、キリストの死の恩恵が選ばれた者たち、彼の羊、彼の民に属するものとされていることは真実であるが、キリストが彼らのためにのみ死んだということが立証されなければならない。

第七に、聖書はキリストが「罪人たち」のために死んだと教えている（ローマ 5:6-8、I テモ 1:15）。罪人という語が「教会」とか「選ばれた者たち」を意味する箇所はない。それは単純に、滅びる全人類を指している。

最後に、神はすべての人に福音を信じるように勧めている。もしキリストがすべての人のために死んだのでなかったら、どうしてこれが真実であり得ようか？

要約（Summary）

両見解とも、神学的に重要な何かを保存しようとしている。限定的身請けの擁護者たちは、神の救いの確かさと神が人間に提供した主導性を強調している。他方、全体的身請けの擁護者たちは、神の公平さと聖書の明確な教えを保存することを試みている。E.A. Litton は二つの見解に関して、次のように瞑想している。「最も極端なカルヴァン主義者は、すべての人が入ってきても部屋はあると考えている。他方、最も極端なアルミニウス派の人は、身請けは、完全な聖書の意味において、すべての人の特権ではない、と考えるに違いない」。

W.A. Elwell

罪の償いの学説（Theories of Atonement）

　聖書の中心的問題は、罪深い人間が如何にして聖なる神に受け入れられるか、ということである。そして聖書が強調する真理は、神がこの問題を扱ってきたということである。新約聖書において、十字架は中心的な位置を占めており、これが神の救いをもたらす方法であることを示している。新約聖書の著者たちはそれぞれの視点から、救いをもたらすのはキリストの死であり、如何なる人間の業績でもないことを示している。

　著者たちのキリストの償いの働きへの言及は数多くあるが、償いの理論を述べている者はいない。パウロは、義認の過程としての償いを、身請け、宥め、および和解の概念を用いて強調している。時々私たちは、勝利としての、あるいは模範としての十字架について読むことがある。

　キリスト教会は何れの教派も、その歴史を通して、償いに関して公的な、正統的見解を策定しなかった。キリストの人格と三位一体の性格については何世紀にも亘って議論が為され、カルケドン信条において決着が付けられた。しかしその中には、償いに相当する表現はなかった。その結果、それぞれ教会と信者たちはそれぞれの方法で満足する理論を求めて探究することになった。その学説は信者たちのように多く、そのすべてを論じることは不可能である。

　償いに関する諸学説は、三項目で括ることができ、何れの学説もそのうちの一つ、あるいは二つの項目を取り上げて論じている。その三項目とは、問題の本質を信者に対する十字架の効果として見るもの、十字架を勝利として見るもの、および神に向けられた側面を強調するものである。

主観的見解・道徳的感化説（Subjective View or Moral Influence Theory）

　主観的あるいは道徳的見解の、ある種の形態は今日、特に自由主義的学派の間で広く保持されている。この学説は、罪人たちに与えるキリストの十字架の効果の重要性を強調する。この見解は一般的に、神の愛を強調したアベラールに帰せられており、道徳的感化説あるいはキリスト模範説（exemplarism）と呼ばれている。

　この学説は、罪人たちのために死にゆく無私のキリストの光景は私たちを悔い改めと信仰へと突き動かす、という見解を含んでいる。この要点は、個人的経験に基づいている。このように見られる償いは、信者たちの外側では何の効

果もない。それは個人的経験の中で真実であり、その他のどこにもない。

この学説には真実がある。重要なのは、私たちが十字架に見られるキリストの愛に応答することであり、キリストの模範が示している感動的な力を認識することである。有名な讃美歌 "When I Survey the Wondrous Cross" は道徳的見解のほか何も述べていない。各行は、素晴らしき十字架をしげしげと見る観察者への効果を強調している。

勝利としての償い（Atonement as Victory）

初期の教会では、償いが働く方法にほとんど注意を払わなかったように思われる。問題が起こった時、教父たちは、人びとは罪の故にサタンの支配下に置かれていたので、神は彼らを解放するために御子を身代金として差し出した、と説明した。この際に神は、イエスの肉体を餌とし、神聖を釣針としていたので、サタンは餌と共に釣針を呑み込み突き刺された、と解説した。この見解は、悪魔・身代金学説、古典的学説、償いの釣針学説などと呼ばれている。

キリストの償いの働きは、勝利を意味する。悪魔と悪の軍勢は打ち負かされている。罪は克服されている。これは既定の学説の中に収められなかったが、イースターの讃美歌の中には常にあった。それはキリスト者の敬虔の重要な要素を形成しており、キリスト者が失ってはならない一つの現実を示している。

アンセルムスの贖罪学説（Anselm's Satisfacton Theory）

11 世紀のカンタベリー大主教のアンセルムスは、*Cur Deus Homo?* を書き、サタンに身代金が支払われたという教父の見解を厳しく批判した。彼はそこに神の威厳を汚す罪を見た。神に対する侮辱の罪は余りにも大きいので、神のみがその罪を償うことができる、と彼は論じた。しかし、この侮辱は一人の人間によって為されたので、一人の人間のみが贖罪を与えることができる。こうして彼は、神と人間の両方を備える神人が必要とされる、との結論に達した。

今日、アンセルムスに同調する人はさほど多くない。彼は罪に関して深刻な見解を持っていた。この見解を欠くところに贖罪の見解はない、ということでは多くの人が同調している。

刑罰の代理受刑（Penal Substitution）

宗教改革者たちは、罪が深刻な問題であることではアンセルムスに同意した

が、罪が神の威厳を傷つけるというより、神の律法を破るものと見ていた。彼らは、罪人たちが神の呪いの下に置かれていることに言及した聖書の教えを深刻に受け止めた。彼らは、キリストの救いの本質はキリストが罪人の代わりをしたことにあると信じていた。キリストは、私たちの代わりに、罪の報いである死に耐え、また呪いに耐えた（ガラテ 3:13）。

　宗教改革者たちは、私たちの罰に耐えた者として、あるいは私たちの代わりに神の怒りを宥めた者としてのキリストを語ることを躊躇わなかった。

犠牲（Sacrifice）

　犠牲に関して、旧約聖書は多く語り、新約聖書は少なからず語っている。聖書がキリストの救いの行為を犠牲と見なしているところから、犠牲は償いを理解する鍵である、と主張する人がいる。しかし、「犠牲」は難解である。道徳的見解あるいは刑罰の代理人は、正しかろうとそうでなかろうと、少なくとも知性によって理解することができる。しかし、犠牲は如何にして救うのか？　答えは明らかでない。

政治的学説（Govermental Theory）

　オランダの法学者グロティウス（Hugo Grotius, 1583-1645）は、こう論じた。キリストは私たちの罰を負わなかったが、刑罰を受けるべき模範として苦しまれた。それ故、律法は重んじられ、他方で罪人たちは赦された。この見解は「政治的」と呼ばれている。グロティウスが神を、「罪を犯す魂は死ぬ」という律法を定めた統治者あるいは政治的首長として構想したからである。神は罪人たちが死ぬことを望まなかったので、規則を緩和し、その代わりにキリストの死を受け入れた。

要約（Summary）

　罪深い人間の窮状は悲惨である。新約聖書が罪人を、失われた者、地獄で苦しむ者、滅びゆく者、暗黒に投げ込まれた者などと見ている。これらすべてを救う償いは必然的に複雑となるに違いない。そこで私たちは、身請け、宥め、義認などの、生き生きとした概念を必要とする。また私たちはすべての学説を必要とする。

　私たちは小心の罪人たちであり、償いは偉大で、広大である。私たちは、私

贖い思想、その歴史的諸学説と包括的諸論考（要約）

たちの学説がそれを完全に説明すると期待してはならない。私たちがそれらすべてを総合した時でさえ、神の救いの行為の広大さの一部を理解し始めるに過ぎないだろう。

L.L. Morris

身請け人、身請け （Redeemer, Redemption）

身請けは救いが達成される手段を、すなわち救いが身代金の支払いによって達成されることを意味している。それは一時的、身体的解放を意味することがある。旧約聖書における「身請け」の主要な語は、*pdh*（פדה）と *g'l*（גאל）である。

LXX では通常、 *lytrousthai* と訳され、時々 *rhyesthai* と訳された。

新約聖書では *lytrousthai* は通常の動詞形であり、名詞は *lytrosis* と *apolytrōsis* である。時折、 *agorazein* が用いられ、あるいは、特に奴隷市場で購入する行為を意味する *exagorazein* が用いられている。身代金には、 *lytron* と *antilytron* が用いられている。

旧約聖書

古代イスラエルでは、財産と生命は適切な支払いをすることによって身請けされた。モーセ五書によれば、人が負債によって、あるいは自分自身を奴隷として売って相続権を失ったとしても、近親の誰かが身請けの代価を支払うことを申し出れば、彼と彼の財産は身請けされた（レビ記 25:25-27, 47-54）。

神による民のエジプトからの解放は身請けとして語られており（出エジ 6:6; 15:13）、神はイスラエルの身請け人とされている（詩編 78:35）。

神の民は再び、バビロンで捕らわれの状態で見出される。身請けの表現が彼らの解放と結び付けられている（エレミ 31:11; 50:33-34）。

旧約聖書において、身請けが罪と結び付けられている事例は極めて少ない。詩編 130:8 は、エホバがイスラエルをすべての罪から身請けする約束を含んでいる。イザヤ書 59:20（パウロがローマ 11:26 で引用）は、一層一般的な用語で同じことを言っている。

新約聖書

　マルコによる福音書 10:45 は「身請けする」（redeem）の語を含んでいない
が、主題にとって決定的な聖書箇所である。キリストの宣教の生涯は、身代金
を必要としている多くの人の身代金として役立つ自己犠牲の行為で終わったよ
うに思われる。この教義はパウロの著作によって大きく発展した。パウロによ
ると、キリストは律法の呪いの下にある人びとをその呪いから身請けした
（*exagrazein,* ガラテ 3:13; 4:5）。パウロは身請けを義認・宥めと結び付けた（ロー
マ 3:24. 参照：I コリ 1:30）。パウロの語法の特徴の一つは、身請けの語に対する
二重の関係である。すなわち、一つはキリストの流された血の身代金の代価に
基づく罪の赦しへの現在的適用であり（エフェ 1:7. 参照：I ペト 1:18-19）、もう
一つは、腐敗に対する現在の弱さと責任から身体の解放への未来的適用である
（ローマ 8:23）。

　キリスト教の語彙の中で、「身請け人」（Redeemer）以上に貴重な語はない。
それは「救い主」以上に、救いが大きな個人的代価で買い取られた神の子を思
い起こさせるからである。主は私たちを罪から解放するために、私たちの罪の
ためにご自身を与えられたのである。

E.F. Harrison

　　出 典："Atonement" "Extent of Atonement" "Theories of
Atonement" and "Redeemer, Redemption" in *Evangelical
Dictionary of Theology*, 2001.

贖い思想、その歴史的諸学説と包括的諸論考（要約）

Ⅸ　罪の償い

in *Christianity: The Complete Guide*

罪の償い（Atonement）

　償いの教義は、人類と神の和解がイエス・キリストの生涯と死と復活を通して、如何に果たされたかに関わっている。名詞は字義通りに、'at-one-ment' すなわち 'reconciliation'（和解）を意味する。他方、動詞 'to atone' は、和解を達成するための行為を意味する。こうして「償い」（atonement）は、「身請け」（redemption）および「救い」（salvation）と密接に結び付いている。

　人類と神の間を隔てているものが異なった時代と異なった場所によって別々に経験され、理解されてきたという事実は、第一に償いの解釈の多様さを示し、第二に、教会が教義として公的に定義せず、新約聖書時代から今日に至るまでさまざまな直喩と隠喩を通して、それぞれの信仰心を表現することをキリスト者たちに任せてきたことを示している。

犠牲（Sacrifice）

　動物の犠牲的屠殺は西洋の人びとにとって親しみ深い光景ではないが、古代に広く行われていたこの和解の象徴は、今なお感動的である。犠牲は多くの意味を包含している。旧約聖書においては、数多くの種類の犠牲が述べられているが、神が罪を償うために準備した動物の犠牲が主として強調されている。犠牲の意味は、物質的に汚れなき動物から霊的に汚れなき聖なる生命へ、強調の主体が変わることによって、また犠牲が殉教者たちの死と結び付けられることによって一層深化した。

　キリストの死を神に受け入れられる犠牲として見ることは、神に受け入れられる生命の頂点として見ることである。

　犠牲の比喩的表現の価値は、イエスの和解の働きを照らす豊富な源泉としてばかりでなく、弟子たちにイエスの生命と働きを共有させる多様性の中にある。しかし、犠牲の比喩的表現の発展を見逃したり、それを旧約聖書における動物犠牲の血の儀式に余りにも接近させたりすると、そこに危険が生じる。

221

身代金（Ransom）

　犠牲とは対象的に、身代金は敵との、ある種の取引を示唆している。マルコによる福音書 10:45 におけるイエスの言葉「多くの人のために自分の生命を身代金として与えるために」は、彼の使命感の重要性を単純に指摘しているのであろう。しかし、「身代金は誰に支払われたのか？」という問題が持ち上がった。先駆的神学者のオリゲネスは、悪魔に支払われたに違いない、と論じた。神は如何にして悪魔と取引できたのか？　一つの解決法は、悪魔が人類（悪魔に売られていた）を解放するための交換条件として、キリストの罪なき魂を要求する権利を持っていた、と想定することだった。しかし、キリストの神性に気付かなかった悪魔は、彼の魂を捕まえることができず、騙されて敗北した。かかる観念は、生き生きとしたキリストの描写の中に、ネズミ捕りの中のチーズとして（アウグスティヌスの説明の中に）現れ、あるいは釣り針につけられた餌として（ニュッサのグレゴリウスの説明の中に）現れる。こうして身代金の描写は、後代の取引学説（transactional theories）にヒントを与え、勝利者の奇怪な象徴として役立った。

古典的観念（The classic idea）

　悪魔の策略と敗北は、一層体系的な学説が現れるまで、一千年間、人気のあるテーマであり続けた。1930 年代に、スウェーデンの神学者アウレン（Gustaf Aulén）はそれを "classic idea" と名付け、それを償い（atonement）を解釈する最上の方法として、またキリストの勝利を祝うドラマとして、その再興を勧めた。アウレンは理論付けが過剰とならないように、和解する者兼和解させられる者としての神の偉大な逆説に訴え、また神の敵としての、同時に神の怒りの代行者としての悪魔に訴えた。しかし、キリストの悪魔との争いは、神自身の心の中に置かれていたように思われる。

　神学者ティリッヒ（Paul Tillich）が提供した解決策は、悪魔を別個の存在者としてではなく、魔力を持つものの象徴として扱うことだった。イエスは福音書の物語において、彼以上の究極的な権威を持たない何者の要求にも抵抗した点で突出していた。そうすることによって彼は、この世的な力や権威を全面的に拒絶することによってではなく、彼らの根本原理を否定することによって悪魔的な力を打ち破ったのである。

　神はなぜ悪魔の存在を許しているのか？　神はなぜ彼を完全に滅ぼさないの

か？　という悲痛な問いに対してティリッヒは、悪魔的なものは神を見捨てる人間の自由から生じる、それなしでは愛によって神に立ち帰ることはできないだろう、と言う。神にとって、悪魔を滅ぼすことは、人類を滅ぼし、神自身の愛の目的を打ち砕くことを意味する。

　批評家たちは、ティリッヒの解釈は余りにも主観的であり、愛と赦しにおいて差し伸べている人格的な神の役割を曖昧にしていると指摘する。しかし多くの人は、彼の分析がイエスの物語だけでなく、キリスト教の歴史と世界歴史における恐るべき事件と悪の顕示を説明しているのを認めている。

取引学説 (Transactional theories)

　カンタベリーのアンセルムスはその著作 "Why God-Man?"（なぜ神人なのか？）において、戦闘の比喩を封建的環境下での法廷の比喩に転換した。アンセルムスは、悪魔の存在を否定せず、彼の重大な役割すべてを否定した。

　アンセルムスにとって、神の正義は、罪の償いが為されない限り、罪に対する罰を要求した。しかし罰は、神の創造における目的を無効にするものだった。有限的な人類は、神に対する無限的な罪によって、無限的な罪の償いを差し出ることができなかった。解決策は神人に頼るしかなかった。神人は人間として罪の償いをしなければならず、神として差し出された罪の償い、すなわち、罪なく、自分にふさわしくない死を喜んで受けることに無限の価値を与えることができた。御父への彼の生命の贈物は、神人が同胞の人間の罪の償いを為し、彼らを神と和解させるための無限の報酬をもたらした。しかしアンセルムスは、キリストの償いの働きを彼の生涯と苦難から切り離して、彼の死に焦点を合わせたために批判された。

　アンセルムスは、過去の罪と犯罪行為がキリストによって如何に扱われるかに真剣に取組み、罪を深刻に受け止めたが、罪人たちが再び罪を犯さないように変容することには、ほとんど注意を払わなかった。

刑罰の代理受刑 (Penal substitution)

　悪魔の追放によって、罪に対する責任は人類の上に重く伸し掛かっただけでなく、罪を罰する責任が神に帰せられた。アンセルムスによる罪の償いと罰の間の慎重な区別は、「身代金あるいは代価」(ransom or price) の親しみ深い比喩に取って代わった。私たちの身請けの代価は、悪魔に対してではなく、人類

の罪に対して死の宣告を下した神に支払われなければならなくなった。こうして、スコラ哲学の神学者ロンバルドゥスは、キリストの死について「これはキリストが御父に対して、怒りを和らげてくださるように差し出した私たちの和解の代価です」と書いた。トマス・アクイナスは神の愛を強調しつつも、なお「悪魔には如何なる代価も支払われず、神に対して支払われた」と書いた。代価が悪魔ではなく、神に支払われたことは、犠牲の言語に一層容易に同化される概念を生み出した。

　宗教改革期の神学者たちは、自分たちが継承した罪の償いの教義（the doctrine of atonement）に意識的に挑戦しなかった。それどころか、それを自分たちの手中で固めた。フィリップ・メランヒトンは「キリストの恩恵は罪と永遠の死に耐えること、すなわち神の偉大な怒りを宥めることである」と言った。メランヒトンが準備したアウクスブルク信仰告白（1530）は、キリストは「御父を私たちと和解させるために」苦しみ、死んだと宣言した。同じ主題はジャン・カルヴァンによって繰り返された。しかし、一層大きな強調が神の愛に置かれていた。マルティン・ルターの場合は、古典的観念が支配的だった。彼の見解によれば、神との和解が保証されるのは、キリストの義が罪人たちに転嫁されることによってのみであった。かくして、神の前に無罪放免とされる義認は、信仰のみによって、為されたものを受容することだった。

　刑罰の代理受刑の観念に対する批判は、さまざまな観点から起こった。それは、神の愛によって変容された罪人たちの観念の欠如、神の正義と応報的罰に関する硬直的な見解、および神自身における変化への強調に対してだった。罪の償いに関する疑わしいすべての学説は、キリストを遣わした神の先行的な愛に基づいていたけれども、アウレンが正当に抗議したのは、愛するキリストと復讐する父の間にある明白な断絶に対してだった。

主観的、あるいは道徳的学説（Subjective or moral theories）
　アンセルムスと対照的に、罪人たちの変容への強調は、ほぼ同時代人の思想家アベラール（Peter Abelard, 1079-?1142）のうちに見出される。アベラールは、罪人たちのために死ぬことを望んだ中に啓示されたキリストの愛の変容力を強調し（ヨハネ 15:13）、罰への恐れを取り除いた。アベラールにとって罰は矯正的で、応報的でなかったので、神の愛によって「矯正された」人びとには、罰はもはや必要なかった。キリストの愛の変容力への強調は、トマス・アクイ

ナスのような後代の神学者たちの著作の中に取り込まれた。

アベラールは、キリストはただ単に良き模範を示すことによって、私たちを神と和解させるという「模範説」（exemplarism）故に批判された。

「道徳的学説」（moral theory）は、シュライエルマッヒャー（Friedrich Schleiermacher, 1768-1834）によって、最も深遠な体系的注解を獲得した。とは言え、彼は悪の力を認めた点では一般的で、失敗したと責められた。

19世紀におけるリチュル（Albrecht Ritchl, 1822-89）その他の人びとによる、イエスを良き模範と見る傾向は、非難されがちである。彼らは、良き模範を認識するために必要な条件を無視したからだった。イエスは、当時の多くの人にとって悪い模範だった。パウロにとって、彼の生涯の完全に新しい方向付け、実質的に自分自身であることへの変化（キリストと共に死に、生きること）は、イエスが本当に良き模範だったと認識することだった。

20世紀における急激な変化は、多くの人びとの生活から、また神の前における罪と犯罪行為の感覚から、悪魔だけでなく、神の実際上の消失の中に見出される。しかし、神との和解が救いの道であり、それはキリストを通して見出されるという信仰心はなお多くの人びとの確信となっている。

イエスの償いの働きに関する幾つかの学説は、キリストの生涯と死と復活を通して、人類と神の間に何が立っていようと克服されてきた。そしてその道は、癒されるために、また神と、互いに和解させられるために人間に開かれてきたという同じ仮定に立ち、同じ結論に到達する。それは償いの学説ではなく、この真理を信者たちのものとする聖霊の行為である。

出典：Trevor Williams, "Atonement" in *Christianity: The Complete Guide*, Edited by John Bowden, 2005.

X 罪の償い

in *The Cambridge Companion to Christian Philosophical Theology*

　Atonement は英語に起源を持つ用語でありながら、例外的にキリスト教神学の標準的語彙の中に入った。構成要素の at-one-ment に立ち入ってみると、二つの部分が結合されて和解されている状態を示唆している。伝統的キリスト教の償い（atonement）への信仰心は、イエス・キリストの生涯と働きの精神的意義を指している。キリストが世界の罪を償い、堕落した人類を神と和解させたというのがキリスト教の中心的命題である。しかし、この命題は三つの主要な信条（使徒信条、アタナシオス信条、ニケア信条）の何れにも含まれていない。

　罪の償い（atonement）が如何にその効果を発揮したか？　この問題に関して、キリスト教思想は四つの観念をめぐって展開されてきた。その第一は、キリストが罪の代価（price）を支払うことによって堕落した人類を身請けしたというものである。第二は、完全な犠牲、すなわち宥めとして、エルサレムの神殿で捧げられる犠牲に代わる「神の子羊」を提供したというものである。第三は、罪深い人間が当然受けるべき刑罰をキリストが代わりに受けることによって、私たちの罪を消し去ったというものである。第四の観念は、十字架刑に特別な重要性を付与している三つの観念とは対照的に、イエスが死に至るまで神に従順であったように、精神的模範としてのキリストに焦点を合わせている。これらの四つの観念は何れも聖書に根拠を持っているが、決定的見解と言えるものはない。

　その結果、神学的・哲学的探究が行われることになった。この探究には偉大なキリスト教的哲学者たち、特にオリゲネス、アンセルムス、トマス・アクイナス、およびジャン・カルヴァンが貢献してきた。

身代金と身請け（Ransom and Redemption）

　マタイによる福音書 20:28 はイエスを多くの人のための「身代金」であると宣言している。もしそうであるなら、身代金は誰に支払われたのか？　初期のキリスト者たちは、人間は巨大な力と悪知恵を持つサタンに囚われており、身

代金はサタンに支払われたと考えた。

現代の精神がこのような見解を受け入れ難いのは、サタンの存在を仮定しているからであろう。とは言え、21世紀の今日の教会内にも、サタンの存在に対する信仰が生き続けている。

さて、身代金学説には問題がある。神は全能であるから、悪の計画を挫くために、サタンに対して如何なる力でも行使することができる。それにもかかわらずサタンの要求に応じて身代金を支払うという行為は、神の正義と矛盾する。この問題に対して、オリゲネスは次のように考えた。

サタンの要求に対して神が支払ったものは、サタンにとって「保持の苦痛に耐えることのできない」ものだった。サタンは当初、神に対する謀反は成功したと信じていたが、実際には、十字架上の自己犠牲者の美しい潔白を見上げた時に、自分の満足感が恥辱と屈辱の灰と化するのを見たのである。この見解には、非常に魅力的なところがある。身代金の観念を神の正義と両立させることに成功しているからである。

犠牲と贖罪（Sacrifice and Satisfaction）

身代金の観念に対する一層明白な宗教的代案は、世界の罪のための償いの犠牲あるいは宥めとしての、キリストの十字架刑である。この文脈における「犠牲」の語は一考を要する。現代英語における「犠牲」（sacrifice）は、その宗教的特質を弱められているか、全く欠落している。Sacrifice は語源的に、「聖とされる」（making sacred）ことを意味していた。今日この語は、慈善事業のために余暇を犠牲にするとか、家族を持つために出世を犠牲にするとかの意味で用いられている。

旧約聖書は、犠牲の捧げ物として動物が用いられたことを記している。これらの犠牲は、ヤーウェに感謝し、ヤーウェを誉め称え、満足させ、宥めるために捧げられた。しかし他方で、旧約聖書は預言者イザヤが焼き尽くす捧げ物の霊的価値を、罪人の側における純粋な悔い改めと対照させて酷評したことを伝えている。

新約聖書において、神は、神を喜ばせるために為されるすべての、余りにも人間的な行為を無駄なものと見ている。そして、現世の犠牲がこれまで為し得なかったもの、神と離反した人類を和解させる「神の子羊」を提供した。

しかし、この償いの記事は、現代の思考方法になじまない ─ 十字架による

キリストの犠牲はなぜ必要なのか？　神主導の選択肢としてのキリストの死に対して、ほとんどのキリスト者は、神の動機は、その被造物への愛、人類との和解に向けての熱意、またそれを実現するために死に至るまで耐えた意志である、と言うであろう。

　また、神はなぜ、その怒りが宥められなければならないほどの恐るべき神なのか？　償いの犠牲の観念は、その起源を、愛する神と相反する神の怒りの知覚に発している。ヤーウェが最も気まぐれであるように思われるエピソードにおいてさえ、その背景には、ほとんど常に、ある種の正しい怒りの示唆がある。神は正当に怒っているのである。その正当化は、宥めから罰へと移されている。神のために捧げられる犠牲はもはや、「神の目に喜ばしきもの」ではなく、正当に要求される懲罰である。

　神は自ら愛している人類に正しく怒っており、その怒りは人類の罪深さに相当する罰によって宥められるだけである。

懲罰および刑罰の代理受刑（Punishment and Penal Substitution）

　もし私たちが神からの離反を生じさせたのは罪であると考えるなら、秩序を正しく保つ唯一の方法は、相応に罰せられることであるように思われる。しかし、人間の夥しい数の罪に対する累積的刑罰は、計り知れない。正当な刑罰を受けて神と和解することは永遠に不可能である。このような背景の下で、キリストの償いの働きは、世界の受けるべき懲罰をキリスト自らが、完全に無罪でありながら受けるものとして解釈される。しかし、この償いの説明には反論の余地がある。なぜ懲罰は和解にとって本質的なのか？　なぜ同じ効果が赦しによってもたらされないのか？　神は赦す神であるとの主張は、聖書に述べられており、キリスト教の教えとしても繰り返されてきた。神は真に改悛する人びとの罪を赦すと、キリスト教は教えている。改悛と赦しは、和解にとって十分かも知れないが、懲罰はその他多くの価値を確実に付与することができる。

　もう一つの反論は、刑罰を他の人に移すことができるのか、という問題である。ここで私たちは、刑罰の代理受刑の概念とその可能性の問題に直面する。懲罰が悪事の張本人に割り当てられることなくして、正義は行われるのか？

　テロリストの悪事に対して実行犯を特定できずに軍隊が村全体を罰した場合、これは正義の応報的行為ではなく、不法行為である。村に子供や高齢者が含まれていた場合、軍隊の不正は倍加される。もしイエスが比類なく罪なき者であ

るなら、彼は世界の罪のために罰せられるべきでない唯一の人間であることを意味している。

　刑罰の代理受刑は如何にして正当化されるのか？　罪を犯さなかった人びとを罰することは、競技に勝利できなかった者に褒美を与えるのと同じで、正しくない。この論理は、懲罰にも適用することができる。しかし他方で、罪なき者たちへの刑罰は、抑止効果を持つと言う人びとがいる。裁判官たちは抑止効果を高めるために、模範的判決（exemplary sentences）を下すことがある。すなわち、実際に犯した犯罪に相当するよりも厳しい罰を与える。このように、罪なき人びとを罰することによって良き効果を挙げることが可能である。この効果は、自分たちにふさわしくない刑罰を自発的に受けることによって高められる。しかし、犯罪者と受刑者はあくまでも同一人でなければならないというのが、正義の原則である。これは、十字架上の罪なきイエスに対する神の懲罰が如何に有益な結果をもたらしたとしても、神にふさわしくない不正行為として、神にとって不可能な行為として存続することを意味する。

従順と模倣（Obedience and Imitation）

　もし私たちが専ら十字架刑に焦点を合わせることをやめ、イエスの全生涯に正当な重要性を付与するなら、事態は大きく変わって来る。イエスの誕生と生涯と死は、神と人類との離反が完全な従順を通して如何に克服されるかの、比類なき模範を構成している。

　償いに関する従順と模倣の説明の顕著な強みは、その主観的な要素である。身代金と犠牲の概念を採用する客観的学説は、罪人の側における如何なる行為からも、願望からさえ独立して、神との和解を確実にするように思われる。私たちの側の如何なる行為にも関わりなく、身代金が支払われ、犠牲が捧げられる。信者たちがキリストを忠実に模倣することによって達成される和解は、祈りと礼拝と施与の実践が私たちの身請けの物語において如何に重要な役割を果たすかを説明する。

　模倣学説において、イエスは道案内に過ぎない。彼はもはや、世界の救い主ではなく、一預言者あるいは一教師である。彼の生涯と死は、貴重な教訓を含むが、それ自体において何一つ達成しない。本質的な働きをしなければならないのは、私たちである。かくして、イエスの足跡に従おうとする人間の努力中心の償いの教説にどんな希望を見出しうるのか、問われなければならない。

客観的〔学説〕と主観的〔学説〕（Objective and Subjective）

　最も客観的な学説は、刑罰方式である —— キリストが死んだので、人間の罪深さから生じた神からの離反は、その深刻さを少しも減じない方法で克服される。しかし、この方法が必然的に用いる刑罰の代理受刑の概念は問題を孕んでいる。人間は自分たち自身に何の代価も支払わずに、無実のキリストの死によって如何にして自分たちの罪が赦免されるのか？

　別の方向からこの問題に目を向けると、模倣学説は、神との和解を求める人びとに、神に完全に従順だった人間イエスの教えに従うように要求する観点から、人間の行為に中心的な役割を与えている。

　刑罰の代理受刑の概念は再考に値する。

　私が支払うことのできない罰金刑を受けたと仮定してみる。私の代わりにあなたがそれを支払うと、私の犯罪行為は解消する。その後、私があなたに払い戻すと正義が成立する。この事例において、私の市民権を回復するのはあなたの行為であり、後日の私の行為は、この回復を正当化する。

　私たちはこの観念を償いの教義に適用できるかも知れない。歴史的イエスは、普通の人間にはできない方法で罪の代価を支払った。単純な罰金刑でなかったから、私たちが彼に払い戻す方法はない。しかし、私たちが罪の代価を支払った人間に「成る」方法がある。それは、厳密な意味での自己犠牲によって、私たち「自身」をキリストの人格のうちに水没させることによって可能である。パウロは、このことを「キリストを着る」（putting on Christ）と表現した。教会の神学は、教会員を集団として捉え、このことを「キリストの体」として教えている。そして祈りは、常に「私たちの主イエス・キリストを通して」捧げられる。敬虔なユダヤ人たちが律法によって生きようとし、敬虔なイスラム教徒たちが預言者の教えに従おうと努力しているのに対して、キリストの弟子たちはそれ以上の何かを —— キリストとの神秘的合一を、キリストと一つになることを —— 目指している。これは、キリストにある生活をするために「自身」（self）を犠牲にすることを意味いている。そうすることによって、罪の代価を支払う人間になることを意味している。さらに、償いと受肉（Atonement and Incarnation）は、神と人類との完全な和解を確実にするために共に働く。

　　　　　　　　出典：Gordon Graham, "Atonement" in *The Cambridge Companion to Christian Philosophical Theology*, 2010.

XI　罪の償いの学説

in *The Encyclopedia of Christian Civilization*

キリストの死に関する聖書的見解
罪の償い学説（Atonement theory）の類型

キリストの死に関する聖書的見解

　聖書的資料は、救いをもたらすために十字架上のキリストによって達成された四つの主要項目を考察することによって、簡潔に要約される。

　罪人たちに対する代理人（Substitution for sinners）は、キリストが罪人たちの代わりに神の罰を受けた事実を指す。換言すると、「償い」（atonement）とは、「身代わり」（vicarious）である。キリストの代理的性格の死は旧・新約聖書に明記されている（イザヤ 53:6, 10、マタイ 20:28、ローマ 5:8、Ⅱコリ 5:21、Ⅰテモ 2:6、Ⅰペト 2:24、Ⅰペト 3:18）。特に、マタイによる福音書 20:28 とテモテへの第一の手紙 2:6 は強力な証拠である。なぜなら、これらの箇所における "for" と訳されるギリシア語 *anti* は代理を表すからである。

　神に対する宥め（Propitiation to God）：ヨハネの第一の手紙 2:2 で "propitiation" と訳されるギリシア語 *hilasmos* は、「幸せにする、宥める」（to make happy, appease）を意味する。キリストの死は、一つの宥めである。キリストは死によって、神の聖なる要求に基づき（Ⅰヨハ 2:2）、罪に対する神の怒りを鎮めたからである（ローマ 1:18、エフェ 2:3; 5:6）。"Propitiation" は "satisfaction"（罪の償い、贖罪）とも呼ばれ、同じ概念を指している。アンセルムス（Anselmus, d. 1109）は、*Cur Deus Homo?*（Why the God-Man?）において、もし神が赦すべきなら、神は汚された名誉に対して罪の償い、すなわち補償を受けなければならない、と論じた。神人としてのキリストは、必須の罪の償いを与えることができ、しかもそう望んでいる唯一の方である。ルター派と改革派の伝統は、主としてアンセルムスの研究成果を受け、キリストの

死によって償われたのはキリストの名誉よりも神の正義であると教え、アンセルムスの見解を若干修正した。

　罪からの身請け（Redemption from sin）は、奴隷の身分から解放するための代価の支払いに関わりがある。この表現はキリストの死を、罪人を残酷な主人から解放するための身代金と見なしている。動詞 *agorazō*（マタイ 13:44、Iコリ 6:20、IIペト 2:1、黙示録 5:9）および *exagorazō*（ガラテ 3:13）は、奴隷を奴隷市で購入する意味で用いられている。名詞 *lytron* は、代価そのものを示すために用いられており（マタイ 20:28）、その代価は完全な解放を有効にする金額である。動詞 *lytroō* もまた、「代価の支払いによって解放を有効にする」ことを意味している。

　和解（Reconciliation）：キリストの死は和解と見なすことができる。和解は客観的・主観的両方の観点から考えることができる。客観的な意味における和解は、キリストの死が人類の神からの離反に対する土台を取り除き、救いが可能とされることを意味する。主観的な意味における和解は、キリスト信者が神に対する敵意から神との友好と交わりに変えられたこと意味する。ギリシア語では、動詞 *katallassō*（ローマ 5:10、IIコリ 5:18-20）、*apokatallassō*（コロサ 1:20）および名詞 *katallagē*（ローマ 5:11）が用いられている。

罪の償い学説（Atonement theory）の類型

　キリストの償いの働きを記すためにさまざまな学説が現れた。これらの学説には、聖書的真理が含まれているかも知れないが、正統的な見解にとって中心的な要素（上記の四つの「キリストの死に関する聖書的見解」）を含めることに失敗している。

〔古典的学説〕

　償いの一つのモデルは、"Christus Victor" すなわち、償いの古典的 "classic" 学説である。スウェーデンの神学者アウレン（Gustaf Aulén）による造語の "Christus Victor" は、征服者キリスト（Christ the Conqueror）を意味する。

そう呼ばれるのは、キリストの十字架上の働きを、人類を奴隷としていたサタンとその悪魔的軍勢を征服するという観点から見ているためである。これが「古典的」学説と呼ばれているのは、このキリストの死に関する見解が初期の数多くの教会教父たちによって保持されていたからである。

キリストの働きが悪の力を征服したというこの見解は、東方正教会の神学を今日に至るまで特徴付けている。

〔サタンへの身代金学説〕

古典的モデルの一つに、「サタンへの身代金」学説（"Ransom to Satan" theory）がある。この学説によれば、キリストの死は、罪の故に人間を正当に所有していたサタンに支払われた身代金だった。サタンは人間の捕虜をキリストと交換することを望んでいた。しかしサタンは、キリストとして受肉した神に欺かれ、打ち負かされた。死は、罪なき、神の受肉せる御子を捕らえることができなかったからである。この学説の支持者が言ったように、サタンはキリストの人間性の餌に飛びついたが、彼の神聖の鉤に引っ掛けられることに気付いていなかったから失敗したのである。サタンへの身代金学説は、オリゲネス（Origen, c.185-c.254）やニュッサのグレゴリウス（Gregory Nyssa, 330-c.395）のような初期の神学者たちと教父たちによって支持された。

古典的学説は、ヘブライ人への手紙 2:14 が示しているように幾つかの真理を含むが、他方ではしばしば、罪の償いに関する聖書的教義を排除し、あるいはその反定立として現れた。

〔道徳的感化説〕

第三の償いの学説は、道徳的感化（Moral influence）モデルである。これは償いに関する主観的観点であり、キリストの働きを、第一義的に人間に与える心理学的効果の観点から見ている。道徳的感化説によれば、キリストの受肉、苦難、および死は、人びとを悔い改めるように導き、人間の心に愛を灯すのに役立つ。道徳的感化説は、12 世紀の神学者アベラール（Peter Abelard）によって広められた。この見解は、近代の自由主義者たちによって支持されている。

模範的学説（Example theory）は道徳的感化説と関連している。模範的学説は、16 世紀にソッツィーニ（Faustus Socinus, 1539-1604）によって促進された。この学説は、キリストは自ら教えた信仰のために苦しみを受け、殉教者と

して死んだと説明し、特にキリストは、私たちが彼を真似ることによって達成
される救いの方法を説いた、と主張する。

　道徳的感化説と模範的学説は共に、真理の要素を幾つか含んでいる。キリス
トの死が私たちに苦難の愛（suffering Love）の模範を示し（ヨハネ 3:16、ロー
マ 5:8）、応答としてキリストを愛するように、全く自然に私たちを（キリスト
者として）鼓舞してくれることは、確かに真実である。キリストの犠牲が真似
るべき模範を示していることも真実である（I ペトロ 2:21, 24）。

〔政治学説／道徳的政治学説〕

　主観的要素と客観的要素を結び付けることを試みる償いの学説に、政治学説
あるいは道徳的政治学説と呼ばれる学説がある。古い文献では、「指導者学説」
（Rectoral theory）として知られている。この見解は、17 世紀にオランダの法
律家、神学者のグロティウス（Hugo Grotius, 1583-1645）によって提起され
た。政治学説は、19 世紀に「新イングランド」（"New England"）学説として
一般化し、再興を果たした。有名な福音主義者フィネイ（Charles C. Finney）
によって教えられた。最近では、オルソン（Gordon C. Olson）、コン（Harry
Conn）らによって支持されている。

　「政治学説」の名称は、神を、反抗的な道徳的被造物に挑戦する道徳的統治
者と見なした事実に由来する。この学説によると、神は罪のための償いを求め
ず、罪人たちが真に謙虚になり、悔い改めるなら、「赦し、忘れる」ことを望ん
でいる。他方で神は、罪人たちが如何に悔い改めようと完全に赦さない。簡単
に赦すことは、神の「道徳的政治」の秩序にとって危険だからである。

　このモデルにおいて、キリストの死が聖なる神の正当な要求を満足させるた
めでなく、罪に対する神の不快を示すために要求されたことは注目に値する。
罪に対する神の不快が（キリストの死を通して）明らかにされたので、この学
説の擁護者たちは、神は今や自由に（すなわち、何の償いもせずに）赦すこと
ができる、と言う。

　神が道徳的統治者であること、またキリストの死が罪に対する憎悪を示すこ
とは、確かに真実である。キリストの苦難が人びとを悔い改めるように導くこ
とも真実である。しかし政治学説は、論理的、道徳的土台の両方において失敗
している、と反対論者は論じる。この学説は非論理的で、非道徳的でもある、
と主張する。なぜなら、もし神が罪に対する不快を示すことを欲していたなら、

神は汚れなき御子を苦しめるよりも、最悪の罪人を罰したはずだからである。

〔偶然的学説〕

　もう一つの学説に、偶然的学説（Accident theory）がある。この学説においては、イエスの死は如何なる特定の宥めも、死に対する如何なる救済的性格も持っていない。イエスは当時の宗教的、政治的指導者たちと揉め事を起こし、沈黙させられるために殺されたのである。この見解は、キリストの死に関する自然的、合理的観点に立っており、今日、ユニテリアン派の普遍救済論者たちによって支持されている。偶然的学説はムーン（Sun Myung Moon）によって修正された。ムーン版の偶然的学説は、キリストの死にある程度の救いの効果を認めた点で原初版と異なっている。偶然的学説のすべての形態は、初めから計画されたことを示す聖書箇所によって論駁される（この関連では、特に使徒 2:23 参照。他に、マタイ 26:53; 27:50、ヨハネ 10:17-18; 19:30 参照）。

〔モルモン教〕

　ヤング（Brigham Young）は、「血の償い」（Blood atonement）に関する教義を教えた。彼の教義によると、キリストの血によって身代わりに償わなければならなかった深刻な罪は、罪人たちによって償わなければならなかった。ヤングの教義は確かに、キリストの働きの完全な代理と身請けの性格の両方を否定している。今日のモルモン教徒の中には、「血の償い」に関するヤングの教義を保持していない人びとがいる。彼らは、それはヤングの個人的見解で、モルモン教の公式の教えではない、と言っている。モルモン教の公式の教説は、キリストの死はすべての罪に対して償わず、アダムの罪に対してのみ償う、という立場を取っている。キリストの死は、「特定の」救いを保証していない。モルモン教の使徒リチャーズ（LeGrand Richards）によれば、「イエス・キリストは堕落からすべてを身請けし、代価を支払った。彼は自分自身を身代金として与えた。私たちが私たち自身の罪のためにのみ責任を負えるように、キリストはアダムの罪を償った。

〔エホバの証人〕

　エホバの証人は、キリストの死はアダムの死に対してのみ効力があった、と教えている。アダムは罪を犯した時、地上の生活をする権利を、そのすべての

繁栄と共に失った。キリストは十字架上で死ぬことによって復活を可能とし、人びとの楽園の地での生命を獲得することを可能にした。しかし、キリストの死はそれ自体において、この生命を獲得するには十分でない。なぜなら、人は物見の塔の教えに従い、証言をする時を過ごさなければならないからである。

〔統一教会〕

統一教会の神学においては、十字架上のイエスの死は霊的な救いに対してのみ効果がある。身請けを完成させる身体的な救いを与えることは、第二のメシアのために残されている。ここでもキリストの死は、罪からの完全な解放には効果がない。

〔ユニテリアン派〕

ユニテリアン派の普遍救済論者たち（Uniterian Universalists, UUs）は、歴史的に、罪を罰することを求める神に何らかの正義の原則が存在することを否定してきた。『普遍救済論』の著者 Chworowsky と Raible は、「人間の罪を償うために神が『御子』の犠牲を要求するという如何なる概念も、明確に拒絶する」と表明している。宥めの規定は、さほど明確に否定されていない。

出典：Alan W. Gomes, "theories of atonement" in *The Encyclopedia of Christian Civilization*, Edited by George Thomas Kurian, 2011.

贖い思想、その歴史的諸学説と包括的諸論考（要約）

XII　身請け

in *The Encyclopedia of Christian Civilization*

　身請け（redemption)は人間あるいは事物を解放するために、身代金を払う行為を意味する。身請けが買うことと異なるのは、身請けされる人間あるいは事物に対し、身請け人が事前に要求をすることである。身請けされる人あるいは事物は、もし身請け人がそう望むなら、彼の所有物となる。

　身請けの概念は、全聖書を貫いている。人類が堕落した時、神は一人の身請け人のために、ご自身の計画を説明した（創世記 3:15）。ヨブは、神が自分たちの身請け人となることを明確に理解していた（ヨブ記 19:25）。神はエジプトにおける奴隷状態からイスラエルの民を身請けした（出エジ 6:6）。この場合の代価は神の権威であった。身請けは、モーセの律法の一部であった（民数紀 18:15-16）。ダビデは必要な時に、身請け人を求めた（詩編 49:15）。彼は神を身請け人と言っている（詩編 19:4）。神は自身をそう名付けていた（イザヤ 41:14）。旧約聖書における最も力強い身請けの模範は、ルツを身請けしたボアズの身請けである（ルツ記 3:13）。

　新約聖書における身請けは、主要な神学的主題である（使徒 20:28、ガラテ 4:4-5、コロサ 1:13-14、Ⅰテモ 2:5-6、ヘブラ 9:12）。イエスは身請けを自分の生命の目的である、と表明した（マタイ 20:28、マルコ 10:45）。パウロは、身請けをイエスの犠牲的な働きの結果として発展させた（ローマ 3:23-25）。ペトロとパウロが手紙の序文で身請けの概念を用いたことは、最初期の教会においてそれが意義深い問題だったことを示している（エフェ 1:7, 14、Ⅰペト 1:18-19）。

　イエスの身請けの役割は、民の罪深い過ちに対する支払いとして、自らの生命を差し出すことだった。キリスト者とキリスト教社会に対する身請けの潜在的重要性は、私たちが今や神と和解され、イエスの死において支払われた身代金によって神の所有とされている、ということである。身請けは、キリスト教による世界への最も顕著な概念的貢献の一つである。

　　　　　　　　出典：Douglas Estes, "redemption" in *The Encyclopedia of Christian Civilization*.

補遺

贖い思想に関する包括的諸論考における総括的評価

　包括的諸論考（要約）はキリストの死をめぐる贖い思想が多彩なため、キリスト教会の何れの教派も、償いに関する正統的な見解を策定し得ず、教義として確立するに至らなかったことをそれぞれの立場から論じている。ここでは、各著者がそれらを端的に表明したくだりを、総括的評価として再録する。

私たちが聖書から得られる罪の償いの概念は、首尾一貫した単一の教義的学説ではなく、一連の並行概念であり、多種多様な解釈である。このような事情から、首尾一貫した教義を組み立てようとする企てを放棄する動きさえ生じている。（W. Adams Brown, ERE; 本書 p.194）

罪の償いの歴史を振り返ってみると、その見解の多様さに驚かされる。その多様さは、償いの性質、目的、必要性、あるいは人間生活に効果的とされる手段の観点から考察すると、どんな調和のとれた企ても断念せざるを得ないほどである。（W. Adams Brown, ERE; 本書 p.196）

「仲介者（Mediator）であり、贖い主（Redeemer）である主キリスト」に関する完全な論考は、〔聖書の〕どこにも見出されない。新約聖書の著者たちは、正確には牧者として、また教師として、実際には同じキリストを調和のとれた音楽の一部として異なった声で証言している。（Joseph A. Fitzmyer, S&C; 本書 p.198）

償い（atonement）に関する新約聖書の観念の顕著な特徴の一つは、その多彩さである。償いに関するさまざまな異なった記述は、幾分かは、人間の状態それ自体がさまざまな方法で記述されていることに帰せられる。
　後代のキリスト教神学は、それら償いのモデルのどれかに縛り付けられ、あるいは、それらのどれかを絶対化してきた。しかし、そのような特定の見解は、新約聖書の著者たちの見解ではない。（C.M. Tuckett, ABD; 本書 p.199）

贖い思想、その歴史的諸学説と包括的諸論考（要約）

多くの人は、二つの共観的言説のマルコによる福音書 10:45 および 14:24 を根拠に、イエスが第二イザヤの苦難の僕の預言に関連させて、自らの死を罪のための犠牲の観点から予見し、解釈したと主張している。しかし、イザヤ書 53 章がイエスの念頭にあったとする学説は今日、根本的に疑問視されている（M.D. Hooker, *Jesus and the Servant*, 1959）。マルコによる福音書 10:45 の身代金（*lytron*）は実際、苦難の僕の死と同義ではない。多くの学者は、マルコ 10:45b の身代金の言説を、10:45a における仕えることの重要性に対するイースター後の注解と見なしている（ルカ 22:27 と比較）。こうして、マルコ 10:45 の表現をイザヤ書 53 章と直接結び付けることは難しい。マルコによる福音書 14:24 の表現は、償いの犠牲よりも（新しい）契約の観念と一層密接に結び付いている。（C.M. Tuckett, ABD; 本書 pp.200-201）

十字架の身請けに関する最初の言及「多くの人のための身代金として自分の生命を与えるために来た」（マルコ 10:45 ＝ マタイ 20:28）には、議論が集中している。諸注釈書は、新約聖書の学者たちがこの語句をイエスに帰することに難儀したことを立証している。

　パウロの、イエスの死を償いと見る理解は、奴隷解放の慣習から影響を受けている。古代人は多くの主人たちの奴隷だった。すなわち、罪の奴隷（ローマ 7:14、テトス 2:14）、律法の奴隷（ガラテ 3:13; 4:1-7）、死の奴隷（ローマ 8:21, 23）、偽りの神々の奴隷（ガラテ 4:8-9）、サタンの王国の奴隷（コロサ 1:13、ヘブラ 2:14-15）だったのである。（Gary S. Shogren, ABD; 本書 p.205）

11 世紀に、アンセルムスが著した *Cur Deus Homo?* によって古い学説〔古典的学説、サタンへの身代金学説〕は放棄された。アンセルムス以降、キリスト教会は、自分たちの満足できる償い学説をそれぞれに構築し、保持するようになった。（Gary S. Shogren, ABD; 本書 p.206）

キリスト教会は何れの教派も、その歴史を通して、償いに関して公的な、正統的見解を策定しなかった。キリストの人格と三位一体の性格については何世紀にも亘って議論が為され、カルケドン信条において決着が付けられた。しかしその中には、償いに相当する表現はなかった。その結果、それぞれ教会と信者たちはそれぞれの方法で満足する理論を求めて探究することになった。その学

239

説は信者たちのように多く、そのすべてを論じることは不可能である。（L.L. Morris, EDT; 本書 p.216）

キリストの宣教の生涯は、身代金を必要としている多くの人の身代金として役立つ自己犠牲の行為で終わったように思われる。この教義はパウロの著作によって大きく発展した。

　キリスト教の語彙の中で、「身請け人」（Redeemer）以上に貴重な語はない。それは「救い主」以上に、救いが大きな個人的代価で買い取られた神の子を思い起こさせるからである。主は私たちを罪から解放するために、私たちの罪のためにご自身を与えられたのである。（E.F. Harrison, EDT; 本書 p.220）

人類と神の間を隔てているものが異なった時代と異なった場所によって別々に経験され、理解されてきたという事実は、第一に償いの解釈の多様さを示し、第二に、教会が教義として公的に定義せず、新約聖書時代から今日に至るまでさまざまな直喩と隠喩を通して、それぞれの信仰心を表現することをキリスト者たちに任せてきたことを示している。（Trevor Williams, CCG; 本書 p.221）

　伝統的キリスト教の償い（atonement）への信仰心は、イエス・キリストの生涯と働きの精神的意義を指している。キリストが世界の罪を償い、堕落した人類を神と和解させたというのがキリスト教の中心的命題である。しかし、この命題は三つの主要な信条（使徒信条、アタナシオス信条、ニケア信条）の何れにも含まれていない。

　罪の償いが如何にその効果を発揮したか？　この問題に関して、キリスト教思想は四つの観念をめぐって展開されてきた。その第一は、キリストが罪の代価を支払うことによって堕落した人類を身請けしたというもの。第二は、完全な犠牲、すなわち宥めであり、エルサレムの神殿で捧げられる犠牲に代わる「神の子羊」であったというもの。第三に、罪深い人間が当然受けるべき刑罰をキリストが代わりに受けることによって、私たちの罪を消し去ったというものである。第四の提議は、十字架刑に焦点を合わせた三つの提議とは対照的に、イエスが神に対して死に至るまで従順であったように、精神的模範としてのキリストに焦点を合わせている。これらの四つの提議は何れも聖書に根拠を持っているが、決定的見解と言えるものはない。（Gordon Graham, CCCPT; 本書 p.226）

魂の不滅思想、その起源と歴史

前置き

　魂の不滅に関する思想は、プラトン（紀元前 428/7-348/7）の『パイドン』において初めて明確な形で現れ、新プラトン主義者プロティノス（205-270）によって体系的に発展させられ、その影響を強く受けたアウグスティヌス（354-430）やトマス・アクイナス（c. 1225-1274）によって受容された。その後、魂の不滅思想は、天国・地獄の概念と結び付いて何世紀にも亘ってキリスト信者たちの間に浸透し、中世末期に至って、カトリック教会は第 5 回ラテラン公会議において、信者たちの要望に応える形で教義の一部とされた。

　その後、魂の不滅思想は、宗教改革期にジャン・カルヴァン（1508-64）によって受容され、16 世紀中葉から約 100 年間に亘って、プロテスタント教会の改革派の教義として受容され、今日に至っている。魂の不滅思想を教義として受容した信条／信仰告白には、スコットランド信仰告白（1560）、ベルギー信仰告白（1561）、ハイデルベルク教理問答（1563）、第 2 スイス信仰告白（1566）、アイルランド信条（1615）、ウエストミンスター信仰告白（1647）、ウエストミンスター小教理問答（1648）がある。

　本論では、魂の不滅思想の起源を探求し、魂の不滅思想に関する諸説を歴史的に考察する。魂の不滅が今なお現代思想の底流で生き続けていることに関しては、別論「現代に生き続ける魂の不滅思想」で扱う。

　　1　プラトンの『パイドン』における魂の不滅

　　2　アウグスティヌスの『神の国』における魂の不滅

　　3　トマス・アクイナスの『神学大全』における魂の不滅

　　4　カトリック教会の教義としての魂の不滅

　　5　ジャン・カルヴァンの思想における魂の不滅

　　6　プロテスタント教会の教義としての魂の不滅

　　　参考資料　煉獄観の歴史的変遷

1　ブラトンの『パイドン』における魂の不滅

　『パイドン』で劇化されたソクラテスの刑死事件は、紀元前399年に起こった。当時、ソクラテスは70歳、プラトンは多分20代後半だったのだろう、と考えられている。この対話篇には、ソクラテスの地上における最後の日々の様子と、国家の信ずる神々を信じないで、青年に害悪を及ぼしているという漠然とした理由で告発され、裁判にかけられて有罪判決を受け、処刑される物語が含まれている。設定では、ソクラテスの刑死の日の朝、別れを告げに牢獄に集まった弟子たちとの間で日暮れまで、魂の不死について深く厳しい哲学的対話が為されたことになっている。

　『パイドン』は、不死なる魂への配慮と肉体に対する罵倒が強調されているところに特徴がある。この対話篇は、「二元論」と呼ばれている世界観を生み出した根源的文献と見なされている。と言うわけは、二千年以上にわたって西洋哲学、神学、心理学に深く染み込んできた二元論の全領域は、特にこの対話篇において、その古典的表現を獲得したからである。二元的全領域には、魂と肉体、精神と物体、知性と感覚、理性と感情、実在と現象、単一性と複数、完全と不完全、不滅と必滅、恒久不変と変化、永遠と束の間、神と人間、天と地などの対立が含まれる。これらの二元性は、キリスト教に吸収され、何世紀にもわたって、その神学的教義、霊的価値観、倫理的教説に伝達された。[1]

　本論では、『パイドン』における魂の不滅に関する議論をキリスト教の観点から選んだ部分を紹介する。[2]

(1)　死とは魂と肉体の分離に他ならないことについて

　　〔ソクラテス〕「さて、死は魂の肉体からの分離に他ならないのではないですか？　そして、死ぬということは、肉体が魂から分離されて肉体それ自体となり、魂が肉体から分離されて魂それ自体となることではないですか？　死がそれ以外の何かであることはあり得ないのではないですか？」
　　〔シミアス〕「あり得ません。まさに、その通りです」（64c）

　　〔ソクラテス〕「そうであるなら、哲学者の魂は心の底から肉体を軽蔑し、肉体から逃げ出して、魂それ自体となろうとするのではないですか？」
　　〔シミアス〕「そのように思われます」（65c, d）

(2)　魂がそれ自体となり、神的なものとなるように努めなければならないことについて

　　〔ソクラテス〕「親愛なるケベスとシミアスよ。むしろ真実は、こういうものです。魂は生前有らん限り肉体と交わることを避けてきたために、純粋に分離されて、肉体の痕跡を少しも留めていないと考えてみましょう。また、魂は常にこのことの修練をしてきたので ─ それは哲学の正しい実践、すなわち不平を言わずに死ぬ修練に他ならないので ─ 魂それ自体となるように努めてきたと考えてみましょう。それは死の修練なのではないでしょうか?」
　　「確かに、そういうことになるでしょう」
　　「それでは、もし魂がそのような状態にあれば、魂は自分に似ていて見えないもの、すなわち神的で、不死で、賢いものに向かって旅立たないでしょうか?　そして、そこに到着すれば、その地は幸福であり、その放浪と迷行、その恐怖と野生的な肉欲、その他人間の不健全な状態から解放されて、秘儀を究めた人びとについて言われているように、余生を神々と共に真理そのもののうちに過ごすのではないでしょうか?　ケベスよ、そのように言えるでしょうか、それとも他のことを言うべきでしょうか?」
　　「確かに、そのように言うべきでしょう」、とケベスは言った。　(80e, 81a)

(3)　死後の裁きと魂たちの行方について

　　〔ソクラテス〕「さて、賢く、よく整えられた魂は、案内人に従って行くが、未知なものに出くわすことはない。しかし、肉体的欲望に満ちた魂は、前に述べた通り、長い間肉体のまわりと目に見える地域のまわりをうろつき、多大なる反抗と多大なる苦難の末、その任を任された霊によって力づくで、その意思に反して、連行されて行く。そして、他の魂たちが集められた所に到着すると、清められていず、邪悪な殺人に関わったり、それと同類の行為とか同類の魂の仕業を行ったりした魂は、誰からも見向きもされず、無視されて、旅の道連れになったり、案内人になったりするものもいない。そのような魂は、ある一定の時が来るまで、全く途方にくれてさ迷う。そして、時が来ると、その魂にふさわしい住処へ連行される。しかし、清浄と節制をもって生涯を送った魂は、旅の道連れとなり、案内人ともなる神々を見つけ、それぞれが自分に適した地域に住むようになる」　(108a-c)

2 アウグスティヌスの『神の国』における魂の不滅

　アウグスティヌスの『神の国』は、アラリックの率いるゴート族のローマ侵略を契機にして、キリスト教の歴史的弁証を行ったもので、全22巻から成り、413-427年に書かれた。

　前半では、ローマ帝国の滅亡はローマが真の神を崇拝しなかったことに帰せられるとの立場から、異教徒の（キリスト教と神々への崇拝禁止を原因と見なす）見解に反駁し（1-5巻）、ローマとギリシアの神話的・魔術的な諸宗教・哲学を真の宗教に役立たないことを論証した（6-10巻）。

　後半では、宇宙、天使、人類の創造、アダムの罪とその結果としての罪を論じ（11-14巻）、アダムからキリストに至るまでの人類の歴史を述べ（15-18巻）、最後の審判、邪悪な者たちへの罰、聖徒たちの永遠の幸福などを論じた（19-22巻）。

　魂の不滅については、主として、人間の罪はアダムの罪に始まり、死はその罪の結果であることを語る第13巻の中で論じられている。ここでは、さらに聖徒たちの死、邪悪な者たちの終わり、神の国における永遠の至福と安息についての部分から引用する。(3)

（1）　不死の魂に影響を及ぼす死、および不死の魂に従属する身体の死について

　　さて、私は死の性質について、もう少し慎重に語らなければならないと思う。人間の魂は不死であると真に肯定されるけれども、それでもなお、それ自体は一種の死を遂げる。なぜなら、魂が不死であると言われるのは、ある意味で、生きること、感じることをやめないからであり、身体が死を免れ得ないと言われているのは、すべての生命との絆を断たれ、それ自体で全く生きていくことができないからである。そこで魂の死は、神が魂を見放す時に起こり、身体の死は魂が身体を見放す時に起こる。したがって、両方の死 ── すなわち全人間の死 ── は、神から見放された魂が身体を見放す時に起こる。なぜなら、この場合、神は魂の生命ではないし、魂は身体の生命ではないからである。この全人間の死に引き続いて、神の言葉の権威によって、私たちが第2の死と呼んでいるものが来る。救い主が「魂と身体の両方を地獄で滅ぼすことのできる主を恐れよ」（マタイ10:28）と言った時、このことを指していた。

　　この死は魂が身体と全く分かち難く結び付いているうちは起こらないから、身体が

魂によって見放されず、生命を吹き込まれ、感覚を与えられて苦しめられている最中
に、この死によって滅ぼされることがあるのは、不思議なことかも知れない。魂の死
に関わる永久に続く罰については、然るべき場所で詳細に論じなければならないが、
魂は確かに死ぬ、と言われている。神と共に生きていないからである。しかし、身体
が魂によって生きているのに、私たちはなぜ身体は死んでいると言うのか？　そうで
なければ、復活に続いて生ずる身体の苦しみを感じることができないからである。魂
が生命の原因でなく、苦しみの原因であるのに、私たちが身体は生きていると言いが
ちなのは、あらゆる種類の生命が善で、苦しみが悪だからではないのか？　そういう
わけで、魂は善く生きる時に神によって生きる。なぜなら、魂は神がその中で善を為
すのでなければ、善く生きることはできないからである。また、身体はそれ自体、神
によって生きていてもいなくても、魂が身体の中で生きている限り魂によって生きる
からである。悪人の身体にある生命は、魂の生命ではなく、身体の生命である。そう
いうわけで、死せる魂でも、すなわち神から見放された魂でも、その本来の、不死の
生命を、たとえどれほど僅かであっても、身体に与えることができる。

　しかし、最後の審判の時には、人は感じることをやめないが、その感情は喜びを伴
う甘味なものでも、安息を伴う健やかなものでもなく、苦しみを伴う刑罰なので、そ
の状態が生よりもむしろ死と呼ばれるにふさわしいことは言うまでもない。そしてそ
れは、第1の死の後に来るので、第2の死と呼ばれる。これによって、神と魂、魂と
身体という、二つの結合した本質は分離されてしまう。こうして、第1の、身体の死
は、善人にとっては善であり、悪人にとっては悪である。しかし、第2の死が善人に
起こらないことは疑いなく、何人にとっても善であることはない（*The City of God*,
XIII. 2)。

(2)　聖徒らは、真理のために第1の死を蒙るが、第2の死を免れる

人が真理のために信仰深く、賞賛されて死ぬ場合でさえ、彼はなお死を避けているか
どうかについて考えてみたい。彼が死の一部を甘受するのは、全体の死を、すなわち、
第2の永遠の死を避けるためである。魂が神と身体の両方から分離されるのを避ける
ために、彼は魂と身体の分離を甘受する。そうすることによって、全体の最初の死は
全うされるが、第2の死がそれに続くことはない。それゆえ死は、それが実際に苦し
むことである限り、また死にゆく者が死力に屈服している限り、何人にとっても善で
あることはない。しかし死は、善きものを保持し、得ようとするためなら、立派に耐

えられるものである。死後に起こることに関しては、死は善人にとって善であり、悪人にとって悪であるということは間違っていない。なぜなら、正しい者の身体を離れた魂は安息のうちにあるが、邪悪な者の魂は彼らの身体が復活するまで罰を受けなければならないからである ―― 正しい者の魂は永遠の生命に、邪悪な者の魂は、第2の死と呼ばれる永遠の死に至る（*The City of God*, XIII. 8）。

(3)　邪悪な者の終わり

この神の国に属さない者たちは、第2の死と呼ばれる永遠の悲惨を受け継ぐ。なぜ永遠の悲惨なのかと言えば、魂はその生命たる神から分離されていて、生きているとは言い難く、その身体は永遠の苦しみに晒されているからである。したがって、この第2の死は、死によって終わることがない故に、一層厳しいものとなろう（*The City of God*, XIX. 28）。

(4)　聖徒たちがキリストと共に支配する千年間

敬虔な死者の魂は、今でもキリストの王国である教会から離れてはいない。そうでなければ、彼らがキリストの身体にあずかる際に神の祭壇で記憶されることはないであろう。また、洗礼を受けずにこの生を終えることのないように、危険の際にキリストの洗礼に急ぐことも何の益にもならないであろう。さらに、誰かが改悛や悪い良心によってキリストの身体から切り離されるかも知れない場合に、和解に向かうことも何の益にもならないであろう。信者はたとえ死んでいても、キリストの身体の一部であるという理由からでないなら、なぜこれらのことが為されるのか？　したがって、彼らの魂は、未だそれぞれの身体との合体を果たしていないけれども、この千年が過ぎ行く間、キリストと共に支配するのである（*The City of God*, XX. 9）。

(5)　神の国における永遠の至福および永遠の安息について

この安息日は、聖書に定められている時代区分に従って各時代を日々として数えるなら、一層明らかにされ、安息の時代が第7日に相当することが分かる。第1日に当たる第1の時代はアダムから大洪水まで。第2の時代は大洪水からアブラハムまで。時代の長さは異なるが、世代の数ではそれぞれ10世代で、第1の時代に等しい。アブラハムからキリストの降誕までの時代は、福音記者マタイが区切っているように、三

魂の不滅思想、その起源と歴史

つに区分され、それぞれ 14 世代から成り立っている。すなわち、第一の期間は、アブラハムからダビデまで、第 2 の期間はダビデから捕囚まで、第 3 の期間は捕囚からキリストの身体としての誕生までである。こうして、全部で五つの時代がある。今は第 6 の時代に属しているが、世代の数で測ることはできない。「あなた方にはその時期を知ることはできない、それは父ご自身の権威に属することとされているからである」（使徒 1:7）。この時代の後、神は第 7 日に休息されるであろう。その時神は私たちを（第 7 日である私たちを）彼自身のうちに休息させてくださるであろう。第 7 日は私たちの安息日であり、それは夕べによってではなく、主の日によって終わりを迎える。それは、キリストの復活によって聖別され、霊のみでなく身体をも含めた永遠の休息を予示する第 8 日であり、永遠の日である。そこで私たちは休息し、見るであろう。見て、愛するであろう。愛して、讃美するであろう。これこそ、終わりなき終わりにあるものであろう。

　全く終わりのない王国に到達する以外に、私たちは私たち自身に対してどんな終わりを提唱できるだろうか？　　（*The City of God*, XXII. 30）。

3　トマス・アクイナスの『神学大全』における魂の不滅

　トマス・アクイナスの『神学大全』（1267-73）は、伝統的なプラトン主義と共にアリストテレスの影響を受けて、学問としての神学を確立した名著であるが、魂についても、プラトンとアリストテレスの哲学（と用語）を土台に、数少ない聖書箇所を最大限に駆使してその不滅性を弁証した。ここにその核心的な部分を紹介する。[4]

第 6 項　人間の魂は腐敗しないものか？　私たちは第 6 項の議論を次のように進める。人間の魂は腐敗するように思われる。

　反論 1 。なぜなら、類似の始まりを持ち、類似の経過を辿るものは、類似の終わりを持つからである。しかし、生成の観点から見ると、人間の始まりは動物の始まりと同じであり、共に土から造られている。そして、生命の経過もまた、同じである。「すべてのものは同じように息をし、人間は獣に勝るところがない」（コヘレ 3:19）、と書かれているからである。したがって、同じテキストに書かれているように、「人間と獣の死は一つであり、両者の条件は同等である」。ところで、理性なき動物の魂は

247

腐敗する。したがって、人間の魂もまた、腐敗する。

　反論2。さらに、無から生じたものは何であれ、無に帰する。終わりは始めに対応するものだからである。ところで、（知恵の書2:2に）書かれているように、「私たちが無から生まれた」ことは、身体についてだけでなく、魂についても真実である。したがって、同じ箇所で結論付けられているように、「この後、私たちは存在しなかったかの如くなるであろう」ことは、私たちの魂にも当てはまる。

　反論3。さらに、存在するもので、固有な働きを持たないものはない。ところで、心象を通して理解する魂に固有な働きは、身体なしでは不可能である。なぜなら、魂は心象なしでは何も理解しないからである。そして、哲学者が言うように（『デ・アニマ』1:1）、「身体を欠く心象は存在しない」。したがって、魂は身体からの分離後までも生き延びることはできない。

　それに対して、ディオニシウスは（『神名論』第4章で）、人間の魂が「知性的」で、「腐敗しない実体的生命」を持っていることは神の恵みによる、と言っている。

　私はこう答える、私たちは、私たちが知性的本質と呼ぶ人間の魂は腐敗しない、と主張しなければならない。なぜなら、物は二様の仕方で ― 「それ自体として」あるいは偶然に ― 腐敗するからである。ところで、如何なる存在物も偶然に、すなわち、何か他のものの生成あるいは腐敗によって、生成したり腐敗したりすることは不可能である。なぜなら、生成と腐敗は、ちょうど存在がそれに属しているように、生成によって獲得され、腐敗によって失われる物に属しているからである。したがって、「それ自身として」存在しているものは何であれ、「それ自体として」の他、生成したり、腐敗したりすることはない。他方、偶然に発生した物や物質的形相の如く自存しないものは、複合物の生成あるいは腐敗を通して存在を獲得したり、喪失したりする。ところで、獣の魂が自立的存在でなく、人間の魂が自立的存在であることはすでに明らかなので（前記第2項、第3項）、獣の魂はその身体が腐敗する時に腐敗する。他方、人間の魂は「それ自体として」腐敗しない限り、腐敗することはない。実際これは〔「それ自体として」腐敗することは〕、人間の魂についてのみならず、形相のみで自存する存在物についても不可能である。なぜなら、それ自身の力によって物に属しているものはその物と不可分であり、それ自身の力によって行為の形相に属することも明らかだからである。それ故、質料は、形相を獲得した時に実際の存在を獲得し、形相が質料から分離される時に腐敗する。しかし、形相が自己自身から分離することは不可能である。したがって、自存的形相が存在を止めることも不可能である。

　ある人びとが言うように、魂が質料と形相から成るということを是認するとしても、

私たちは、魂は腐敗しないということを主張しなければならないであろう。なぜなら、生成と腐敗が相反するものから相反するものへ向かっているのに、腐敗が相反するものがあるところにしか見出されないからである。それ故、諸々の天体は相反するものに属する質料を持たないから、腐敗しない。さて、知性的な魂には、相反するものは存在し得ない。なぜなら、知性的な魂はその存在様式によって受け入れ、受け入れたものは相反するものではないからである。また、相反するものの概念は、相反するものは同じ知識に属しているので、それ自体相反していないからである。したがって、知性的な魂が腐敗することは不可能である。

さらに、私たちはその徴候を、あらゆるものはそれ自身の様式に従って存在することを本来的に熱望しているという事実から知ることができる。さて、認識を持つものにおいては、欲望は認識の結果として起こる。感覚は実際、「ここで今」という条件の下でなければ、存在を認識しない。ところが、知性は存在を絶対的に、かつ全時間にわたって察知する。したがって、知性を持つあらゆるものは、本来的に、常に存在することを欲する。ところで、本来的な欲望は空しいものではない。したがって、あらゆる知性的実体は腐敗しない。

反論1に対する回答。ソロモンは愚かな人びとについて、知恵の書第2章の言葉で表現されているように、このように論じている。すなわち、人間と動物が生成において同じような始まりを持っているということは、身体について真実である。すべての動物は、同じように土で造られているからである。しかし、魂については真実でない。なぜなら、獣の魂は身体の何らかの力によって造られているのに対して、人間の魂は神によって造られているからである。これを示すために、他の動物については「地には生ける魂を生み出させよ」（創世記 1:24）と書かれ、人間については「神は人間の顔に生命の息を吹き込まれた」（同 2:7）と書かれている。そして、コヘレトの最終章（12:7）では、「塵がもとの土に帰る（前に）、霊はそれを与えた神に帰る」、と結ばれている。生命の経過も、身体については同様であって、「すべてのものは同じように息をする」（コヘレ 3:19）、また「私たちの鼻の息は煙である」（ソロモンの知恵 2:2）、と書かれている通りである。しかしその経過は、魂に関する限り同じではない。なぜなら、人間は知性的であり、動物は知性的でないからである。この点から見ると、「人間は獣に勝るところがない」と言うことは間違っている。こうして、身体に関する限り死は両者に訪れるが、魂に関する限り死は訪れない。

反論2に対する回答。ある物が何らかの理由によって創造され得るとしても、それは受動的可能性によってではなく、無からものを生み出すことのできる創造者の能動

的可能性のみによって創造されるものである。したがって、私たちがあるものを無に帰することができると言う時、それは被造物における非存在への可能性を意味しているのではなく、創造者における存在の持続を止めさせる力を意味している。ところで、ある物が腐敗すると言われるのは、その内に非存在への可能性を内在しているからに他ならない。

　反論3に対する回答。心象を通して理解することは、身体と合一している魂に固有な働きである。身体から分離した後の魂は、身体から分離した他の実体に似た、別の理解様式を持つことになろう。

4　カトリック教会の教義としての魂の不滅

　「魂が不滅であることは、長年、ローマカトリック教会の教説であったが、それが公式に教義として定義されたのは、第5回ラテラン公会議においてであった」（Hick, *Death and Eternal Life*, p.178）。トマス・アクイナスが『神学大全』（1267-73）において魂の不滅を弁証してから、実に、2世紀半を経過していた。その後、カトリック教会はトリエントの公会議において、使徒信条にある「身体の甦り」は魂の不滅を前提としたものであることを弁証した。これらの公式表明を受けて、現代のカトリック・カテキズムは魂の不滅を明解に解説している。以下、それらを年代順に紹介する。

(1)　第5回ラテラン公会議（1512-17）において定義された魂の不滅

　私たちは、知性的な魂は必滅であると、あるいは全人類の間にある唯一の存在であると主張する人びとと、およびこの論題に疑念を抱いている人びとを非難し、退ける。なぜなら、魂はそれ自体において、また本質的に人間の身体の形として真に存在するばかりでなく……不滅だからである。さらに魂は、個々に吹き込まれる莫大な数の身体のために増殖され得るものであり、また増殖されなければならないものだからである。このことは、福音書において明確に立証されている。すなわち、主は「彼らに魂を殺すことはできない」〔マタイ 10:28a〕と言い、またもう一つのところでは、「この世で自分の生命を憎む者は誰でも、それを保って永遠の生命に至るであろう」〔ヨハネ 12:25〕と言っている。また主は、人びとをそれぞれの行いによって裁き、永遠の

報酬と永遠の罰を与えると約束されている」〔マタイ 25:46〕。さもなければ、キリストの受難とその他の神秘は私たちにとって益のないものとなり、復活も待望するものではなくなり、そして聖徒たちと義人は（使徒の言うように）「すべての人の中で最も惨めな者」（Ⅰコリ 15:19）となるであろう。[5]

(2)　トリエント公会議（1545-63）において弁証された身体の甦りの前提としての魂の不滅

「身体の甦り」

　使徒信条のこの条項において、人類の復活が "the resurrection of the body"（身体の復活）と呼ばれていることは、注目に値する。実際、それは理由なくしてそう呼ばれているわけではない。なぜなら、使徒たちは必要な真理、すなわち魂の不滅 * を伝えるために、そのように意図したのである。聖書は多くの箇所で、魂は不滅であると明確に教えているにもかかわらず、人びとが勝手に、魂は身体と共に死に、共に生命を回復すると考えることのないように、使徒信条は「身体の甦り」のみを語っているのである。

　聖書では、'flesh' という語を、イザヤ書〔40:6〕において "All flesh is grass"（すべての人は草）と、またヨハネによる福音書〔1:14〕において "The Word was made flesh"（言葉は人となった）と記されているように、しばしば人間全体の意味に用いているが、ここでは、身体だけを表現するために用いられている。かくして、人間の二つの構成要素、魂と身体のうち、腐敗することなく不死のまま存続する魂とは異なって、腐敗し、もとの塵に帰る身体だけの意味に解するように勧めているのである。そこで、人は以前に死んでいない限り、生命を回復するとは言えないように、魂は再び甦る、と言うことは正しくない。

　また、'body'（身体）という語は、ヒメネウス（Hymeneus）とフィレトゥス（Philetus）の異端を論駁するために言及される。二人は使徒〔パウロ〕の存命中に、聖書が復活を語る時には、常に身体の復活の意味ではなく、罪の死から恩寵の生命へと甦る魂の復活を意味している、と理解すべきだと主張した。したがって、本条項の語は、はっきりしているように、間違いを排除し、真の身体の甦りを確かなものとしている。[6]

> 　*　魂の不滅については、トマス・アクィナス『神学大全』、Part I, Q.75, Article 6; 知恵の書 2:23; 3:4; マタイ 10:28; 22:31, 32　参照。

(3)　現代のカトリック・カテキズムにおける魂の不滅

「身体と魂は真に一つである」

366.　すべての霊的な魂が神によって直接創造されたことを ― 両親によって産み
出されたものでないことを ― 教え、また、魂が不滅であることを教える。魂は、
死によって身体から分離される時にも滅びることなく、最後の復活の際に身体と再
結合されるであろう。

「個別審判」

1021.　キリストよって明らかにされた神の恩恵を受け入れるにせよ拒むにせよ、時
が来ると、人間の生は死によって終わる（Ⅱテモ 1:9-10）。新約聖書は、第一に、
キリストが再臨して彼との最後の出会いにおける審判について語っている。しかし
また、各人は死の直後に、各人の働きと信仰にしたがって報いがあることを繰り返
し明言している。貧しい人間ラザロのたとえ話と十字架上における善良な盗人に対
するキリストの言葉は、その他のテキストと同じように、霊魂の最後の運命 ― 人
それぞれに異なることがあり得る運命 ― について語っている（ルカ 16:22／ルカ
23:43／マタイ 16:26／Ⅱコリ 5:8／ピリピ 1:23／ヘブラ 9:27／ヘブラ 12:23）。

1022.　各人は死の瞬間に，それぞれの一生がキリストとの関わりにおいて個別に審
かれ、不滅の霊魂に永遠の報いを受ける。すなわち、清めを受けてか、即座に天国
の幸いに入るか、あるいは即座に永遠の断罪を受ける。[7]

(4)　魂の不滅に関する現代カトリックの見解

「霊魂は不滅なのか」

肉体は滅んでも霊魂は不滅である ― これは現代でも、多くの西洋人が、キリスト
教信仰の有無にかかわらず、少なくとも漠然と抱いている考え方のようである。しか
し、これは厳密にいうとキリスト教の立場とは少し違う。

ギリシアの哲学では、人間は肉体と霊魂からなる、と規定している。そして人間は
死ぬと、物質的な諸要素からできている肉体はそのもとの諸要素にかえるが、霊魂は
永遠に生きつづけるというのである。この考え方は、中世以降のキリスト教神学にも
とりいれられている。

しかし、聖書の考え方は少しこれと違う。まず聖書は、人間はバザール（肉）とネ
フェシ（魂）とルアハ（霊）から成り立っているとするのである。

魂の不滅思想、その起源と歴史

「霊肉は一体である」

　その人間はペルソナとして一つのものである。旧新約を通じて、聖書の考え方では人間は一元的であり、霊肉一体である。肉体と霊魂の二元論は、聖書の考え方ではないのである。

　先ほどもちょっと触れたが、中世以降のキリスト教思想は、むしろギリシア哲学の霊肉二元論の影響を大きく受けている。カトリック教会の代表的神学であるスコラ神学は、プラトン、アリストテレスの土台の上に立ったものだ。

　そこで、今日でも、死による霊肉の分離、死後の霊魂の不滅という考えが広く受けいれられている。もちろん、復活のとき、霊魂は肉体とふたたび一体となり、完全な霊肉の一致が実現されるという考え方だから、基本的には大きな差はない。[8]

5　ジャン・カルヴァンの思想における魂の不滅

　プロテスタント（改革派）の諸教会が魂の不滅を受容したことは、その起源を辿れば、カルヴァンが『キリスト教綱要』において魂の不滅を論じたことに帰せられるように思われる。この主著の他にも、カルヴァンはコリント人への第1の手紙の注解において、魂の不滅に言及している。ここではそれらの要点を紹介する。

(1)　『キリスト教綱要』における魂の不滅

身体と魂の相違

　人間が魂と身体から成っていることは議論の余地がない。さて私は、「魂」という言葉を、〔身体より〕高貴な部分であり、本質的に不滅で、しかも創造されたものと理解する。それは時々、「霊」（spirit）と呼ばれる。両方の言葉が同時に用いられる時には両語の意味はそれぞれ異なるが、霊が単独に用いられるところでは、魂と同じ意味である。例えば、ソロモンが死について、「霊はこれを与えた神に帰る」（コヘレ12:7）と言い、またキリストが自らの霊を御父に委ね（ルカ 23:46）と言い、またステファノが自分の霊をキリストに委ねた（使徒 7:59）と言う場合、それらの霊は、魂が身体の牢獄から解放され、神が永続的な擁護者となったことを意味している。何人かは、魂が「霊」と呼ばれるのは、それが息吹き、すなわち、身体に吹き込まれた神の力で、

本質を持たないものだと想像している。これが愚かな、馬鹿げた見解であることは、そのこと自体と全聖書の両方から明らかである……。身体から分離された魂が本質的な何ものでもなかったならば、聖書は、私たちが土の家に住み（ヨブ 4:19）、死によって幕屋を去るとは教えず、また、最後の日に各人が身体において為したことに応じて最後に報いを受けるために、朽ちるべきものを脱ぎ捨てるとは教えなかったであろう。(9)

(2)　コリント人への第 1 の手紙第 15 章の注解における魂の不滅

「キリストにあって眠りについた人びとは滅びてしまったのです」（15:18）

　もしキリストの復活がなかったなら、信仰は無益であり、キリスト教は単なる幻想であることを念頭において、パウロは……一つの例を提示している。「復活はかつてキリスト者だった死者にとってどんな益があるのか？　何の益もないなら、すでに死んだ私たちの兄弟は無駄にキリストを信じて生きていたことになる」。しかし、もし魂の本質が不死だと仮定すると、この議論は一見して決定的であるように思われる。死者の魂は身体から分離された状態で生きているので、死者は滅びていない、と簡単に反論されてしまうからである。この故に、何人かの熱狂的信者は、死と復活の間の中間期には生命は存在しない、と結論する。しかし、この熱狂説を論破することは難しくない。なぜなら、死者の魂は今も生き続け、平穏な休息を楽しんでおり、彼らの幸福と慰安の完成は復活にのみ依存しているからである。また、死者の魂が神の王国を所有するために召還される、その日を待望しているということは、他でもないそのことが彼らにとってふさわしいからである。死者の希望が空しいのは、いつまで待ってもその日が到来しないことであろう。(10)

　この注解は、明らかにギリシア哲学に由来する魂の不滅思想を援用している。しかし、その重点は魂の不滅よりも復活に置かれている。ここに見られるカルヴァンの見解は、神学的議論と言うより、牧会的配慮を感じさせる。それは、彼の『黄金の小冊子』（Institutes, III. 6-10）の「次の世に望みをかける」の底流を流れる精神に通じるものなのであろう。

　自らキリスト者であると高言する多くの人が、死を望むより、むしろ死を酷く恐れ、話題が少しでも死に及ぶと、あたかも死が最大の悲惨・不運であるかのように震え上がるのは奇怪なことである。確かに、私たちの分離と聞いただけで、私たちの自然的

意識が恐怖で戦慄を覚えたとしても少しも不思議ではない。しかし、死の恐れがどのようなものであれ、キリスト者の心のうちに、それよりも大きな慰めによって死の恐れを克服し、押し潰す敬虔の光が少しもないことは全く耐え難いことである。[11]

6　プロテスタント教会の教義としての魂の不滅

　魂の不滅は一般的に、カトリック教会の教義のように考えられているが、プロテスタント（特に、改革派）教会の教義でもある。ジョン・ヒックが明言したように、「カルヴァンの時代から最近まで、この教義は改革派教会内で保持されてきた」（John Hick, *Death and Eternal Life*, p.178）。ここでは、魂の不滅に言及している改革派教会の信条を紹介する。[12]

(1)　スコットランド信仰告白（1560）

「魂の不滅」（第17条）
　選ばれた者で死せる者は、平安のうちにあり、それぞれの労苦から解き放たれて休息する。彼らは幻想者たちが確信しているように、眠るのでも、忘れ去られるのでもない。彼らは、私たちと神に選ばれたすべての者がこの世において受けるすべての恐れと苦痛、すべての誘惑から救われるのである。かくして私たちは、戦う教会と呼ばれる。それに対して、邪悪な不信仰者として死せる者は、言い表し難い苦悶、苦痛、困難を持つ。彼らが喜びも苦痛も感じない眠りの中に誰一人としていないことは、ルカによる福音書におけるキリストのたとえ話（ルカ 16:22-26）、盗人に対するキリストの言葉（ルカ 23:43）、および祭壇の下で叫ぶ魂の「聖にして真実な主よ、あなたはいつまで、地に住む人びとに私たちの血の復讐をなさらないのですか？」（黙示録 6:9-10）という言葉に証しされている。

(2)　ベルギー信仰告白（1561）

「最後の審判」（第37条）
　最後に、私たちは、神の言葉にしたがって、主によって定められた時（それは、すべての被造物に知られていない）が来ること、選ばれた者の数が満ちて、私たちの主イエス・キリストが、大いなる栄光と尊厳をもって天に昇られたように、生ける者

と死せる者を自ら宣言するために、天から肉体をもって目に見える姿で来られることを信ずる。主は、この古き世を浄めるために火と炎で焼き尽くすであろう。それから、すべての人間は偉大な審判者の前に — 男たちも、女たちも、子供たちも、この世の始めから終わりまでの間に生きた者すべて — 個々に進み出るであろう。彼らは大天使の声と神のラッパの響きによって呼び出されるであろう。なぜなら、その時までに死せるすべての人びとは地から生き返らされ（Ⅰテサ 4:16）、彼らの魂は生きていた時の肉体と結合させられるからである。そして、生きている人びとは、他の人びとのように死ぬことはなく、瞬く間に朽ちるものから朽ちないものに変えられるであろう（Ⅰコリ 15:51-53）。

それから、何冊もの書物（すなわち，良心）が開かれるであろう（黙示録 20:12）。そして死者は、この世において為した事柄にしたがって、それが善であれ、悪であれ、裁かれるであろう。実際、すべての人びとは、自分たちが口にした、この世が戯れとしか見なさない愚かな言葉をことごとく報告するであろう（マタイ 12:36）。そしてその時、人びとの秘密と偽善がすべての人びとの前に公に曝け出されるであろう。

したがって、この審判の思想が、邪悪な悪人にとって残酷で恐ろしいものであることは言うまでもない。しかし、正しい、選ばれた者にとっては、真に喜ばしく、大いなる慰めである。彼らの全き贖いが達成されるからである。彼らは自分たちの労働の果実と、自分たちが苦しんだ災いの果実を受け取るであろう。さらに、彼らの無実はすべての人びとに広く認められ、そして彼らは、この世において無実な者たちを虐げ、抑圧し、苦しめた悪人たちに対して、神が加えるに違いない恐るべき報復を見るであろう。悪人たちは、自分たち自身の良心の証しによって罪を自覚し、不死なものとされるであろう — しかし、悪魔とその天使たちによって準備された永遠の火によって苦しめられるためである（マタイ 25:41）。

これに対して、忠実な信者にして選ばれた者は、光栄と名誉の冠を受けるであろう。神の子は父なる神の前で「彼らの名を明かす」であろう（マタイ 10:32）。すべての涙は、「彼の目から拭い去られる」であろう（黙示録 7:17; 21:4）。さらに、彼らの義は — 現状では、多くの裁判官や為政者たちによって異端あるいは悪として非難されているが — 「神の子の義」として認められるであろう。また、主は、恩恵の報酬として彼らに、人の心では決して想像することができないような栄光を与えるであろう。

そういうわけで、私たちは、私たちの主イエス・キリストにおける神の約束を心行くまで味わうために、希望を抱いてその大いなる日を待ち望んでいるのである。

魂の不滅思想、その起源と歴史

(3) ハイデルベルク教理問答 (1563)

問57 「身体の復活」はあなたにどのような慰めを与えるか？

答　　この生涯を終えた後、私の魂は直ちに頭なるキリストのもとに受け入れられ
　　　（ルカ 23:43）、そして、私のこの身体もキリストの力によって甦らされ（フィリ
　　　1:21）、私の魂と結合させられて、キリストの栄光の身体と同じようにされるとい
　　　うことです（Ⅰコリ 15:20, 42-46, 54／ヨブ 19:25／ヨハネ 3:2／フィリ 3:21）。

問58 「永遠の生命」という信仰箇条はあなたにどのような慰めを与えるか？

答　　私は今、心の中で永遠の喜びの端緒を感じていますので（ローマ 14:17）、こ
　　　の生涯を終えた後、人の目が未だ見ず、人の耳が未だ聞かず、人の心が未だ抱かな
　　　かった（Ⅰコリ 2:9）、完全な祝福を自らのものとし、神を永遠に讃美するであろ
　　　う、ということです（ヨハネ 17:3）。

(4) 第2スイス信仰告白 (1566)

「信者の埋葬および死者に対する配慮について、ならびに煉獄および霊の出現につい
て」（第26条）

1 死者の埋葬

　　信者の身体は、私たちが最後の日に甦ると信じている聖霊の宮であるから、聖書は、
信者の身体が敬意をもって、地上にまつわる迷信によらずに、主によって眠りについ
た聖徒たちに対する敬意に満ちた言葉ももって、さらに、寡婦や孤児などの遺族に対
しては、家族としての愛情から果たすべきすべての義務を教えて、埋葬することを命
じている。私たちは、死者に対して何か他の配慮を為すべきだとは考えない。したが
って私たちは、キニク派には全面的に反対である。彼らは、死者の身体を軽視し、ま
るで無頓着に、軽蔑して地中に投げ入れ、死せる者に善意の言葉を述べず、遺族も全
く気にかけない。

2 死者に対する配慮

　　他方、私たちは，死せる者に軽率で不合理な態度を取る人びとを認めない。彼らは、
異邦人のように、死者を嘆き悲しむ（私たちは，使徒がテサロニケ人への第一の手紙
4:13 で認めている適度の悲嘆を非難しないけれども、全く悲しまないことは非人間的
なことだと判断する）、また彼らは、死者のために犠牲をささげ、報酬を得るために
一定の祈りをつぶやき、そのような儀式によって、死によって陥る苦しみから愛する
者たちを救うことができ、そのような魔術的儀式によって彼らを自由にすることがで

きると考えているのである。

3　身体を離れた魂の状態

なぜなら、私たちは、身体の死後、信者が直ちにキリストのもとに行くことを信じているからである。したがって、生ける者の死者のための頌徳の言葉も祈りも、また彼らのための儀式も必要ない。同様に私たちは、非信者たちは生ける者たちの如何なる儀式によっても邪悪な者たちのための出口なき地獄の中に即座に投げ入れられると信じている。

4　煉獄

しかし、ある者たちが煉獄の火に関して教えるところは、キリスト教の信条、すなわち「私は罪の赦し、そして永遠の命を信ず」に反している。また、キリストを通しての完全な浄化に、私たちの主キリストによる次の言葉に反している。「まことに、まことに、あなた方に言っておく。私の言葉を聞いて、私を遣わした方を信じる者は永遠の命を得、裁かれることがなく、死から命へと移っています」（ヨハネ 5:24）。さらに、「水浴した者は、足を除いて洗う必要がありません。全身が清いのです。あなた方は清いのです」（ヨハネ 13:10）。

5　霊の出現

死者の霊あるいは魂が時々生ける者たちに現れて、自由になれるように、ある種の務めを懇願することに関しては、私たちはかかる出現を、自分自身を光の天使に変身させることができる（Ⅱコリ 11:14）のを利用して、真の信仰を乱したり、あるいは、疑惑を生じさせたりすることに熱中する悪魔の戯れ、悪知恵、惑わしだと見なす。旧約聖書において主は、死者から真実を求めたり、霊と交わったりすることを一切禁じた（申命記 18:11）。実際，福音書の真理が宣言しているように、苦しみの中にある大食漢は、次の神の言葉によって明らかにされているように、兄弟たちのところに帰ることを拒否された。「彼らには、モーセと預言者たちがいます。モーセと預言者たちに耳を傾けるべきです（ルカ 16:29）。もし彼らがモーセと預言者たちに耳を傾けないなら、たとえ誰かが死者の中から甦ったとして、彼らが説得されることはないであろう」（ルカ 16:31）。

(5)　アイルランド信条（1615）

「人びとがこの人生から離れた後の魂の状態、一般の復活と最後の審判について」

101　この人生を終えた後、神の子らの魂はやがて天に受け入れられ、そこで言葉に

尽くせない慰めを楽しむ。邪悪なる者の魂は地獄に投げ入れられ、そこで果てしなき苦痛に耐えなければならない。

102　洗礼を受けていない親たちや子供たちの死後の居場所、煉獄、死者のための祈り、赦し、像と遺物に対する宗教、聖人たちへの祈願に関するローマ教会の教義は、聖書の証拠が少しもないのに、空しく考え出されたもので、聖書に反している。

103　この世の終わりに、主イエスは彼の父の栄光をもって雲に乗って来られるであろう。その時に、神の全能の力によって生ける者は変えられ、死せる者は甦らされるであろう。そして、すべての者は身体と魂の両方をもって神の審判の座の前に現れ、彼らが身体で為した事柄にしたがって、善か悪かのいずれかを受けるであろう。

104　最後の審判が終わる時、キリストは王国を父に引き渡し、そして神は、すべてにおいてすべてとなる（Ⅰコリ 15:24, 28）。

(6)　ウエストミンスター信仰告白（1647）

「人間の死後の状態と死者の復活について」（第 32 条）

1　人びとの身体は死後塵に帰り朽ちるが（創世記 3:19; 使徒 13:36）、彼らの魂は（死ぬことも眠ることもなく）不滅の存在を続け、直ちに、魂を与えられた神に帰る（ルカ 23:43; 伝道者 12:7）。正しい者たちの魂は、聖さにおいて完全とされているので、至高の天に受け入れられ、そこで身体の完全な贖いを待ちつつ（ヘブラ 12:23; Ⅱコリ 5:1, 6, 8; フィリ 1:23; 使徒 3:21; エフェ 4:10）、光輝と栄光の中にある神の顔を見る。邪悪なる者の魂は地獄に投げ入れられ、そこで大いなる日の審判に至るまで備えられた苦痛と全き暗黒のうちに留まる（ルカ 16:23-24; 使徒 1:25; ユダ 6, 7; Ⅰペテロ 3:19）。身体から分離した魂に対して、聖書はこれら二つの場所以外どこにも認めていない。

2　最後の日に生存中の者たちは、死ぬことなく、変えられる（Ⅰテサ 4:17; Ⅰコリ 15:51-52）。そして、すべての死せる者たちは、異なった性質においてではあるが、自分たちの魂と永久に再び結合させられる同一の身体をもって甦らされ、他の身体をもってではない（ヨブ 19:26-27; Ⅰコリ 15:42-44）。

3　正しくない者たちの身体は、キリストの力によって恥辱へと甦らされ、正しい者たちの身体は、キリストの霊によって栄誉に甦らされ、彼自身の栄光の身体に一致させられる（使徒 24:15; ヨハネ 5:28-29; Ⅰコリ 15:43; フィリ 3:21）。

(7)　ウエストミンスター小教理問答（1648）

問37　信者たちは、死ぬ時、キリストからどんな恩恵を受けますか？

答　　信者たちの魂は、死ぬ時、全く聖なる者とされ、直ちに栄光に入ります。信者たちの身体は、依然としてキリストに結び付けられたまま、復活するまで墓の中で休みます。

　これらの諸信条に対して、マルティン・ルターとルター派の人びとは、教義的観点から魂の不滅に言及することがほとんどない。例えば、アウグスブルク信仰告白 (1530)、ルターの大・小教理問答 (1529)、シュマルカルト条項 (1537)、和協信条 (1577) などには魂の不滅に言及した条項はない。これは、ルター自身が死後の問題についてほとんど精力的に取り組まなかったことに帰せられるのであろう。

　最後の審判という伝統的な考えを否定しているわけではないが、ルッターの著作には、それに触れることがほとんどない。彼がそれに触れる時は、神学的問題としてではなく、むしろ説教においてである。したがって、概して最後の審判、身体の復活、メシヤ王国についてルッターは沈黙を守っている。たとえば、世の終わりに起こる万人の復活についても、彼が牧会的配慮から、死者を悼む信徒たちに、死せる者が「眠り」に入るというような比喩的表現でいたわり、その表現のもたらす必然的帰結として「再び醒める」、「よみがえる」ということに触れているにすぎない。ルッターにとっては、キリスト教信仰の全重力は、義とされる信仰に生きることにかかっているのである。(13)

注

(1)　David Gallop, "Introduction" in *Plato: Phaedo*, Oxford World's Classics 参照。

(2)　出典：*Plato: Phaedo*, Oxford World's Classics.

(3)　Saint Augustine, *The City of God*, The Modern Library Edition.

(4)　The Summa Theologica of St. Thomas Aquinas [First Part, Q.75, Article 6] in *Great Books of the Western World*, 19: Thomas Aquinas, pp.383-84.

(5)　Norman P. Tanner S.J., ed., *Decrees of the Ecumenical Councils*, p.605.

　　　第5回ラテラン公会議 (1512-17) の表明において魂の不滅を弁証するために用いられた聖句は、正確には、「身体を殺しても魂を殺せない人びとを恐れてはいけない」

であり、その後の「むしろ、魂と身体の両方を滅ぼすことのできる方を恐れなさい」（マタイ 10:28b）と結び付いている。この聖句の引証は、適切でなかったように思われる。なぜなら、この表明は霊肉二元論の影響を受け、人間は魂と身体から成るという考え方を踏襲しているが、魂の不滅は「魂と身体の両方を滅ぼすことのできる方」、すなわち神によって実質的に否定されているからである。ちなみに、現行の *Catechism of the Catholic Church* では、この聖句は魂の不滅の弁証に用いられていない。

(6)　"The Resurrection of the Body", in *Catechism of the Council of Trent for Parish Priests*, pp.120-121.

(7)　*Catechism of the Catholic Church, Second Edition*, p.93 & pp.266-67.

(8)　セラフィノ・フィナテリ『キリスト教の常識』1999, pp.27-30.

(9)　Institutes, I. 15. 2.

(10)　*Calvin's Commentaries*, Volume XX; Commentary on the First Epistle to the Corinthians Vol. II, pp.20-21.

(11)　Institutes, III. 9. 5.

(12)　CCFCT, Volume II.

(13)　大林浩『死と永遠の生命』pp.128-29。

参考資料

煉獄観の歴史的変遷

1　煉獄に関する教義の起源

2　カトリック神学における煉獄観

3　宗教改革者たちの煉獄観

4　トリエント公会議の煉獄観

5　第2バチカン公会議の煉獄観とその後

1　煉獄に関する教義の起源

煉獄の教義の起源は、紀元前2世紀から1世紀のユダヤ人の思想にまで遡る。彼らは、死ぬと生前の行いによって神に裁かれ、また信者は神が死者の魂に慈悲を垂れるように祈るべきだと考えた。

> しかしユダは、敬虔のうちに眠りについた人びとのために備えられている素晴らしい報酬に目を留めていたが、それは聖にして、敬虔な思いからだった。したがって彼は、彼らが罪から解放されるように、死者のために贖いのいけにえを捧げたのである（Ⅱマカベア 12:45）。

「マカベア書」は、ユダヤ教やプロテスタント諸教会によって正典と認められていないが、ローマカトリック教会からは認められており、この箇所は後に、煉獄に関する教説の基礎となったものである。

初期キリスト教最大の思想家アウグスティヌスは、『神の国』において、最後の審判および清めの懲罰による浄化についてマラキ書とイザヤ書を引用して、次のように論じている。

> 預言者マラキは……最後の審判を預言し、「見よ、彼が来る、と万軍の主は言われる。誰が彼の来る日に耐えられようか？……わたしはあなた方の神・主であり、変わることがないからである」と言っている。これらの言葉から、ある人びとが最後の審判において、ある種の煉獄の懲罰を受けることは、いよいよ明らかになってくる。次の言葉によって、それ以外のことが考えられるだろうか？　「誰が彼の来る日に耐えられ

魂の不滅思想、その起源と歴史

ようか、すなわち、誰が彼を見ることができようか？　彼は精錬する者の火として、また布を晒す者の灰汁として来るからである。そして彼は、金銀を制するかのように、溶かし、清めながら座る。そして彼は、レビの子らを清め、金や銀のように、彼らを注ぎ出す」（マラキ 3:1-6）。イザヤも同じように言っている。「主は、裁きの霊と焼き尽くす霊によって、シオンの息子たちと娘たちの汚れを洗い、彼らの中の血を清められる」（イザヤ 4:4）（Augustine, *The City of God*, XX. 25）。

2　カトリック神学における煉獄観

　カトリック神学における「煉獄」（purgatorium）は、人が死後汚れを清められ、天の救いに預かることを可能にする浄化の過程を意味する。

　12 世紀以降、「清めの火」（ignis purgatorius）という語句が I コリント 3:15 との関連において用いられてきたが、これは清めの過程における懲罰的側面を強調している。

　煉獄の観念は、ギリシア哲学における二元論を大前提とし、さらに、死と復活の間にある中間の状態を、すなわち、死によって体から分離された魂が生き続け、体の復活を待ち望んでいる状態を前提としている。後の、成熟したスコラ哲学（13 世紀）における教説では ― 教会の伝承と II マカバイ 12:45、マタイ 12:32、黙示録 22:15、特に I コリント 3:15 の諸聖句を調和させる形で ― 煉獄を、赦し得る軽い罪からの清め、あるいは、現世において犯罪を償った後も残っている懲罰からの清めと定義した。

　大多数の神学者は、清めの火を、体から解き放たれた魂に独特な方法で接する、一種の物理的現象であると考えた。この考えは、たとえ一致信条の形にすることはできないまでも、煉獄の観念を、物理的世界の統一された概念に適合させようとする動きを生んだ。死後の清めの過程における期間や、激しさに関しては、さまざまな意見があった。しかし、中世の神学者たちは、概して、アウグスティヌスに倣い、煉獄における懲罰を、現世において耐え得るいかなる懲罰よりも厳しいものと考えた。リヨンの公会議（1234 年）とフィレンツェの公会議（1439 年）において、カトリック教会は煉獄に関する教説を本質的な要素として採択すると共に、ギリシア正教会の教説との妥協にも務めた ― ギリシア正教会の大部分の教会は、煉獄の存在を否定したが、その信者たちは生存中の信者の祈りと善行によって死者を助けることができると信じていた。

263

3 宗教改革者たちの煉獄観

16 世紀の宗教改革者たちは、復活に至るまでの中間段階の存在を認めたが、煉獄の存在は否定した。煉獄に関するマルティン・ルターの教説を一概に述べることはできないが、彼はこの中間段階を、「意識も感覚もない、深くて夢を見ない眠り」と理解し、魂は「神の前に生き、目覚めているとしても、キリストの平和のうちに幸福に」眠ると考えた。ルターは、初期には、煉獄の存在を信じていたが、火の苦痛は外からもたらされるものではなく、神の怒りの下で経験する内的な良心の苦悩だと理解していた。この考えは信者たちを惑わせた。ルターは、その後の思想的発展を経て、煉獄の教説を退けた。すなわち、煉獄は聖書に基づいておらず、義認の教説 ― 死によってのみ終わる生涯にわたる過程 ― と矛盾すると考えたのである。死せる者の魂のためになされる祈りと悔悛の行いは、彼によれば、人間の業であり、したがって、聖なる業の価値を減ずるものだった。

フルトリヒ・ツヴィングリとジャン・カルヴァンは、共に正統派のプロテスタントと見なされているが、「魂の眠り」を認めなかったが、中間的段階の存在を認めた。二人は、煉獄が存在する根拠を聖書から見出すことはできないと考えた。

ツヴィングリは、煉獄の教説はマルコ 16:16 の記事と矛盾すると主張した。信じてバプテスマを受ける者は永遠の救いを得るのだから、火に焼かれることはないと考えたのである。

カルヴァンにとって煉獄は、キリストを甚だしく冒涜するものだった。彼は『キリスト教綱要』の「贖宥と煉獄」を論ずる中で、特に煉獄に対して激しい口調で批判を加えている。

2. 贖宥は聖書に反している

　（なぜなら）キリストの血が罪の赦し、和解、贖罪にとって十分であることを ― それをあたかも干し上がって使い果たされたので、その不足は補充され、充満されなければならないかのように ― 否定することにもまして、キリストの血を悪辣に冒涜することがあるであろうか？　「キリストについては、律法もすべての預言者も証している」と、ペテロは言っている。「彼を通して、私たちは罪の赦しを受けなければならない」（使徒 10:43）。（Institutes, III. 5）

6. 煉獄の教義は論破されなければならない

煉獄は多くの冒涜から構成されており、日々新しいもので補強されているので、また多くの由々しき罪を扇動しているので、確かに見て見ぬ振りをすべきではない。人は、神の言葉に関わりなく奇妙で大胆な無分別によって編み出された事実を一時的に言い紛らわすこともできよう。しかし主は、審判の秘密の場所にまで踏み込むような人間のあつかましさを許さないし、人びとが彼の言葉を無視して死者から真理を探ろうとすることを厳しく禁じられる（申命記 18:11）。主はまた、彼の言葉が不敬に堕落させられることを許さない。……

今や彼らは、彼らの「煉獄」をもって、私たちを煩わせてはならない。それはすでに斧によって、砕かれ、切り倒され、根底から覆されたのである……。しかし、私たちの先の議論（前述 2）から、キリストの血が信者たちの罪に対する、唯一の償罪、唯一の浄化であることが全く明白であるならば、煉獄が全くキリストに対する恐るべき冒涜であるという以外に何が残っているであろうか？　　　（Institutes, III. 5）

4　トリエント公会議の煉獄観

宗教改革者たちが煉獄の教義には聖書的根拠がないと指摘したのを受けて、カトリック教会はトリエント公会議（1545-63 年）において、聖書からその決定的証拠を見出すための努力が払われ、Ⅰコリント 3:11-15 が最も有力な関連箇所として挙げられた。しかし、神学者たちの間には、さまざまな意見の相違があり、活発な討議がなされたにもかかわらず満場一致に至らず、結局、聖書テキストからの直接引用を避け、聖書、教父たちの伝承、諸公会議を総括する形で決着がつけられた。すなわち、煉獄に関する最終的教令（1563.12.3-4）では、次のように表現された。

煉獄に関する教令

カトリック教会は、聖霊の導きにより、聖書と聖なる公会議における教父たちによる古代の伝承と最近の世界教会的公会議から、煉獄が存在し、そこに閉じ込められた魂が信者たちの祈り、とりわけ、祭壇で受け容れられる犠牲によって助けられることを教えたので、聖なる公会議は司教たちに、聖なる教父たちと聖なる諸公会議によって受け継がれてきた煉獄に関する正当な教えがキリスト信者たちによって信じられ、保持され、いたるところで宣べ伝えられ、説明されることを確かなものとするように命じる（DEC, p.774）。

5 第2バチカン公会議の煉獄観とその後

　トリエント公会議後、カトリックの神学者たちは煉獄の根拠を聖書と伝承に求めたが、プロテスタントの諸教会はその教義を頭から拒絶した。第2バチカン公会議（1962-65年）は、トリエント公会議の教説を踏襲し、「旅する教会の終末的性格と天の教会との一致について」（Chapter 7）において、次のように述べた。

> 51.　天の栄光のうちにある、あるいは、死後今なお清めの過程にある兄弟たちと姉妹たちとの生きた交わりに関する私たちの先祖のこの尊ぶべき信仰を、この聖なる教会会議は深い尊敬の念をもって受け入れ、また、第2ケニア、フィレンツェ、トレントの聖なる会議の教令を再び提示する（DEC, p.891）。

　カトリック神学はその後、煉獄に関する教説をさまざまな方向に発展させたので、世界教会的な規模で対話の負担となることはほとんどなくなった。キリスト教神学の全体の中で、伝承に基づいた中間的状態の観念は、疑問視されるようになった。物理的に測定可能な経験から知られる時間の概念は来世に移された。20世紀後期のプロテスタント神学者たちによって強調された、死後復活するという観念は、評判の高いカトリック神学者たちによっても容認された。無論、教務省から反対されている。そういうわけで、何人かのカトリック神学者は、最早、中間的段階を適切な教義とは考えていない。彼らは、その教義を、集団的終末論と個人的終末論との調和を図ろうとした、中世神学の概念的仮説と見なしているのである。

　煉獄に関する教説は、20世紀末に至って、カトリック神学における主要な改訂事項と見られるようになった。煉獄は、神の慈悲と相容れないような、想像を絶した苦痛や苦悩として理解されてはならないものであった。浄化は、人びとの心を満たしてくれる神に対する愛が増大して起こるものである。何人かの神学者は、煉獄に関する古代の伝承を、死に際して神とキリストに出会う瞬間としてとらえるなら、支持し得ると考えている。

現代に生き続ける魂の不滅思想

前書き

　カトリック教会だけでなく、プロテスタント教会、特に改革派教会の影響を強く受けた地域でも、魂の不滅思想は広く、かつ深く浸透していったように思われる。そしてその思想は、根強い民間の宗教心と相俟って変貌を遂げながら、キリスト教信仰に関わりなく多くの人びとの間にも伝播していったことが分かっている。例えば、英国の詩人・評論家のマシュー・アーノルド（1822-88）は、その著 *Culture and Anarchy* において、19 世紀の英国人の心に浸透していた魂の不滅思想について語っている。

　　魂の不滅の観念がその一般的な形において人間精神の前に現われる時の方が、聖パウロが有名なコリント人への手紙第 15 章において、またプラトンが『パイドン』において詳説し、確立しようと努めた特殊な形においてよりも、一層完全で、一層真実で、一層満足すべきものであることは確かに認めなければならない。[1]

　アーノルドは当時の英国に、ヘブライズムの復活思想とヘレニズムの霊魂不滅思想とは別に、人間精神の発展により両思想を凌駕する魂の不滅に対する信仰心が広まっていたことを明らかにしている。「魂の不滅に対する宗教心」は、もはやキリスト教信仰とは関わりなく、より優れた思想として現代人の心に深く浸透し、現代も生き続けているように思われる。

　　1　現代キリスト者たちの死生観
　　（1）米国の牧師が説いた死者との再会
　　（2）プロテスタント牧師が語った死者との再会
　　（3）カトリック作家が語った死者との再会
　　（4）神学者が個人の不滅を前提に説いた死者との再会
　　2　現代に生き続ける魂の不滅思想、現状の総括
　　3　現代における社会的要請としての魂の不滅

1 現代キリスト者たちの死生観

現代キリスト者たちの死生観として、一人の高名なアメリカ人牧師の説教と、三人の代表的日本人キリスト者の死生観、死者との再会願望を紹介する。

(1) 米国の牧師が説いた死者との再会

米国の神学者 R.A. ボディ師は、イリノイ州のトリニティ福音派神学校の実践神学の教授として、28 年間に 125 回行った説教「死ぬのが怖いですか？」を公開しているので、その要点を紹介する。

死は終わりではありません。キリストにあって私たちは、永遠の虚空、冷酷で沈黙した破滅の荒地に運命付けられてはいません。キリストは死んで葬られ、三日目に永遠の生命力によって再び甦りました。彼の復活によって、生命と不死がもたらされたのです。そして彼は、私たちに勝利を分かち与えてくださいました。「私が生きているのですから」、と彼は言っています。「あなた方も生きるでしょう」（NRSV：ヨハネ 14:19）。「私は復活であり、生命です。私を信じる人びとは、たとえ死んでも生きるでしょう。また、生きていて私を信じる人は誰も、決して死ぬことはないでしょう」（ヨハネ 11:25-26）。死は終わりではありませんし、人間生活の無意味なドラマに降ろされる最終的な幕でもありません。それは、壮麗な始まりです。それは、もう一つの広大な生命への通路であり、地平線上に伸びている道です。キリストにおいては、最後の言葉は死ではありません。最後の言葉は生命です ― 永遠の、不滅の、燦然たる、栄光に満ちた生命です！

しかし、これがすべてではありません。私たちの心配事を沈黙させるために、イエスは来世が如何なるものであるかについて、いくつかの暗示と示唆を与えています。彼はそのことについて何を語っているでしょうか？

第一にイエスは、私たちは彼と共にいると言っています。「私はあなた方のために一つの場所を備えに行きます。そして私が行って、あなた方のために場所を備えたら、また来て、あなた方を私のもとに迎えます。したがって、私のいるところに、あなた方もいることになるでしょう」（ヨハネ 14:2-3）……。

この思想にはもっと素晴らしいところがあります。そこには、主にあって私たちの愛する者たちとの再会が含まれているからです。「私の家には多くの部屋があます」（ヨハネ 14:2）と言ったイエスの言葉を思い出しませんか？　父の家です！　キリスト

信者が死ぬと行く家です。さて、家とは何でしょうか？　本当の家とは、愛する者が住み、心と心が親しく再会して抱擁し合い、豊かな喜び、優しい記憶、甘美な夢を共有する所です。そして、愛し合う者たちがキリストに対する共通の愛を分かち合い、心が一層深い合一において再び心を見つけ、神の永遠の家における一層満ち足りた喜びを見つける所です。

　　死は私たちの心を永久に失望させることがありません。死は神の子らを永久に引き離すことはできません。私たちの別離の辛い涙は、天において、合一の歓喜によって、甘味なものに変わるでしょう。(2)

　この説教を特徴付けているのは、「私たちの愛する者たちとの再会が含まれている」ことである。これは、ボディ師の個人的な聖書解釈に基づいた、魂の不死を前提とした死生観である。その中心的思想は聖書のテキストから直接導き出されたものではなく、会衆の自然的感情に最大限の配慮をした結果生まれたもので、慰めの説教を創出するのに役立っている。

(2)　プロテスタント牧師が語った死者との再会

　文芸評論家（元中渋谷教会牧師）の佐古純一郎は、ＮＨＫ教育番組「心の時代 ― 新約聖書を語る・永遠の命」と題する放送で、永遠の生命について、「永遠の命は永久の命ではない」、と否定的に語り、「教会に来て聖霊の導きを受けなければ、それを知ることはできない」と語った。

　「新約聖書を語る」一般向け放送番組において、新約聖書の教える「永遠の命」を語らず、それをあたかもキリスト教会の秘儀に属するかのように語ったことは、どう考えても合理的でない。普通に聖書を読む限り、新約聖書が教える永遠の命は、教会に行かなくても理解できる性質のものである。ヨハネによる福音書の中に、永遠の命に言及した箇所があることは周知の事実である（例えば、ヨハネ 3:36, 17:3 参照）。

　佐古はまた、死者との再会についても語った。

　　死んでみもとに行くのもいいが、正直言って、なるべく娑婆にいたい。今死んでも怖くない。日本的な言い方だが、私を産んだ直後に死んだ母に、一度も見たことがなく、声を聞いたこともなく、その乳房から吸ったこともない母に会えるからです。(3)

　佐古が語ったことは、聖書の教えでもないし、キリスト教信仰でもない。こ

れは佐古自身の、魂の不滅を前提にした宗教心の発露に他ならない。「新約聖書を語る」というテーマの放送にはふさわしくなかったように思われる。新約聖書を語らず、自身の宗教心を語っているからである。佐古のこの発言は、伝統的なキリスト教信仰と自身の宗教心を区別しないところから生じた、一つの混乱である。

(3) カトリック作家が語った死者との再会

　カトリック作家遠藤周作の葬儀は、1996年10月2日、東京・聖イグナチオ教会で行われたが、その際、作家の安岡章太郎は弔辞の中で、生前の遠藤が死者との再会を楽しみにしていたことに触れて、次のように語った。

　しかし遠藤は、かねてからしばしば私に言ってゐたものだ。「おれは死ぬことは、ちっとも怖くないよ。死ねば天国でおふくろや兄貴が待ってゐてくれる」
　その言葉を私は信じよう。あれほど苦労を重ね、その中からあれほど大変な、画期的な仕事や大作を、つぎつぎと積み上げてきた遠藤に、それくらゐの酬ひがなくてはかなはぬと思ふからである。この上は、どうか安らかな眠りを遠藤にお与へ下さることを、お祈りするばかりだ。[4]

　死ねば天国で親族に会えると願うのは、カトリック信仰ではない。『カトリック要理』にも，このような記述は見当たらない。これが魂の不滅を前提にした遠藤自身の宗教心であることは明らかである。死者との再会願望は、キリスト教信仰に関わりなく、多くの人が抱いている、ごく自然な宗教的感情である。

(4) 神学者が個人の不滅を前提に説いた死者との再会

　神学者の桑田秀延（元東京神学大学学長）は『キリスト教の人生論』の中で、「キリスト教の死生観」について論じている。しかしその死生観は、驚いたことに、伝統的な ― 聖書に基づく、あるいは教義に基づく ― キリスト教の死生観ではなく、彼独自の神学に基づく死生観である。

　キリスト教では、死後における個人の生命を信じています。パーソナル・インモータリティという言葉はこれを示しているでしょう……。キリスト教では……個人が残るものと信ぜられています。讃美歌の489番に、親は子に、友は友に、妹は背に会う父のみもとという言葉がありますが、キリスト教徒はそれをそのまま信ずるわけです。

その生活のしかたは、地上の生と違って、もっと御使いたちのように霊的なものとなるのでしょうが、個人の意識は残るものと信ぜられております。この信仰について波多野精一博士の『時と永遠』という名著はその終わりの部分で、むずかしい用語ではあるが、これを肯定しています。(5)

　桑田はここで、「キリスト教では、死後における個人の生命を信じています」と明言し、それを論証するために三つの根拠を掲げている。しかし、彼の掲げる根拠には、疑わしき問題がある。

　第一に、彼の言う「パーソナル・インモータリティ」という用語は、キリスト教に特有な用語ではない。「個人の不滅」は一般的に、精神哲学の分野で扱われる概念で、人が生存中に保持している個人的同一性 ── 個人の記憶、信念、習慣、気質的特徴の継承といった心理学的基準 ── の不滅を意味している。彼は "personal-immortality" という言葉はキリスト教の「死後における個人の生命」を示していると言っているが、"personal-immortality" に言及した教義（信条、信仰告白、教理問答）は存在しない。そもそも用語の存在からその実存を立証する議論はナンセンスである。

　第二に、桑田は讃美歌 489 番を取上げ、その歌詞がキリスト者の信仰を裏付けているかのように主張しているが、讃美歌の歌詞は作詞家の個人的信仰（宗教心）を反映したもので、必ずしも共同体の信仰を反映したものではない。この関連では、カルヴァンが個人的信仰を退け、聖書的信仰を表明するために、ジュネーヴの教会において讃美歌の代わりに聖書に基づく十戒、シメオンの歌、特に詩編歌を歌ったことを思い浮かべるべきであろう。個人的な信仰を詠んだ讃美歌を根拠にして個人の死後の存続を主張することは、まさに、本末転倒である。

　さらに桑田は、個人の意識が死後も残る根拠を、波多野精一の著作『時と永遠』に求めている。波多野はどのように語っているのか？

　愛が又永遠的実在性が唯一の存在であるかなたの世においては、神の神聖なる回想力は却ってむしろこの世において軽んぜられた具体的個体的内容に復活の優先権を許すやも計られぬ。この世のままなる人倫的関係はかの世においては滅びるであらう。しかしながらこの世においてすでに神意を伝へ得たものは、かなたの世において更に明かに力強く同じ言葉を語るのではなからうか。かの世にての再会といふが如き通俗的信念も、無造作に根も葉もなき迷信として貶すことは、この世の智慧を恃んで神の

真実を裏切る業であり得ぬと、誰が言ひ切りうるであらうか。

　要するに、来らむ世においては、この世における人も物も、又人と物との交はりも、その形のままでは滅びる。しかしながら、それの内容は、従って文化及び自然の内容も、永遠の回想によって無より有に呼び戻される限り、壊滅より救ひ出されて、一切であり又一切を包む無限の愛を、神と人と又人と人とを往来する滅びぬ生を、有らしめ乃至豊かにするものとなるであらう。(6)

　これを読むと、桑田が波多野の見解を読み違えていたことが分かる。波多野は、死後も個人の意識が残るとは言っていない。来世においては、現世の人も物も、人と物の交わりも滅びると言っている。『時と永遠』の末尾で論じているのは、個人の意識の存続による来世での再会ではなく、無から有を呼び戻す、神の神聖なる回想力によって回復される人間の再会の可能性である。

　桑田のキリスト教的死生観は、要するに、「パーソナル・インモータリティ」という用語自体に普遍的な真理があるかの如く錯覚することによって、讃美歌に詠まれている個人的な信仰がキリスト教信仰そのものであるかの如く思い込むことによって、さらに波多野宗教哲学の核心を誤解することによって成り立っている。換言すると、桑田の死生観は、聖書の言葉に基づかず、プロテスタントの歴史的諸信条の助けも借りず、神とは何の関わりもないところで成り立っている。

2　現代に生き続ける魂の不滅思想、現状の総括

　前項「現代キリスト者たちの死生観」で取り上げた四人には、一つの共通した特徴が見られる。彼らは皆、豊かな想像力の持ち主である。

　米国の神学者 R.A. ボディ師は、キリスト者が死ぬと行く家とは「愛する者が住み、心と心が親しく再会して抱擁し合い、豊かに喜び、優しい記憶、甘美な夢を共有する所です」と言う。彼は想像力によって、聖書の記事（ヨハネ14:2-3）を豊かに脚色し、会衆が抱いている死後の恐怖心を取り除くことに努めている。

　他方、三人の日本人キリスト者（評論家・牧師の佐古純一郎、カトリック作家の遠藤周作、プロテスタント神学者の桑田秀延）は、それぞれの信仰心に基

づいて、死後の愛する者たちとの再会の思いを披歴している。そこには共通する特徴が見られる。

① 彼らは皆、聖書の言葉に基づかないで、死後の愛する者たちとの再会を望んでいる。

② 彼らは皆、伝統的な魂の不滅思想に言及することなく、死後にまで生き続けることが普遍的な真理であるかの如く、死後の愛する者たちとの再会を望んでいる。

③ 彼らは皆、死者との再会に焦点を合わせ、主の御許に召されることには一言も触れていない。彼らの願望は人間中心的で、神への信仰を等閑にしている。

　日本を代表する三人のキリスト者はこのように、自分たちの信仰心からというよりは、自然的感情の赴くままに愛する者たちとの死後の再会を望んでいる。しかし、彼らはキリスト者なのだから、ボディ師が言うように、信者は死ぬと愛する者たちの住む主の家に迎え入れられる、と言うべきだったのであろう。

　さて、ボディ師を含む四人のキリスト者の死生観を総括すると、彼らは明確に言及していないが、魂の不滅を前提に論じている。魂の不滅の教義は現在、カトリック教会とプロテスタントの改革派教会によって保持されているが、人間を分解不可能な心身統一体と見なす現代人の感覚から見ると、この教義は受け入れ難い。そこで、私たちは使徒信条の復活信仰に立ち帰り、死後の愛する者たちとの再会の望みは保留し、死に際しては、こう祈るべきなのであろう。

全能なる神よ、あなたの栄光を表すために復活させられる時まで、イエス・キリストの苦難と死と復活の故に、あなたの神聖なる記憶に留めてくださいますように！

3　現代における社会的要請としての魂の不滅

　現代人は等しく、人間が精神と肉体から成る、分解不可能な統一体であることを認めている。

　20世紀後半以降、キリスト教界に多大なる影響を与えたイギリスの宗教哲学

者・神学者のジョン・ヒック（John Hick, 1922-2012）は、人間とは何ものか
について、説得力のある見解を表明している。

> 現在の科学者たちと西欧の哲学者たちの間で支配的な、人間に関する見解は、人間は
> 分解不可能な心身統一体（an indissoluble psycho-physical unity）である、というも
> のである。私たちが知っている唯一の自己は、経験的な自己であり、生きている間歩
> き、話し、行動し、眠る個人であり、60〜80年ほど生きた後に死ぬ存在である。知
> 的な出来事と知的な特性は、行動様式とこの経験的自己の行動的傾向に分析される。
> 人間は、私たちが知的で、憤慨し、ユーモアがあり、計算する……などの特徴を持つ、
> 高水準の方法で行動する有機体として説明される。こうして精神あるいは魂の概念は、
> 「機械の中の霊魂」の概念ではなく、人間が行動し、行動させる際にとる一層柔軟に
> して洗練された方法の概念である。(7)

　現代人の人間観がこのように、分解不可能な心身統一体であることはほとん
ど疑いない。しかし、多くの人は死者を前にした時には、突然霊肉二元論の立
場に立ち帰り、魂の不滅を前提にしてしか語り得ない言語障害に陥るらしい。
　例えば、神を信じていない人びとが死者を指して「天国に行った」と表現す
ることは、暗黙のうちに不死の魂の行方を示唆しており、神不在の天国に行っ
たことを意味している。それは死者に敬意を表し、死者の死後を美しく語る、
一種の美辞麗句であり、必ずしも天国の存在や死後の生を信じているところか
ら発したものではない。
　また多くの人が、葬儀に列して死者に語りかける弔辞も、実際には葬儀に参
加している人びとに聞かせているものだが、暗黙のうちに死者の不死の魂が耳
を傾けていることを想定している。
　こうして、彼らが抱いている不死の魂への思いは、宗教心から発していると
いうよりは、死者を中心にした人間関係を再確認することを意図しており、結
果的に、葬儀を合理的に成立させるための、不文律の社会的要請に応えている。
　今日、国の内外を問わず行われている公式の追悼行事は、行事への参加者た
ちが等しく共有している思い、死者の魂は今も生きているという宗教心の上に
成り立っている。しかしこの宗教心は、多くの人にとってもはや宗教ではなく、
社会的要件として機能している良識である。魂の不滅思想が今日、社会的要請
として観察される所以である。

注

(1) Matthew Arnold, *Culture and Anarchy and other Writings*, ed. Stefan Collini [CUP, 1993], pp.133-34.

(2) "Are You Afraid to Die?" in *If I Had Only One Sermon to Preach*, ed. Richard Allen Bodey.

(3) 1997.3.16 ＮＨＫ教育番組「心の時代 ― 新約聖書を語る・永遠の命」

(4) 安岡章太郎「信仰上の〈父〉遠藤」(『文芸春秋』2001 年 2 月号所収)。正確を期するために、後日公開された雑誌記事から引用。

(5) 桑田秀延『キリスト教の人生論』(講談社現代新書、1986) pp.57-58.

(6) 波多野精一『時と永遠』(岩波書店『波多野精一全集』V, 1949) pp.227-28.

(7) "The Resurrection of the Person" in John Hick, *Death and Eternal Life*, 1985, p.278.

現代キリスト教の世俗化

現代キリスト教は、その全体ではないが、神中心的観点を喪失して人間中心的になり、他の御利益宗教と何ら変わらない様相を呈している。そこで、その顕著な世俗的傾向の幾つかを、簡潔に論じる。

1　神観の世俗化：私たちは全能の神を信じているか？
2　信仰の世俗化：私たちは信仰を神の恩寵と考えているか？
3　祈りの世俗化：私たちは正しく祈っているか？
4　説教の世俗化：私たちは神の言葉を正しく語り、また聴いているか？
5　死生観の世俗化：私たちの生を神のものと考えているか？

1　神観の世俗化：私たちは全能の神を信じているか？

多くの教会で使徒信条の告白が行われているが、すべての信者が全能の神を信じているのか、甚だ疑わしい。例えば、2011年3月11日の東日本大震災を自然災害と見なし、それらを全能の神の力の埒外に置いている。もし私たちがそれらを神の真意に基づいたものだと考えず、ただ犠牲者の冥福を祈り、被災者への助けを願っているとしたら ― そして、その態度が現代のキリスト教会とキリスト者からどれほど大きな支持を得ていようとも ― それは、私たちの信仰が神中心的でなく、自然主義的・人間中心的で、世俗的見解と何ら変わらないことを意味している。

なぜなら、キリスト教の神は、アブラハムが信じていた「死者に生命を与え、存在していないものを呼び出して存在させる神」（ローマ4:17）、全能の神だからであり、またイエスが金持ちの青年に教えたように、「すべてのことを可能にする」神（マタイ19:26、他）だからである。

ジャン・カルヴァンはヨブ記に関する説教で、神が「旋風の中から」語られた事実の意義について語っている。

聖書はしばしば、神が暴風雨 ― 雷鳴、稲妻、地震、旋風 ― を通して自己啓示されることについて述べている。驚くべき自然的現象を通してのご自身の栄光を現そうとされる神の意図は、ご自身が語りかけようとする人びとの注意を喚起するためであって、決して彼らを圧倒したり、脅したりするためではない。もし神がヨブのような聖なる人間さえも、力を示して調べる必要があったとすれば、私たちも時として同様の力の明示を必要としていることは否定し難い。とは言え、今日の信者たちは、別の形の明示を必要としている。「ある者は疑念を抱き、何人かの者は自らの良心に苦しみ、他の者たちは病気によって苦しめられ、あるいは逆境に見舞われる」。しかし、これらが起こる時、信者たちはこれらの問題を通して神が何かを語りかけている印と考え、注意を払うべきだ、とカルヴァンは言う。不幸なことに、神の懲らしめが繰り返された後でさえも、すべての人が注意を払うわけではない。それは、あたかも神がこれら「不運な者たち」の心に「鉄槌による大打撃」を繰り返し加えているかの如くである。学ぶべき要点は、私たちは神の言葉に対して一層柔軟な容器であるように務めるべきだ、ということである。(1)

またカルヴァンは、『祈りの形式』（祈祷日礼拝）の序言において、疫病、戦争、自然災害などが神の力の支配下にあり、人間の罪と深く関わりがあることを表明した。

聖書は、疫病、戦争、およびこの種の他の災難が神による私たちの罪に対する懲罰であることを教えているので、私たちがこれらのことが起こっているのを見る時、私たちはそこに神の怒りを認めなければならない。そしてその際、もし私たちが真に信者であるなら、私たちの罪を思い起こすにふさわしく、私たちの行いを恥じ、悲しみ、偽りない悔い改めを行い、より良い生活をするように主に立ち帰り、心から従順になって、主の赦しを懇願することができる。

したがって、私たちが神の脅しを見る時にはいつでも、神の忍耐を試みず、（さもなければ、今まさに私たちに起ころうとしていることを見る）神の裁きを避けることができるなら、毎週日を定めて、人びとに特にこれらのことを勧め、必要に応じて神に祈り、嘆願することがふさわしい。(2)

マルティン・ルターは神がどこにいるかについて論じ、この問題は人間理性の理解力をはるかに超えていると言い、「神の最も好む座は罪を深く悔いる心である」と、イザヤ書を引用している。

1648　神の偏在は理解不可能である。

　私たちの神はすべての被造物の外側に、下方に、上方に存在する。しかし私たちは、その思想に満足することができない……。すなわち神は、存在するすべてのものの外側におられる。「天が私の座である」（イザヤ 66:1）と言っているからである。したがって神は、天のはるか上にまで伸びているに違いない。「また、地は私の足台である」（イザヤ 66:1）と言っているからである。したがって神は、全世界の中にいるに違いない。「彼は万物を満たすために、すべての天のはるか上にまで上られました」（エフェ 4:10）。パウロが言うように、もし神がそうした方なら、現存されているに違いない。しかし理性は、ちょうどツヴィングリが御父の右手について夢想するように、これらのことを何も理解することはできない。だから、ある哲学者が言うように、神はその中心がどこにでもある円であって、その円周はどこにもない。神は、最も好む座は罪を深く悔いる心である（イザヤ 66:2）、と言った。(3)

　私たちプロテスタントの信仰の礎を築いた三人の偉大な神学者、アウグスティヌス、ルター、カルヴァンは、神の絶大な恩寵を誉め称えて、何ものにもまして神の栄光を表明した。米国ミネアポリスのベツレヘム・バプテスト教会の牧師ジョン・パイパーは彼らの生涯と信仰を論じた『至高の喜びに満ちた遺産』において、彼らの恩寵への傾倒を次のように要約した。

　アウグスティヌスの全生涯は、神の恩寵の栄光に対する一つの偉大な「告白」であった。「私の助け人であり、私の身請け人である主よ、私をがんじがらめに繋ぎ止めていた性欲の足枷から、またこの世の事柄にとらわれていた奴隷状態から、あなたが如何に私を解放してくださったかを、今、私はあなたの聖名の栄光に語り、告白します」。ルターが恩寵を発見した時から、神の栄光を表明することは、彼の労働の原動力となった。『私の大義の始まりに、当時非常に重要な人物で、アウグスティノ修道会の牧師だったシュタウピッツ博士が私に「あなたの説いている教義が栄光とあらゆるものを神のみに帰し、人間に何も帰していないことに、私は満足しています」と言ったことを思い起こす』。カルヴァンの人生行路は、1539 年の枢機卿サドレトとの最初の論争から確定していた。その論争で、カルヴァンは枢機卿に「人間存在の主要な動機として、（人間の）前に神の栄光を表明する熱心さを置くこと」を主張した。(4)

　もし私たちが、私たち自身と私たちの教会の安泰と繁栄のみを求め、私たちの思いを超えた「天地の造り主、全能の父なる神」を信ずることができなくな

現代キリスト教の世俗化

っているとしたら、また栄光とあらゆるものを神のみに帰することができなくなっているとしたら、私たちは真の神も、真のキリスト教信仰も持っていないことを、率直に認めなければならない。

2　信仰の世俗化：私たちは信仰を神の恩寵と考えているか？

聖書が教える信仰は、神から与えられる恩寵である。

> 私の言葉と宣教は説得力のある知恵の言葉によって行われたものではなく、霊と力が現れたことによるものです。したがって、あなた方の信仰は人間の知恵に依存するものではなく、神の力に基づくものです（Ⅰコリ 2:4-5）。

> 恵みによってあなた方は、信仰を通して救われたのです。そしてそれは、あなた方自身の働きによるものではなく、神の賜物です（エフェ 2:8）。

信仰は、トマス・アクィナスが言うように、「神の恵みによって触発された意志の支配下で神の真理を承認する知性的行為である」。[5]　またルターが言うように、「信仰は生き生きとした、揺るがない確信であり、人がそのために何千回でも死ぬことを厭わないほど神の恩寵を信ずることである」。[6]　またカルヴァンが言うように、信仰は「聖霊を通して私たちの精神に啓示される」。

> カルヴァンは、信仰を「私たちに対する神の慈悲に関する確固とした、確実な知識 ── すなわち、キリストによって惜しみなく与えられた約束の真理の上に築かれ、聖霊を通して私たちの精神に啓示されると共に、私たちの心に刻印された知識」[7]　と定義している。信仰は一種の知識であるから、それは御言葉による神ご自身の啓示に依存している。[8]

またブルトマンが言うように、「信仰というものは、人間の側からいえば、決断をもって、神を信ずる生活へと踏み切ることかも知れないが、そのこと自体が神の恵みなしには起こらないのである」。[9]

こうして、信仰が恩寵によるものであることは、聖書だけでなく、神学者たちの見解によっても例証されている。

他方、現代日本のプロテスタント教会には、恩寵による信仰を軽視している

牧師・教師たちがいる。彼らの間では、「信仰の継承」という言葉が横行している。信仰は、継承されるものなのか？

　「継承」とは、一般的に、『先の人の身分・権利・義務・財産などを受け継ぐこと。「王位を─する」』（大辞林）と説明される。日本におけるキリスト教信仰は、法的にも世襲的にも、両親から受け継ぐものではないから、「信仰を継承する」とは言えない。宗教改革期には、領主の意向に沿って地域共同体がこぞってカトリックからプロテスタントに改宗し、その信仰が後代に継承された事例が数多く生じた。しかし、信教の自由が保障されている日本では、継承の対象となるような信仰は存在しない、と考える方が正しい。

　「信仰を継承する」という表現が、もし自分たちの子孫に向けられているなら、単純明快に「福音を伝える」と言い換えるべきである。伝えることができるのは福音であって、信仰ではないからである。福音の伝達自体に重きを置き、それから先のことは神に委ねるべきである。キリストに対する信仰は神の手中にあり、人間の力で継承できるものではない。宣教の専門家である牧師ですら未信者のまま成長した息子や娘を抱えて困惑しているのはこのためであろう。

　「信仰を継承する」という表現が、もしキリスト者の葬儀に参列した人びとに向けられているなら、そこで意図されているのは、恐らく故人の信仰でも信仰心でもなく、その多くが模範として見習うべきもので、継承するものではないように思われる。旧聞に属するが、ローマ法王ヨハネ・パウロ二世の死に接して、彼の故国ポーランドの一市民は、突然の TV インタビューに答えて、「彼の価値観は何としても継承しなければならない」と語っていた。ヨーロッパの一キリスト者によるこの発言は、日本の教会では千金の重みがある。

　教会の指導者たちは教会用語を大切にし、何が神に帰せられ、何が人間に属するかを正しく認識し、何が人間の努力によって継承できるものかを特定しなければならない。

3　祈りの世俗化：私たちは正しく祈っているか？

　ジャン・カルヴァンは「罪の赦しを求める嘆願は、祈りの最も重要な部分である」との立場から、

現代キリスト教の世俗化

祈りの最も重要な部分としての罪の赦しを求める嘆願

　要するに、正しい祈りの始まりは、その準備でさえ、謙虚で率直な罪の告白を伴った赦しを求める嘆願である。如何に聖なる者であろうと、神が進んで和解するまでは何も獲得することができないし、神が赦した者以外に慈悲深く臨まれることもあり得ないからである。したがって、私たちが数多くの詩編から学んでいるように、信者たちがこの鍵をもって祈りの扉を開けたとしても少しも不思議ではない。(10)

と述べ、1542年ジュネーヴの教会のために、如何に罪を告白し、赦しを求めるべきかの模範を示した。

　兄弟たちよ、私たち各自は自分自身を主の前に差し出し、自分の罪を告白しましょう。そして私が先に、次の言葉を述べる間、自分の精神をもって私に付き従ってください。
　永遠にして全能の父・神である主よ、私たちはあなたの聖なる威厳の前に、私たちが過ちと罪のうちに宿されて生まれ、不法を犯しがちで、如何なる善の働きも為し得ない惨めな罪人たちであることを、また私たちの堕落によって、あなたの戒めに際限なく背いていることを認め、正直に告白します。私たちはまた、あなたの正しい裁きから、私たち自身の上に破滅を招来しています。しかし、主よ、私たちはあなたを怒らせてしまったことを心から嘆き悲しみ、真の悔い改めの思いをもって私たち自身と私たちの過ちを責め、あなたの恵みによって、私たちの悲惨な状態から救い出してくださるようにあなたに願い求めます。
　そこで、最も慈悲深く、最も憐れみ深い神、御父よ、あなたの御子、私たちの主イエス・キリストの名によってあなたの恵みを私たちに授けて下さい。私たちの過ちを拭い去り、私たちのすべての汚れを洗い流し、あなたの聖霊の賜物を私たちに日々増し加えて下さい ― 私たちが心の底から私たちの不法を認め、私たち自身を益々憎むようになり、真の悔い改めへと掻き立てられますように。 ― また、神が私たちのすべての罪をもって私たちを恥じ入らせ、あなたを喜ばせる義と聖性の果実を私たちのうちに生み出させて下さいますように。私たちの主、イエス・キリストを通して。アーメン。(11)

　しかし、今日のプロテスタント教会の中には、罪を告白し、赦しを求めることに無関心な教会、牧師、信者たちが少なからず見受けられる。神が最も好まれる座が罪を深く悔いる心であることを知らないかの如くである。
　教会の礼拝で捧げられる祈りも世俗化され、その本来のあり方から逸脱して

281

いる。すなわち、罪の告白によって祈りの扉を開くこともなく、ただキリストの十字架による贖いの恵みを型通りに表明し、幸せな現状に型通りの感謝を捧げた後で、すべての願い事を網羅するように多くの請願が、事前に用意されたメモに基づいて延々と行われる —— 世界の平和から始まり、説教者への聖霊の導きに至るまで。この種の祈りは、その形式と内容において、もはやキリスト教の祈りと呼ぶに値しない。なぜなら、「私たちの心の深奥の部分にまで降りて行き、そこから —— 喉と舌からではなく —— 神を呼ばなければならない」⁽¹²⁾との教えから程遠いからである。

さらに、教会内・外で行われる諸集会でも、聖職者を含め何人もの信者が祈っているのに、誰一人として罪を告白せず、罪の赦しを求めることもなく、ただ自分たちの幸せな境遇を感謝し、自分たちの幸せな信仰生活、集会の成功と繁栄を求めて長々と祈願しているのを見る。

さらに、多くのキリスト者は、2011年3月11日に東日本を襲った大地震と巨大な津波を経験しても、不幸な自然災害だと考えている。すなわち、自然災害を、天地を造られた神の全能の力の埒外にあると見なしている。だから、罪を告白し、赦しを求めて祈りを捧げることもない。例えば、日本キリスト教団出版局発行の月刊誌『信徒の友』5月号の巻頭の「祈り」は、そのことを端的に示している。

> 主よ、この虚脱感の中で、
> いま、あなたの御心を問うことはいたしますまい。
> 家族や隣人を喪い、住み慣れた家を失い
> ——いや、郷土そのものを流失した人々の絶望や悲嘆に
> わたしたちのこの身をつなぐことができますように。
> そうして、先の見えない困難な中にひとつひとつ道を探っていく途上で、
> ゆるされるならば主よ、あなたの御光を見させてください。

この作者は紛れもなく、神中心の視点を喪失し、人間中心の立場から復興の過程で私たちに都合の良いタイミングで神の光を見ようとしている。彼の心の中にもはや全能の神は存在せず、合理的で、自分に好都合な神が想定されている。したがって、これは信仰から生まれた祈りではなく、作者の自然的感情の所産に過ぎない。前出の『至高の喜びに満ちた遺産』の一節は、このような祈りをささげるキリスト者に、また私たちに警鐘を鳴らしている。

ディヴィット・ウェルズが「その存在において威厳があり、聖であるこの神は……現代の福音主義的世界から消え失せている」と言う時、びっくり仰天するほど正しいからである。レスリー・ニュービギンも、ほとんど同じことを言っている。「私は突然、ひとかどの人物が福音主義的キリスト教のすべての用語を駆使できるのに、その中心が根本的に自我、私に必要な救いであるのを見た。そして神は、それを補助するものとなっている……。私はまた、非常に多くの福音主義的キリスト教が本筋から安易に逸脱し、私中心、私に必要な救いが中心になり、神の栄光が中心でなくなっているのを見た」。そして、何と、私たちも逸脱している。神の栄光という貴重な重みを主要な経験としている諸教会は、今日、どこにあるか？ (13)

要するに、祈りの扉を開く真実な罪の告白から始まらない「感謝と請願から成る祈り」は、私たちの救いだけを求める世俗的な祈りは、世間一般で行われている御利益宗教の祈りと本質的に少しも変わらない、ということである。ただ神を利用しているに過ぎないからである。

4 説教の世俗化：
私たちは神の言葉を正しく語り、また聴いているか？

宗教改革の、特にマルティン・ルターの偉大な発見の一つは、神の言葉は一冊の本の形で私たちに来る、ということだった。したがってルターは、聖職者たちが本質的に一冊の本によって伝達される神の言葉の仲買人であることに固執した。

何人かの牧師や説教者たちは、怠惰で、少しも良くない。彼らは祈らない。彼らは読まない。彼らは聖書を探求しない……。彼らの召命は見張り、研究し、身を入れて読むことである。実際、あなた方は聖書を余り多く読むことができない。あなた方は読んでいるものを余り注意深く読むことができない。あなた方は注意深く読んでいるものを余り良く理解することができない。あなた方は良く理解しているものを余り良く教えることができない。あなた方は良く教えているものを余り良く生かすことができない……。悪魔……この世……そして私たちの肉体は、私たちに対して激怒し、荒れ狂っている。したがって、親愛なる方々、兄弟たち、牧師たち、説教者たちよ、祈り、読み、研究し、勤勉であれ……。この邪悪で恥ずべき時代は、怠惰であるための、眠

るための、鼾をかいて過ごすための好機ではない。(14)

また、カルヴァンにとっての説教も、神ご自身が聖霊の道具としての説教者に語ることであった。カルヴァンは説教を神の言葉を伝えること、神ご自身の権威を所有することと考えていた。

聖書は「神の言葉」であるから、説教者はその言葉の、謙虚な僕である重責を担っていた。したがって説教者は、聖書テキストの中に自分自身の考えを侵入させず、「純粋な言葉」の「純粋な教え」を述べなければならない。説教を聴く時、会衆は言葉を聴き、神によって教えられる (enseignez de Dieu) ために「神の学校」(l'escole de Dieu) に入った。(15)

確かに、カルヴァンは聖書の福音の代わりに自分自身の考えを説教する人びとを嫌悪した。「説教壇に入る時、私たちは私たち自身の理想や空想を持ち込むことができると考えてはならない」(16) と、彼は警告した。

しかし、現代日本のプロテスタント教会では、聖書の自己解釈が横行している。多くの牧師・教師たちは、説教を聖書の自己解釈の場、自分の見識の高さを誇示する機会と考えているように思われる。

英国教会には、未熟な牧師たちが勝手気ままに（聖書の自己解釈による）説教をしないように模範的な講話 (homilies) を朗読する伝統がある。日本のプロテスタント教会でも、これに類した措置が必要なのであろう。

5　死生観の世俗化：私たちの生を神のものと考えているか？

キリスト教における死生観が教派・教会によって異なることは、死者に対する扱い方に端的に現れている。信者の死は「帰天」「昇天」「召天」「逝去」「死去」などと、さまざまに呼ばれ、それぞれの教派・教会の死生観を端的に反映している。

キリスト教界において、教派・教会によって死生観を異にしているということは、不思議な感じがする。しかし、キリスト教は生きている者の宗教だから、余り重要でない死についての見解を異にすることは当然であり、大きな問題ではないと言えるかも知れない。

そこで、現代キリスト教に見られるさまざまな死生観を瞥見してみる。

カトリック教会では、信者の死を「帰天」と呼んでいる。この「帰天」という用語は、「塵はもとの地に帰り、霊はそれを与えられた神に帰るであろう」（コヘレ 12:7）を思い起こす時、納得がいく。

また、信仰告白として「ウエストミンスター信仰告白」を受け容れている改革派の教会おいて、信者の死を「召天」と呼んでいることも納得できる。その信仰告白の第 32 条に「正しい者たちの魂は、聖さにおいて完全とされているので，至高の天に受け入れられ、そこで体の完全な贖いを待ちつつ、光輝と栄光の中にある神の顔を見る」とあるからである。

しかし、実質的にさまざまな教派から成る日本基督教団に属する諸教会において、信者の死がさまざまに呼ばれていることは、当然と言えば当然なのであろうが、好ましいことではない。ある教会では「召天」と呼び、ある教会では「逝去」と呼んでいる。そしてそれらの呼称が伝統として定着している教会もあれば、牧師の交代によって「召天」から「逝去」へ、あるいは「逝去」から「召天」へ揺れ動いている教会もある。それらの教会が共同体の信仰として明確な死生観を持っていないことを示している。

日本基督教団の中には、死生観に関して全く無頓着な教会もある。例えば、ある教会では、説教で「私たちの国籍は天にある」と説きながら、また、日頃からハイデルベルク教理問答を学んでいながら、― 問い 57 の答えには、「その生涯の終わりには、私の魂は直ちに頭なるキリストのもとに受け入れられる」と明記されているのに ― 信者の死を「逝去」として扱い、毎年「逝去者記念礼拝」を行っている。

キリスト教会における「逝去」という用語は、プロテスタント教会における死の世俗化を反映している。今日では、「尊厳死」の思想が普及し、誰しもが人間らしく、自らの尊厳を保ちながら死に方を選べることは良いことだと考えている。この考え方はキリスト者の間にも広まっていて、キリスト者における死の世俗化を促進しているように思われる。

このキリスト者における死の世俗化の問題は、それが紛れもなく人間中心主義の立場に立っていて、この地上における私たちの生が神から与えられたものだという信仰までも脅かされていることである。すなわち、神観の世俗化と信仰の世俗化と無関係ではない、ということである。いやむしろ、死生観の世俗化は、それらの世俗化の結果なのであろう。

注

(1) Dawn Devries, "Calvin's Preaching" in *The Cambridge Companion to John Calvin*, p.113.

(2) "Weekly Day of Prayer" in John Calvin, Writings on Pastoral Piety, p.159.

(3) "GOD" in *What Luther Says*, Compiled by Ewald M. Plass, 1959.

(4) John Piper, *The Legacy of Sovereign Joy*, p.24.

(5) "Whether To Believe Is Meritorious?" in *The Summa Theologica of Saint Thomas Aquinas*, Part II of the Second Part, Q.2, Article 9.

(6) "Preface to the Epistle of St. Paul to the Romans" in John Dillenberger, ed., *Martin Luther: Selections From His Writings*, 1962, p.24.

(7) Institutes, III. 2. 7.

(8) Dawn Devries, p.107.

(9) Rudolf Bultmann, *The Theology of the New Testament*, p.329／大林浩『死と永遠の生命』p.131.

(10) Institutes, III. 20. 9.

(11) *Treatises on the Sacrament, Tracts by John Calvin*, trans. Henry Beveridge, p.100. この英訳は Bard Thompson および Elsie Anne McKee の英訳（本書 p.137 参照）と若干異なっている。

(12) カルヴァン：第 1 教理問答 28。

(13) John Piper, *The Legacy of Sovereign Joy*, p.117.

(14) Fred W. Meuser, *Luther the Preacher*, pp.40-41.

(15) Susan Schreiner, "Calvin as an interpreter of Job" in *Calvin and the Bible*.

(16) T.H.L Parker, *Portrait of Calvin* , p.83.

III
キリスト教的言行編

信仰と信仰心の弁別

キリスト教を理解するための二つの世界観

知る人ぞ知るカルヴァンの名言、自己否定の教説

カルヴァンから学ぶ巡礼者の生き方

柳家小三治の衣装哲学とカルヴァンの衣装神学

カール・ヒルティの聖職者観を読んで

ボンヘッファーの「祈ることと正義を行うこと」

祈り　　　　　　　　有馬登美子

イスラエルを旅して　　有馬登美子

信仰と信仰心の弁別

「信仰」と「信仰心」の関係は、キリスト教一般について論じることはできない。カトリックとプロテスタントとでは、その在り様が著しく異なっているからである。そこで、カトリックとプロテスタントにおける信仰と信仰心の関係を個別に考察する。そして最後に、「信仰」と「信仰心」を弁別することによる効用に言及する。

1　カトリックにおける信仰と信仰心
2　プロテスタントにおける信仰と信仰心
3　「信仰」と「信仰心」を弁別することによる効用

　　参考資料：英語圏における faith と belief の使い分け

1　カトリックにおける信仰と信仰心

カトリック信仰の包括的理解は、二つの側面から得られる。すなわち、教義的側面は、英語圏では *Catechism of the Catholic Church* [Libreria Editrice Vaticana] によって、典礼的側面は *The Order of Mass in Latin and English* によって得られる。日本ではそれぞれ、『カトリック要理』と『キリストと我等のミサ』によって得られる。

カトリック信仰は、教義と典礼の両側面において、詳細かつ明確に定められ、その通りに理解され、実践されているので、信仰の両義性 ── 信仰と信仰心の関係 ── を改めて認識する必要性も、論じる必要もないほどである。なぜなら、カトリック信仰の世界においては共同体の信仰の占める領域が広く、個人的信仰／信仰心の占める領域が狭いので、信仰に両義性があることを認識しなくても、そのことによる弊害はほとんどないからである。

また、カトリック信仰の世界においては、そのキリスト者の発言や行動がカトリック（共同体）の信仰に属するか、個人的信仰に属するかを決定することが容易である。*Catechism of the Catholic Church* や『カトリック要理』に照

らして判断することができるからである。しかしこのことをもって、カトリック教会が非常に厳しい宗教集団であると断ずることはできない。キリスト者の言行がカトリック信仰から逸脱している場合でも、罪の赦しの秘跡が存在することと相俟って、彼らの世界に充満している寛大な包容力が機能しているからである。

　ここで、信仰と信仰心の関係を彷彿とさせる一つのエピソードを紹介する。

　カトリック作家遠藤周作の葬儀（1996.10.2, 東京・聖イグナチオ教会）に連なり、そこで聞いた安岡章太郎の弔辞は印象的だった。彼は、次のような言葉で弔辞を締め括った。

> しかし遠藤は、かねてからしばしば私に言ってゐたものだ。「おれは死ぬことは、ちっとも怖くないよ。死ねば天国でおふくろや兄貴が待ってゐてくれる」
> 　その言葉を私は信じよう。あれほど苦労を重ね、その中からあれほど大変な、画期的な仕事や大作を、つぎつぎと積み上げてきた遠藤に、それくらゐの酬ひがなくてはかなはぬと思ふからである。この上は、どうか安らかな眠りを遠藤にお与へ下さることを、お祈りするばかりだ。[1]

　ここで引用された遠藤周作の死者との再会願望は、*Catechism of the Catholic Church* や『カトリック要理』に照らして、カトリック信仰ではなく、紛れもなく彼の個人的信仰である。安岡はその認識に基づいて、遠藤の労苦と功績の故に、「死ねば天国でおふくろや兄貴が待っていてくれる」という彼の願望が、報いとして与えられてしかるべきだと言っているのである。ここでは、遠藤の信仰心と安岡の信仰心が、カトリック信仰の光の下で見事に響き合っている。

2　プロテスタントにおける信仰と信仰心

　プロテスタント教会の信仰を一概に論じることはできない。その教義や典礼は教派によって異なり、多岐に亘っているからである。例えば、日本福音ルーテル教会は信条として、使徒信条、ニケヤ信条、アタナシオス信条、アウクスブルク信仰告白、同弁証論、ルターの大・小教理問答、シュマルカルド信条、和協信条などを信奉し、日本キリスト改革教会はウエストミンスター信仰告白

と大・小教理問答を信仰基準とし、教会組織に長老主義制度を採用しているが如きである。

　プロテスタントの主要な教派であるルター派と改革派を比較しただけでも、両者の教義の間には大きな相違が見られる。例えば、ルター派はカトリック教会の赦しの秘跡（告解）を放棄したけれども、その慣行を維持している。例えば、アウクスブルク信仰告白（1530年）には、次のような規定がある。

　12. 改悛（Repentance）
　[1] 私たちの教会は、洗礼後に罪を犯した人びとが改心した時にはいつでも罪が赦されることを教え、[2] 改悛に立ち帰る人びとに教会が罪の赦しを告げなければならないことを教える。(2)

　しかし、改革派の諸信条のうちに「告解」の秘蹟に類する規定を見出すことはできない。「とは言え、カルヴァンは、ルター同様に、牧師に対して個人的な罪を告白することを、有効な霊的修練として勧めた。」(3)
　また、ルターとルター派はカトリック教会の魂の不滅思想を受容しなかったが、カルヴァンと改革派の諸信条はそれを受容することによって、ルター派との違いを鮮明にした。例えば、改革派の主要信条のウエストミンスター信仰告白（1647年）は、人間の死後の状態について、次のように述べている。

　32. 人間の死後の状態と死者の復活について
　1.　人びとの身体は死後塵に帰り朽ちるが（創世記 3:19; 使徒 13:36）、彼らの魂は（死ぬことも眠ることもなく）不滅の存在を続け、直ちに、魂を与えられた神に帰る（ルカ 23:43; 伝道者 12:7）。正しい者たちの魂は、聖さにおいて完全とされているので、至高の天に受け入れられ、そこで身体の完全な贖いを待ちつつ（ヘブラ 12:23; Ⅱコリ 5:1, 6, 8; フィリ 1:23; 使徒 3:21; エフェ 4:10）、光輝と栄光の中にある神の顔を見る。邪悪なる者の魂は地獄に投げ入れられ、そこで大いなる日の審判に至るまで備えられた苦痛と全き暗黒のうちに留まる（ルカ 16:23-24; 使徒 1:25; ユダ 6, 7; Ⅰペテロ 3:19）。身体から分離した魂に対して、聖書はこれら二つの場所以外どこには認めていない。(4)

　プロテスタント教会には、このように、主要な教派間に教義的に重要な相違が認められる。その他に、日本のプロテスタント教会には、一層重大な欠陥が存在する。その欠陥とは、数多くの教派が共同体としての信仰に関して詳細な

定義を保有していないことである。例えば、日本の大多数のプロテスタント教派は、日本福音ルーテル教会、日本キリスト改革教会など幾つかの教派を別にすれば、非常に簡潔な信仰告白をもって、それぞれの共同体の信仰を定義している。ちなみに、日本基督教団の信仰告白は約680字から成るが、その3分の1（約230字）は使徒信条の引用である。日本バプテスト連盟の信仰宣言と日本ホーリネス教団の信仰告白も比較的短い。それらの信仰宣言や信仰告白は総じて、簡潔で要を得ているが、共同体としての信仰を言い表すものとしては極めて不十分なものである。

　さて、簡単な信条／信仰告白しか保有していない教派のどこに問題があるのか、と言えば、そのような教派においては、個々の教会が保持している共同体の信仰の占める領域が狭く、牧師の個人的信仰によって補足・補強されなければならない領域が広いということである。換言すると、かかる教派に属する各個教会では、教会の共同体としての信仰が牧師の神学／個人的な信仰によって確立されなければならない、ということである。結果として、同一教派でありながら各個教会が異なった信仰を保持せざるを得なくなっている。

　この関連では、日本バプテスト連盟がその信仰宣言において、「加盟教会は」信仰宣言に盛られた共通の信仰に基づいて「独自の信仰告白を持つ自主独立の各個教会である」と表明していることは注目に値する。

　当然なことながら、各教派の各個教会においては、教会の、共同体としての信仰が牧師の神学／信仰心によって左右されることになる。一般論を言えば、ある教会では、牧師の謙虚さと絶えざる研鑽の結果から、会衆が心から神を讃美できる優れた礼拝式を構築し、会衆の信仰生活を導くに足るた優れた説教が行われる。しかし他の教会では、牧師の自己中心的な性向から、不調和な礼拝式を構築し、自らの思想と経験に基づいて聖書を自己流に解釈する、好ましからざる説教が行われる。

　このような事情から、同一教派内の各個教会はそれぞれ異なった信仰を保持するようになり、実際に異なった信仰を保持している。例えば、日本基督教団の諸教会の間では、罪の赦しに関して異なった信仰が表明されている。

　具体的に例証すると、一方では、『日本基督教団式文』（2006 試用版）と『主日礼拝の祈り』（日本基督教団出版局刊）は、罪の告白の祈りを次のように捧げることを勧めている。

罪の告白の祈り

司式者　全能の神に罪を告白しましょう。

　　　　憐れみ深い父なる神よ、わたしたちに御言葉に信頼することに薄く、戒めに従
　　　　って歩むことに怠慢でありました。御心に背いて罪と過ちを重ねたことを懺悔
　　　　いたします。どうか今、わたしたちを憐れみ、御子イエス・キリストの贖いの
　　　　ゆえに、お赦しください。そして、悔い改めるわたしたちに、豊かな恵みを与
　　　　え、新しい命で満たしてくださいますように。主イエス・キリストの御名によ
　　　　って（祈ります）。

一同　　アーメン。(5)　　　　　　　　　　　　　　　　〔下線は筆者による付加〕

　他方では、礼拝説教において、私たちの罪はキリストの贖いの死の故に赦さ
れていると、明確に宣言されている ──「十字架には完全な赦しがあります。
キリストがただ一度血を流されたから、私たちは罪赦された者として、いやさ
れるのです。この十字架のキリストに結ばれている限り、もう罪に悩むことは
ありません」(『教会週報』2015.6.14)

　前者の、罪の告白を行う諸教会においては、牧師と会衆すべてがイエス・キ
リストの贖いの故に罪の赦しを求めることによって、神の御前に罪人として、
主の祈りを祈り、使徒信条を告白するキリスト者としてふさわしく立っている。
このように、典礼においてキリストの（贖いの）故に罪の赦しを求めることは、
欧米におけるキリスト教の伝統を反映している。

　しかし、後者の教会における牧師と会衆は、神の御前に罪を赦された者とし
て立ち、罪人のための主の祈りを祈り、使徒信条を告白することによって自家
撞着に陥っている。

　信仰と信仰心の弁別という観点から見ると、前者の罪の告白の祈りは、日本
基督教団に属する多くの教会が保持しているであろう「共同体の信仰」であり、
後者の説教は「一牧師の神学／信仰心」から発した個人的見解であるように見
える。そしてこの見解は、信仰と信仰心を弁別していないところから生じてい
るようにも見える。なぜそう見えるのか？　それは、キリストの十字架による
罪の赦しの教説が古代から今日に至るまで、伝統的なキリスト教の何れの教派
によっても教義として公式に定義されることなく（すなわち、信条／信仰告白
の中で表明されることなく）個々の教会と信者たちの信仰心に任されてきた歴
史的事実を知る者には、そう見えるのである。

参考までに付記すると、キリスト教会以外の知識人の間では、信仰と信仰心の弁別が良識として一般的に行われている。下記の文章は、旧聞に属するが、作家正宗白鳥が死のほぼ半年前にキリスト教に復帰し、信仰告白をしたことを背景に、彼の宗教心／信仰心を論じたものである。

　死後、白鳥について書かれた文章の中で、荒正人が、白鳥のキリスト教はもっぱら死の恐怖からはいっていったもので、罪の意識というものはほどんど見られない。これが彼の宗教心の原型だと書いた。（「殉教の否定」、38年2月「文芸」）[6]

　ここで荒正人が白鳥の宗教的信条について、「彼の信仰」と言わず「彼の宗教心」と書いていることは注目に値する。ここで指摘されているように、白鳥のキリスト教へのアプローチが罪の意識からというより、死に対する恐怖から発していたことは広く知られている。つまり、白鳥の場合、共同体の信仰を論じる余地はほどんどなかったのだから、「彼の宗教心」という表現はまさに正鵠を得ていたわけである。また、ここで荒正人がキリスト教を罪の意識といった観点から見ている、その教養の深さも見逃してはならないだろう。

3　「信仰」と「信仰心」を弁別することによる効用

　信仰心は、さまざまな形で存在する。マタイによる福音書第8章に記されている百卒長がイエスから「立派な信仰として」推奨されたのも信仰心であり、ルターが落雷に遭い、そこに神の召しを感じ取り修道士になることを決断させたのも信仰心であり、カルヴァンがストラスブール行きを断念させられジュネーヴに留まることを決断させたファレルのうちに、またジュネーヴ追放中にストラスブール行きを決断させたブツァーのうちに、神の意志を読み取ったのも信仰心であった。これらの信仰心は何れも、当事者にとって意義のあるものだった。このように、何人の信仰心であれ、その真実は彼の、あるいは彼女の個人的な経験の中にあり、それ以外のどこにもない。

　他方には、聖書講解において説教者が、聖書知識を補うために、あるいは意表を突くような説明をするために、自分の考えや経験を聖書テキストの中に読み込んで解釈する信仰心もある。この種の、牧師の信仰心主導の説教は、現代のプロテスタント諸教会に蔓延している。

重要なことは、牧師であれ信徒であれ、信仰に両義性があることを認識し、それぞれの役割を最大限に生かすことであろう。信仰と信仰心を弁別することによる効用とは何なのか？

① 信仰と信仰心を弁別する者は、常に、教会の、共同体としての信仰の確立に心がけ、自分の信仰心を前面に出すことには慎重を期する。聖書解釈においても、自分の思想や経験を聖書テキストの中に読み込むような、自己解釈は絶対にしない。もし説教者が率先して自己解釈をすれば、会衆はそれを真似て、それぞれが自分勝手に聖書を読み、解釈するようになることを見通しているからである。また、宣教とは、自分の思想や経験（信仰心）を伝えることではなく、神の言葉を伝え、共同体の信仰を伝えることだと、固く確信しているからである。

② 信仰と信仰心を弁別する者は、実存的な祈りを捧げる。祈りは本質的に、信仰心をもって神に向かって即興的に捧げるものである。信仰心から為される祈りは、如何に拙くとも、神に訴え、人びとの信仰心に訴える。人びとに神の臨在を実感させる悔い改めの祈りは、信仰心から発した実存的な祈りからしか生まれない。事前に用意した原稿を朗読するような祈りは、その場を取り繕うだけの方便であり、どれほど論理的に整えられていても、祈りと呼ぶに値しない。

注
(1) 正確を期するため『文芸春秋』2001 年 2 月号から引用。
(2) "Augsburg Confession" in CCFCT, II-64.
(3) David C. Steinmetz, "Theology of John Calvin" in *The Canbridge Companion to Reformation Theology*, p.125.
(4) "Westminster Confession of Faith" in CCFCT, II-646.
(5) 『日本基督教団式文』（2006 試用版）p.61／越川弘英・吉岡光人監修『主日礼拝の祈り』日本キリスト教団出版局 2017, p.100.
(6) 中野好夫『人間の死にかた』（新潮選書 1969）中の「ある懐疑主義者の回心」から引用。

参考資料

英語圏における faith と belief の使い分け

前書き

　ギリシア語新約聖書の、信仰を意味する場合の *pistis* は、英訳聖書において
は faith と訳されてきた。信仰を意味する英語には、faith の他に belief があ
るが、それは中期英語（ME: 1150-1349）に限られる。現代英語の belief はそ
の意味ではほとんど用いられない。*The Oxford English Dictionary* は、単数
形の belief を "trust in God; the Christian virtue of faith" の意味に用いる
ことは古風で、時代遅れだと指摘し、複数形の beliefs は、通常（"articles of
faith" と呼ばれている）特定の教派の教義を指す、と説明している。
　しかし興味深いことに、英語圏では、聖書以外の現代英語の文献では、共同
体の信仰を意味する場合には、主として faith が用いられ、個人的な信仰を意
味する場合には、personal faith や belief が用いられている。以下、それらの
使用例を具体的に紹介する。

(1)　faith の用例
(2)　belief の用例
(3)　faith と belief の対照的な用例
(4)　religious faith の用例
(5)　religious belief の用例

〔下線は、筆者による付加を示す〕

(1)　faith の用例

　faith が共同体の信仰を表現するために用いられている事例を、最初に紹介
する。

　The faith of Christendom is present in the confessions of faith and the creedal
writings of the different churches. ("Creeds and confessions" in Britannica)／キ

リスト教世界の信仰は、さまざまな教会の信仰告白と信条的文書の中に現存する。

The faith expressed in the Nicene Creed is the faith the bishop is to guard and the congregation to confess as 'the Church's faith'. (Mitchell, *Praying Shapes Believing*, p.291)／ニケア信条において表現された信仰は、主教が守るべき、そして会衆が「教会の信仰」として告白すべき信仰である。

But the Holy Spirit has called me through the gospel, enlightened me with his gifts, and sanctified and preserved me in true faith, just as he calls, gathers, enlightens, and sanctifies the whole Christian church on earth and preserves it in union with Jesus Christ in the one true faith. ("Luthern Confessions: The Small Catechism," in CCFCT, II-37)／しかし、聖霊は福音を通して私を召し、聖霊の賜物をもって私を照らし、真の信仰によって私を聖化し、支えられた。それはあたかも、聖霊が地上の全キリスト教会を召し、集め、照らし、聖化し、そして一つの真の信仰によってイエス・キリストと一つになって全キリスト教会を支えるが如くである。

次に、faith が個人的な信仰／信仰心の意味で用いられる事例を掲げる。この場合には、概して personal faith の形をとる。このことは逆説的に、faith が通常共同体的な意味に用いられることを裏書している。

As we have seen, the reformer strongly insists upon the role of personal faith in worship which is truly spiritual and inward. But Calvin in no way rejects communal and public worship. On the contrary, he desires that all true worshipers participate together in the great celebration of the act of grace, the Eucharist. The Supper for Calvin is the act of worship par excellence. (Ganoczy, *The Young Calvin*, p.208)／これまで見てきたように、宗教改革者は真に霊的で内的な礼拝における個人的信仰の役割を強く主張している。しかしカルヴァンは、共同体による公的な礼拝を少しも否定していない。それどころか、彼はすべての真の礼拝者が恵みの大いなる祝宴である聖餐に共にあずかることを熱望している。カルヴァンにとって、晩餐は最高の礼拝行為なのである。

Of course, Calvin admits that being baptized in the faith of Christ does not necessarily mean that one possesses a personal faith that is pure and perfect.

(Ganoczy, *The Young Calvin*, p.253)／もちろんカルヴァンは、キリストを信じて洗礼を受けることが純粋で完全な個人的信仰を持っていることを、必ずしも意味していないことを認めている。

We must recognize that God's grace is available to us through Christ. "He is our Peace." When we respond to Christ in <u>personal faith</u>, we enjoy his peace. (*If I Had Only One Sermon to Preach*, ed. R.A. Bodey, p14)／神の恵みはキリストを通して私たちに与えられるということを認識しなければならない。「キリストは私たちの平和である」。私たちが個人的な信仰をもってキリストに応答する時、私たちはキリストの平和を享受するのである。

　次の用例では、personal faith（個人的な信仰）と faith（共同体の信仰）が見事な対照をなして使い分けられている。

Whereas Calvin had been led by <u>personal faith</u> to an awed belief in predestination, it now, considered "eternal decree" of God and a metaphysical necessity, became <u>the basis of faith</u>. ("Calvinism" in Britannica)／カルヴァンは個人的な信仰によって予定説に対する畏怖の念に満ちた確信へと導かれたが、それはやがて「永遠の神意」と見なされ、形而上学的必然と見なされて信仰の基礎となった。

　上記文章は、カルヴァンが「神の永遠の予定について」（1552）を発表した段階の予定説は personal belief に過ぎなかったが、それが「ドルト信仰基準」（1619）に採用された時に、名実共に改革派の信仰 faith になったことを裏書している。

(2)　belief の用例

　一般的に、個人的な信仰、信念などを表現するには belief(s) が用いられる。

But the idea that Jesus' resurrection provides the Christian's sole ground for <u>belief in a life after death</u> cannot be sustained historically. From at least the end of the second century the large majority of believers have, in so far as they have accepted the doctrine of their church, affirmed the immortality of the soul on ground not directly connected with Jesus' resurrection. (Hick, *Death and*

Eternal Life, p.178)／しかし、イエスの復活がキリスト者の死後の生に対する信仰心に唯一の土台を提供したという考えは、歴史的に支持されていない。少なくとも２世紀末から、信者の大多数はイエスの復活と直接関係のない根拠に基づいて魂の不滅を肯定した。

Calvin's beliefs before his flight to Switzerland were probably not incompatible with Roman Catholic orthodoxy. But they underwent a change when he began to study theology intensively in Basel. Probably in part to clarify his own beliefs, he began to write. ("John Calvin: Life and Works" in Britannica)／スイスに逃れる前のカルヴァンの信仰心は、多分ローマカトリックの正統派と相容れないものではなかったのであろう。しかし彼の信仰心は、バーゼルで神学を徹底的に研究し始めた時に変わっていった。多分彼は、自分自身の信仰心を明確にする気持ちも働いて書き始めたのだ。

What is it (Calvin's sudden conversion) then? ……it is a "reflection of his faith," and expression of Calvin's belief concerning his own development. (Ganoczy, *The Young Calvin*, p.262)／では、それ（カルヴァンの突然の回心）は何なのか？　それは「カルヴァンの信仰の反映」であり、カルヴァン自身の発展に関する彼の信仰心の表現である。

It is important to observe that the later history of Calvinism has often been obscured by a failure to distinguish between (1) Calvinism as the beliefs of Calvin himself, and (2) the beliefs of his followers, who, though striving to be faithful to Calvin, modified his teachings to meet their own needs, ……("Calvinism" in Britannica)／重要なことは、後代の歴史的カルヴァン主義が、(1) カルヴァン自身の信仰心としてのカルヴァン主義と、(2) カルヴァンに忠実であろうとしつつも、自分たちの満足のいくように彼の教説を修正した彼の信奉者たちの信仰心としてのカルヴァン主義とを区別することを怠ったために、しばしば曖昧にされてきたことを認識することである。

The followers of John Wesley eventually left the Church of England, but many with very similar beliefs remained within the established church. ("Anglican Evangelical" in Britannica)／ジョン・ウエスレーの追随者たちは結局英国教会を去ったが、ほとんど同じ信仰心（主義主張）を持つ多くの人びとは既存教会内に留

まった。

For Bultmann, the mythological elements are <u>belief in</u> the pre-existence of Christ, the three-layer universe (heaven, earth, and hell), miracles, ascension into heaven, demonology, and various other elements of the Judeo-Christian-Hellenistic world view. ("History of Protestantism: Neo-orthodoxy and demythologization" in Britannica)／ブルトマンにとって、神話的要素とは、キリストの先在性、三層（天と地と地獄）から成る宇宙、奇跡、昇天、悪霊の存在への信仰心と、ユダヤ教・キリスト教・ヘレニズム世界が共有しているその他のさまざまな要素を指している。

the first edition of the *Institutes*, his masterwork, which, in its successive revisions, became the single most important statement of <u>Protestant belief</u>. ("John Calvin: Life and Works" in Britannica)／彼の代表作『キリスト教綱要』の初版は、何度かの改訂を重ねて、ユニークで最も重要なプロテスタント信仰の声明となった。

　上記用例における belief は、神学者の著作が個人的な信仰に属することを示している。そして、Protestant belief という表現は、カトリック信仰との違いを強調する役割をも果たしている。こうして belief は ― faith にニュアンスとして「共通」指向があるのとは対照的に ― 「相違」指向があることを示唆している。
　最後に、個人的な信仰を最も強調している事例を紹介する。ここでは、belief が personal beliefs の形をとっている。

such a method (dynamic equivalence) makes the translation vulnerable to <u>the personal beliefs</u> and biases of the translator. (Comfort, *English Bible Versions*, p.45)／このような翻訳手法（動的等価訳）は、翻訳者個人の信仰心と偏見の被害を受けやすい翻訳を生み出す。

(3)　faith と belief の対照的な用例

　faith と belief が対照的に用いられる時に、両語の持つ特徴が最高に発揮される。その事例を次に掲げる。

it is worth noting that in a modern context the two words 'faith' and 'belief' have drifted apart: belief now tends to mean having a belief about something which falls short of really knowing: faith is expressed in beliefs, but belief is not faith. ("Faith" in CCG) ／現代の文脈において、faith と belief の二語が違った意味を持っていることは注目に値する。belief は、現在では、実際に知ることのできない何かに対して a belief を持つことを意味する傾向にある。faith は beliefs で表現されるが、 belief は faith では表現されない。

Paul takes as the content of Abraham's faith the belief that God gives life to the dead and calls into being that which is not (Romans 4:17). ("Faith" in ABD, II-754) ／パウロは、神が死者に生命を与え、存在しないものを呼び出して存在させるという信仰心をアブラハムの信仰の内容と考えている。

For Paul faith is primarily, not a disposition, but an acceptance of the message related to confession (Romans 10:9) … . As belief in what the message preclaims, faith recognized into personal validity. (Rudolf Bultmann, "*pistis* and *pisteuō* in Paul" in TDNT) ／パウロにとって、信仰は第一義的に、気質ではなく、〔イエスは主であるとの〕告白に関する使信の受容である（ローマ 10:9）……。使信が宣言するものを信じる信仰心のように、信仰はその個人的妥当性を承認する。

　ここでは、イエスは主であるとの使信を個人的に信じること／信仰心（belief）が信仰（faith）として公認されることを明らかにしている。

A central article of Christian faith is the belief that Christians will not die, but will be released from the restriction of time and will join God in his eternal life. ("Eternity" in CCG) ／キリスト教信仰の中心的信条は、キリスト者たちが死ぬことなく、時間の制約から解き放たれ、永遠の生命を得て神と結ばれるという確信である。

Pomponazzi tried to separate his speculations from his own personal belief and made a formal submission to the church on matters of faith, …… ("Pietro Pomponazzi" in ERR) ／ポンポナッツィは、自らの思索を自分自身の個人的な信仰心から分離するように心掛け、信仰の問題に関しては教会に形式的に恭順な態度をとった。

⑷　religious faith の用例

　faith に関連する用語に、religious faith がある。この語句は Christian faith（キリスト教）、Jewish faith（ユダヤ教）の意味に用いられる他、広義の「宗教」の意味に用いられる。*Shorter Oxford English Dictionaray* (5th ed.) の "religious" の項には、"C.REIEST There had been a renewal of religious faith." の記述がある。

> David lived in the memory of his people in a double way: as the great founder of their political power and as the symbol of a central facet of their religious faith. ("David" in Britannica)／ダビデは、二様の形で彼の民の記憶の中で生き続けている。すなわち、彼らの政治的勢力の偉大な創始者として、また彼らの宗教の中核の象徴としてである。

　上記用例の religious faith が歴史的観点から、「ユダヤ教」と同義であることは明らかである。

> In *Fear and Trembling* Kierkegaard considers the example of Abraham as the paradigmatic expression of religious faith.　He considers Abraham's willingness to sacrifice his son Issac in obedience to God's command as revealing of the true nature of religious faith. ("Soren Kierkegaard" in McEnhill & Newlands, *Fifty Key Christian Thinkers*, p.169)／『恐れと慄き』においてキルケゴールは、アブラハムの手本を宗教の模範的表現と考えている。彼は、神の命令に服従して自分の息子イサクを犠牲として捧げるアブラハムの意志を、真の宗教の本質を啓示するものと考えている。

　上記用例では、キルケゴールがキリスト者の人生行路を審美的 → 倫理的 → 宗教的へと向上する過程と考えていたことから、ここでの religious faith は「宗教」を意味する。

⑸　religious belief の用例

　religious belief(s) は、概して「宗教心」「宗教的信念」の意味で用いられる。『新英和大辞典』（研究社第 6 版）の "belief" の項には、 "one's religious [democratic] ～ s 宗教心［民主主義の信念］" の記述がある。この語句は、religious faith が共同体的な性格を持っているのとは対照的に、個人的な性格

を持っている。

Though he (Matthew Arnold) lacks the authority necessary to solve exegetical problems, he extends to the domain of <u>religious beliefs</u> the exercise of an illuminating common sense, sharpened by inner observation. (Cazamian, *A History of English Literature*, p.1115-16)／彼（マシュー・アーノルド）は聖書の釈義的問題を解決するに必要な権威を欠いていたが、内的観察によって研ぎ澄まされた啓発的常識の行使を宗教心の領域にまで拡張している。

These theologians no longer try to 'prove' the existence of God from features of the natural world but instead defend the rationality and coherence of <u>religious belief</u>. ("Natural Theology" in CCG)／これらの神学者たちは、もはや自然的世界の特徴から神の存在を「証明」しようとはせず、その代わりに、宗教心の合理性と一貫性を擁護しようとした。

〔ちなみに、これらの神学者たちとは、Keith Ward, John Polkinghorne, Ian Barbour を指す〕

　次に、20世紀の代表的英作家であり、キリスト者ではなかったが宗教に強い関心を持っていたジョージ・オーウェルの作品から religious belief の用例を紹介する。

Of <u>religious belief</u> she had not the smallest vestige. (*The Complete Works of George Orwell*(CWGO), Vol.3, p.217)／宗教心などというものは、彼女は毛筋ほども持ち合わせていなかった。

In reality the whole subject of <u>religious belief</u> and religious doubt was boring and incomprehensible to Mr Warburton. (CWGO, Vol.3, p.277)／実際、ウォーバートン氏にとっては、宗教的態度や宗教的懐疑という話題が退屈で，理解し難いものだった。

For perhaps a hundred and fifty years, organized religion, or conscious <u>religious belief</u> of any kind, have had very little hold on the mass of the English people. … A vague theism and an intermittent <u>belief in life after death</u> are probably fairly widespread, but the main Christian doctrines have been largely forgotten. (CWGO, Vol.16, p.204)／およそこの150年，如何なる組織的宗教，あるいは如何

なる種類の意識的な宗教的信念も、大部分のイギリス人にはほとんど力を持たなくなった。……漠然とした有神論と時々現れる死後の生命に対する信仰心は多分広まっているのだろうが、キリスト教の主たる教義は大方忘れられている。

オーウェルの研究文献の中には、religious belief を「宗教的信仰」という奇妙な訳語が散見される。次に、その好ましからざる翻訳例を紹介する。

it is fair to say that <u>religious belief</u> with most adolescents then was as deep as patriotism; …… (Click, *George Orwell, A Life*, p.58)／当時の大抵の少年にとって宗教的信仰は愛国心と同じくらい深かったと言ってよい（バーナード・クリック／河合秀和訳『ジョージ・オーウェル ― 一つの生き方 ―』上巻 p.134）。

上記英文は、「当時の少年たちにとって宗教心は愛国心と同じくらい深かったと言ってよい」と訳すことによって、一層明快な日本語となる。

キリスト教を理解するための二つの世界観

　現代キリスト教における世俗化傾向を的確に理解するためには、現代人が共通に抱いている世界観がキリスト教の神中心の世界観と根本的に異なることを理解しなければならない。そこで、二つの世界観が歴史的に辿ってきた経緯を概観し、現代キリスト教の最大の課題に迫る。

　　　1　ギリシア人による自然観の誕生
　　　2　超自然的原理の創出とそれに続くキリスト教の誕生・発展
　　　3　超自然的原理の崩壊
　　　4　回復すべきキリスト教の視点

　　　　参考資料：ニーチェが語った〈神の死〉

1　ギリシア人による自然観の誕生

　ソクラテス（469-399 BC）以前の哲学者たち、ターレス（624/40-546? BC）、アナクシマンドロス（610-546 BC）、ヘラクレイトス（535-475 BC）などが活躍していた時代のギリシア人は、自然がすべてだと考えていた。この立場に立つ人びとは、存在するものの全体を自然と呼んでいた。この自然観の下では、人間も生成消滅する自然の一部に過ぎず、自然の中から生まれ、自然の中に帰って行く存在と見なしていた。

2　超自然的原理の創出とそれに続くキリスト教の誕生・発展

(1)　ソクラテス、プラトンの人間観
　ソクラテスやプラトン（428/427-348/347 BC）の時代に、プラトンの「イデア」によって代表されるような超自然的な原理に基づく哲学が生まれた。プラトンは、イデア世界と、その模造である現実の世界という、二つの世界がある

と主張した。

(2) キリスト教の誕生と聖書

　他方、イスラエルの地において、ユダヤ教を土台にしたキリスト教が生まれた。その誕生と発展は、イエスの言行、特に彼の十字架上の死と復活という、決定的な出来事に基づいていた。そして紀元50〜150年の間に、キリスト者たちによって27の小冊子から成る作品集（後に、新約聖書として知られるようになった）にまとめられた。それらの小冊子は、それぞれ異なった状況の下でそれぞれ特定の目的をもって書かれたもので、彼らが抱いていた信仰心を要領よくまとめたものではない。したがって、それら小冊子の中には、さまざまな異なった見解や矛盾が存在している。

> 歴史的に見れば、キリスト教は新約聖書から生まれたのではなく、むしろ新約聖書が初期のキリスト教から生まれたのである……。新約聖書は初期のキリスト者たちが信じていた事柄すべてを包括的に要約したものではなく、諸教会におけるさまざまな必要を満たすために書かれた文章の集まりに過ぎない。[1]

> 新約聖書にはさまざまな異なった考え方が含まれているだけでなく、パウロのような一人の著者、あるいは「ヨハネ福音書」のような一つの書の中には、論理的に、相互に矛盾すると思われるような複数の考えが存在している。例えばパウロは、私たちが知っているように将来の復活を主張したが、もし死んだとしても主と共にいるであろう（フィリ1:23）とも言っている。[2]

　銘記すべきは、キリスト教が新約聖書から生まれたのではなく、キリスト教の共同体の中から新約聖書が生まれた、という一事である。このことは、原始キリスト教の伝統を読み解く鍵として役立つし、伝統を排除し、聖書のみによって教義の成立を目指してきたプロテスタント主義の多様化の道を追跡するのにも役立つであろう。

(3) アウグスティヌスによるキリスト教の教義の体系化

　新約聖書が内包するさまざまな異なった考え方や矛盾を教義として整え、最初に体系化したのはアウグスティヌスだった。新プラトン主義経由で、プラトンの二つの世界説を学んだアウグスティヌスは、「神の国」と「地の国」という

形で彼の思想を受け継ぎ、イデアに代えてキリスト教的な人格神を、超自然的な原理として打ち立てた。

【プラトン→アウグスティヌス主義的教義体系に基づく区別】

神の恩寵の秩序としての「神の国」　対　世俗的秩序としての「地の国」

ローマカトリック教会　対　皇帝の支配する世俗国家

信仰　対　知識

精神　対　肉体

このアウグスティヌスの教義体系はオランジュ宗教会議（529）においてローマカトリック教会から認められ、その後 13 世紀に至るまで、正統的な教義として機能した。

(4)　ローマカトリック教会の全盛と腐敗

その後、ローマカトリック教会は世俗政治に介入するようになり、教会と国家を明確に区別してきた教義体系では、具合の悪いことが生じてきた。そして 13 世紀に、プラトン→アウグスティヌス主義的教義体系に代わって、アリストテレス→トマス主義的教義体系が誕生した。すなわち、プラトンのイデア界に相当する純粋形相を、この現実界を全く超越した彼岸にあるのではなく、この現実界と連続性を保ったものと見なすようになった。その結果、アリストテレスの哲学を下敷きにして、神の国と地の国、恩寵の秩序と自然の秩序、教会と国家などが連続的なものとして捉えられ、教会が国家や世俗政治に介入することを可能にし、指導するようになった。しかし不幸なことに、この教義体系は、教会と聖職者に腐敗と堕落を生むようになり、その弊害は中世を通じてルネッサンス期にまで及んだ。

14 世紀頃には教会内部からも、教会が世俗政治から手を引き、信仰の浄化を目指すプラトン→アウグスティヌス主義の復興が起こった。ウィリアム・オッカム（1285?-1347/9）の運動などはその典型的な例と言えよう。

(5)　プロテスタントによるアウグスティヌス主義の再興とその後

16 世紀の宗教改革運動を強力に推進したマルティン・ルター（1483-1546）とジャン・カルヴァン（1509-64）は、聖書に基づいて教会と信仰の浄化を目指したが、二人ともアウグスティヌスの思想と深い関わりを持っていた。ルタ

ーはアウグスティノ会の一修道士だったし、カルヴァンはアウグスティヌスから大きな影響を受け、主著『キリスト教綱要』1559年の最終版では、彼の著作から342箇所以上引用した。

17世紀に入り、パリのポール・ロワイヤル修道院を中心とするアウグスティヌス主義運動が盛んになり、ブレイズ・パスカル（1623-62）もこれに深く関わり、ジャンセニストのアウグスティヌス主義を擁護した。

その後プロテスタント主義は、カトリック教会、英国教会とは別に、主としてルター派と改革派に分かれて、それぞれ教義体系を整え、多くの教派を発展させて今日に至っている。

3 超自然的原理の崩壊

フリードリヒ・ニーチェ（1844-1900）の登場によって、西洋の哲学事情は一変した。プラトン以降連綿として続いてきた西洋哲学・道徳・宗教を超自然的原理に基づくプラトニズムとすれば、ニーチェはそのプラトニズムを逆転させたのである。彼が「神は死せり」[3]と主張した時、それはキリスト教の神の死を指していたが、同時に、真善美のイデアをはじめとする超感性的な諸価値すべて ― 「純粋形相」「理性」「精神」とさまざまに呼ばれてきた原理すべて ― の死を意味していた。それらは何れも、人間によって考案されたもので真の存在ではない、とニーチェは考えたのである。

ニーチェの精神的背景にソクラテス以前の思想家たちの「自然」の概念が息づいていたことは疑いない。

ニーチェは、古代ギリシア早期の生きた自然の概念を復権し、それを視座に据えてプラトン以来の物質的自然観とそれを基盤とするヨーロッパの文化形成をニヒリズムと断じ、批判的に乗り越えようと企てているのです。[4]

4 回復すべきキリスト教の視点

現代人の思想的観点は、歴史的、科学的に大きな発展を遂げてきたが、本質

的にソクラテス以前の思想家たちが抱いていた自然観、世界観と変わっていない。キリスト者たちもその影響を受けて、神は人間が考えたものであるとの立場と戦いあぐねている。すなわち、世俗化傾向の流れに逆らって進む力が不足していることを痛感している。要するに、神学の貧困に苦しんでいるのである。

　しかし、重要なことは、ルターやカルヴァンのような宗教改革者たちが信じていた神が人間の考えた神でなかったことを思い起こすことであろう。

　　ルターによれば、すべてにおいてすべてをなしとげる全能の神は、人間の理解を越えた存在なのである。ここで「隠された神」とは、神の力やわざが人間の理性ではとらえることができないという意味である。(5)

　またカルヴァンは、神が人間精神によって人間のために造り出されたものでないことを強調している。

　　まず第一に、敬虔な精神は、自己満足を旨とする如何なる神をも精神それ自体のために創出せず、唯一の真実の神のみを熟視する。そしてその精神は、自ら喜びとする何ものも神に付与せず、ご自身を啓示されたままの神を心に抱くことで満足する。さらにその精神は、常に最大の注意を払い、道を踏み外して迷わないように、あるいは無謀かつ奔放に神の意志を超えることのないように配慮する。(6)

　したがって、現代キリスト教の務めは、自然的世界観と人間的視点から脱却し、神中心的視点を回復し、蔓延しているその世俗化に敢然と戦いを挑むことであろう。

注

(1)　*Death and Afterlife*, ed. Obayashi Hiroshi, pp.85-86.

(2)　Ibid., p.94.

(3)　ニーチェが語った〈神の死〉については、「参考資料」を参照。

(4)　木田元『反哲学入門』（新潮社、2010）p.229.

(5)　小牧治・泉谷周三郎共著『ルター』（清水書院）p.127.

(6)　Institutes, I. 2. 2.

参考資料

ニーチェが語った〈神の死〉

　ニーチェが「神は死せり」と言ったことは、広く知られている。

　彼の反キリスト教的思想を指摘する好都合な表現として、この言葉を引用する人も少なくない。一説によると、彼はヨーロッパ文化が行き詰っている現状を見て、その原因を探った結果、そう言ったのだと説明されている。

　その原因が、超自然的原理を立て、自然を生命のない、無機的な材料と見る反自然的な考え方にあることを見ぬきます。ニーチェは、西洋文化形成の根底に据えられたそうした思考法が無効になったということを「神は死せり」という言葉で宣言しました。ここでは、「神」とは「超自然的原理」を意味しています（木田元『反哲学入門』pp.25-26）。

　ニーチェが言う神は、キリスト教の神に違いなかったが、同時にそれは、真善美のイデアをはじめとする超感性的な最高諸価値の象徴でもあった（前掲書p.223）。

　興味深いことに、ニーチェの神は実在的な神ではなく、死せる神であったと理解する人もいる。

　ニーチェの殺した神は実在の神ではなく観念の神である。ニーチェがキリスト教を攻撃するときには、いつもプラトン主義の攻撃と一つになっている。ニーチェにおいては、キリスト教はプラトン主義の具体的表現と見えたのである……。ニーチェはキリスト教もプラトン主義と同様に二元論であると解した。そして神を背後世界の原理と解した。しかしながら、このように解された神は観念的な神であって実在的な神ではない。もともと死せる神であって生ける神ではない。（量義治『宗教の哲学』p.113）

　このように、ニーチェが「神は死せり」と言ったことは、さまざまに理解されている。不思議なことに、彼がどのような文脈で「神は死せり」と言ったのかは、ほとんど知られていない。実際、彼は、キリスト教の神の死をそのように、明快に宣言したわけではない。

　Alan D. Shrift は、『陽気な学問』（The Gay Science, 1887）に言及し、「この著作は自由な精神を論じた一連の論考を完結させ、また彼の最も有名な二つ

キリスト教を理解するための二つの世界観

のテーマ：神の死（第125章「狂人」）と永遠の復活（第341章「最大の重荷」）を最初に定式化したテキストを含んでいる点で、中期に書かれた中で明らかに最も重要なものである」と書いている（"Friedrich Nietzsche" in *Encyclopedia of Philosophy*, 2nd Edition, Editor in Chief: Donald M. Borchert, 6-611）。

　この著作は最初、*Die Fröhliche Wissenschaft* としてドイツ語で出版され、英訳は最初 "joyful wisdom" と訳されたが、後に "gay science" に変更された。

　〈神の死〉は、『陽気な学問』の中の「狂人」において語られたものである。以下に、その全文を紹介する。

125. 狂人

　明るい朝にランタンを灯し、「私は神を捜している！　私は神を捜している！」と叫びながら市場へ走って行く狂人のことを、あなた方は耳にしたことがありますか？ ── その辺りには神を信じない人が多くいたので、彼はかなり面白がられていた。なぜか！　彼は行方知らずなのですか？　と一人が言った。彼は子供のように迷ったのですか？　と別の人が言った。あるいは、彼は自分から身を隠しているのですか？　彼は私たちを恐れているのですか？　彼は航海に出たのですか？　彼はどこかへ移住したのですか？ ── 人びとがががやがやと囃し立てながら叫んでいると、狂人が人びとの真ん中に飛び込んで来て、一同を見渡して釘付けにした。「神はどこへ行ったのか？」と、彼は叫んだ。「私はあなた方に言いたい！　**私たちが彼を殺したのだ ──** あなた方と私が！　私たちは皆、殺人者なのだ！　しかし私たちは、それをどのようにやってのけたのか？　私たちはどのようにして海を飲み干すことができたのか？　全地平線を拭い去る海綿を私たちは誰から受けたのか？　私たちがこの地球を太陽から解き放った時、私たちは何をしたか？　地球は今、どこへ向かって動いているのか？　私たちはどこへ向かって動いているのか？　すべての太陽から離れているのか？　私たちは絶えず突進していないか、後方へ、横へ、前方へ、あらゆる方向へ？　私たちは無限の無を通過するかのように迷っていないか？　空っぽの宇宙は私たちに息を吹き込んでいないか？　宇宙は冷たくなっていないか？　夜は益々暗くなっていないか？　私たちは朝、ランタンを灯していないか？　私たちは神を埋葬する墓堀人たちのざわめきを聞いていないか？　私たちは神の腐敗を感じ取っていないか？　神々でさえ、腐敗するのだから。神は死んでいる！　神は死んだままだ！　私たちが神を殺したのだ！　すべての殺人者たちの中で最も残酷な殺人者の私たち自身を、私たちはどのようしてに慰めるか？　世界がこれまで所有してきた最も聖なる、

311

最も強力な存在者は、私たちの小刀によって血を流して死んだ ― 誰が私たちの血を拭い去るのか？　どんな水で、私たちはこの身を清めることができるのか？　どんな清め式を、またどんな聖なる道具を、私たちは考案しなければならないのか？　この行為（this deed）の重要性は私たちにとって大きすぎないか？　それに値するようになるだけでも、私たち自身、神々にならなければならないのではないか？　これより大きな出来事はなかった ― そのために、私たちより後に生まれるすべての人は、これまでのどんな歴史よりも、一層高次元の歴史に属するようになる！」 ― ここで狂人は沈黙し、再び聴衆を見た。聴衆は沈黙し、驚いて彼を見つめた。最後に、彼はランタンを地に投げつけた。ランタンは粉々に砕けて、消え失せた。「私は余りにも早く来すぎた」と、彼は言った。「私はまだ正しい時にいない。この驚異的な出来事は、まだ道半ばで旅の最中にある ― それはまだ、人びとの耳に達していない。稲妻と雷鳴は時を要し、星々の光は時を要し、諸行為は見られ聞かれるために、為された後でさえ時を要する。この行為は、最も遠い星よりもさらに遠くにある ― **それにもかかわらず、この行為は成し遂げられた！**」 ― さらに、狂人が同じ日に別の諸教会に入って行き、自らの「レクイエム　エテルナム　デオ」（主に永遠の安息を）を詠唱したことが分かっている。彼は出て来るように誘われ、説明を求められると、常にこう答えた。「これらの諸教会が神の墓でも記念碑でもないなら、現在の諸教会は、一体何なのか？」（Friedrich Nietzsche, *The Gay Science*, 1882, 1887 / trans. Thomas Common）

知る人ぞ知るカルヴァンの名言、自己否定の教説

　21世紀に入ってから英語圏のカルヴァン研究者たちの間で、カルヴァンの自己否定の教説を象徴する名言が脚光を浴びている。

　例えば、『カルヴァン著作選』*John Calvin, Selections from His Writings*, Edited by Emilie Griffin, 2006 では、その名言がカルヴァン神学の核心を示すかのように裏表紙を飾っている。

　またウエスタン神学校名誉教授の I.J. ヘッセリンクは、その優れた包括的カルヴァン神学論 "Calvin's theology" in *The Cambridge Companion to John Calvin*, 2004 の結論において「カルヴァン神学を存続させている魅力と影響力はどこにあるのか？」と自問し、「福音伝道においてカルヴァンが成功を収めた秘密の一つは、彼が伝えると共に説得することを目指し、修辞学を効果的に使用したことにある。よく用いられる例証は『キリスト教綱要』の「キリスト教的生活の要約：私たち自身の否定」（III. 7. 1）に見出される」と答え、知る人ぞ知る彼の名言を引用している。

　さて、重要なのは、私たちが以後、神に栄光を帰することを除いては、何も考えず、語らず、瞑想せず、行わないために、聖別され、神に奉献されることである。なぜなら、聖なるものは、神に著しい侮辱的言動を加えることなしに冒涜的用途に適用されることはないからである。

　そういうわけで、もし私たちが私たち自身のものでなく（Ｉコリ 6:19）、主のものであるなら、私たちがどんな過ちから身を引き、私たちの生活のすべての行為をどこに向けなければならないかは明らかである。

　私たちは私たち自身のものでないのだから、私たちの理性や意志に私たちの計画や行動を支配させないようにしよう。私たちは私たち自身のものでないのだから、肉体の観点から私たちに好都合なものを求めることを、私たちの目標として設定しないようにしよう。私たちは私たち自身のものでないのだから、私たち自身と私たちが所有するすべてのものをできるだけ忘れるようにしよう。

　逆に言えば、私たちは神のものなのだから、神のために生き、神のために死ぬようにしよう。私たちは神のものなのだから、神の知恵と意志に私たちのすべての行動を

支配させよう。私たちは神のものであるが故に、私たちの生活のすべての部分を、私たちの唯一の、律法を全うする目標としての神を目指すように仕向けよう（ローマ14:8）。おお、自分は自分自身のものでないと教えられ、自分の理性を神に明け渡すために自分の理性から主権と支配力を取り去った人は如何に多くの利益を得たことか！　（Institutes, III. 7. 1.）

さらにヘッセリンクは、これが修辞学の例証であるばかりでなく、カルヴァン自身の自伝的な響きでもあることは、それに続く次の段落がそれを証明していると言う。

したがって第一段階として、自分の能力のすべての力を主への奉仕に振り向けることができるように、自分自身を放棄することが求められる。私が「神への奉仕」と言う時、それは神の言葉への従順を意味するだけでなく、人間の精神が自らの肉体的感覚を空しくして、神の霊の命令に完全に従うことをも意味している。

説教者としてのカルヴァンの生涯は、確かに自己否定の精神で貫かれていた。それは彼の説教方法が如実に物語っている。カルヴァンは聖書の原語（ヘブライ語とギリシア語）に基づき、言語学、文法、歴史に注意を払いつつ、聖書テキストの表面的な意味を純粋に伝えることに専念し、会衆の知的関心に焦点を合わせることなく、テキストと会衆の間に聖書以外の言葉（自分の信念、思想、憶測、あるいは他人の見解）を挿入することを避けた。そればかりか、聖書解釈に自分の考えを入れないために、説教を要約で始めることも終えることもしなかった。彼はまた、聖書を単純に連続講解したわけではなく、しばしば過去と現在の間に、聖書テキストと会衆の間に橋を架け、会衆が神の言葉をそれぞれの生活に如何に適用すべきかに意を用いた。しかし彼は、聖書の著者が聖霊に導かれて書いた意図を説明するために、聖霊の導きを信じ、原稿も覚書も携えずに説教壇に上がり、フランス語で即興的に説教した。要するにカルヴァンは、説教壇におけるキリストの現存を確信し、自己を空しくし、ひたすら神の霊の道具として用いられることを願い、会衆に十字架上のキリストを見せ、キリストの血を感じさせることを目指したのである。

カルヴァンは信じていた、「自らの務めを最高に果たす説教者は、人びとに十字架に架けられたキリストを見せ、キリストの血が流されたことを感じさせるために、人びとの良心の中に侵入して行くのであろう」と（Dawn DeVries, "Calvin's Preaching" in

The Cambridge Companion to John Calvin, p.121)。

さて、カルヴァンの自己否定の教説は両義的である。すなわち、神の前における自己否定と隣人愛における自己否定から成り立っている。

まず神に対する自己否定は、「主の祈り」の中に認めることができる。

第三の祈願は、神の意志が天におけるように地でも行われることである……。私たちがこれを願う際には、私たちの肉体の欲望を放棄する。なぜなら、私たちから生ずるものは汚れたものだけなのだから、自分の感情を神に委ねず、服させない者は誰でも、可能な限り神の意志に反抗してしまうからである。さらに私たちは、この祈りにおいて再び、神がご自身の決定に従って私たちを支配されるように自己否定へと導かれる。そればかりでなく、神は私たちにうちに新しい精神と心を創造される……。要約すると、私たちは、私たち自身からは何も願わず、神の霊が私たちの心を支配するように願うのである。そして神の霊が私たちを内的に教えている間に、私たちは神を喜ばせる事柄を愛し、神を怒らせる事柄を憎むことを学ぶのである。したがって、私たちの願いは、神の意志と両立しない感情はどのようなものであれ、神が無効にされ、無視されることである（Institutes, III. 20. 43.）。

他方、カルヴァンは隣人愛における自己否定について、次のように説明している。

私たちは全律法の中に、人が自分自身の肉体の利益とするために為すべき、あるいは為すべからざる事柄に関する規定は一語も見出すことができない。そして明らかに、人間は誰しも皆、自己愛に傾倒し過ぎるように生まれついているので ── また、真理からどれほど逸脱していても、自己愛を保ち続けているので ── このすでに過大化した愛を増大させたり、燃え立たせたりするような律法は全く必要としない〔アウグスティヌス〕。ここから、私たちが守るべき律法は私たち自身を愛するためでなく、神と隣人を愛するための律法であることは明らかであり、できるだけ自分自身のために生きず、努めない者が最も良く、最も聖なる生活をするということも明らかであり、さらに、自分自身のためにのみ生き、努め、自分自身の利益のみを考え、求める者にもまして悪く、邪悪な生き方をする者はいないということも明らかである（Institutes, II. 8. 54.）。

さらにカルヴァンは、「キリスト教的生活の要約：私たち自身の否定」の中で

一層明確に自己否定の必要性を強調している。

聖書が私たちに、他の人びとを私たち自身よりも優れたものとして遇するように命じる時（フィリ 2:3）、私たちの精神が前もって自然的感情を空しくして置かない限り、決して行い得ない命令を下しているのである……。この治療法は、競争心と自己愛という、人間の最も致命的な害毒を私たちの深奥の部分から切り取る以外にない（Institutes, III. 7. 4.）。

カルヴァンは自然的感情という言葉をしばしば用いたが、それは自然的感情と信仰との間に大きな相違があることを痛感していたからだった。

私たちが持っている自然的感情・情緒と信仰の間には大きな相違があります……。私たちの自然的感情というものは、神が私たちに送り込んだ苦悩を経験することを通して理解するものに味方します……。しかし信仰は、私たちのすべての人間的感情に対して戦いを挑みます（*John Calvin, Selections from His Writings*, pp.72-73.）。

さて、カルヴァンは真の隣人愛を妨げる自己愛を人間の最も致命的な害毒と断定したが、この見解はマルティン・ルターの説明と完全に一致している。それもそのはず、カルヴァンの隣人愛に関する教説はアウグスティヌスとルターの思想から影響を受けている（Institutes, II. 8. 54. の脚注を参照）。

ローマ 13:9 について。人間は（生まれつき）誤った方法で自分自身を愛している。実際、人間は自分自身だけを愛している。この邪悪な性癖は、自分の場所に隣人を置かない限り矯正することができない（"Lectures on Romans" in *Luther's Works*, Vol.25, p.184.）。

こうして、隣人愛における自己否定が福音主義的キリスト教正統派の聖書解釈であり、これが新約聖書に基づいていることは明らかである（マタイ 16:24／マルコ 8:34／ルカ 9:23、ヨハネ 12:25、15:13、Ⅰコリ 13:5、Ⅰヨハネ 3:16、およびⅡテモ 3:1-2。また、マタイ 19:21／マルコ 10:21／ルカ 18:20 参照。さらに、ヨハネ 15:12-17、Ⅰヨハ 4:7-12 参照）。

初出：『いずみ』（NTT・KDDI 合同聖書研究会機関誌）No.47; 2009.7.18

カルヴァンから学ぶ巡礼者の生き方

　聖書には巡礼者（旅人）に言及している箇所が幾つかある。巡礼者としての生が信仰による生き方を象徴していることは明らかである。カルヴァンが巡礼者としての生を考察するにあたって、アウグスティヌスの『神の国』を参照したと考えられている。巡礼者としての生き方は『神の国』において、次のように語られている。

神の国の民でさえ、この地上を巡礼している間に罪の罰に苦しむ弱さについて、および彼らが神の配慮によって癒されることについて

　この病身は……最初の不従順の罰である。したがってそれは、本性ではなく、悪徳である。そしてまた、恵みのうちに成長し、信仰によってこの巡礼を生き抜いていく善人に対して、「あなた方は互いに重荷を負い合いなさい。そうすれば、キリストの律法を全うします」⁽¹⁾　と言われている。他のところでも同じように言われている。「規則に従わない人びとに警告しなさい。意志薄弱の人を慰めなさい。弱い人を助けなさい。すべての人びとに忍耐強く接しなさい。誰に対しても、悪をもって悪に報いることのないように気をつけなさい」⁽²⁾　また他のところでは、「もし誰かが過ちに陥ったなら、霊的なあなた方は柔和な心をもってその人を立ち直らせてあげなさい。あなた自身も誘惑されないように気をつけなさい」⁽³⁾　また他のところでは、「太陽をあなた方の怒りの上に沈ませてはなりません」⁽⁴⁾　福音書においては、「もしあなたの兄弟があなたに対して罪を犯したなら、行って、二人の間で彼の過ちを知らせ、彼を一人にさせなさい」⁽⁵⁾　また、騒ぎを引き起こすような罪について、使徒はこう言っている。「罪を犯した人びとをすべての人の前で責めなさい。他の人びとが恐れを抱くようになるからです」⁽⁶⁾　この目的のために、また、神を見ることを可能にする平和を保ち続けることができるように、⁽⁷⁾　互いに赦し合うことを注意深く教える戒律が多く与えられている。それらの中には、同僚の僕に対して二百ペンス〔百デナリ〕の借金を免除してやらなかったために、以前に免除されていた一万タラントの借金を返すように命じられた僕に対する、恐ろしい言葉が含まれている。その譬え話の中で、主はこう付け加えられた。「そのように、もしあなた方一人一人が自分の兄弟を赦さないなら、私の天の父もあなた方に同じように為さるであろう」⁽⁸⁾　そのよう

にして、神の国の民は、この地上に滞在している間に癒され、天上の国の平和を憧れるのである。(9)

カルヴァンは『キリスト教的生活に関する黄金の書』(10) において、巡礼者としての生き方をキリスト者の模範として勧めている。

現在の生と現在の生に役立つものを如何に用いるべきか

聖書はこれまで述べてきた初歩的な教えと共に、地上的な恩恵の正しい用い方がどのようなものであるべきかについて適切に教えている。なぜなら、もし私たちが生きていかなければならないなら、生きていくために役立つものを用いなければならないからである。そして私たちは、必要とするものよりも楽しみに役立つと思われるものを避けることができない。したがって私たちは、必要のために用いるにせよ楽しみのために用いるにせよ、透徹した良心をもってそれらを用いる基準を持たなければならない。ご自身の民にとって、現在の生は天国に向かって急ぐ巡礼のようなものであると教える時、主はご自身の言葉によってこの基準を定めている（レビ記 25:23、歴代上 29:15、詩編 39:12; 119:19、ヘブラ 11:8-10, 13-16; 13:14、Ⅰペト 2:11）。もしこの世が私たちにとって単に通過して行くだけのものだったとしても、私たちの人生行路を妨げるよりもむしろ助けとなる善きものを用いなければならない。(11)

カルヴァン自身が、この地上の生を天国に向かって旅をする一人の巡礼者として生きたことはほとんど疑いない。それは多分、彼が後半生をジュネーヴで亡命者として生きたことと深い関わりがあるのであろう。彼がジュネーヴの市民権を獲得したのは、ストラスブールからジュネーヴに帰還してから 18 年を経た 1559 年（死の 5 年前）のことだった。

天国へ向かう巡礼者は、聖地巡礼と異なって、故郷に戻って来ることがない。だから、この地上に住む誰もが期待している安住の地を必要としていない。彼が地上のどこかに生きた痕跡を残したとしても、彼を知る人はいないのだから何の役にも立たない。

カルヴァンが地上の生を終え、極めて平凡に葬られたことは、彼が一人の巡礼者として生きたことを示している。カルヴァンの葬儀は彼の遺言に基づいて行われた。彼は、「私の死後、祝福された復活の日を待望するために、私の遺体を慣習に従って埋葬されることを望みます」と遺言した。(12) その結果、彼の墓所はいつしか見失われ、その場所を知る人はいなくなった。これこそ、彼が

一人の巡礼者として生きた何よりの証拠である。

カルヴァンの同僚で後継者のテオドール・ベザは、カルヴァンの葬儀の模様をありのままに書き残している。

> あらゆる好ましからざる混乱を避けるために、翌日、日曜日だったが、彼は埋葬された。ほぼ 8 時に、彼の遺体は死者に着せる衣で包まれ、普通の木の棺に納められた。ほぼ 2 時頃、彼は希望通り、通常の方法で、少しの華やかさも式典もなく、プレパレ〔平地の王宮〕と呼ばれる共同墓地に運ばれた。そこで彼は、今日もなお、彼が常に望み、私たちへの教えのテーマでもあった復活を待ち望んで横たわっている。私は特に、あらゆることが普通の方法で、私たちの教会ですべての人に対して行われる慣習に従って、彼が埋葬されたことを強調しておきたい。
>
> 実際、数ヵ月後、ジュネーヴに初めて到着した何人かの学生たちは、カルヴァンの墓を訪ねて大きな戸惑いを経験した。彼らは壮麗な記念碑的な墓を期待していたのだが、彼らが見たのは他の墓と少しも変わらない、単なる盛り土だった。この事実は、カルヴァンの偶像を造ってきたと言って私たちを責める批判に対する回答となるであろう。[13]

カルヴァンは自分の墓所がこのように見失われることを見越していた。彼の意図は、後世の人びとが自分を思い起こす契機となるような墓碑を拒否し、神のみが覚えられ、崇められることだった。その背後にあったのは、疑いもなく、無私の精神（聖書の自己否定の教え）だった。彼の神中心の無私の精神は生涯を通して彼を導いた。それは、遺言にも書き記されている。

> 私は、私に与えられた恵みの程度に応じて、説教においても著作においても神の言葉をできる限り純粋に教え、また聖書を誠実に広めるために努めてきたことを表明します。[14]

さて、カルヴァンの生き方から導き出されるキリスト者の死は、文字通り天に召されるにふさわしいものであるが、目を転じて日本のプロテスタント教会の現状を見ると、不思議な現象が起こっているのが目につく。ある教会では、かつてキリスト者の死に接して「召天」と報じていたのに、いつしか「逝去」と報じるようになり、あたかも「召天」は古くて、「逝去」が今日の教会にふさわしい表現であるかのような印象を与えている。しかし「逝去」という用語は、自分の生と死を自分自身のものであると考えている世俗的な人びとの死を報ず

るには適切な表現だが、「私たちは主のものである」、「私たちの国籍は天にある」と信じているキリスト者にはふさわしくない。

　カルヴァンは、「私たちは神のものであるから、神のために生き、死ぬようにしよう」と呼びかけ、神の御手のうちにある「現在の生」を正しく用いるように教え、死後も御手のうちにあるのだから「次の世に望みをかけて」生きるように勧めた。それを受けてカルヴァン主義者たちは、死ぬ時に聖性において完全とされ、至高の天に受け入れられることを信じている（「ウエストミンスター信仰告白」第32条参照）。したがって、キリスト者たちの死が「召天」と呼ぶにふさわしいことは言うまでもない。

注

(1)　ガラテ 6:2

(2)　Ⅰテサ 5:14-15

(3)　ガラテ 6:1

(4)　エフェ 4:26

(5)　マタイ 18:15

(6)　Ⅰテモ 5:20

(7)　ヘブラ 12:14

(8)　マタイ 18:35

(9)　Saint Augustine, *The City of God*, 2000 Modern Library Paperback Edition, pp.483-84.

(10)　Institutes, III. 6-10.

(11)　Institutes, III. 10. 1.

(12)　"John Calvin's will" in Theodore Beza, *The Life of John Calvin*, 1564, 1997. 渡辺信夫著『カルヴァン』（清水書院）における「墓石を据えないことが、かれの固く言い残した命令だったのである」は正確な表現ではないように思われる。

(13)　"The last days" in Theodore Beza, *The Life of John Calvin*, p.119.

(14)　"John Calvin's will" in Theodore Beza, *The Life of John* Calvin, p.104.

初出：『友愛通信』（日本基督教団富士見町教会　友愛会）2019 年春号

柳家小三治の衣装哲学とカルヴァンの衣装神学

高座で黒い紋付きを着る柳家小三治の哲学

　実に興味深いことに、高座で黒い衣装を着ることにこだわっている落語家がいる。柳家小三治師匠はテレビ対談で、「私が高座に上がる時に黒い紋付きを着るのは『私』を消すためです。そして、いつも一番下からものを見るように心がけています」と語った。

　「私」を消すことと、一番下からものを見るという態度は、何とも素晴らしい！　彼は自らの「座右の教訓」について、こう語っている。

　　ボクの師匠は、「人物になり切れ」とよく言う……。基本は、隠居は隠居らしく、八つぁんは八つぁんらしくだろう。前座のうちから枕に漫談風を吹かしたり、噺とのバランスも考えずセコなギャグや入れごとをするなどは間違っている。(1)

　『柳家小三治の仕事』（DVD）でも小三治師匠は、「高座には 98% 黒の紋付きで上がります。本人が姿を消して登場人物が生きて来るように、小三治が消えて芸の中の人物が生きて現れるようにするためです」と語っている。

　こうして、高座で黒い衣装を着ることは、柳家小三治の落語哲学の核心と見なすことができる。

黒い衣装をめぐる諸説

　さて、黒い衣装は、昔から注目されてきた。私の脳裏に焼き付いている黒い衣装は、シャバットの朝シナゴーグに向かって、エルサレムの通りを足早に歩いて行くユダヤ教徒たちの姿である。1990 年の乾期に一ヶ月エルサレムに滞在していた時、私はしばしば彼らを目撃した。(2)

　黒い衣装を着る慣行は、昔からキリスト教にあったし、今もある。キリスト教聖職者の衣装を歴史的に見ると、アロンの衣装を念頭に、典礼中心に探求され、発展してきた。しかし、黒い衣装は典礼の衣装として定着することはなく、典礼以外で着る衣装として採用されてきた。そしてそれは、主として聖職者のアイデンティティを誇示する役割を担ってきた。東方正教会では 10 世紀頃から黒いガウンを着用し始めた。カトリックのベネディクト会修道士は 1300 年

頃から "Black Monk" と呼ばれ、ドミニコ会修道士は、1500年頃から "Black Friar" と呼ばれてきた。何れも黒い衣装を着ていたからである。

　他方、プロテスタントの「ジュネーヴ・ガウン」は、1521年のクリスマスにヴィッテンベルクの城教会の聖餐式で、アンドレアス・カールスタット教授が着用していたアカデミック・ガウンに端を発している。[3]

　現在の日本でも、ギリシャ正教会や一部のプロテスタント教会の聖職者たちは、黒いガウンを着て説教する。そして、黒い衣装を着る宗教的な意義を強調する人びともいる。

> 黒い服に身をつつむという聖職者の姿は、正教会の伝統の大切な部分で、聖職者は必ず守るように指示されて、聖職者になるときに署名する宣誓書の中にあるだけでなく、教会規定の条項のひとつともなっている。黒い衣は、この世に対して日々死につつ、キリストの中に日々よみがえりつつあるという確信の表明である。[4]

　宗教界以外の分野でも、黒い衣装を着る慣行がある。日本の裁判官たちは、黒いガウンをまとって法廷に現れる。そして、「裁判官はなぜ黒い衣装をまとっているか?」ということが、しばしば話題になる。これには、次のような答えが用意されている。

> 〔裁判官は〕男女を問わず、全員黒い衣装をまとっている。なぜ黒かというと、「どんな色にも染まらない」「どんな意見にも左右されない」という意味だそうである。[5]

柳家小三治とジャン・カルヴァンの類似

　『柳家小三治の仕事』(DVD)で小三治師匠は、「演目は高座に上がってから決めます。世の中の流れ、天候、客席の雰囲気、客層、体調などを考慮して決めます。つまり、即席の芸を披露するわけです」と語っている。

　小三治師匠が黒い紋付きを着て高座に上がり、「私」を消し、登場人物になりきるように心がけ、即席の芸を披露する態度に、私は衝撃を受けた。小三治師匠の衣装哲学は宗教改革者ジャン・カルヴァンの説教観を髣髴とさせて余りあることに気付いたからである。両者の類似は次のような図式にまとめることができる。

【柳家小三治】　　　　　【ジャン・カルヴァン】
　黒い紋付きを着る　　　　黒いガウン?

即席の芸を披露	即興的に説教
高座では「私」を消す	説教壇に「私」を持ち込まない
芸中の人物になりきる	神の言葉を語ることに専念

両者の類似：黒い衣装

　小三治師匠が黒い紋付きを着て高座に上がるように、ジャン・カルヴァンも黒いガウンを着て説教壇に上がったように思われる。ジュネーヴの教会におけるカルヴァンの後継者テオドール・ベザが 1564 年に出版した伝記の現代版 *The Life of John Calvin* (1997) の幾つかの挿絵を見ると、モノクロームだが、カルヴァンは説教でも書斎でも黒い衣装を着ていたように思われる。[6]

　ガノクズィ（Alexandre Ganoczy）はその著作 *the young Calvin* において、カルヴァンの代表的な肖像画二葉を紹介している。一つは、黒いベレー帽を被り、高い襟の白い衣装の上に黒いガウンをまとい、左手に手袋を持った 30 代の若々しい肖像画である。これは、ベザの *The Life of John Calvin* でも "Calvin as a young man" として紹介されている。もう一つは、カルヴァンの肖像画としては最も有名なもので、カルヴァンに関する多くの著作[7]の表紙を飾っている。それは、後頭部を覆う黒いベレー帽を被り、襟に毛皮で縁取られた黒いガウンをまとい、右手の人差し指を突き立てて胸の高さまで上げた、左向き（肖像画では右向き）の姿で、尖った鼻と豊かな口髭と顎髭が際立った 50 代の円熟した人間の肖像画である。

両者の類似：即席の芸 VS 即興的説教・祈り

　小三治師匠が当日の雰囲気にふさわしい演目を選んで即席の芸を披露するように、カルヴァンは生涯を通して即興的に説教した。

　The Life of John Calvin の挿絵「サン・ピエール聖堂におけるカルヴァンの説教」を見ると、カルヴァンは欄干で囲まれただけの高い壇上から身を乗り出し、手ぶらで説教している。カルヴァンが原稿も覚書も携えずに説教壇に上がり即興的に説教した証拠は、英国の護国卿 E.S. Somerset 宛ての主張に見ることができる。ムラーの論考（Richard A. Muller's *The Unaccommodated Calvin*）はその経緯を次のように論じている。

　説教におけるこの偉大な神学的発展の関連で重要なのは、カルヴァンが説教のために

猛烈な準備を行ったことであり、この点は彼の即興的な話術に正確に対応している。カルヴァンの護国卿ソマセットに対する「説教は活気なきものであってはならず、教え、勧告し、叱責するために生き生きしたものでなければならない」という主張と、英国式の「書かれた講話」を朗読する説教への彼の反対は、彼のコメント：「もし私が如何なる本を読むことを許されず説教壇に上がり……神が何を話すべきかを指示してくださると考え、と同時に、私が言うべきことを事前に読んだり、学んだりすることを軽んじ、人びとの教化に向けて聖書を如何に適用すべきかにも意を用いることなくここに来ていると……愚かにも想像するなら、私は生意気な馬鹿者を演じていることになり、神はその傍若無人ぶりを見て私を恥じ入らせるでしょう」に照らして理解されなければならない。(8)

カール・バルトは、カルヴァンが説教ばかりでなく、説教直後の長い祈りも感情を込めて、即興的に行ったことに注目した。

カルヴァンが言うように、祈りには感情が入らなければなりません。しかしこの感情は、私たちの精神にとって、放浪性の口実とされてはなりません。カルヴァンが説教の終わりに行うことを習慣にしていた即興的な祈りは、その威厳ある一貫性において注目に値します。(9)

両者の類似：「私」を消す VS 自分の考えを説教しない

小三治師匠が高座で「私」を消すように、カルヴァンは生涯を通して説教壇に「私」を持ち込むことを忌避した。

カルヴァンは聖書の福音の代わりに、自分自身の考えを説教する人びとを極度に嫌悪し、「私たちが説教壇に上る時、私たち自身の夢や空想を抱いて上ることができると考えてはならない」と言った。(10)

両者の類似：登場人物になりきる VS 神の言葉を伝えることに専念

小三治師匠が高座で登場人物になりきるように、カルヴァンは説教において神の言葉を伝えることに専念した。

聖書は「神の言葉」であるから、説教者はその言葉を伝える謙虚な僕である重責を担っていた。したがって、カルヴァンは自分自身の意見を聖書テキストの中に持ち込まず、「純粋な言葉」の「純粋な教え」を伝達することに専念した。彼の目的は、人間

である作者が聖霊に導かれて意図した「著者の精神」を説明することだった。[11]

カルヴァンは神の言葉をただ単に語るだけでなく、それを聞く信者たちが日々の生活に生かせるように配慮した。

カルヴァンは、しばしば層状の解釈を提供した。すなわち、聖書テキストに関する詳細な説明から始めて、そのテキストを読者の生活に適用させた後に、再びテキストそのものに戻って詳細な説明を行った。彼はそのようにして、過去と現在の間に、テキストと読者の間の隔たりに、類似を用いることによって橋を架けた。また時々、預言と成就の間の隔たりに、弁証法的論証を駆使して橋を架けた。[12]

すなわち、カルヴァンは説教対象の聖書テキストを現世の時事的事象に敷衍させる必要性を強調し、しばしばそれを自ら実践したのである。ベザはカルヴァンの説教の特徴を、ファレルとヴィレの説教と対比させて次のように要約している。

ファレルは一種の精神的崇高性において他に抜きん出ていた。彼の説教を聞く誰もが震え上がり、彼の熱烈な祈りを聞く者はほとんど天に運ばれるような感じを抱いた。ヴィレは魅力的な雄弁家だったので、彼の弁舌は聴衆を魅了した。カルヴァンは最も説得力のある感情をもって、聞き手の精神を満たしてやまなかった。私はしばしば、これら三人を合成した説教者が完璧なのだろうと考えた。[13]

「カルヴァンの説教」を論じた Dawn DeVries は、このベザの見解を引用した直後に、カルヴァンの説教の核心を衝いている。これは説教者にとって記憶すべき、また目指すべき珠玉の言葉となるであろう。

カルヴァンは、自らの務めに最善を尽くす説教者は人びとに十字架にかけられたキリストを見せ、キリストの血が流されたことを感じさせるために、人びとの良心の中に侵入していくであろう、と信じていた。[14]

さて、黒い紋付きに象徴される小三治師匠の衣装哲学は、高座において「私」を消し、登場人物になりきり、即席の芸を披露することに貢献している。他方、カルヴァンは説教壇に「私」を持ち込まず、神の言葉を語ることに専念し、即興的に説教した。その背後には、自己否定をして、キリストを着るというカルヴァンの衣装神学が隠されていたことを見逃してはならないだろう。

注

(1) 柳家小三治『落語家論』(新しい芸能研究室 2001)

(2) ユダヤ教徒の男性は、黒い帽子、黒いコートの独特な服装をしている。エルサレムにおけるイスラム教の聖域(岩のドーム、エルアクサ寺院)で黒い服を着た彼らを見かけることはない。昔、至聖所があった場所に足を踏み入れることを畏れているからである。(ミルトス刊『イスラエルガイド』参照)

(3) 主要参照文献:"Vestments" in *A Dictionary of Judaism & Christianity*, 1991.／David R. Holeton, "Vestments" in *The New Westminster Dictionary of Liturgy and Worship*, 2002.／Tenny Thomas, "Vestments" in *The Concise Encyclopedia of Orthodox Christianity*, 2014.

(4) 高橋保行『ギリシャ正教』

(5) 坪内忠太『脳にウケるおもしろ雑学』

(6) Theodore Beza, *The Life of John Calvin*, 1564; Revised and Enlarged ed. 1657; Modern French ed. 1993; English ed. 1997, 2005.

(7) T.H.L. Parker, *John Calvin, A Biography*, 1975 & 2006. / T.H.L. Parker, *Calvin's Preaching*, 1992. / Bernard Cottret, *Calvin, A Biography*, 1995. / *The Calvin Handbook*, ed. Herman J. Selderhuis, 2009. / David C. Steinmetz, *Calvin in Context*, 2010.

(8) Richard A. Muller, "Establishing the *ordo docendi*: The Organization of Calvin's *Institutes*" in his *The Unaccommodated Calvin*, p.144.

(9) Karl Barth, *Prayer*, 50th Anniversary Edition, p.6.

(10) T.H.L. Parker, *Portrait of Calvin* [La Vergne, 2010], p.83.

(11) Susan Schreiner, "Calvin as an interpreter of Job" in *Calvin and the Bible*, p.54.

(12) David C. Steinmetz, "The Theology of John Calvin" in *The Cambridge Companion to Reformation Theology*, p.114.

(13) Theodore Beza, *Selected Works of John Calvin: Tracts and Letters*, I, xxxix.

(14) Dawn DeVries, "Calvin's preaching" in *The Cambridge Companion to John Calvin*, p.121.

初出:『いずみ』(NTT・KDDI 合同聖書研究会機関誌) No.53; 2015.7.18

カール・ヒルティの聖職者観を読んで

カール・ヒルティの聖職者観

　スイスの法学者でキリスト教思想家のカール・ヒルティ（1833-1909）はその著『眠れない夜のために』(1) の中で、キリスト教会の聖職者を評価する基準について論じている。下記に引用する一節には、一般信者が望んでいる理想的な聖職者観が具体的に述べられている。ここには、現代の牧師・教師たちが好むと好まざるとに関わらず、謙虚に、耳を傾けるべき要素が含まれている。

　教会の最高位の人から宣教師、あるいは教会の奉仕女性や「慈悲の友の会」の修道女に至るまで、およそ聖職者を評価する場合、私たち一般信者にとって重要なのは、彼らが大きな宗教的賜物を持ち合わせているかどうかである。すなわち、慰め、効果的な祈り（ヨハネ 15:7）、病気の治療（マルコ 3:15, 16:17-18）、罪の赦し（マタイ 18:18, ヨハネ 20:23）、および預言 ── 正確に言えば、現在と未来に対する正しい洞察力、あるいは真理の霊 ── を一つでも持ち合わせているかどうかである（ヨハネ 17:17, I ヨハ 5:20）。少なくとも、これらの諸能力が一つも認められないような聖職者のどんな指導にも信頼してはならない。

　　その他のすべて、神学的学識であれ、教会への熱心であれ、説教の才能であれ、あるいはその他のどんなことでも、第二義的なものに過ぎない。時には、それらは上述の諸能力を受ける上での妨げとなることさえある。それらの諸能力は、習得され得るものでもなければ、何らかの聖職授与式によって伝達され得るものでもない。それらは神から直接授与されるもので、昔も今も変わりなく、またあらゆる教派において可能である（"15. Januar" in Carl Hilty, *Für schlaflose Nächte*, Erster Teil, Leipzig, 1919.）。

　ヒルティによると、牧師・教師たちが神から与えられる大きな宗教的賜物（geistlichen Gaben）、すなわち、慰め、効果的な祈り、病気の治療、罪の赦し、預言などの諸能力の一つでも持ち合わせているかどうかが重要だと言う。しかも、一般信者にとって重要だと言う。なぜ一般信者にとって重要なのか？それは、牧師・教師たちが宗教的賜物を持っているかどうかを判定するのも、彼らの宗教的賜物の恩恵を受けるのも一般信者だからであろう。ヒルティがこ

のように、その聖職者観を一般信者の視点から論じたことは、正に卓見と言わなければならない。

効果的な祈り（wirksamen Bittens）について

　私の経験から証言すると、重度の甲状腺癌に冒され、高齢のため手術ができず完治する望みを絶たれた妻のために、所属教会の若い女性教師は「癌になっても、何年も生きる人びとがいます。何年も生きることができるようにお祈りいたします」と、力強く言ってくださった。妻は放射線治療とこの女性教師の祈りによって、4年余りを平静に生きた。マザーテレサを尊敬し、看護婦の経験を持つ彼女の祈りが、妻にとって真に効果的な祈りだったことを、私は信じている。

慰め（Trostes）について

　愛する者を失い悲嘆に暮れている信者に真の慰めを与えることができるのは、牧師・教師たちの時宜を得た言行である。私の経験から証言すると、妻が甲状腺癌による気道狭窄で呼吸困難に陥り召天した日の夜、所属教会の牧師は定例祈祷会の夜であったにもかかわらず来宅され、遺体の前で悲しむ遺族のために聖書を読み、祈りを捧げてくださった。この牧師の言行によって私がどれほど慰められ、感謝したか、その感謝の思いは筆舌に尽くし難い。

　牧師・教師たちが神からの賜物として受けている慰めの能力とは、間違いなくこういうものであろう。

病気の治療（Krankenheilung）について

　牧師・教師たちが神からの賜物によって、効果的な祈りの他にも、信者たちの病気を癒すこともあるのであろう。

罪の赦し（Vergebung）について

　牧師・教師たちの罪の赦しの能力について考えてみる。ヒルティはヨハネによる福音書20:23 を引用しているので、ここでの罪の赦しはキリスト教の伝統的な「赦罪宣言」（Absolution）を示唆している。すなわち、罪を告白した者に対して聖職者が行う罪の赦しの宣言「私は父と子と聖霊の御名によってあなたの罪を赦します」を指している。

しかし、ヒルティがここで意図している罪の赦しは、罪を告白した信者が聖職者の赦罪宣言によって、実際に赦しを経験することを意味している。神からの赦しとして実感することを意味している。

現代日本のプロテスタント教会の中には、キリストの十字架の死によって私たちのすべての罪はすでに赦されていると信じ、罪を告白することを忘れた牧師・教師たち、信者たちが少なからずいる。しかし私たちは、キリストの贖いの故に罪を赦されているわけではない。神からの赦しとして実感できないような罪の赦しは、いつ、どこで、どのように赦されたのかを実証できないような罪の赦しは、赦しの名に値しない。

預言（Weissagung）について

ヒルティによれば、預言とは現在と未来に対する正しい洞察力だと言う。しかし、現実にこのような預言に接することは稀であるように思われる。

神学的学識が第二義的であることについて

これには、異論を唱える人がいるかも知れない。しかしヒルティは、神学的学識が神からの賜物でなく、人間的な努力によって得られることに、研鑽によって進歩することに着目しているのである。

しかし、牧師・教師たちは概して、神学的学識を重視している。神学的学識を豊かにし、信徒に教えなければならないからである。彼らは必然的に、「牧師・教師は教える人、信徒は教わる人」という通説を実践することになる。もしこのことが日常化すると、牧師・教師は教えるばかりで、信徒から学ぶことを知らない、いわゆる「教師バカ」と呼ばれるようになる。ここで牧師・教師たちに求められているのは、何事も信徒に聴くというより、牧会や神学的問題について信徒に、謙虚に耳を傾けることなのであろう。

こう言う私の脳裏には、牧会に関する一つの名言が浮かんでいる ── 「島村亀鶴牧師はかつて、『教会員の最も辛辣な意見に耳を傾けるのが牧会のこつ』と言われましたが、これはすべての牧会者が肝に銘ずべき名言だと思います」（2004 年 4 月、I-K 姉談）。

現代の日本社会には、一芸に秀で世事に疎い、「釣りバカ」「野球バカ」「役者バカ」「映画バカ」「建築バカ」など、多くのバカが横行している。しかし、キリスト教会に「教師バカ」が横行するのは好ましいことではない。

誰からでも学ぶことについて

　ここで不本意ながら、個人的な経験を紹介する。日本人は質問をするのが下手だと、よく言われる。しかし私には、他人から真っ当な質問だと認められて、立派な教師たちに巡り合った思い出がある。

　高名な哲学者の今道友信氏から「プラトンにおける驚異」と題する公開講義（1995.10.1　上智大学）を聴いた時のことである。講義後の質疑応答の時間に、私はプラトンの「アカデメイア」と古代ユダヤの「ベイト・ミドラッシュ」の関係の有無について、次のように質問をした。

　　プラトンはソクラテスの死後、30代の後半に、エジプトや北アフリカのギリシア人の植民地キュレネを訪ねたことが知られています。そこから私は、プラトンがそれらの土地に住んでいたユダヤ人から、後代の「ベイト・ミドラッシュ」の原型となったような、トーラーを学ぶための教育組織、あるいは教育の仕組みについても見聞し、帰国後アテナイの郊外の森に、それをモデルにして「アカデメイア」を創設した、と考えることができると思うのですが、この推論を裏付けるような研究があるのでしょうか？　先生のご高見を伺うことができれば幸いです。

　これに対して今道氏は、「そのような研究について、私は知りません」と、短く率直に答えられた。

　ところが講義終了後、二人の大学教授が私のところにやって来て、名刺を差し出して言われた。一人は「今後、いろいろとご教示いただく機会があろうかと思いますので、よろしくお願いします」と言い、もう一人は「教えていただきたいことがあるので、近く電話をしてもいいですか？」と言われた。

　この時私は、理想的な教師とは、第一に、（今道氏のように）「知らないことは知らない」と、はっきり言う正直な人間であり、第二に、（二人の学者のように）たとえ私のような無名な者からでも、学べるものは学ぼうとする謙虚な人間であろうと考えた。

　ちなみに、タルムードの外典には、こんな一節がある。

　「ベン・ゾーマは言う、賢者とはどのような人なのか。誰からでも学ぶ人である。『私のすべての師から、私は悟りを得た』(詩編 119:99) と言われている通りである」。(『タルムード ― アヴォート篇』「アヴォート・デ・ラビ・ナタン」第 23 章 1.)。

ボンヘッファーの「祈ることと正義を行うこと」

　近頃、ディートリヒ・ボンヘッファー[1] が獄中で記した「祈ることと正義を行うこと」という言葉が注目されている。[2]

　「祈ることと正義を行うこと」をボンヘッファーの文脈において正しく理解することは今日のキリスト教会とキリスト者にとって重要な意味を持っているので、ここで改めて紹介する。

　「祈ることと人びとの間で正義を行うこと」という表現は、彼の著『抵抗と服従 ― 獄中からの書簡と手記』の「D.W.R.の洗礼の日に寄せる思い」（1944年5月）の中に見出される。

> 私たちの教会は、ここ何年か自己保存のためにのみ、そのこと自体が目的であるかのように戦ってきたが、人間のためと世界が存続していくために、和解と救済の言葉の担い手となり得ないでいる。そのために古代の言葉はその勢力を失い、沈黙を余儀なくされている。私たちが今日キリスト者であることは二つの事柄においてのみ存立するであろう。すなわち、祈ることと人びとの間で正義を行うことにおいてである。すべてのキリスト教会の思考と言論と組織化はこの祈りと行為から再生されなければならない。[3]

　ボンヘッファーの「祈ることと人びとの間で正義を行うこと」は、キリスト教会が自己保存（Selbsterhaltung / Self-preservation）のために汲々とし、神の「和解と救済の言葉」のために戦っていない状況の中で、キリスト者の在り方を提示したものである。彼は、個々のキリスト者が祈り、正義を行うことによって、教会全体が自己保存の悪弊から抜け出し、再生させられると信じ、そのために戦ったのである。この文脈は明らかに、キリスト教会の再生を指向したもので、暴君殺害を示唆したものではない。ボンヘッファーは獄中での瞑想を通して、兄弟愛の教会像を構想したことが知られている。

> Die Kirche ist nur Kirche, wenn sie für andere da ist. Um einen Anfang zu machen, muß sie alles Eigentum den Notleidenden schenken. [4] （教会は他の人びとのために存在する時にのみ教会である。手始めに、教会は全財産を窮乏している人びとに与え

なければならない）

　ボンヘッファーは同書の「十年後 ── 1943年の新春に記した予測」においても、キリスト者の在り方に言及している。

　　私たちはキリストではない。しかしもしキリスト者であろうと欲するなら、私たちは
　責任のある行動をとって、危機の時期が来た時には自由に、そして恐れからではなく、
　苦しむすべての者に対するキリストの解放的・贖罪的な愛から湧き出る真の同情を示
　すことによって、キリストの寛容を共有しなければならない。単に待望し、傍観する
　ことはキリスト者の態度ではない。キリスト者は第一に自分の体験（苦難）によって
　ではなく、キリストは自分の兄弟たちのために苦しまれたのだから彼らの体験によっ
　て行動し、同情するように召されているのである。[5]

　ボンヘッファーは、危機が到来した時にはキリスト者はただ単に待望するだけでなく、苦しんでいる兄弟たちのために行動すべきだと勧めている。ここで彼が、キリストが苦しまれたのは「自分」のためでなく、「自分の兄弟たち」のためだったと明言していることは注目に値する。彼はユダヤ人たちを「苦しんでいる兄弟たち」と呼ぶにふさわしい関係を持っていた。[6]　この表明は、新約聖書における自己否定の教えと隣人愛の戒めの関係を正しく洞察し、自己愛を排除している。

　ボンヘッファーはルター派の牧師だったが、マルティン・ルターは隣人愛の戒めについて次のように注解している。

　　「あなたの隣人をあなた自身のように愛しなさい」という戒めは……私たちが私たち
　への愛を例として用いることによって、私たちの隣人だけを愛するように命じられて
　いると理解できる。この方が好ましい解釈である。なぜなら、生まれながらにして罪
　深い人間は、他の誰よりも自分自身を愛し、すべての事柄において自分自身を求め、
　自分自身のために他のあらゆるものを愛しているからであり、自分の隣人や友人を愛
　する時でさえ、相手のうちに自分自身を求めているからである。……

　　「愛は自分自身を主張しない」（Ⅰコリ 13:5）は、私たちに、自分自身を否定して
　他の人を肯定させ、隣人に対して愛情を抱かせ自分自身に対する愛情を放棄させ、自
　分自身を隣人の立場に置かせ、さらに、自分のために自ら為そうと欲しているもの、
　また自分自身と他の人びとが自分に為そうとするものを決定させる。[7]

ルターとボンヘッファーの隣人愛に関する洞察は、自分の邪悪性を痛感していない人間、すなわちキリストは自分を愛し、自分のために苦しまれたと自分本位に考える人間に向けられ、そのような人間の思想ほど危険で、反キリスト的な思想はないことを示唆している。

最近、私はルターとボンヘッファーが教える隣人愛に真っ向から対立する説教を聞いた。私は強い衝撃を受け、自分の耳を疑い、自分のいる場所がキリスト教会であることを再確認しなければならなかった。その説教は翌週の週報に、次のように記載された。

> 説教「神を愛し、人を愛す」（マルコ 12:28-34）要旨
> 　ところでここで、〈自分を愛するように〉、と言われていることに注目すべきでしょう。つまり、自分を愛することが前提とされ、隣人を愛することが勧められているのです。利己的な愛は、隣人を愛することを妨害するでしょう。しかし、真に自分を愛することなしに、隣人を愛し得ないということなのです。私たちは、利己的な自己愛に囚われないように気を付けなければなりません。けれども同時に、真に自己を愛することを見い出すことも求められます。それは、神が私たちをお造りになり、愛し、救いをお与え下さっているからです。自己を真に愛するとは、神のみ前に自分を見い出す歩みです。そして、この神の愛と救いが、ただ自分のみに対してだけでないことを知った時、他人である隣人を愛する思いへと導かれるのです。「神を愛し、人を愛す」という説教題の「人」とは、自分と隣人を意味します。聖霊なる神に支えられ、この幸いな歩みを進めて参りましょう。
>
> （『F 教会週報』2005.9.11）

ディヴィッド・タイラーはこの牧師のように自己愛中心のキリスト者を Christian self-theorist（キリスト教的自己中心主義者）と呼び、その正体を明らかにしている。

> 完全に自己を愛することによって他者を愛することができる、という見解は、人間的心理の前提条件と一致し、主イエスの言葉とは一致しない。イエスは他の人びとに対する思いやりと愛が自分自身の完全な自己愛から出たものだとは、全く言ってないし、仄めかしてもいない。
> 　今日、自己は否定されていない。自己は称揚され、甘やかされ、尊重されている。キリストの言葉は逆転させられている。[8]

ここにおいて私は、教会の安泰を優先し、福音を正しく伝えることを第二義的に考える教会にどれほどの意味があるのか、という問題に直面した。この点では、私は福音を正しく伝えることを優先すべきだと考えている。この関連では、ルターの教会観が役に立つ。

> もしあなたが教会について評価したいと思うなら、少しの欠陥も些かの過失もない教会を期待せず、純粋な神の言葉が語られる場所、正しい聖礼典が執行される場所、そして神の言葉を愛し、人びとの前でそれを告白する人がいる場所を教会と考えるべきである。あなたがこれらの目印を見出すところには、御言葉を持ち、聖礼典を執行する人が多かろうと少なかろうと、教会が存在すると確信してよい。[9]

　要するに、神の言葉を正しく伝えるために真剣に祈らず、戦わない教会は、この地上で如何に歴史と伝統と威容を誇り、如何に多くの会員を擁していようと、もはやキリスト教会と呼ぶに値しないということである。このように単純明快な真理を一信徒が強調しなければならないところに、今日の日本のプロテスタント教会の脆弱さがあり、力強くかつ着実に発展しない根本的原因があるのであろう。

　牧師が福音を甚だしく曲解し、教会の役員たちがそれを看過、あるいは容認している場合には、彼らの態度はキリスト教の忍耐でも寛容でもなく、怠惰であり、公の罪でさえある（Ⅰテモ 5:20）。ボンヘッファーの言葉を借りれば、いつか改善されるであろうと、「単に待望し、傍観することはキリスト者の態度ではない」。良心のある信徒は福音擁護のために ── 神に祈るだけでなく人びとの間で正義を行うために ── 立ち上がらなければならない、というのが私の信念である。

注

(1)　ディートリヒ・ボンヘッファー（Dietrich Bonhoeffer, 1906-45）はルター派の神学者・牧師。彼は第二次大戦中ナチスの宗教政策に反対し、告白教会 ── 1934 年、ヒトラー政権のキリスト教会支配に抗議して、「ドイツ福音主義教会の今日の状況に対する神学的宣言」を公表 ── を拠点に、ヒトラー暗殺の可能性を秘めた反ナチ地下抵抗運動を展開した。彼は 1943 年ゲシュタポに逮捕され、1945 年処刑された。

(2)　ここで筆者は、宮田光雄「祈ることと正義を行なうこと──D・ボンヘッファーの生

誕百年の記念に」（『図書』岩波書店、2006 年 3 月号）／説教「祈ることと正義を行うこと」（ローマ 12:9-21）南吉衛（信濃町教会月報 2007.3 所収）を念頭においている。

(3) Dietrich Bonhoeffer, *Widerstand und Ergebung,* Briefe und Aufzeichnungen aus der Haft, 1964, p.207.

(4) Dietrich Bonhoeffer, p.261.

(5) Dietrich Bonhoeffer, p.27. 「体験（苦難）」の訳語は、Dietrich Bonhoeffer, *Letters and Papers from Prison*, Edited by Eberhard Bethge [A Touchstone Book, 1997] が Erfahrungen am Leibe を sufferings と英訳したのを参照した。

(6) ボンヘッファー家は、自由なユダヤ人たちが社会生活の中に差別されることなく完全に融け込んで時代に、ベルリンのグルーネヴァルト居住区に（1916.4-1935.10）住んでいたので、ユダヤ人たちと親しく交わる機会を持っていた。例えば、父はユダヤ人の手伝いを雇い、子供たちにはユダヤ人の友人たちがいた。ディートリヒの同僚には、半分ユダヤ人の血を引いた牧師フランツ・ヒンデブラントがいた。さらに、ディートリヒと双生の妹ザビーネはユダヤ人系の公法学者ゲルハルト・ライプホルツと結婚していた。

(7) "Lectures on Romans" in *Luther's Works*, Volume 25, pp.475-78.

(8) David Tyler, *Jesus Christ, Self-Denial or Self-Esteem?* pp.97-100.

(9) "Public Lecture on Psalm 90 by Martin Luther at the University of Wittenberg in 1534" in *Luther's Works*, Volume 13, p.90.

初出：『いずみ』（NTT・KDDI 合同聖書研究会機関誌）No.45; 2007.7.21

祈り

有馬　登美子

　毎年のことかもしれませんが昨年もまた、寂しいことですが、私たちの教会のお仲間の中から、何人もの方が天に召されました。また、この教会の外でも、私自身、親戚やら知人やらの死に幾度か出会いました。

　亡くなられた方やそのご家族がキリスト者である場合には、故人が信仰のご生涯を全うされ、天の御国へ帰られて、主の御許でもう痛み苦しみもなく安らかにしておられることを思うと慰められ、また励まされも致します。しかしまた、ご遺族にとっては随分とお寂しいことでしょうし、また特に病弱な方や年若い子供さんがおられる場合などは、神さま、どうしてですか、と、お尋ねしたくなるような思いに駆られることもしばしばです。

　けれども、神さまが、主イエスが、ついていてくださる、独りぼっちのように見えても、決して見捨てられてはいない、インマヌエル、主がすぐそばにおられて愛をもって見守り、支えていてくださる、祈りに応えて必要な力を与えてくださる、と信じることができるなら、きっと涙は拭われ、立ち上がることができるでしょう。このような時、キリスト者としての信仰を持たせていただいていることの幸を思い、感謝せずにはおられません。

　それにひきかえ、父なる神さまを知らない人の場合はどうでしょうか。残された人の寂しさ、悲しみは、どのようにして癒されるのでしょうか。……

　人が人生で出会うさまざまな困難や悲しみに打ち勝っていくためにも、一人でも多くの方が、真の神、真の助け主であられる私たちの主イエスさまに出会うことができますようにと祈らずにはおられません。

　またもう一つ、近頃気になっていることですが、日本の社会では、いじめとか暴力、果ては殺人まで、他人を平気で傷付ける行為が、よく聞かれるようになりました。

　クリスチャンでない多くの人々は、隣人への愛ということをどのようにして学ぶのでしょうか。普通にはまず母の愛、両親の愛とか家族愛が考えられますが、最近は、愛情に乏しい、寒々とした家庭というのもあるようです。親から

十分に愛されることなく成長した人は、自分の子供を持って愛することができず、いじめてしまうこともあるのだと聞きました。恐ろしいことです。自己中心で、肉親をさえ愛することのできない人には、他人を愛することができないのは当然かもしれません。

　誰でもが互いに赦し合い、愛し合って、共に生きていくことができる世界となるためにも、父なる神さまが私たちを愛してくださって、御子をお遣わしくださったこと、イエスさまが私たち罪人を救うために、言い換えれば、神を愛し隣人を愛することができるものとするために、ご自身を十字架の犠牲とされ、三日目に復活されて私たちの救いが達成されたこと、そして今もなお、信じる者たちと共に生きて働いていてくださることを、まだ主を知らない多くの人々に知ってほしい、今こそ伝えなければいけないと、改めて思いました。証しする力をお与えくださいと、切に祈るものです。

（1995.1.5　祈祷会での奨励より）

初出：『心の緒琴』第31号（1995.2.28　富士見町教会婦人会編集・発行）

イスラエルを旅して

有馬　登美子

　日頃不勉強な私が、先輩の皆様方の前でお話を申し上げるなど、大変恥ずかしいのですが、神さまの不思議なお計らいによりまして、この度イスラエルを訪ねる機会を与えられ、行ってまいりましたので、そのご報告をさせていただくことになりました。限られた時間に、ご期待に沿えるようなお話ができますかどうか、心許無いのですけれど、どうかお許しくださいませ。

　　　　　　　＊　　　　　　　＊　　　　　　　＊

　『信徒の友』の広告にありましたパックス インターナショナル株式会社企画の「歴史の旅：エジプト・イスラエル・ローマ・ベニス・ロンドンを訪ねる」というツアーに主人と共に参加しました。この歴史の旅は、同行解説者の秦剛平氏（多摩美術大学教授）と搭乗員を含めて総勢13人という小さなグループ旅行になりました。

　1989年3月18日（土）の夜出発、4月2日（日）午後帰ってきました。正味15日間の旅行でした。

　私たちは、まずロンドンに行き、それからエジプトに行きまして、カイロ、ルクソールなどを見学、それからシナイ半島に入りました。

3月23日

　<u>シナイ山</u>では、早起きをしまして、懐中電灯を頼りに頂上まで登りました。石や岩の多い山道を3時間、なかなかきついことでしたけれど、山頂で日の出を見ましたのは、とても素晴らしい、感動の体験でした。

3月24日

　それからタバで国境を越え、イスラエルに入りました。エイラットから出発し、ヨルダンとの国境に沿って北へ進みました。死海に近付いたところでは、あのロトの妻が塩の柱になって立っていました。それから、右は塩の海、左は荒野、という光景が続きましたが、昔、ダビデがサウル王から逃げてさまよった時に隠れたという、山の要塞、<u>マサダ</u>に立ち寄りました。ここは大きな岩山で、紀元前25年ヘロデ王がこの上に宮殿や見張り塔を建て、また紀元後70年

にエルサレムの神殿が破壊された後、ユダヤの熱心党を中心とする反乱軍が3年間立てこもってローマ軍に抵抗し、最後には自決したという歴史的な事件のあった所です。4百メートルもの高さに聳え立つ、険しい岩山の上に宮殿の建物やシナゴーグの跡、食糧の倉庫や貯水槽などがあるのを、驚きの思いで見学しました。

　それからネゲブのアラドというところに行きましたが、ここには荒野で遊牧の生活をしているベドウィンと呼ばれるアラブ人がおりまして、私たちはそのベドウィンのテントのお客になり、夕食を御馳走になるという珍しい体験をしました。

3月25日

　それからまた死海に沿って進み、ダビデが洞窟に隠れていたところにサウル王が入ってきましたのを、衣の裾を切っただけで命を助けたというお話（サムエル記上 24:4）の舞台になったエンゲディに行きました。荒野の中ですのに、ここだけは緑があり、滝が落ち、水が流れて葦が茂り、木陰では岩狸が遊んでいました。

　死海では塩の海に浮かぶという面白い体験をしました。紀元前何百年も前のイザヤ書などの写本が発見されたというクムランの遺跡を見学してから、死海と別れ、やがてエリコの町に入りました。緑の多いきれいな町の一角にザアカイが上ってイエスさまに声をかけられた、というイチジククワの木がありました。エリコでは、主イエスが40日40夜の断食をされ、悪魔の試みにあわれた誘惑の山を見ました。

　そこから今度はナザレの町に行きました。受胎告知教会という大きな教会がありまして、その中にはマリアが天使からお告げを受けたと言われる洞窟がありました。隣にはヨセフの教会があり、その地下には聖家族の住居だったという洞窟がありました。

　それからガリラヤ湖畔の町ティベリアに行きました。ここはかつて、学問の町として栄えた所だと言われています。

3月26日（イースター）

　ここからガリラヤ湖の周辺をめぐったのですが、キブツ・ゲネサレという所では、約2千年前の舟というのがガリラヤ湖の底から見付かって保存されているのを見ました。それから、イエスさまが山上の垂訓をなさった場所、山上の垂訓の丘（または祝福の丘）に上がりました。丘の上にはビザンチン様式の、

8つの教えに基づいた8角形の教会が建っており、内部には垂訓を描いたステンドグラスがあり、中央には祭壇がありました。この辺りは一面の草原で、なだらかな斜面にハイビスカスが咲き、菜の花とアザミが競うように咲き乱れ、麗らかな日差しの下で小鳥が囀り、本当に美しい素敵な所でした。集まってきた大勢の群衆にイエスさまが、お話をなさり、ある時は5つのパンと2匹の魚を5千人の人びとに分け与えられた、その情景が目の前に見えるようでございました。その日はちょうどイースターでしたので、オリーブの木陰で私たちだけのささやかな礼拝を守りました。ガリラヤの風薫る……と讃美歌にありますように、花の野原を吹く風は本当にいい匂いがしていました。湖の岸に降りるとペテロの教会がありまして、ここはペテロとアンデレがイエスさまから「わたしについてきなさい」と召された所、また、イエスさまが復活なされてから、弟子たちの前に現れ食事を共になさった所だということで、その食卓の岩というのがありました。

　カペナウム、ここはイエスさまが住まわれて伝道活動の拠点となったというところですが、ここで見たシナゴーグの遺跡は、柱や壁は3世紀のものですが、玄武岩の床はイエスさまの時代のものだということでした。シナゴーグの隣には、イエスさまが3年留まったと言われているペテロの家がありました。

　ガリラヤ湖の東側では、悪魔が豚に乗り移って湖に雪崩れ込んだという場所などもありました。

3月27日

　それから、西の方に行き、地中海沿岸のアッコ、カルメル山のあるハイファ、ローマの総督が住み、異邦人伝道の出発点となったカイザリアなどにも行きまして、それから最後にエルサレムに入りました。

3月28日

　エルサレムでは、まずゲッセマネの園を訪ねました。ここのオリーブの木々は古く、樹齢は6,7百年もあろうか、ということでした。それからオリブ山に行き、エルサレムの町を展望しました。素晴らしい眺めでした。この眺めは古代から変わっていず、どれほど多くの人が、ある時は喜びをもって、またある時は悲しみをもって眺めてきたかと思いまして、感慨無量でした。オリブ山から急激な坂道を下り、深いキドロンの谷を見て、鶏鳴教会に着きました。ペテロが三度イエスさまを知らないと言った所に建てられた教会です。天井と壁に絵があり、床にはモザイクが敷き詰められていました。礼拝堂を降りた所に白

い岩があり、ここは大祭司カヤパの邸宅の跡だと言われています。さらに降りると、イエスさまが一晩を過ごされた岩の牢屋がありました。それから最後の晩餐の場所であり、またペンテコステの聖霊降臨のあった場所と言われる二階座敷も見ることができました。教会を出て、杉の林の間からダビデの町を垣間見ました。またイエスさまがゲッセマネの園で捕らえられ、連れて来られた時に歩いたと言われている石の階段を見下ろしました。

それからシオン門から、城壁で囲まれた旧市街に入りました。神殿のあった所には、今はイスラム教の大きなモスクが建っているのですが、その外の西の壁と言われる所でユダヤ教の人たちがお祈りをしている姿が見えました。(紀元135年第2次ユダヤ戦争というのがあってエルサレムが陥落し、それ以来つい先頃の1967年まで、1千8百年余りユダヤ人はここに入ることができなかったのだそうです。)

神殿の丘のモスクは金のドーム、または岩のドームと呼ばれています。そのモスクに、靴を脱いで入りました。そこには大きな岩があり、天井と壁面の模様は木目細かい芸術といった感じでした。岩は、アブラハムがイサクを捧げようとした所であり、ダビデが神の箱を置いた所であり、そしてマホメッドが昇天した所であると言われています。次いで、ヴィア・ドロロサの教会に入りました。祭壇の絵は立体的で、赤い衣のイエスさまが十字架を担がされるところを描いていました。それから教会を出て、ヴィア・ドロロサ(悲しみの道)と呼ばれる、主イエスが十字架を負ってゴルゴダまで歩かれた道をたどりました。曲がりくねった狭い道を約1km歩きました。両側には土産物などを売る店が立ち並んでいました。実際に主イエスも、見せしめのため、このような所を歩かせられたのでしょう、とのことでした。最後は聖墳墓教会、ここは主イエスが十字架にかかられた場所、そして葬られた場所ということですが、大きな教会堂の中にローマカトリック教会、ギリシア正教会、アルメニア教会、エチオピアのコプト教会などが同居しておりました。

それから、ベツレヘムに行きまして、主のお生まれになった所に建てられた聖誕教会を訪ねました。この教会は326年、コンスタンチヌス帝が設立したものだと言われています。内部は幾つの教会から成っておりまして、大きい教会はギリシア正教会、小さい教会はアルメニア教会でした。その他に、カトリック・カテリーナ教会がありました。この教会の下には、ヒエロニムスが聖書を翻訳した洞窟がありました。

この時、外は大雨でしたので、予定していた「羊飼いの野」行きは中止になりました。

　エルサレムでは、最後に、ユダヤ人虐殺記念館を見学しました。

　少し省略しましたが、イスラエルの旅は大体このくらいで終わりました。

　その後、ローマ、ヴェニス、ミラノ、そして再びロンドンに寄り、帰国いたしました。

　イスラエルで一番印象に残ったことは、自然がとても美しかったことです。ちょうど好い季節に巡り合わせたということだと思いますが、荒野にさえも花がありましたし、野や山が緑に包まれ、花に覆われたさまは、溜め息がでるほどでした。人の余り訪れない高原にもアザミやアネモネが咲き、岩かげにはシクラメンが咲いていました。キブツの働きで荒れ地が緑の農園に変えられているのも見ました。羊飼いに守られて草を食む羊の群れもよく見かけましたが、白い羊は殆どいなくて、茶っぽいのや黒っぽいのばかりだったのが面白い発見でした。

　何千年もの昔から、いろいろな国に征服され、散らされ、迫害を受け、苦難の歴史をたどってきたユダヤの人々が、神さまから与えられた嗣業の地として、このイスラエルの土地を愛し、ここに帰ってきて国家を持つことができたことを、今どんなにか喜んでおり、そして平和を望んでいるということも実感できました。アラブの国々やパレスチナの人々との関係が改善されて、誰もが安心して暮らせるように、そして旅行者が、どこへでも行きたい所へ安全に行けるように、そのような平和な世界が来るように祈りたいと思います。

　そして最後に、キリスト者である私たちにとりましては、地上のどの場所が聖地だ、ということはなくて、復活の主イエスさまにお会いできる所ならどこでも聖地だということを、しみじみと思いました。いつでもどこでも、祈りに応えて、主がそばにいてくださいますことの幸せを、改めて感謝いたします。

（1989.5.17　めぐみ会にて）

初出：『心の緒琴』第26号（1990.1.31　富士見町教会婦人会編集・発行）

付録

主要テーマ索引

主要参考文献

付録

主要テーマ索引

信仰に関する事項

カルヴァンによる信仰の定義	151
キリスト教信仰の包括的定義	156-57
ギリシア語 *pistis* には両義性（信仰＆信仰心）がある	47
ギリシア語 *pistis* の言語学的アプローチ	32-46
トマス・アクィナスによる信仰の定義	150
パウロの信仰観	51, 91
ブルトマンによる信仰の定義	151-52
プロテスタント諸信条における信仰の定義	152-54
プロテスタント信仰の総括	154-55
ヘブライ人への手紙の信仰観	52, 92
ヤコブの手紙の信仰観	52, 92
ヨハネによる福音書の信仰観	50-51, 90-91
ルターの信仰観	118-120, 150-51
一般知識人による信仰と信仰心の弁別	294
英語圏における faith と belief の使い分け	296-304
簡潔な信仰告白を保持する教派の問題	291-92
共観福音書の信仰観	49, 90
信仰と信仰心を弁別することによる効用	294-95
信仰心の「真実」の在り処	294
新約聖書における信仰の条件	53-54
新約聖書における多様な信仰観	90-92
新約聖書に現れるギリシア語 *pist-* 語群の特徴	46-47
神学者の神学（信仰心）が教義（信仰）となった事例	152, 298

信仰による義認に関する事項

「神は我らの罪を赦して義としたもう」への言及	114, 124
カルヴァンにおける信仰による義認	121-23
ルターにおける「罪人にして同時に義人」	120-21, 126-27
ルターにおける神の義の発見	116-18
信仰による義認の聖書的根拠	115-16

悔い改めに関する事項

「95か条の提題」冒頭の悔い改め	55
「どうか十字架の贖いのゆえに、あなたの戒めを守れなかったわたしたちの罪を赦して	

345

くださいますように」への言及	174-75
「御子イエス・キリストの贖いのゆえに、お赦しください」への言及	174, 293
アウクスブルク信仰告白における悔い改め	162
ウエストミンスター信仰告白における悔い改め	162
カルヴァンにおける信仰者の改悛	123
キリスト者はすべて罪人	55, 70, 114, 120, 123-24, 126-27,212, 218
ハイデルベルク教理問答における悔い改め	171-72
ペトロス・ロンバルドゥスによる悔い改めの定義	160
ボンヘッファーにおける個人的な悔い改め	164
植村正久による悔い改めの勧め	177
第2スイス信仰告白における悔い改め	162
東方正教会における義人の悔い改め	124, 163
日本バプテスト連盟の信仰宣言における悔い改め	124

罪の赦しに関する事項

「キリストの十字架による罪の赦し」（論考）	174-77
「キリストの十字架による罪の赦し」への言及	59, 176-77, 293, 329
「罪の赦し」に関する言語学的アプローチ	56-57
「赦罪宣言」（absolution）の起源	160
「赦罪宣言」の解説	168-69
「赦罪宣言」の挫折（カルヴァンのジュネーヴ教会）	161
「十字架には完全な赦しがあります」への言及	174, 293
ボンヘッファーにおける「赦罪宣言」	164
ヨハネ20:23に関するプロテスタントの見解	61, 160
共同体の典礼における「赦罪宣言」	166-68
個人的典礼における「赦罪宣言」	164-66
告解に基づく赦しの慣行	123, 161
罪の赦しを求めてきた人びとの歴史	158-61
実存的観点から見た罪の赦し	163-64
受洗後の罪の赦し、その聖書的根拠	63-64
受洗後の罪は公的にも私的にも赦される（カルヴァン）	161
信条的観点から見た罪の赦し	161-63
新約聖書における罪の赦し：① 神による赦し	58
新約聖書における罪の赦し：② 人の子による赦し	58-59
新約聖書における罪の赦し：③ 十字架による赦し	59
新約聖書における罪の赦し：④ 神があなたを赦すように他の人びとを赦しなさい	
	59-60
新約聖書における罪の赦し：⑤ 使徒たちによる赦免	60-61
新約聖書における罪の赦し：⑥ 赦されざる罪	61
新約聖書における罪の赦し：⑦ キリストの復活による赦し	62

新約聖書における罪の赦しの多様性	57-62, 92-93
聖餐と罪の赦し（論考）	170-73
聖餐において罪の赦しを認めない神学・教義	172-73
聖餐による罪の赦し：ハイデルベルク教理問答	171-72
聖餐による罪の赦し：ルター小教理問答	170-71
洗礼による罪の赦し、その聖書的根拠	62-63
洗礼による赦しで原罪は消えない	65

イエス／キリストの死に関する事項

「イエスは最後の最後まで死と格闘していた」（フルッサー）	67
エレミアスにおけるケリュグマのキリストの研究	70-72
キリストの死についての定義はない（L.L. Morris, Trevor Williams, Gordon Graham）	
	216, 221, 226
キリストの死の解釈に用いられたギリシア語	79-85
キリストの死の解釈に用いられたギリシア語の使用箇所	86-87
キリストの死の多様性への言及（W. Adams Brown, C.M. Tuckett, Trevor Williams）	
	194 ＆196, 199, 221
キリストの死は新約聖書において多様に語られている	93-94
キリストの死は誰のためだったのか？	76-77, 94, 213-15
キリストの死は贖罪ではなく、刑罰と解釈された	193
ケリュグマのキリストの死：① 罪人の代理をするため	72-73, 231
ケリュグマのキリストの死：② 罪人を身請けするため	73-74, 232
ケリュグマのキリストの死：③ 神の怒りを宥めるため	74-75, 231-32
ケリュグマのキリストの死：④ 罪人を神と和解させるため	75-76, 232
ケリュグマのキリストの死の解釈	72-78, 176
フルッサーにおける歴史的イエスの研究	67-68, 77
マルコ 10:45 の解釈	67-69, 77, 200-02, 205, 239
共観福音書が語るイエスの死	67-69
罪の償いに関して公的な見解を表明した教派はない	216, 239-40
歴史的イエスとケリュグマのキリストの関係	69-72, 77-78
贖いに関するカトリックの対応	198
贖いに関する専門用語としての英語（6 語）の翻訳	184-85
贖い思想：(1) 古典的学説	178-79, 217, 222-23, 232-33
贖い思想：(2) サタンへの身代金学説	179-80, 217, 222, 226-27, 233
贖い思想：(3) アンセルムスの贖罪学説／取引学説	180, 217, 223
贖い思想：(4) 刑罰の代理受刑説	180-81, 217-18, 223-24, 228-29, 230
贖い思想：(5) 道徳的感化説	181-82, 216-17, 224-25, 233-34
贖い思想：(6) 模範的学説	182, 229
贖い思想：(7) 政治的学説	182-83, 218, 234-35
贖い思想：(8) 偶然的学説	183-84, 235

贖い思想：その包括的諸論考一覧（目次）	185
贖い主に関する完全な論考は聖書に存在しない（教皇庁聖書委員会）	198

その他

"catholic" の意味（「公同の教会」関連）	108-09, 112-13
"catholic" を教会の形容詞に最初に用いたのは？	101, 102, 113
「レランのヴィンケンティウスの基準」	106, 112
「レランのヴィンケンティウスの基準」の解説	107
「教師バカ」	329
「公同の教会」に関するニーゼルの見解	109
「人間は分解不可能な心身統一体である」（ヒック）	273-74
「聖餐停止」の慣行の始まり	159
カルヴァンの聖書の読み方	27
カルヴァンの名言	313-16
キリスト教は聖書から生まれたものではない	88-89
コイネー（ギリシア語）	26
ニーチェが語った〈神の死〉	310-12
パウロにとっての福音とは？	51
ヘブライ語聖書の章・節区分の起源	30
ボンヘッファーの名言	164
ルターの教会観	334
ルターの名言	120-21
言語学的特性を生かしたギリシア語新約聖書の読み方	26-28
死後の生に関するイエスの教え	95
死後の生に関するパウロの思想	96
死後の生に関するヨハネの思想	96
新約聖書における多様な死生観	94-96
新約聖書の章・節区分の起源	30-31
聖書解釈学から見たコイネーの読み方（W.D. Mounce）	26-27
聖書通読の重要性	28-29
説教者の心構え（植村正久）	177
普遍の、使徒的教会から見たプロテスタント教会	109-110
礼拝において特に留意すべきこと（久米あつみ）	177

付録

主要参考文献

聖書関連

Calvin and the Bible, ed. Donald K. McKim [CUP, 2006].

Calvin's Commentaries, 22 vols. (Reprint Edition) [Michigan: Baker Books, 2005].

Carson, D.A. & Douglas J. Moo*, In Introduction to the New Testament* [Zondervan, 2011].

Dictionary of Paul and His Letters, ed. Gerald F. Hawthorne & Ralph P. Martin [InterVarsity Press, 1993].

Die Bibel, Luther-Übersetzung [Deutsche Bibelgesellschaft, 1984, 1999].

Gilmore, Alec, *A Concise Dictionary of Bible Origins and Interpretation* [T&T Clark, 2006].

Gottcent, John H., *The Bible, A Literary Study* [Boston: Twayne Publishers, 1986].

Jeremias, Joachim, *Jesus and the Message of the New Testament*, ed. K.C. Hanson [Fortress Press, 2002].

Luther's Works, Volume 25, Lecturs on Romans, Glosses and Scholia, ed. Hilton C. Osswald [Concordia Publishing House, 1972].

Mounce, William D., *Greek for the Rest of Us*, [Zondervan, 2003].

NIV Greek and English New Testament, ed. John R. Kohlenberger III [Zondervan, 2012]; Greek text: NIVGT, 2012 / English text: NIV, 2011.

NIV Life Application Study Bible [Zondervan, 2011]; NIV text: 2011.

NLT Life Application Study Bible [THP, 2007].

Nelson's Expository Dictionary of the Old Testament, ed. Merrill F. Unger & William White, Jr, [Thomas Nelson Publishers, 1980].

New Cambridge Paragraph Bible, King James Version, ed. David Norton [CUP, 2011].

Novum Testamentum Graece: Greek-English New Testament [DB, 2013], Greek text: NA28, 2nd correcting printing 2013 / English text: NRSV, 1989 & REB, 1989.

Synopsis of the Four Gospels, Greek-English Edition of the Synopsis Quattuor Evangeliorum, Fifteenth Edition, ed. Kurt Aland [German Bible Society, 2013].

The Greek-English New Testament [Crossway, 2012]; Greek text: NA28, 2012 / English text: ESV, 2011.

The Interpreter's Dictionary of the Bible, 5 vols. [New York: Abingdon Press, 1962].

The NIV Application Commentary: Luke, From biblical text...to contemporary life, by Darrell L. Bock [Zondervan, 1996].

The NIV Application Commentary: Romans, From biblical text...to contemporary

349

life, by Douglas J. Moo [Zondervan, 2000].

The New Oxford Annotated Bible, New Revised Standard Version, With Apocrypha [OUP, 2010].

The Scofield Study Bible, New International Version [OUP, 2004]; NIV text: 1984.

The Soncino Books of the Bible, Hebrew text & English Translation, With Introductions & Commentary, ed. The Rev. Dr. A. Cohen, 14 vols. [The Soncino Press, 1983].

The Zondervan Pictorial Encyclopedia of the Bible, General Editor: Merrill C. Tenney, 5 vols. [Michigan: Zondervan Publishing House, 1976].

Wegner, Paul D., *The Journey from Texts to Translations,* The Origin and development of the Bible [Baker Academic, 1999].

〈ABD〉 *The Anchor Bible Dictionary,* Editor in Chief: David Noel Freedman, 6 Vols. [Doubleday, 1992].

〈AV/KJV〉 *The Holy Bible, 1611 Edition,* King James Version [Thomas Nelson Publishers].

〈 BDAG 〉 Bauer-Danker-Arndt-Gingrich, *A Greek-English Lexicon the New Testamet and other Early Christian Literature,* Third Edition [Univ. of Chicago Press, 2000].

〈BDB〉 Brown-Driver-Briggs, *A Hebrew and English Lexicon of the Old Testament,* Second Edition [Oxford: Clarendon Press, 1952].

〈BHS〉 *Biblia Hebraica Stuttgartensia,* 2nd edn., 1983.

〈CEV〉 *Holy Bible, Contemporary English Version* [ABS, 1995].

〈EBC-RE〉 *The Expositor's Bible Commentary,* Revised Edition, General Editors: Tremper Longman III & David E. Garland, 13 vols. [Zondervan, 2012].

〈EBC-α〉 *The Expositor's Bible Commentary,* Abridged Edition, 2 vols. [Zondervan, 1994].

〈EDNT〉 *Exegetical Dictionary of the New Testament,* ed. Horst Balz and Gerhard Schneider, 3 vols. [William B. Eerdmans Publishing Company, 1978-1983].

〈ESV〉 *The Holy Bible, English Standard Version* [Crossway, 2011].

〈 GNB 〉 *Good News Bible, with Deuterocanonicals/apocrypha,* Good News Translation [ABS, 1993].

〈IVPBBC〉 Keener, Craig S., *The IVP Bible Background Commentary, New Testament,* Second Edition [IVP Academic, 2014].

〈KJV〉 *New Cambridge Paragraph Bible,* King James Version, with Apocrypha, ed. David Norton [CUP, 2011].

〈LXX〉 Rahlfs-Hanhart, *Septuaginta,* Editio altera [DB, 2006].

〈MCED〉 *Mounce's Complete Expository Dictionary of Old & New Testament Words,* ed. W.D. Mounce [Zondervan, 2006].

〈NA28〉 Nestle-Aland, *Novum Testamentum Graece,* 28. revidierte Auflage, with Dictionary [DB, 2012].

〈NIDNTTE〉 *New International Dictionary of New Testament Theology and Exegesis*, Second Edition, Revision Editor: Moises Silva, 5 vols. [Zondervan, 2014].

〈NIDNTT〉 *New International Dictionary of New Testament Theology*, Abridged Edition, ed. Verlyn D. Verbrugge [Zondervan, 2000].

〈NIV〉 *NIV Compact Thinline Reference Bible* [Zondervan, 2011].

〈NIV〉 *The Holy Bible, New International Version, The New Testament, Psalms and Proverbs* [Zondervan, 1984].

〈NKJV〉 *The Open Bible, New King James Version* [TNP, 1997].

〈NLT〉 *Holy Bible, New Living Translation* [THP, 2012]; NLT text: 2007.

〈OER〉 *The Oxford Encyclopedia of the Reformation*, ed. Hans J. Hillerbrand, 4 vols. [OUP, 1996].

〈REB〉 *The Oxford Study Bible, Revised English Bible with Apocrypha*, ed. M. Jack Suggs, et al. [OUP, 1992].

〈REB〉 *The Revised English Bible* [OUP / CUP, 1989]

〈RSV〉 *The New Testament of Our Lord and Savior Jesus Christ, Revised Standard Version* [Thomas Nelson & Sons, 1946].

〈S&C〉 Joseph A. Fitzmyer, S.J., *Scripture & Christology*, A Statement of the Biblical Commission with a Commentary [Geoffrey Chapman, 1986].

〈TDNT〉 *Theological Dictionary of the New Testament*, Abridged in One Volume by Geoffrey W. Bromiley [William B. Eerdmans Publishing Co., 1985].

〈TNIV〉 *Holy Bible, Today's New International Version* [Zondervan, 2005].

〈UBS5〉 *The Greek New Testament,* Fifth Revised Edition, With Dictionary [DB/UBS, 2014].

『旧約・新約聖書大事典』（教文館 1989）

『聖書：原文校訂による口語訳：詩編』フランシスコ会聖書研究所訳注（中央出版社 1968）

キリスト教関連

Ancient Christian Doctrine 5: We Believe in One Holy Catholic and Apostolic Church, ed Angelo Di Berardino [IVP Academic, 2010].

Aquinas, Thomas, "The Summa Theologica" (trans. Fathers of the English Dominican Province; rev. Daniel J. Sullivan) in *Great Books of the Western World*.

Augustine, Saint, *On Christian Teaching*, Oxford World's Classics [OUP, 1997].

Augustine, Saint, *The City of God*, 2000 Modern Library Paperback Edition.

Augustine, Saint, *The Confessions of Saint Augustine* [Paraclete Press, 2010].

Barth, Karl, *Prayer*, 50th Anniversary Edition [Westminster John Knox Press, 2002].

Beza, Theodore, *The Life of John Calvin* (First published in Geneva in 1564)

[Evangelical, 1997].

Bonhoeffer, Dietrich, *Letters & Paper from Prison,* New Greatly Enlarged Edition, ed. Eberhard Bethge [A Touchstone Book, 1997].

Bonhoeffer, Dietrich, *Nachfolge* [Brunnen Verlag Gießen, 2016].

Bonhoeffer, Dietrich, *Widerstand und Ergebung,* Briefe und Aufzeichnungen aus der Haft, Herausgegeben von Eberhard Bethge [Chr. Kaiser Verlag München, 1964].

Book of Common Worship, For the Presbyterian Church (U.S.A.) and the Cumberland Presbyterian Church [Westminster John Knox Press, 1993].

Book of Confessions, Study Edition [Part I of the Constitution of the Presbyterian Church (U.S.A.)] [Geneva Press, 1996].

By Grace Alone, The Historical Series of the Reformed Church in America No. 44 [RCA, 2004].

Calvin, John, *John Calvin, Selections from His Writings,* ed. Emilie Griffin, Trans. Elsie Anne McKee [HarperSanFrancisco, 2006].

Calvin, John, *On Prayer,* Conversation with God [Westminster John Knox Press, 2006].

Catechism of the Catholic Church, Second Edition [Libreria Editrice Vaticana, 1994].

Catechism of the Council of Trent for Parish Priests, Issued by Order Pope Pius V [NY: Joseph F. Wager, Inc., 1923].

Common Worship: Services and Prayer for Church of England [London: Church House Publishing, 2000].

Documents of the Christian Church, Fourth Edition, ed. Henry Bettenson & Chris Maunder [OUP, 2011].

Flusser, David, *Jesus,* in collaboration with R. Steven Notley [The Hebrew University Magnes Press, 2001].

Ganoczy, Alexandre, *the young Calvin* [T. & T. Clark Ltd., 1997].

Hick, John, *Death and Eternal Life* [The Macmillan Press Ltd., 1985].

Hilty, Carl, *Für Schlaflose Nächte,* Erster Teil / Zweiter Teil [Frauenfeld: Huber & Co., 1919].

Houston, Tom, *King David, Lessons on leadership: from the Life of David* [MARK Europe, 1987].

If I Had Only Sermon to Preach, ed. Richard Allen Bodey [Baker Books, 1994].

Introduction to Christian Spirituality, An Ecumenical Anthology, ed. John R. Tyson [OUP, 1999].

Invitation to Christian Spirituality, An Ecumenical Anthology, ed. John R. Tyson [OUP, 1999].

John Calvin, Writings on Pastoral Piety, ed. & trans. Elsie Anne McKee [Paulist Press, 2001].

Lane, Tony, *A Concise History Thought,* Completely Revised and Expanded Edition [T&T Clark, 2006].

付録

Lane, Tony, *A Concise History of Christian Thought*, Completely Revised and Expanded Edition [T&T Clark, 2006].

Liturgies of the Western Church, Selected and Introduced by Bard Thompson [Philadelphia: Fortress Press, 1980].

Lohse, Bernhard, *A Short History of Christian Doctrine*, From the First Century to the Present, Revised American Edition [Fortress Press, 1985].

Lossky, Vladimir, *The Mystical Theology of the Eastern Church* [St Vladimir's Seminary Press, 1998].

Lutheran Service Book [Saint Louis: Condoria Publishing House, 2006].

Martin Luther, Selections from His Writings, Edited and with an introduction by John W. Dillenberger [Anchor Books, 1962].

Nietzsche, Friedrich, *The Gay Science*, Dover Philosophical Classics [Dover Publications, Inc., 2006].

O'Donnell, Michael J., *Penance in the early church*, with a short sketch of subsequent development, Revised & Enlarged Edition [Dublin: M. H. Gill & Son, Limited, 1908].

Parker, T.H.L., *Portrait of Calvin* [USA: LaVergne, 2010].

Pelikan, Jaroslav, *Credo*, Historical & Theological Guide to Creeds and Confessions of Faith in the Christian Tradition [Yale University Press, 2003].

Piper, John, *The Legacy of Sovereign Joy* [Crossway Books, 2000].

The A to Z of the Orthodox Church, by Michael Prokurat, Alexander Golitzin and Michael D. Peterson [The Scarecrow Press, Inc., 1996].

The Book of Common Prayer and Administration of the Sacraments and Other Rites and Ceremonies of the Church, According to the use of The Episcopal Church, 1979.

The Cambridge Companion to John Calvin, ed. Donald K. McKim [CUP, 2004].

The Cambridge Companion to Reformation Theology, ed. David Bgchi and David C. Steinmetz [CUP, 2004].

The Christian Theology Reader, Fourth Edition, ed. Alister E. Mcgrath [Wiley-Blackwell, 2011].

The Creed of Christendom, With a History and Critical Notes, ed. Philip Schaff, 3 vols. [BakerbBooks, 1998].

The Liturgy of the Reformed Church in America Together With the Book of Psalms for Use in PublicWorship [RCA, 2009].

The Methodist Worship Book [England: Methodist Publishing House, 1999].

The New Westminster Dictionary of Liturgy & Worship, ed. Paul Bradshaw [Westminster John Knox Press, 2002].

The Oxford Book of Prayer, ed. George Appleton [OUP, 1985].

Treatises on the Sacraments, Catechism of the Church of Geneva, Forms of Prayer, and Confessions of Faith. / *Tracts by John Calvin*, tr. Henry Beveridge [Christian

353

Focus Publications, 2002].

Tyler, David M., *Jesus Christ, Self-Denial or Self-Esteem?* [Timeless Texts, 2002].

What Luther Says, A Practical In-Home Anthology for the Active Christian, comp. Ewald M. Plass [Concordia Publishing House, 1959].

Worship: from The United Reformed Church [The United Reformed Church, 2003].

〈CCCPT〉 *The Cambridge Companion to Christian Philosophical Theology*, ed. Charles Taliaferro and Chad Meister [CUP, 2010].

〈CCFCT〉 *Creeds and Confessions of Faith in the Christian Tradition*, ed. Jaroslav Pelikan & Valerie Hotchkiss, 3 vols. [Yale Univ., 2003].

〈CCG〉 *Christianity: The Complete Guide*, ed. John Bowden [Continuum, 2005].

〈DEC〉 *Decrees of the Ecumenical Councils*, ed. Norman P. Tanner, S.J., 2 vols. [Sheed & Ward and Georgetown Univ. Press, 1990].

〈ECC〉 *The Encyclopedia of Christian Civilization*, ed. George Thomas Kurian, 4 vols. [Blackwell Publishing Ltd., 2011].

〈EDT〉 *Evangelical Dictionary of Theology*, Second Edition, ed. Walter A. Elwell [Baker Academic, 2001].

〈EP〉 *The Encyclopedia of Protestantism*, ed. Hans J. Hillerbrand. 4 vols. [Routledge, 2004].

〈ERE〉 *Encyclopedia of Religion and Ethics*, Edited by James Hastings & John A. Selbie, 24 volumes, 1908-22.

〈ERR〉 *Encyclopedia of the Renaissance and Reformation*, Revised Edition, General Editor: Jennifer Speake [Facts On File, Inc., 2004].

〈Institutes〉 *Calvin: Institutes of the Christian Religion*, ed. John T. McNeill, Translated & Indexed by Ford Lewis Battles [Westminster John Knox Press].

『主日礼拝の祈り』越川弘英・吉岡光人監修（日本キリスト教団出版局 2017）

『植村正久著作集 6』（新教出版社 1967）

『日本基督教団式文（試用版）』日本基督教団信仰職制委員会編（日本キリスト教団出版局 2006）

『日本聖公会祈祷書』（日本聖公会管区事務所, 2004 年改訂）

『波多野精一全集』「第 5 巻 時と永遠」（岩波書店、1949）

アレキシス・カレル／中村弓子訳『ルルドへの旅・祈り』（春秋社 1983）

アレキシス・カレル／渡部昇一訳『人間 ― この未知なるもの』（三笠書房 1980）

オリヴィエ・クレマン著／冷牟田修二・白石次朗訳『東方正教会』（白水社 2005）

セラフィノ・フィナテリ『キリスト教の常識』（聖母の騎士社、1999）

ホセ・ヨンパルト『カトリックとプロテスタント』（中央出版社 1986）

久米あつみ『カルヴァンとユマニスムス』（お茶の水書房 1997）

桑田秀延『キリスト教の人生論』（講談社現代新書、1968）

高橋保行『ギリシャ正教』（講談社 1980）

小牧治・泉谷周三郎共著『ルター』（清水書院 1970）

前田貞一『聖卓に集う』― 日本福音ルーテル教会礼拝式解説（教文館、2004）

大林浩『死と永遠の生命』（ヨルダン社 1994）

塚田理『イングランドの宗教 — アングリカニズムの歴史とその特質』（教文館 2006）

ニーゼル著／渡辺信夫訳『教会の改革と形成』（新教出版社 1997）

ユダヤ教関連

Ancient Israel, A Short Story from Abraham to Roman Destruction of the Temple, ed. Hershel Shanks [New Jersey: Prentice-Hall, 1988].

P. K. マッカーター・ジュニア他著／池田裕・有馬七郎訳『最新・古代イスラエル史』（ミルトス 1993）

Authorized Daily Prayer Book, By Dr. Joseph H. Hertz [NY: Bloch Publishing Company, 1948, 1975].

Dan Cohn-Sherbok, *A Dictionary of Judaism & Christianity* [SPCK, 1991].

Encyclopaedia Judaica, Corrected Edition, 17 vols. [Keter Publishing House Jerusalem Ltd, Israel].

Flusser, David, *Judaism and the Origin of Christianity* [The Hebrew University Magnes Press, 1988].

Houston, Tom, *King David, Lessons on Leadership from the Life of David* [MARC Europe, 1987].

Steinsaltz, Adin, *Biblical Images, Men and Women of the Book* [New York: Basic Books, Inc., Publishers, 1984].

アディン・シュタインザルツ著／有馬七郎訳『聖書の人間像』（ミルトス 1990）

『タルムード・アヴォート篇』翻訳監修：長窪専三（株式会社三貴 1994）

その他の文献

Arnold, Matthew, *Culture and Anarchy and other writings*, e Stefan Collini [CUP, 1993].

B. クリック著／河合秀和訳『ジョージ・オーウェル — ひとつの生き方 —』（岩波書店 1983）

Crick, Bernard, *George Orwell, A Life*, Revised Edition [Secker & Wareburg, 1981].

Death and Afterlife, Perspective of World Religions, ed. Hiroshi Obayashi [Praeger Publishers, 1992].

Encyclopedia of Philosophy, 2nd edition, Editor in Chief: Donald M. Borchert, 10 vols. [Gale Cengage Learning, 2006].

Great Books of the Western World, Editor in Chief: Robert Maynard Hutchins, 54 vols. [The Univ. of Chicago, 1952].

Kenkyusha's New English-Japanese Dictionary, Six Edition [kenkyuusha, 2002].

Plato: Phaedo, Oxford World's Classics [OUP, 1993].

Plato: Phaedo, Translated by Benjamin Jowett [Virginia: IndyPublish. Com].

Reading Greek: Grammar and Excercises, Second Edition [CUP, 2009].

Shorter Oxford English Dictionary, Fifth Edition [OUP, 2002].

〈Britannica〉*Encyclopedia Britannica,* 1994-2001, 2015.

村山斉『宇宙はなぜこんなにうまくできているのか』(集英社インターーナショナル 2012)

坪内忠太『脳にウケるおもしろ雑学』(新講社 2010)

木田元著『反哲学入門』(新潮文庫 2010)

柳家小三治『落語家論』(新しい芸能研究室 2001)

立山良司『イスラエルとパレスチナ』(中公新書 1989)

量義治『宗教の哲学』(放送大学教育振興会 1996)

あとがき

　『挑戦的宗教論』の「挑戦的」という表現は、自他への挑戦を意味している。筆者のような浅学非才の者が人様に読んでいただけるようなエッセイを書くためには、自分自身に果敢に挑戦し、努力する以外に道はない。

　他方、他者への挑戦は、その範囲が多岐に亘っている。その対象は個々人の場合もあれば、共同体の場合もあり、時代の趨勢である場合さえある。個々のエッセイを挑戦的観点から見ると、エッセイそれ自体が挑戦的である場合もあれば、エッセイの一部に挑戦的な要素が含まれている場合もある。しかし、すべてのエッセイが挑戦的であるわけではない。

　以下、主要エッセイについて挑戦的観点から簡潔にコメントする。

　「聖書編」：「ダビデ王における政治家の研究」に関連して、筆者は政界へ苦言を呈したい。「些細な過ちで政界を追放される政治家の中に、国家にとって有能な人材がいるのではないか？　人妻を乗っ取り、その夫を戦場に送り込んで戦死させるような大罪を犯しながら、悔い改めた結果、立派な王として君臨したダビデ王のような人材がいるのではないか？」

　「新約聖書の正しい読み方」は、〈聖書の解釈〉と〈聖書の自己解釈〉を区別することを知らず、聖書に聞く代わりに、自分の思想や経験を聖書テキストの中にふんだんに読み込んで得々として語る説教者たちに挑戦している。

　「新約聖書におけるイエスの死とケリュグマのキリストの死」は、歴史的イエスとケリュグマのキリストを区別することを知らない牧師・教師たちに挑戦している。

　「キリスト教編」：「カソリケー・カイ・アポストリケー・エクレーシアの探究」は、「公同の教会」の何たるかをしかと理解していないプロテスタント信者たちに、普遍的・使徒的教会の視点からの再考を促している。

　「信仰による義認」では、ルターにおける「罪人にして同時に義人」に焦点を合わせ、ただキリストを信ずる信仰によって罪を赦され、かつ義とされると、単純に信じている教派、教会、信者たちに挑戦している。

　「祈りの探究」では、特に、事前に用意したメモを朗読しているだけの典礼

の祈りに挑戦している。古代の「イスラエルにおける祈りの経験は、共同体としての礼拝に根差していた」ことが今も真実なら、会衆が司式者の祈祷文の朗読から学ぶものは一つもない。

「キリストの十字架による罪の赦し」（本書174頁以下）はこの赦しを表明する人びとに実存的観点から挑戦している。筆者は特に、彼らが悔い改めることなく赦されていることに注目し、また、いつ、どこで、どのように赦されたのかを経験として語っていないことに注目した。その結果、キリストの十字架による罪の赦しはこれを信じる人びとのうちに観念として内在するにすぎず、この現実的世界に客観的に存在するものではない、との結論に達した。

「贖い思想、その包括的諸論考（要約）」（本書184頁以下）はその資料の質と量において、キリストによる贖いを単純に信じている人びとに挑戦している。諸論考の著者たちは、聖書の贖い思想が多彩で統一的見解を引き出し得ないことを論証し、贖い思想のどれかに縛り付けられ、あるいはそれらのどれかを絶対化している現状に警告を発している。

「現代に生き続ける魂の不滅思想」では、日本の代表的神学者が個人の意識の存続を前提に死者との再会を論じた世俗的見解に挑戦している。

「キリスト教的言行編」：「信仰と信仰心の弁別」は、簡潔な信条（信仰告白）を保持している教派のすべての信者たちに、またこの弁別の重要性を認識していない信者たちに挑戦している。現代日本のプロテスタント教会においてこの弁別が、英語圏におけるように、あるいは少なくとも日本の知識人並みに行われれば、どれほどキリスト教の宣教に貢献をすることか、その効果は計り知れない！

かくして本書は、挑戦的であるか否かを問わず、現代日本のプロテスタント教会とその信者たちが取り組むべき諸問題を、各エッセイの随所においてさまざまな形で提供している。したがって、読者がそれらの中から、特に宣教に役立つ改革の足掛かりを一つでも掴んでいただければ、筆者にとってこれに勝る幸せはない。

最後に、本書出版に際し、編集一部の高橋淳氏から貴重なご助言と多大なご助力をいただきました。ここに深く感謝いたします。

2019年初秋　　　　　　　　　　　　　　　　　　有馬　七郎

【著者略歴】

有馬 七郎（ありま しちろう）

1930年東京生まれ、1954年明治学院大学文学部英文学科卒業
元日本電信電話公社葛西電話局長
2018年3月1日　電気通信事業に対する功労により「瑞宝双光章」受賞
現在、古代イスラエル文化研究家・翻訳家（日本ユダヤ学会会員、日本オーウェル協会名誉会員）

著書：

　　『革新的聖書論考 — 原初言語への真摯なアプローチ』（創英社／三省堂書店）
　　『変革・変身への挑戦 — ビジネスと人生のために』（西田書店）
　　『オーウェル — 20世紀を超えて』（共著・音羽書房鶴見書店）

翻訳書（古代イスラエル文化関係）：

　　アディン・シュタインザルツ『聖書の人間像』（ミルトス）
　　M.ヒルトン／G.マーシャル『福音書とユダヤ教』（ミルトス）
　　トム・ヒューストン『ダビデ王 — 旧約聖書に学ぶリーダーシップの条件』（ミルトス）
　　ロバータ・ケルズ・ドア『ダビデ王とバトシェバ — 歴史を変えた愛』（国書刊行会）
　　シュムエル・サフライ『イエス時代の背景 — ユダヤ文献から見たルカ福音書』（ミルトス）
　　P.K.マッカーター・ジュニア他『最新・古代イスラエル史』（共訳・ミルトス）
　　D.J.ワイズマン編『旧約聖書時代の諸民族』（共訳・日本基督教団出版局）
　　共観福音書研究エルサレム学派編『共観福音書が語るユダヤ人イエス』（共訳・ミルトス）

翻訳書（英文学・キリスト教関係）：

　　有馬七郎編訳『詩人たちの老いと青春』（創英社／三省堂書店）
　　ジャン・カルヴァン『黄金の小冊子・真のキリスト教的生活』（創英社／三省堂書店）
　　『思い出のオーウェル』（共訳・晶文社）
　　ジョージ・オーウェル『気の向くままに — 同時代批評1943-1947』（共訳・彩流社）

その他、文学作品集（「鶴」シニア文学大賞・秀作入選作を含む）、私家版による著・訳書多数

挑戦的宗教論集　宣教的改革の足掛かりに

2019年12月21日　初版発行

著　者	有馬 七郎
発行・発売	創英社／三省堂書店
	〒101-0051　東京都千代田区神田神保町1-1
	Tel 03-3291-2295　Fax 03-3292-7687
印刷・製本	シナノ書籍印刷

©Shichiro Arima 2019 Printed in Japan
ISBN 978-4-86659-105-6　C3016

落丁・乱丁本はお取り換えいたします。定価は、カバーに表示してあります。
不許複写複製（本書の無断複写は、著作権法上での例外を除き禁じられています）